21世纪房地产系列教材

# 房地产经济学（第三版）

谢经荣　吕　萍　乔志敏　编著

中国人民大学出版社
·北京·

# 21世纪房地产系列教材

## 编审委员会

# 总　序

“21 世纪房地产系列教材”自 2001 年陆续出版以来多次印刷，得到了兄弟院校同行的支持和广大读者的厚爱，被许多大专院校作为房地产相关专业的教材采用，为我国房地产理论的推广起到了一定的积极作用，也得到许多读者的认可。在这期间，房地产市场、政策、企业经营、消费者消费模式、政府管理目标、政策法规等均发生了巨大变化，以下几个统计数据可以说明房地产业发展变化的情况：与 2001 年相比，2005 年房地产企业从近 3 万家增加到近 6 万家，房屋建筑面积从79 411.7万平方米增加到 166 053.26 万平方米，商品房销售面积也从 22 411.9 万平方米增加到 55 486.2 万平方米，房地产投资额占 GDP 的比重从 5.87％增加到 8.65％（支柱产业的标准是 5％以上）。除了统计数据的巨大变化，政府对房地产市场的管理也经历了从培育市场、促进市场发展到对市场调控，以保证房地产市场特别是住宅市场稳定为目标的转变。同时民众对房地产产品的认识也不断深入，房地产产品从百姓的生活必需消费品向具有投资消费双重属性的商品过渡，百姓投资置业观念越来越理性。企业对房地产市场的把握对企业在竞争中能否获胜至关重要，企业从卖方市场—买方市场—卖方市场的不断转换，特别是新的土地出让（招拍挂）政策的实施，金融政策的出台，企业间的合作、兼并、重组等已不是新闻，房地产企业经营管理方式也随之变化。随着我国物权法的颁布，房地产销售方式、物业管理内容、业主的维权意识、城市拆迁、土地的征用程序等都发生了变化，出现了房地产金融从放宽鼓励其发展到完善金融制度等的变化。在这期间，我国房地产业也从初期阶段进入了完善和规范发展时期，房地产理论与实践取得了长足进步，不论是价格评估，还是房地产金融、房地产政策制度、企业经营管理、房地产营销、物业管理、房地产投资等的研究都不断深入。相比我国房地产的实践发展，本丛书第一版的有些内容已经不适应发展的需要，在中国人民大学出版社的再三敦促下，系列教材第二版的编写工作终于于 2006 年底启动。在保留原有风格不变的前提下，本次编写吸收了部分读者的意见，更新和增加了与当前发展相适应的内容，删除了陈旧的内容。同时尽量协调好各书之间的内容，避免出现各书间大量的重复描述。我们要求作者编写时力求做到理论阐述深入浅出，为更好地掌握理解，加入一些实践内容，实践描述尽量做到言简意赅，与理论相互呼应。同时，在编写中，我们还吸收了一些国内外最新研究成果。除了原来《房地产估价》、《房地产市场营销》、《房地产开发与经营》、《房地产产权产籍管理》、《房地产经济学》、《房地产金融》、《房地产投资分析》、《房地产管理法》等八部教材外，本次出版还增加了《房地产政策分析》、《房地产服务市场》、《房地产市场分析》、《房地产经纪理论与实务》、《房地产项目管理》等五部教材，以使其更全面完善。其中《房地产估价》等四部教材被评为"十一五"国家级规划教材。

"21世纪房地产系列教材"是中国人民大学土地管理系教师在长期教学、研究基础上吸收兄弟单位相关学者的成果编写而成的。希望本系列教材的出版，能为当今房地产市场热带去理性的分析工具，为培养房地产相关专业的学生作出贡献。同时，本系列教材也可以作为从事、热爱、关心房地产业的读者学习时的参考工具。

中国人民大学于1985年设立土地管理专业，1988年成立土地管理系，1992年开始招收房地产经营管理专业的本科生，是全国最早从事土地管理以及房地产教学、科研的大学之一。中国人民大学现设有土地资源管理（含房地产经营与管理）、工程管理两个本科专业，土地资源管理、房地产经济学两个硕士专业，城市建设和房地产开发、土地行政管理两个MPA专业方向及土地资源管理（含房地产经营与管理）博士点，能够提供从本科生到博士生完善的教学和培养服务。本科教育一直是土地管理系教学的重点，我们也很重视教材和著作的编写、引进，如出版"21世纪土地管理系列教材"、"房地产经典译丛"、"房地产前沿丛书"等。

感谢中国人民大学出版社刘晶女士、曹沁颖女士的耐心催促与辛勤编辑，感谢所有作者在承担大量日常教学任务的同时，参与本系列教材的编写，更感谢本学科的所有前辈，是他们的研究为我们奠定了向前探索的基础。由于我们国家处在社会经济转型过程中，发展与变化是我们时代的特征，教材中必定有许多有待完善的地方，望广大读者不吝赐教。

**叶剑平**

2007年8月6日于中国人民大学求是楼

# 第三版前言

在过去四年多的时间里，这本教材得到了众多院校、师生的支持和认可。经过上次修订，教材的结构、框架和篇幅较为适中，这次修订坚持了“稳结构、精语言、补新知”的原则，全书的章节不变，对语言进行精减，增加新的知识。这次修订增加的新内容主要有：(1) 新数据，主要是近几年研究的新结果，以及近几年市场发展的新数据，如近几年城乡居民居住消费比例、房地产投资销售和房地产市场变化情况；(2) 新政策，如城乡建设用地增减挂钩制度、住房保障制度、房地产信贷政策等；(3) 新现象，如农民以土地换社保、房产税征收试点等，并对这些新事物进行了评价。希望此次修订能更好地帮助学生学习房地产经济知识、了解政策走向和市场发展状况。

这次修订的分工与第二版相同。在修订过程中得到了中国人民大学出版社的大力支持，朱海燕老师、李慧平老师都付出了很多心血，在此表示衷心的感谢。同时，也感谢使用此教材的师生以及他们所提出的一些意见、建议。

欢迎读者朋友对教材中的不准确和错误之处提出批评，以便再版时改正。

**谢经荣**

2012 年 11 月 6 日

# 第二版前言

本教材自出版至今，已印刷四次，时间也已过去五年，对教材进行修订成为必然。理由也有很多。一方面，经过五年多的发展，我国房地产市场的发育更充分，我们对房地产市场及其运行、管理的体验更多，认识也更深入。另一方面，经过众多专家、教授的辛勤工作，过去五年我国房地产经济学领域的科学研究取得了不少进展，如在房地产业同国民经济关系、房地产经济波动、房地产市场预警等领域都有不少成果出版，教材应该反映这些新成果。另外，本教材出版后被不少学校作为教材或教学参考书，也被一些学校、研究机构在招收硕士研究生时指定为参考书，大家在认可其简洁、易懂的同时，也提出了很多意见和建议。为反映过去五年来社会发展和房地产经济学的最新进展，为回报广大读者，我们进行了这次修订。

房地产经济学是房地产经营与管理、土地资源管理专业重要的专业基础课，是学生掌握专业知识的基础，也是相关专业（如经济学、金融学、财政学、企业管理等）学生比较感兴趣的学科。在修订中我们立足面向房地产经营与管理、土地资源管理专业大学本科生，兼顾其他专业学生学习房地产经济知识的目标，希望能给学生提供一本简洁、易懂和篇幅适中的本科教材。

第二版同第一版相比也有不少变化。在体例上，为了能让学生更好地掌握课程内容，每章增加了思考题。在内容上，由原来的九章增加为十章；原第五章分解为房地产市场、房地产经济波动两章，前者主要讲市场的组成、特性、运行以及研究方法、影响因素，后者主要讲房地产市场的运行规律，如周期、波动及房地产泡沫的发生发展和指示指标；原第七章土地制度和第八章住房制度合并为一章房地产制度，增加第十章房地产市场调控政策。从性质上可以把十章分成三个模块，第一至第六章为基本理论，这次修订注意了不同观点的介绍、目前研究进展，特别是第六章对房地产市场规律的介绍较为详细；第七至第九章为基本制度，从制度层面讲解房地产的产权制度、税收制度等，这一模块每一章都有一节介绍国外的情况和发展，以便学生增加对国外的了解；第十章为管理或调控政策，主要是总结过去近20年国内外政府管理和调控房地产市场的经验和理论，该章是根据当前国内了解房地产市场调控的政策和方法的迫切需要而新增加的，是本次修订的尝试，也是特色之一。

修订的分工为：第一章，谢经荣；第二章，乔志敏；第三章，吕萍、周滔；第四章，乔志敏；第五章，谢经荣、曲波；第六章，曲波；第七章，谢经荣、张竟成；第八章，吕萍、周滔；第九章，谢经荣、陈霄；第十章，吕萍、支晓娟、袁文麟。在修订的过程中中国人民大学出版社给予了大力支持，曹沁颖女士给予了多方面的帮助和指导，李慧平女士为本书的出版付出了辛勤和汗水。在修订过程中我们还参考了很多单位和专家的最新研究成果，没有他们的研究成果也很难丰富我们的教材。在此对所有支持我们研究工作和教材修订工作的同志一并表示衷心的感谢和敬意。

由于作者阅读范围不广和水平有限，书中定有不少错误或不准确、不全面之处，请读者朋友批评指正。

**谢经荣**

2008年1月1日

# 第一版前言

房地产经济学是房地产开发、经营和管理类专业的专业基础课，主要讲述房地产经营、管理的理论基础。没有扎实、深厚的房地产经济知识和理论很难驾驭宏观经济和房地产市场的变化，从而取得房地产经营的成功或有效地调控房地产市场。所以，学好和灵活运用房地产经济学是十分重要的。

目前《房地产经济学》有很多版本，从其内容上看大致可以分成两类：一类是把房地产经济学作为房地产经营与管理专业的概论课，内容上不仅包括房地产经济学的基本知识和理论，而且还包括房地产开发、经营、投资、金融、物业管理及房地产管理等内容，类似房地产经营与管理概论课，多数《房地产经济学》教材都是如此；另一类将房地产经济学视为房地产经营与管理专业的基础课，内容主要包括房地产属性、房地产经济规律和房地产基本理论，但这类教材并不多。本书作者认为房地产经济学是依据房地产属性研究房地产经济运行规律和房地产业发展规律的科学。房地产经济学作为部门经济学，应以经济学的基础理论来研究房地产市场规律和房地产业发展规律；微观经济学理论是房地产市场运行、交易的基础理论，宏观经济学理论是协调房地产业同国民经济关系以及房地产市场宏观调控政策、措施的基础。由于房地产的属性决定了房地产业的属性，也就决定了房地产经济学在很多方面区别于其他产业经济学，如地租理论、区位论和房地产的区域性等。

本书从房地产属性入手，讲述房地产的自然属性、经济属性和社会属性等；重点讲述以房地产价值、价格为特征的房地产经济属性和房地产所有权、产权为特征的房地产社会属性；房地产市场以及运行规律、管理制度和调控政策在书中也作了重点介绍，房地产业同其他产业的关系以及房地产业的发展规律在书中也将作较详细的介绍。全书共分九章，作者分工如下：第一章，谢经荣；第二章，乔志敏；第三章，乔志敏；第四章，吕萍；第五章，乔志敏（第一、二节）、谢经荣（第三、四节）；第六章，乔志敏、谢经荣（第一节），谢经荣（第二、三节）；第七章，吕萍；第八章，吕萍；第九章，谢经荣。写作提纲内容几经讨论、修改，然后分头写作；最后，由谢经荣统稿。

在过去的几十年，我国房地产产权属性、管理制度频繁发生转变，这些变化对我国的社会生活、生产以及管理体制产生了深远的影响，也使我国房地产经济学在很多方面都有其过渡性，既不能用完全市场经济条件下的房地产经济学理论来解决当前问题，同时，也有很多政策、措施又同宏观经济理论不一致，本教材中也有类似问题。这些都有待实践的不断积累，来丰富房地产经济学的内容和理论。再加上我们能力所限、时间紧迫等因素，书中定有很多不足之处乃至错误，望广大读者给予批评指正。

**谢经荣**

2001年12月12日

# 目 录

# 第1章

# 绪　论

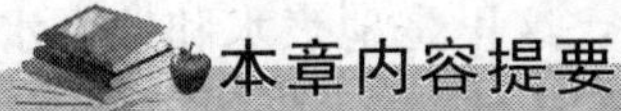

本章内容提要

本章共分五节。第一节介绍土地的概念及其四元属性。第二节讲述房地产的概念、特性及其类型。第三节讲解房地产业、建筑业和住宅业的概念。第四节主要介绍房地产业在国民经济中的作用和地位，如带动作用、阻碍作用等。第五节介绍房地产经济学及其主要的研究内容。

## 1.1　土　地

土地是人类赖以生存的重要资源，是地球发展史上不断演变的自然资源，表现出区域特点的自然属性；土地也是历代人不断耕耘、建设积累起来的不可替代的巨大财富，因此它具有财产的属性，可以在市场中进行交换；土地在使用交换中产生各种各样的社会关系，所以土地又具有社会属性；土地作为人们生活、工作和活动的场所，它的质量好坏和自身结构层次性构成了人们生活的环境因素，所以它又具有文化属性。土地对人类生活、工作多方面的影响，使土地表现出多重属性。因此，土地成为多学科研究的对象，土壤学家和自然地理学家一般从自然特性方面研究土地，如土地自然特征、分布规律等；社会学家和法学家常常研究土地权属关系以及土地利用而产生的各种社会关系；经济学家热衷于研究由于土地利用而产生的土地经济属性、土地价值的高低、市场运行情况等。不同学科的研究者出发点不同，研究的重点不同，因而给土地下的定义也不同。

### 1.1.1 土地

对土地（land）的定义各家说法不一，但有一点是一致的，即土地是由陆地表面各种自然环境因素，包括地形地貌、气候、土壤、地下水和植被等相互作用所形成的历史自然综合体。土地是地球陆地表面大气对流层以下，地下水作用下限以上，包括地质、地形地貌、气候、地表水和地下水、土壤与植被等各种自然环境因素相互作用共同发展所形成的历史自然综合体。在这个历史自然综合体中，地学因素是极其重要的。

土地具有四维特性，即地表平面的变化、垂直方向的变化（空间三维）和随时间的演替。

就平面分布而言，土地在地表有一定的分布和变化规律。如从山地到平原就可以看到这种由于地形地貌的变化而引起的土地变化规律，从太行山山峰到白洋淀这条线，这种规律表现得异常清晰。山地岩石裸露，土地薄，坡度大，降雨多，积温低，多生长灌木。山前地带洪积物区地形呈一定的坡度，地表层常夹有磨圆的石块，土层较厚，地下水位较深，一般适于种植果树或耐旱作物；山前地带的前部是洪、冲积物混合组成的扇形地，地形坡度较缓，土壤质地变重，地下水位较浅，适于种植小麦等需水较多的作物，石家庄和保定等小麦高产区就处于这样的区域；以上两部分共同组成山前洪冲积扇。洪冲积扇的前方是洪冲积扇同冲积平原间的交接洼地，就是白洋淀所处的位置，这里是地表水和地下水的汇集区，易形成湖泊或沼泽，在河北省的中部曾有72洼。交接洼地的东部就是宽广的平原，这里地势平坦、土层深厚、岗洼相间分布，土壤排水条件较差，极易形成盐渍土，河北省中部就处在这一地区，这也是该区过去贫困的主要原因。

土地又是一个垂直系统。在前面的定义中，我们已经说明土地是由上层的空气，地表的植被，以及地表以下的土壤、地质沉积物和地下水这些因素组成的层状集合体。这个集合体各层次间的界限并不总是清晰的，各层间有交错、交叉并相互作用，如降雨的雨滴先落到植被上，然后又滚落到地表形成地表水，地表水又渗透到地下从而形成地下水，水的流动将各层次联系了起来。正因为如此，有人将水称为土地的血液。土地各因素间的相互消长及其组合特征受到地形地貌的制约。影响土地属性的因素分布很广，上自大气对流层，下至地下水作用下限。土地最活跃、最核心的部分是植被和土壤层，也是地球表面最活跃的一个圈层。

土地综合体不是固定不变的，当某一因素随着时间的变化而变化时，其他因素会发生相应的变化，土地性状也随之发生相应的变化，这就是土地的历史变化性。除非有大规模的人为作用，多数情况下土地属性的变化是缓慢而渐进的。

随着人们对土地认识的加深，土地概念不断地发展，对土地的定义也不断地变化，不同的人从不同的角度也可给出不同的界定。

早期人们对土地的认识比较笼统，往往将土地同自然赋予和自然环境相联系。理查德·T·伊利（Richard T. Ely）认为："经济学家所使用的土地这一词，指的是自然的各种力量和自然资源。它的意义不仅是指土地的表面，因为它还包含地面上下的东西。水的本身就被看做为土地，因为它是一种自然资源。经济学上的土地是侧重于大自然所赋予的东西。”[1] 这里土地被等同于自然资源，这是最广义的土地定义，在世界各地有着广泛的影响。

1972年联合国粮农组织（FAO）曾经给土地一个科学的定义：土地包含地球特定地域表面及其以上与以下的大气、土壤和目前人类活动的种种结果，以及动物对目前和未来人类利用土地所施加的重要影响。生物和人类本身不是土地的构成成分，但是，人类活动的结果包括在土地中。

地理学家、土壤学家、城市规划人员、房地产经营者和经济学家对土地的界定是不同的，这些界定都不同程度地反映了各自的学科领域特色。

### 1.1.2 土地资源

资源是资产之来源。土地资源（land resources）是指现在或未来能给人们带来经济收益的土地。人们重视土地资源，就是因为现在或未来人们可以利用它并取得经济收益。有的土地资源在当前不能被利用或可以被利用但不能获得经济收益，然而人们仍然不愿放弃对它的占有，这是因为人们期望在未来技术提高后，可以利用它并取得经济收益。土地的这种潜力或人们对土地未来收益的期盼，使得土地资源变得异常重要。

从上面所述可以看出，土地资源包括人们对土地未来或当前收益的经济评价。

同土地的概念相对应，土地资源在空间上也具有一定的范围。

### 1.1.3 土地资产

土地资产（land property）是土地自然性状的经济表现或反映。

在市场经济条件下，一切能带来经济收益或未来可能带来经济收益的物质或技术、信息，同其所有者相结合，就形成资产，构成该所有者主体的财产，可以当做商品进行交换。我国过去长期将土地看做上天赋予的，取之不尽、用之不竭的资源，做了很多违背自然规律、破坏生态环境的事情。不仅否定土地使用权的私人占用，而且禁止土地或土地使用权的市场流通，使土地不具备资产属性。1988年《宪法》规定了土地的所有权同使用权可以相分离，土地使用权可以依法转让，为土地使用权的上市流通奠定了法律基础，也是对土地使用权财产属性的法律认可。一旦土地或土地使用权可以在市场上流通，土地所有者或土地权利所有人就拥有了土地这一资产。土地资产是土地同人类相结合形成的属性。

具体的所有人同土地特定权利的结合可以称为土地财产。

城市土地为国有土地，是国有土地资产；同样，农村集体土地为集体土地资产。任何否定农村集体土地资产属性的做法都是对农民土地权益的忽视，是不公平的，也是不符合我国城乡统筹发展趋势的。

土地、土地资源和土地资产三个概念说明人们从不同角度对土地这一自然综合体的描述，是人类对土地不同认识的反映，它们也是土地在人类社会中的不同表现形式。在完全的市场经济条件下，三者的本质是相同的。从使用角度出发，可以将土地、土地资源和土

---

① ［美］理查德·T·伊利等：《土地经济学原理》，19页，北京，商务印书馆，1982。

地资产三个概念混用。雷利·巴洛维在其《土地资源经济学》中就没有将之严格加以区分。

### 1.1.4 土地的自然、经济、社会和文化属性

土地是一个复杂的历史自然综合体。一方面，土地是自然之物，是地球演变过程中的产物，表现出很多自然属性；另一方面，土地虽是独立存在的自然之物，但自从人类出现后，人类的活动结果参与了土地的发生和演变过程，使土地成为自然和人工共同作用的产物，特别是最近半个世纪人类对自然界的干预越来越大，土地被人为改造的烙印越来越凸显。另外，随着人口的增加，土地作为人类的活动和生产资料的重要性越来越显著，土地或土地使用权被作为商品在市场上进行交换，出现了土地的价值，表现了土地的社会属性。

#### 1.1.4.1 土地的自然属性

土地是地球陆地表面一定高度和一定深度的各种自然因素，如岩石、土壤、沉积物、水、植物和空气等相互作用而形成的自然综合体。

土地的自然属性主要表现为土地的肥力、土地生产力、土地的承载力和土地的位置、面积等。

1. 土地具有生产力

“万物土中生”生动地说明了土地生产力的特性。土地生产力的高低是由土地肥力决定的，土地具有的肥力是土地自然产生的，但在人类出现以后可能发生了变化（提高或降低）。不同地区的土地由于组成因素不同，功能不同，其生产力也就不同；同一地区不同的土地适合于不同的土地利用方式；不同的土地其最佳利用方式也不同。这一点对我们研究农业的土地利用是重要的。在非农业利用中，土地的物质结构及其表现出来的地基承载力是决定土地利用强度、楼房高度和建筑物密度的重要指标。

2. 土地的固定性和区域性

因为土地具有垂直结构，所以土地不像其他物质一样可以移动。土地的固定性（fixed location）也就决定了一块土地区别于其他土地，世界上绝不可能存在两块完全相同的土地，从而就产生了土地的区域性。土地的固定性和区域性使得土地估价变得复杂，房地产开发也很难完全借鉴以往的或其他地块的开发经验，而应具体地块具体分析。

3. 土地面积的有限性

由于地球陆地表面相对是固定的，因此土地面积也是有限的。陆地表面有水面、土地，虽然我们可以通过围湖造田增加耕地的面积，但不能增加陆地的面积。所以，对人类或一个国家而言土地都是有限的。随着人口的不断增长，人地关系矛盾加重，土地稀缺性加强。土地的稀缺性提高了土地的价格，土地稀缺性越强，土地价格越高。这是大城市地价高于中小城市地价、城市地价高于农村地价的重要原因。

土地自然属性集中表现在土地的生产力或地基的承载力和其区域性上。

#### 1.1.4.2 土地的经济属性

土地的经济属性主要表现为土地的资产特性，即土地具有价值。

1. 土地的资产特性

人们一旦利用土地资源，将土地资源的潜力发挥出来，就可以取得数量可观的产品；

在市场经济条件下，这些产品可以同其他产品交换，取得经济收益，使土地具有经济属性。这种经济属性是通过生产而产生的，又通过产品的交换表现出来。它反映的是通过土地产品而形成的人与人之间的经济关系。土地的经济属性可以用土地价值的高低来表示。土地的资产特性主要表现为：(1) 土地的资产特性是针对特定的群体而言的，表明了该主体的利益；(2) 在现代社会，土地财产的大小不仅指土地实体的价值，而且指特定权利的价值高低；(3) 土地的特定权利和特定主体的利益必须是得到社会的承认和保护的，不享有特定权利的主体的利益谈不上财产，同样不受法律保护的主体的利益也不是财产。

土地的经济属性是以土地的自然属性为前提的，是市场经济条件下人与人的经济关系在土地上的具体表现。它将土地使用者挖掘出来的土地生产力变为价值。

2. 土地价值存在的条件

土地价值的存在是有条件的，主要取决于以下四点：

(1) 土地具有使用性：土地的使用性（utility）使土地具有使用价值（value in use）。土地使用价值的高低取决于土地的使用性。

(2) 土地的稀缺性：土地的稀缺性（scarcity）决定了土地所有权或使用权的价值或价格。土地的稀缺性取决于土地的供需关系。

(3) 供需关系：随着人口的增加，人们对土地的需求越来越多，且越来越迫切，一般情况下土地价值会越来越高。土地价值的高低取决于土地的供需条件（supply and demand）。某一类土地的需求越多，相类似的土地供应越少，则这类土地的价格越高。正常情况下，一定时期内土地价值具有稳定性，这也是土地估价的基础。

(4) 可转移性：土地的可转移性（transferability）是由法律规定的。土地只有具备可转移性才能满足买方的需要，才具有价值，失去可转移性就失去了价值存在的重要条件。目前，我国农村土地不允许直接进入市场，也就是集体土地没有可转移性，因此从理论上说集体土地没有市场价值，这种限制对农民是不公平的；这种限制造成的结果是中国土地市场的不完整性或二元性。

**1.1.4.3 土地的社会属性**

由于土地具有生产力，可以产生价值，因而为了取得最大的经济收益，土地所有者和土地使用者会不惜成本、代价挖掘其潜力，使其价值最大。这种行为可能会使一块土地的利用影响周围土地的正常使用：一方土地使用权的行使会削弱相邻土地使用人或所有人的权利或利益，严重时还可能影响社会的利益；如果过度的土地利用造成土地退化，土地生产力不能恢复，还要影响今后（或下一代）的土地利用——草原地区过度游牧就会产生这样的问题。这时就需要严格地界定土地使用人或所有人的权利，主要是通过法律的手段界定土地所有者、地方与国家的权利和义务。

这种利用法律手段界定的土地交换和使用过程中的各种权利和义务，可以调整各方的利益关系。土地的社会属性表现为土地的法律关系，是由土地而产生的人与人之间的社会关系，它同土地的经济属性是一个事物的两个方面。土地的经济属性是土地使用或交换过程中的人与人之间的经济关系，土地的社会属性说明这一过程中人与人之间的社会关系，一个用价值的高低来表示，一个以法律关系（产权的属性）来表示。

各种土地社会关系是以法律的形式加以规范化的。资产是对一物的占用、使用和处置的独占权利，也可以说成是控制一个经济物品的排他性权利。资产具有很多特性，首先，它是人类的一种属性，是社会关系在客体上的表现，但它不是客体本身的属性，它是指主体对客体的使用权；其次，可占有和有价值是资产最为重要的属性；最后，资产具有排他性。

资产所有权在封建社会初期可能是神圣的、不容侵犯的，具有绝对性，处于绝对的支配地位；随着社会的发展，其排他性逐渐地受到制约，排他性变成相对的，而不是绝对的，它受到国家权力的控制和限制。社会发展程度越高，这种权力对其限制的程度就越大。在市场经济国家，这种限制主要是通过各种法律来实现的，如规划法、土地法、环保法等。在我国，行政直接干预曾是这种限制的主要表现形式。

#### 1.1.4.4 土地的文化属性

土地不仅是人们的生产资料，可以作为农业的生产资料或城市建设的基础，同时，土地又是人们生活的环境。它的好坏不仅影响土地价格的高低、财产的多少，而且还影响人们生活的质量。它是人们的感官对土地自身（自然土地）或土地利用方式的感受；不同文化水平的人具有不同的认识；不同时代的人，有不同的鉴赏标准，也就有不同的感受；不同发展水平的国家，生活水平不同、文化不同，对环境的评价标准也不同。

最近几年，随着环境破坏的加重，人们对土地文化属性的认识不断提高。土地的存在价值、旅游价值和资源环境价值受到越来越多的重视。实际上，土地的文化属性在考虑了土地可持续利用和资源价值的基础上，体现了更高层次上的人地关系。

## 1.2 房地产

房地产（real estate）有时也称为不动产。我国法律对其还没有明确的规定，一般都将其看做房屋同土地的合称，这种定义有些不妥。通常房地产有广义和狭义之分，广义的房地产就是不动产，狭义的房地产就是房屋同土地的结合。下面将根据海外房地产的界定，谈谈我国房地产的概念及类型。

### 1.2.1 海外的房地产概念

1. 中国台湾省的房地产概念

在中国台湾省法律上，房地产被称为不动产。台湾省“民法”第六十六条规定，称不动产者，谓土地及其定着物。不动产之出产物，尚未分离者，为该不动产之部分。不动产是土地和其定着物的合称。

土地的定义上面已有介绍。定着物可以被定义为：持续定着于土地，在不容易分离之状态下使用者。例如建筑物、桥梁、石墙、水井等均属不动产。种植之树木也是土地之定着物，但暂时种植者则非土地之定着物。[1] 台湾省“土地法”第五条规定，附着于土地之建筑物或工事，为建筑改良物。附着于土地之农作物之其他植物与水利土壤之改良，为农作改良物。定着或附着于土地视其同土地的联系程度而定。二者的分离如果改变了土地或

① 参见林英彦：《土地经济学通论》，台北，文笙书局，1991。

改良物的功能且需较大费用的，可视为定着物，否则视为附着物。

2. 美国的房地产概念

美国的法律规定：不动产为土地和土地的所有自然实体部分（树木、矿藏等）以及附着在土地上的人工实体部分（建筑物、场地改良物等）。所有永久性的建筑附着物（水管道、电源开关、暖气等）以及室内设施（电梯等）一般也被认为是不动产的一部分。

土地、构建物同地下水之间的关系各州有不同的规定，所以不动产的构成各州法律并不完全一致。

房地产包括三个组成部分：土地、改良物（improvements）和定着物（fixture）。

判断一物是否为定着物的标准应由法律规定。

美国将不动产定义为："土地及其上部的永久性建筑物，以及基础设施和诸如水与矿藏等自然资源，还包括与土地所有权有关的任何权利或利益，在法律上称为不动产。"① 这个定义将水、矿藏等都纳入不动产范畴，是同美国的土地产权概念相联系的，这是一个很宽的概念。在我国则不应包括这些。

### 1.2.2 我国的房地产概念

在我国还没有确立法定的房地产概念，各家说法不一。综合各家观点，我们可以将房地产定义为：土地及地上定着物和同地上利用相联系的地下改良物；同时，还包括以上组成部分所衍生的各种权利。我们可以把房地产的组成写成下列结构（见图1—1）：

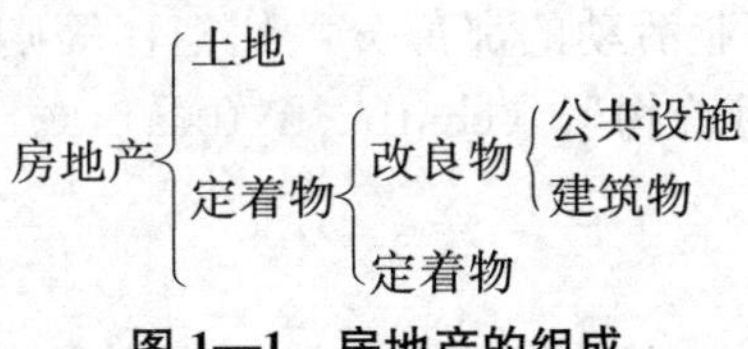


**图1—1 房地产的组成**

只有定着物才能成为不动产的必要组成部分，附着物不是不动产的组成部分。一物是附着物（appurtenances）还是定着物需要按以下三个标准进行判断：

(1) 依附程度：在没有对不动产主体和本身产生严重损坏的情况下，可以同不动产分离的物体为动产，而不是不动产的组成部分（也有例外）。

(2) 物体特性及其同不动产主体的关系特征：为建筑物的特殊用途而特别设置或为完成某一特殊用途而安装的物体可以认为是建筑物的长期组成部分。

(3) 物体安装的目的：一般在租赁合同中对室内物体的安装、减少都有说明，如书架、热水器等。

从严格意义上讲不动产同房地产不同，前者的范围更广，它包括农用地和一些基础设施，如道路、机场等；一般情况下二者可混用。

### 1.2.3 房地产类型

房地产是由土地及其定着物组成的。土地同其定着物之间存在着特殊的关系，它们的

---

① 《英汉住房城市规划和建筑管理词汇》，383页，北京，商务印书馆，1996。

结合增加了房地产的价值。土地及其定着物不同的组合就构成不同类型的房地产。根据土地利用方式可以将房地产分成以下几种类型：

#### 1.2.3.1 工业房地产

工业房地产［industrial property（real estate)］主要是由用于工业生产的土地及其定着物组成的。它分为三部分，即自然土地、土地改良物和地上房屋及永久附着物。这种不动产同农业不动产不同，由于自然土地同土地改良物是组合在一起的，因此这里自然土地肥力的作用就没有那么重要了，重要的是土地更深层的地质构造、地下水等。土地改良物主要是指道路、下水道、电缆、煤气管道等，它们决定了工业生产的潜力和效率，对工业房地产价格的影响很大。地上房屋及永久附着物是指同房屋密切结合，用于增加生产能力或改善生产条件的部分设施；而同房屋关系较松散的生产设备则不属于房地产的组成部分。

#### 1.2.3.2 商业房地产

商业房地产（commercial property)，又称收益性房地产（incoming real estate)，主要是由用于商业的土地及其定着物组成的。同样，商业房地产也分为三部分：自然土地、土地改良物、地上房屋及永久附着物。其中，土地改良物主要为道路、水电气管线等，但道路、区域改良物起着重要的作用；地上房屋在建筑形式以及外部装修上更注重吸引力和特色。商业房地产又可以分成很多类型。商业房地产房屋内外各种永久装饰，如房屋内的水电设施、空调等，以及外部各种永久商业标志（多为间接服务于商业目的的）都为房地产的组成部分。而直接用于商业活动的那部分，如柜台等则不能看做房地产的组成部分，通常，它们被称为“动产性附着物”（chattel fixture）或“商业性附着物”（trade fixture)。

#### 1.2.3.3 住宅

住宅（residential property）是由以服务人类居住为主要目的的土地及建筑物组成的。不过，土地改良物及房屋更重要些，房屋的造型及室内布置（layout）尤为重要。住宅按其房屋式样又可分为：别墅（villa)、一般住宅（house）和公寓（apartment）等。

#### 1.2.3.4 特殊房地产

特殊房地产包括两部分，一部分是历史文化建筑以及政府、宗教、学校所拥有的房地产，另一部分为部队营房。在我国由于这些房地产是被禁止进入市场的，因此也就失去了市场价值，这里不再多述。

不同类型房地产的功用（utility）不同，则影响其使用和价值的因素也不同，使用的主要估价方法也不同。即使是同一类型的房地产，不同亚类创造的价值也不同，在估价时考虑的因素或选择的系数也不同。如同属工业房地产的重工业用地和轻工业用地创造的价值不同，土地的资本化率（land capitalization rate）也就不同。尤其是在我国现阶段，土地没有真正进入市场，在物价波动较大且不合理的情况下，土地利用类型对土地收益影响很大。如果不分清房地产类型，随意选用一种估价方法就会造成估价结果的错误或偏差。

### 1.2.4 房地产的属性

房地产是由土地和房屋组成的，因而它兼有二者的属性，如区位性和不可移动性等。

同时，它处于广泛的社会生活关系中，是复杂的各种社会、经济、政治关系的交织点，因而又具有商品属性、财产属性、投资品属性、社会属性和政治属性。

#### 1.2.4.1 房地产的商品属性

同土地是自然物不同，房地产是人们建设、建造出的房屋同其占用土地的总称。因此，它是一种劳动产品，它具有价值，在商品社会，完全可以进行交换，形成商品价格。我国在相当长的一段时间内，房地产的商品属性被否定，房地产（房屋）作为“可以产生资本主义的根源”而被禁止进入市场交易，其商品属性消失。

房地产的商品属性表现为大众或团体可以占有、使用和交易，在交易中表现出一定的价格。房地产的价格取决于房地产的权利状况，不同的产权具有不同的价格。目前，我国房地产产权类型多样，在城市房地产市场中有商品房、经济适用房、房改房等。

房地产的商品属性使其成为消费品。世界银行20世纪90年代对首尔、马尼拉、开罗等14个国家的大城市住户家庭收入同住房消费关系的研究表明，城市住户的住房消费为其收入的5%～30%。随着社会经济水平的提高，这一比例有上升的趋势。1990年我国城乡居住消费占城乡家庭消费的比例分别为7.0%和21.7%，相差14.7个百分点；2000年分别为11.3%和18.0%，相差6.7个百分点；2008年我国这一比例在城市为10.2%，在农村为20.3%，相差10.1个百分点；2010年城镇这一比例为20.76%，农村为9.89%，这两个比例趋稳。

由于房地产是大众的最基本的消费品，对社会生活、生产影响较大，因而政府很重视房地产政策。

#### 1.2.4.2 房地产的财产属性

房地产的价值量大，它是西方国家家庭重要的财产。统计数据表明，20世纪80年代美国73%的有形资产是房地产，家庭财产的60%是房地产。房地产价值占英国总财富的1/3。所以，房地产在西方社会生活中具有举足轻重的地位。但是，并不是说房地产价值越高，占国民财富的比例越大越好。例如，1976年的日本经济发展良好，土地资产占国家财富的50%，但随着地产泡沫的发生，过量资产向地产转移，到1990年，这一比例上升为69.1%，而生产性资产的比例大大降低，这是造成自1991年以后日本经济连续10年停滞的重要原因之一。

房地产也是很多企业、团体重要的财产，是其进行资本经营、融资的重要手段。

由于房地产价值量大，因此也是很多地方政府征收财产税的主要标的。

#### 1.2.4.3 房地产的投资品属性

由于房地产价值的稳定性及其在经济快速发展期的增值潜力，它成为西方社会重要的投资品。房地产成为家庭投资、保值的主要工具，美国私人投资的50%用于房地产投资。所以，房地产投资政策又是政府引导家庭消费的主要手段。在我国，房地产的投资属性已经显化，在东部较发达城市自2005年以来也出现过度投资的现象，在2008年曾出现高峰。房地产的商品属性、财产属性和投资品属性可以影响人们的投资行为，因此制定鼓励和限制房地产投资的政策是政府促进经济复苏或限制经济过热的重要手段。住房消费政策也是促进我国转变经济发展方式从以投资拉动向消费驱动转变，改变我国家庭消费结构、财产构成的重要措施。

#### 1.2.4.4 房地产的社会属性和政治属性

房地产是人们生活的场所，是财富的象征。在人们普遍解决温饱以后，住房问题是衡量一个社会生活水平和社会保障状况的重要标志，住房问题是社会普遍关心的问题，住房的社会保障制度也是一个国家社会保障制度的重要组成部分。

在一定情况下，房地产（特别是住房）又成为一种政治问题，关系到社会的稳定和经济的健康发展。住房政策是很多国家政府的主要政策之一。有时政府制定的房地产政策可能影响不同阶级或阶层的利益，使房地产政策制定成为一个政治问题。如英国政府 1989 年制定的人头税（poll tax）和在野党工党推出的房屋税（roof tax）就成为一个严重的政治问题。第二次世界大战后相当长一段时期，很多发展中国家都有禁止外国人或机构拥有本国土地或房地产的规定。

## 1.3 房地产业及相关产业

房地产业是现代社会经济结构中一个重要的产业，但在我国它又是一个新崛起的产业。在计划经济条件下，我国没有房地产业，当时有的是按照政府计划，接受政府委托进行建设的建筑业。市场经济的发展、土地有偿使用制度和住房制度的改革是房地产业迅速发展的前提。

### 1.3.1 建筑业

建筑业是专门从事房屋或其他建筑物建设的企业。

按照我国 1984 年颁布的国民经济行业分类标准，建筑业包括：土木工程建筑业（从事各类房屋和铁路、公路、隧道、桥梁、堤坝、电站、港口、机场等各种构筑设施建筑的行业）；线路、管道和设备安装业；建筑工程勘探设计业。

建筑业是完成固定资产投资的行业，它为各行各业提供必备的物质条件或基础。它通过其生产的产品供社会使用，它是直接从事房屋生产和其他建造物的建设、改造、装修、安装等的一个物质生产部门，属于第二产业。

建筑业的发展同国民经济发展紧密相关，建筑业增加值增长速度能很好地说明国民经济增长趋势；2006 年、2008 年、2009 年和 2011 年建筑业增加值分别为 17.2%、9.5%、18.6%和 10.0%，就很好地说明了我国经济受美国金融危机、我国四万亿投资和世界经济危机的影响。

### 1.3.2 房地产业

房地产业是现代国民经济中的一个重要行业，它包括房地产的投资、开发、经营、管理和服务等行业的产业部门。在《联合国国际标准产业分类》（见表 1—1）中，房地产业同保险、金融并列为第八类，在我国现行的行业分类中列为第七类。不管是统计还是产业管理，房地产业都应是独立的一个产业部门。房地产业是从事房地产的投资、开发、经营、物业管理和房屋中介服务的总称，其业务可以分为房地产公司的开发、投资业务，经营业务（如租赁等），物业管理业务，房地产评估、代理、策划等中介服务业务。房地产业主要活动在流通领域和社会服务领域，属于第三产业。

表1—1 联合国国际标准产业分类（1958年）

| 4个部门 | 8个部门 | 23个部门 | ISIC |
| --- | --- | --- | --- |
| 可交易部门 | | | |
| Ⅰ. 初级产品 | 1. 农业 | 1. 农业 | 01～04 |
| | 2. 矿业 | 2. 煤矿和石油 | 12，13 |
| | | 3. 其他矿业 | 14，19 |
| Ⅱ. 制造业 | | | |
| 轻工业 | 3. 食品加工和烟草 | 4. 食品、饮料和烟草 | 20～22 |
| | 4. 消费品 | 5. 纺织品 | 23 |
| | | 6. 服装 | 24 |
| | | 7. 木材和木制品 | 25，26 |
| | | 8. 纸张和印刷 | 27，28 |
| | | 9. 皮革制品 | 29 |
| | | 10. 其他制造业 | 39 |
| 重工业 | 5. 生产品 | | |
| | | 11. 橡胶制品 | 30 |
| | | 12. 化学制品 | 31 |
| | | 13. 煤和石油制品 | 32 |
| | | 14. 非金属矿产品 | 33 |
| | 6. 机械 | 15. 金属制品 | 34，35 |
| | | 16. 机械 | 36，37 |
| | | 17. 运输设备 | 38 |
| 非交易部门 | | | |
| Ⅲ. 社会基础设施 | 7. 社会基础设施 | | 40 |
| | | 18. 建筑 | 51，52 |
| | | 19. 水、电和煤气 | 71～73 |
| Ⅳ. 服务业 | 8. 服务业 | 20. 运输和通信 | 61 |
| | | 21. 贸易 | 64 |
| | | 22. 房地产 | 62，63 |
| | | 23. 其他服务业 | 81～84，90 |

### 1.3.3 住宅业

房地产业包括各种房屋的投资、建设、经营和管理、服务。住宅的投资、建设、经营、管理和服务构成住宅产业，它是围绕住房建设形成的由上、下游产业组成的一个产业链，而不是严格意义上的产业，在国内外产业分类中并没有该产业。但目前我国住房成为社会普遍关心的话题，政府已将住宅业作为新的经济增长点和消费热点，在这种情况下，研究由住房投资形成的产业链及其对社会、国民经济的影响和贡献也是有益的，建筑业同房地产业的概念是清楚的、区别是明显的，但住宅业同建筑业、房地产业之间在概念上有重叠和交叉。由于住宅的特殊社会性质，住宅的投资、建设并不都是市场行为，有时包括政府为解决低收入家庭住房问题而进行的非营利住宅建设，这部分住宅投资不是房地产投资。

建筑业、房地产业和住宅业是相互区别的概念，但相互间联系紧密，有时又相互包容。另外，房地产业同建材业、装修和装饰业、金融和保险业等紧密相连，房地产往往成为金融业、保险业的主要投资对象。

## 1.4 房地产业在国民经济中的作用和地位

房地产业在国民经济中的作用同房地产类型一样是多变的。房地产业的适度发展可以带动国民经济的发展，但房地产业的滞后或过度发展又会对国民经济发展产生阻碍或破坏作用。

### 1.4.1 房地产业的适度发展可以带动国民经济的发展

罗斯托的经济增长理论认为人类社会的发展可以划分成六个阶段：传统社会、为起飞创造前提、起飞、成熟、高额群众消费和追求生活质量。由传统社会向工业化社会的转变是经济起飞阶段，在以后的每一个发展阶段都应有一个主导产业，发展阶段的演进是以主导产业部门的更替为特征的。钱纳里界定了各阶段人均收入变动范围（见表1—2）。

**表1—2　　与不同经济发展阶段相对应的人均收入**

| 时期 | 人均收入变动范围 | |
|---|---|---|
| | 1964年（美元） | 1970年（美元） |
| | 100 | 140 |
| 1 | 200 | 280 |
| 2 | 400 | 560 |
| 3 | 800 | 1 120 |
| 4 | 1 500 | 2 100 |
| 5 | 2 400 | 3 360 |
| 6 | 3 600 | 5 040 |

资料来源：钱纳里等：《工业化和经济增长的比较研究》，71页，上海，三联书店上海分店、上海人民出版社，1995。

与六个经济增长阶段相对应，罗斯托在《战后25年的经济史和国际经济组织的任务》一文中，列出了五种主导部门综合体系：（1）作为起飞前提的主导部门综合体系，主要是食品、饮料、烟草、水泥、砖瓦等工业部门。（2）替代进口货的消费品制造业综合体系，主要是非耐用消费品的生产，如纺织业。（3）重工业和制造业综合体系，如钢铁、煤炭、电力、通用机械、肥料等工业部门。（4）汽车工业综合体系。（5）生活质量部门综合体系，主要指服务业、城市和城郊建筑等部门。主导部门序列不可任意改变，任何国家都要经历由低级向高级的发展过程。

#### 1.4.1.1 房地产业在国民经济中的地位

1. 房地产业在国民经济中地位的一般规律

20世纪80年代以来，我国工业化已经进入了加速发展的时期，20世纪80年代完成了以轻工业为主导的起步阶段，90年代重工业得到了发展。这时我国人均GDP已达800美元，已经进入钱纳里的工业化发展的加速期（500～1 120美元）。这一阶段是房地产业作为主导产业的形成时期。据有关统计，英国19世纪经济起飞时房地产与其相关投资占全国投资的42%，德国19世纪40年代经济起飞时非农业房屋投资占总投资的31%，日本战后经济恢复的几十年里住宅投资占固定资产形成价值总额的20%～27%。

20世纪90年代我国城市人均住房面积不高，且建筑质量差、配套率低，300万户城市居民人均住房不足4平方米，还有3 000万平方米的危房待改造。住房供应同百姓日益增长的需求形成矛盾，住宅发展的空间很大。但房地产业占国民经济的比重一直较低，1987年仅为1.13%，1995年上升到近1.86%，对国民经济的贡献偏小，没有起到支柱产业的作用。2000年以后房地产业得到了快速发展，目前，在一些城市这一比例已超过5%，上海市2001年这一比例达到6.4%，成为城市发展的主导产业。进入新世纪以后，我国很多大城市房地产业先后成为城市经济的主导产业。

《联合国国际标准产业分类》中，把全部经济活动划分为十大项，建筑业被列为第五类，房地产和经营服务业被列为第八类。在我国1985年制定的“国民经济行业分类和代码”中，我国经济被分成13个门类，建筑业被列为第四类，房地产业被列为第七类。有关房地产业在国民经济中的地位在国内一直存在不同的说法，有先导产业、支柱产业等争论。1997年中央政府将住宅业作为群众的消费热点和国民经济新的增长点，提高了房地产业作为支柱产业的地位。

联合国的研究认为，一国在低收入阶段房地产投资占GDP的比例仅为2%，进入中等发达阶段这一比例可以上升到8%，是房地产业发展最快和国民经济贡献最大的时期；而到发达阶段，这一比例可能下降到3%～5%。目前，我国房地产业占GDP的比重已由20世纪90年代的不足2%大幅度提高到8%左右。但目前房地产业的增加值主要是投资拉动，消费和服务所占比例偏小。自21世纪以来，房地产业投资保持高速增长，占全社会固定资产投资的比例保持在25%左右，2003年为24.2%，2011年为29.7%。随着经济的发展，住房消费将在今后相当长时间内持续推动房地产业发展。

2. 房地产投资

房地产投资是固定资产投资的主要构成部分，它是促进国民经济发展的主要动力之一，也是世界各国较重视的问题。根据联合国对世界70多个国家的调查，各种住宅建设投资占国民生产总值的3%～8%。美国在1950—1973年的24年中，住宅建设投资占GNP的比例平均为4.5%，20世纪80年代后这一比例下降。20世纪60年代日本住宅投资占GNP的比例为4%，70年代高达7%，90年代这一比例下降为5%～6%，住宅业同汽车业、造船业等共同成为推动国民经济发展的支柱产业。

世界银行根据50个国家1970—1990年间的住房投资占国内生产总值的比例，统计出人均国内生产总值在2 500美元时住宅投资占3%～4%，5 000美元时占4%～5.5%，7 500美元时占4.6%～6.7%，8 000美元时占5%～6.8%，达到峰值即超过8 000美元时这一比例逐渐下降。

不同经济发展阶段房地产业产值的构成不同，在经济起飞时房地产业增加值中新增投资所占比例较大，经济发展到一定阶段以后，其产值构成中住宅消费所占比例上升。

以上规律是在研究很多国家几十年经验的基础上得出的一般性规律，但并不是每一个国家都严格按照此规律运行。

#### 1.4.1.2 住房消费促进社会的发展

1. 恩格尔系数

在人们的生活消费中，有衣、食、住、行、教育、娱乐等各种需要。这些消费在总消费中的比例构成消费结构。不同国家、不同发展水平、不同生活习惯、不同发展阶段，甚至处在不同地理纬度的国家可能具有不同的消费结构。

E. 恩格尔（Eynest Engel，1821—1896）在研究人类消费结构时发现，随着生活水平的提高，家庭收入提高，虽然吃的消费绝对值在增加，但其在总的消费中的比重有下降的趋势。这一规律被称为恩格尔定律。恩格尔认为可以把食品消费支出占家庭总消费支出的比重作为衡量一个家庭或一个国家人民生活水平高低的标准，这一系数被称为恩格尔系数。

恩格尔系数有两种表示方法。一种是食品支出占收入的比例，另一种是食品支出占总支出的比重。有人将以上两种系数分别称为恩格尔系数Ⅰ和恩格尔系数Ⅱ。两种系数是密切联系的，它同一个国家居民的储蓄倾向有关。

恩格尔系数Ⅰ ＝ 恩格尔系数Ⅱ×居民消费率

联合国粮农组织用恩格尔系数Ⅱ作为判定生活发展阶段的一般标准：60%以上为贫困，50%～60%为温饱，40%～50%为小康，小于40%为富裕。

2. 住宅消费比例

食品消费比重降低后，住宅消费首先凸显出来，它在家庭消费支出中的比重逐渐上升，成为除食品以外的一个主要消费品种。当食品、住房消费问题解决以后，人们的其他消费，如衣、娱和行的比重开始上升，形成更高的消费层次和同发展水平相适应的合理的消费结构。

一般地说，住宅消费支出在总消费支出中的比重大小与两个因素有关。一是人均国民收入，它是生产力发展水平的一个重要标志：当生产力发展到一定水平时，居民的住宅消费也应该达到一定水平。二是居民生活水平，当居民的生活水平达到一定程度时，居民的住宅消费也应同其生活水平相一致。

一般居民住宅消费比例随着恩格尔系数的下降而上升。由于各国住房政策不同、社会福利政策不一样，因此会出现相同发展水平的国家住房消费的比重差别较大。把35个恩格尔系数在40%～59%之间的国家分成四组，研究其在20世纪70—80年代住房费用所占比例的结果见表1—3。

**表1—3　　不同发展水平国家住宅消费比例对比表**

| 恩格尔系数（%） | 范围 | 住宅支出比（%） | | |
|---|---|---|---|---|
| | | 中数 | 众数 | 平均 |
| 40～45 | 7.8～29.0 | 18.4 | 17.0 | 18.9 |
| 45～50 | 7.9～20.0 | 13.9 | 10.0 | 12.0 |
| 50～55 | 6.1～17.2 | 11.2 | 10.0 | 11.2 |
| 55～59 | 4.7～9.1 | 6.9 | 7.0 | 7.1 |

从表1—3中可以看出：总体而言，随着恩格尔系数的降低，住宅支出比例的平均数都有上升的趋势；住宅支出比例的变化范围也有扩大的趋势，这一范围的大小同各国的住房政策相关。

有关住房消费占总消费支出的比例有两种计算办法：一种是住房费用占总消费的比例，它仅计算房屋费用占的比例，可称为住房消费比例；另一种是居住费用占总消费支出的比例——居住费用包括住房、水、电、气（燃料）等费用的总和，它较住房费用要高——可以称为居住消费比例。不少人将以上两种系数混淆。

同一国家不同发展阶段，居住消费比例也不同，一般随着生产、生活水平的提高，这一比例有上升的趋势。1965年日本居住消费比例为9.7%，1975年为9.2%，1985年为10.8%，1995年上升到12.3%。美国这一比例在1955年为17.0%，1965年为19.2%，1970年为18.5%，1980年为20.6%，1983年为21.8%，1994年上升为22.6%。

3. 我国的住宅消费

我国城市居民生活水平不断提高，恩格尔系数从1957年的58.4%，降低到1981年的56.7%，1990年为54.3%，1995年第一次降低到50%以下，为49.92%，1997年为46.4%。说明自1995年以后，就总体而言我国城市居民生活水平已达到小康阶段。随着恩格尔系数的降低，住宅消费比例会不断上升。我国城市居民住房支出比例20世纪50—80年代变化不大，20世纪50年代一般在2%，1962年上升到近5%，以后普遍下降；1981—1984年，房租占总支出的比例在1.3%～1.5%间波动；房租和水电费用占总支出的比例在2%左右。同20世纪50—60年代的日本对比，这一比例普遍偏低。进入20世纪90年代，随着住房制度的改革，住房费用和居住费用上升，占总支出的比例1990年为4.76%，1995年为4.07%，1997年上升到8.57%。由于过去我国城市居民住房消费比重长期偏低，导致了我国城市住房没有形成良性循环，不利于房地产业的发展。2008年我国城市居住消费比例已达10%，同20世纪80年代的日本相近，在一些经济发达城市住房消费已成为城市经济发展的支柱。城镇不同收入家庭的居住消费比例也有差别，如2010年，全国平均为9.89%，其中高收入户为9.52%，中等收入户为9.99%，低收入户为10.53%，困难户为2.55%。

我国农村20世纪50年代农民的恩格尔系数一般在66%～68%，20世纪60—70年代变化不大；1980年下降到61%，1981年为59.7%，下降到60%以下，1997年为55%，仍处在温饱阶段。我国农村同城市实行不同的住房制度，农村居民有持续的住房消费热情，居住支出所占比例要较城市高出不少。1954年居住支出占的比例为8.64%，1964年为13.32%，1978年为10.3%，1984年为17.2%，1990年为17.34%，1997年下降为14.42%。从这些变化可以看出，在恩格尔系数较高的情况下，我国农村居住消费比例远较城市为高，这同城乡实行不同的住房制度有关，也说明我国城市居民的居住消费比例提高空间还是很大的。2008年我国农村居住消费比例已达20.3%，同20世纪80年代的美国相近。

#### 1.4.1.3 房地产业的带动作用

房地产业的带动作用主要表现在：一是可以带动相关产业；二是促进社会就业；三是可以提高国民经济的发展速度。

1．房地产业可以带动相关产业

同房地产业相关的产业有几十种。建材业、建筑设备工业、冶金、化工、森工、机械、仪表等，这些都是房地产业的上游产业，房地产业需要它们提供各种原材料；相关的产业有建筑业、监理等中介服务业；下游产业有装饰、装修业，电器、家具业，旅游、园林业，运输业，商业等。研究认为房地产业对上游、下游和相关产业具有回顾效应、前瞻效应和旁侧效应，从而促进相关产业的发展。

房地产开发建设中所需要的建筑材料共计 23 大类、1 558 个品种，涉及建材、冶金等 50 多个部门。1995 年我国城乡住宅建设耗用了全国年产量中 14%的钢材、47%的水泥、20%的木材和 40%的玻璃。没有房地产业的顺利发展，同房地产业相关的各产业的发展就会因需求不足而衰退。

2．房地产业可以促进社会就业

根据韩国、巴基斯坦、印度和墨西哥等国家的统计，房地产业每投资 1 万美元可为社会提供 14 个就业岗位。1988 年，美国每 100 万美元的新工程能够创造 49 个就业岗位。在 20 世纪 50—60 年代，日本建筑业每进行一个计算单位的生产，能够导致上百倍的就业效应。根据北京市的测算，每增加 1 万平方米的建筑生产，可直接增加就业岗位 1 000 人。目前，我国建筑业从业人员约 3 300 万人。

房地产业不仅直接增加就业岗位，同时还通过其产业链增加相关产业的就业。目前，房地产业直接从业人员约 90 万人，房屋管理、维修人员 300 多万人。住宅区的物业管理是一个劳动密集型产业，一般而言，每 50 万平方米的住宅区需要 100 个管理人员管理，越高档的住宅区需要的人员越多。假设每年我国完成 3 亿平方米的住宅，除每年可以增加很多装修、装饰从业人员外，还可增加物业管理方面的长期从业人员 5 万～6 万人。

3．房地产业的投资乘数效应

乘数亦称倍数，即用来说明国民经济收入变动量和引起这种变动量的最初投入量的倍数。可以用下列公式表示：

$$k=\frac{\Delta y}{\Delta x}$$

式中，$k$ 为乘数；$\Delta x$ 为最初投入增量；$\Delta y$ 为由 $\Delta x$ 所引起的国民收入增量。

乘数是社会经济再生产活动的另一种表述，社会再生产活动是客观的，因而乘数现象也是客观的，它不因社会制度或政府、地区管理者的好恶而改变。自农业社会以后，社会化生产程度不断加强，乘数的作用也越来越强。乘数描述的是社会再生产运行过程的因果数量关系，描述了原因变动引起结果变动的数量对比，而不是描述社会再生产的具体过程。

乘数效应是指在经济运行参数的变动作用下，所有受到这一变动影响作用的各部门获得的产出增加的全部过程与其结果。它同乘数的关系是互为假设条件，如果说乘数是社会化再生产活动的描述，那么乘数效应则是这一活动的最终结果。乘数效应反映了经济运行过程受到参数变动影响的经济均衡状态转移的程度。它也是自发性需求变动引起经济运行总量的变动的结果，变动的程度受自发性需求变动的影响。乘数效应有正有负，这取决于初始自发性需求的方向。乘数现象对再生产过程中每一阶段的影响是逐渐衰减的，乘数是多次积累的总增长结果。

房地产业对其他产业和人民生活的影响主要为由于房地产投资对其他产业产生的投资乘数效应和房地产使用产生的引致性消费乘数效应。房地产投资对其他相关产业，如建材业，钢铁、玻璃等产业产生投资乘数效应。根据日本的统计，房地产业的产值每增加1个单位，就能使相关产业的产值增加1.5个～2个单位。1983年日本房地产业的销售额为21.4万亿日元，对其他产业的直接乘数效应为16万亿日元（生产额）。另据日本住宅金融金库的计算，在日本非木造住宅的生产乘数高达1.993，而固定资产投资的乘数为1.990，居民消费的引致性消费乘数为1.595。根据世界银行提供的数学模型，可以初步测算我国住房建设的乘数效应，每投入100元的住房资金，可以创造相关产业170～220元的需求。房屋的建设可以带来装修、装饰、家具等下游服务业的消费，这种消费可以称为引致性消费。研究表明每一单位住宅消费对相关商品的引致性消费乘数为1.34。根据计算得出，我国每销售100元的住宅，还可带动130～150元的其他商品的销售。另据世界银行的资料，20世纪80年代中期至90年代初期，发展中国家的房地产投资对相关产业的投资乘数效应和引致性消费乘数效应的总乘数效应为2。有人按乘数1.93计算我国的住宅产业增加值及其带动效应，1998年住宅产业的增加值为275亿元，住宅及相关产业的增加值为531亿元，当年全国国内生产总值增长约为8%，住宅业占0.71个百分点，约占国内生产总值的9%。

总之，房地产业是国民经济发展的基础性产业，人们的生产、生活和娱乐都离不开房地产业，工业、商业和旅游业的发展也都离不开房地产业的发展。而且，房地产业还是国民经济发展的先导性产业，这是由房地产业的基础性决定的。房地产业同其他产业有广泛的关联性，它能带动相关产业的发展和促进相关消费。适度的房地产消费又是建立良好的社会消费结构和家庭财产保值的好办法，可以避免出现消费畸形和盲目储蓄现象。另外，房地产业又是一个风险大、周期长、同金融业联系密切的产业。由于房地产业对国民经济有以上重要作用，因此，政府对房地产业的发展都特别重视，根据市场运行情况制定相应的投资、消费和税收政策，以促进或限制房地产业的发展，使其发展同整个国民经济的发展相协调。

### 1.4.2 房地产业的滞后阻碍国民经济的发展

1949年我国城镇人口5 700万人，人均居住面积4.5平方米。由于长期低水平的住宅投资，到1978年，城镇人口增加到1.2亿人，但新建住宅面积仅5.3亿平方米，人均居住面积下降到3.6平方米，住宅建设的低速度严重地影响着国民经济的发展，下面以上海市为例进行分析。表1—4为上海市住宅投资占GDP的比重。

**表1—4　　上海市住宅投资占GDP的比重**

| 年份 | 住宅投资占GDP的比重（%） | 阶段性平均（%） | 年份 | 住宅投资占GDP的比重（%） | 阶段性平均（%） |
|---|---|---|---|---|---|
| 1952 | 0.7 | 0.66 | 1976 | 0.6 | 0.84 |
| 1953 | 1.4 | | 1977 | 0.4 | |
| 1954 | 0.7 | | 1978 | 0.8 | |
| 1955 | 0.2 | | 1979 | 1.0 | |
| 1956 | 0.3 | | 1980 | 1.4 | |
| 1957 | 0.7 | | | | |

续前表

| 年份 | 住宅投资占GDP的比重（%） | 阶段性平均（%） | 年份 | 住宅投资占GDP的比重（%） | 阶段性平均（%） |
|---|---|---|---|---|---|
| 1958 | 0.5 | | 1981 | 1.8 | |
| 1959 | 0.4 | | 1982 | 1.9 | |
| 1960 | 0.3 | | 1983 | 1.8 | 2.08 |
| 1961 | 0.2 | 0.32 | 1984 | 2.1 | |
| 1962 | 0.2 | | 1985 | 2.8 | |
| 1963 | 0.3 | | | | |
| 1964 | 0.4 | | | | |
| 1965 | 0.3 | | | | |
| 1966 | 0.2 | | 1986 | 3.6 | |
| 1967 | 0.2 | | 1987 | 4.1 | |
| 1968 | 0.2 | 0.14 | 1988 | 4.2 | 3.6 |
| 1969 | 0.01 | | 1989 | 2.8 | |
| 1970 | 0.07 | | 1990 | 3.5 | |
| 1971 | 0.1 | | 1991 | 4.0 | |
| 1972 | 0.2 | | 1992 | 4.0 | |
| 1973 | 0.2 | 0.28 | 1993 | 4.4 | 7.46 |
| 1974 | 0.4 | | 1994 | 14.7 | |
| 1975 | 0.5 | | 1995 | 10.2 | |

1952—1995年上海市住宅投资经历了一个曲折的发展历程，可以按其对国民经济的贡献率将之分成三个阶段：1952—1978年，1979—1991年，1992—1995年。

第一阶段包括前五个五年计划。由于过于强调生产性建设，忽视了住宅等非生产性建设，上海市住宅建设占其国内生产总值的比例徘徊在0.3%～0.5%，最低的1969年不足0.01%，结果造成城市居民住房严重紧张，人均居住面积仅3.6平方米。从其他城市来看，1962年抚顺市人均居住面积仅2.27平方米，居住面积最高的城市太原也仅有3.98平方米，住宅建设滞后是一个全国性问题。1955—1978年的20多年间住宅投资占基建投资的比重在3%～6%间徘徊，住宅投资不足严重地影响了国民经济的发展。上海20世纪50年代住宅投资对国民经济的贡献率仅为0.6%，60年代又下降到0.3%，70年代初期下降到历史最低点0.1%，70年代后期有所上升曾达到8.8%。住宅投资的滞后也严重地阻碍了国民经济的发展速度。

第二阶段从1979—1991年的恢复发展期。政府吸取了过去的经验教训，自1979年后开始重视住宅建设。上海市住宅建设占其国内生产总值的比重逐年上升，20世纪80年代初期达2%左右，后期上升到3%～4%，最高达4.2%；人均住房面积也由4.3平方米上升到6.7平方米。全国住房投资占GDP的比重也由1978年的2%上升到1989年的6.8%，最高时达7.9%；住房投资占固定资产投资的比重也由1978年的7.44%上升到1989年的25.8%，住宅建设开始促进国民经济的发展。

第三阶段是1992年以后的稳步发展期。1992年和1993年上海住宅建设占国内产值稳定在4%以后，1994年攀升到14%，1994年以后逐渐稳定在10%左右，住宅建设带动了国民经济发展，提高了国民经济发展速度。

上海市住宅投资影响国民经济发展的历程说明：住宅投资在国内生产总值中应占一定的比重，一方面要与经济发展水平相适应；另一方面，住宅投资在国内生产总值中占有一定比例，才能维持住宅建设的稳定发展并能满足人们不断增长的需求，从而促进国民经济发展。过度压制住宅建设的规模、速度会造成国民经济发展速度的放慢。因此，制定刺激住宅投资、消费的政策也是在经济不景气时，政府扩大内需、刺激经济的重要手段。

### 1.4.3 房地产业的不良发展破坏国民经济的发展

房地产业的正常发展可以促进或带动国民经济的发展，但房地产业的不良发展又会对国民经济产生破坏作用。

20 世纪 80 年代日本的泡沫经济刺激了股市和地产的投机行为，使地价、股价飞涨。1987 年东京住宅价格较上年上升 57%，巨额利润更刺激了地产的炒风，银行向房地产业的开发贷款迅速膨胀。自 1991 年上半年起泡沫经济破灭，地价大幅度下跌，1994 年底东京住宅价格较 1990 年降低 40%。根据统计，1996 年日本 350 家金融机构拥有的抵押房地产价值仅占其贷款总量的 24.4%，银行呆账率大幅度上升，于是出现了主业为住宅金融的住宅专业银行的“住专危机”。日本地产泡沫的产生和破灭对日本国民经济产生了极大的影响，是自 1990 年后经济长期低迷的主要原因之一。中国台湾省 20 世纪 80 年代的泡沫经济也造成地价飞涨、房屋空置等现象，带来许多社会、经济、金融问题。泰国 20 世纪 80 年代中期以来，经济快速发展，政府制定了加快房地产业发展的政策，鼓励外资进入房地产业，引起地价飞涨，引发房地产投机，结果导致房地产供过于求，房屋空置率达 50%，约 40%房地产贷款成为呆账、坏账，约 400 亿美元的贷款无法收回。在 720 亿美元银行业全部不良贷款中，房地产不良贷款占 400 亿美元，且多为短期外债，房地产投机造成的银行呆账、坏账是泰国金融危机的导火索之一。

我国 1992 年兴起的房地产热也造成银行出现大量呆账、坏账，据统计仅海南省就有上千亿元的贷款收不回，对国民经济产生了不良影响。

综上所述，房地产业同国民经济密切相关，特别是同建筑业、金融业的关系更为密切。房地产业发展的好坏直接影响国民经济的发展，其过慢或过快的发展都将对国民经济的发展产生阻碍甚至破坏作用。保证房地产业同国民经济发展的速度相适应和相协调，发挥房地产业对国民经济的促进作用，避免其不利影响，对国民经济的发展是重要的，这也是房地产经济学研究的重要问题之一。

## 1.5 房地产经济学的研究对象和内容

### 1.5.1 房地产经济学的研究对象

房地产经济学是从房地产属性角度出发，研究房地产在生产、消费和交易中的产权关系、自身运行规律和管理政策等内容的一门科学。它包括下面几个方面：房地产及房地产业的属性；由房地产而产生的各种产权关系，是房地产的社会属性，反映的是由房地产而产生的人与人之间的关系；房地产市场运行规律以及房地产业同国民经济之间的关系；房地产管理制度等。

房地产经济学主要研究房地产在生活、生产和流转过程中表现出来的由自然特性、社会经济条件等决定的房地产的经济属性、社会属性及其变化规律。在这里，土地的自然属性和社会经济条件是房地产经济学的背景，而不是房地产经济学的研究对象。具体来讲，房地产经济学的研究对象包括三个方面：(1) 能反映人们之间社会关系的各种产权关系和由社会制度决定的各种房地产制度；(2) 能反映人们之间经济关系的房地产价格和房地产市场运行规律；(3) 政府为加强房地产业的发展或保护房地产产权人的利益而采取的管理制度、调控措施等。

### 1.5.2 房地产经济学的学科性质

房地产经济学主要是研究房地产经济运行规律、房地产配置效率和房地产配置措施的学科。房地产经济运行规律是房地产经济学的基础，也是房地产学科的基础。房地产配置效率是房地产经济行为的目标，也是政府管理、规范房地产生产、交易、消费行为，调节房地产业发展水平的依据。房地产配置措施是房地产调控的手段，前者是基础，后者是应用。

房地产经济学是一门应用经济学。房地产经济学同农业经济学、工业经济学、建筑经济学、商业经济学等一样是应用经济学中一门独立的学科，也可以说它们是产业经济学的组成部分。应用经济学原理研究房地产及房地产业的基本运行规律，解决房地产和房地产业相关问题是其应用经济学性质的具体表现。但是，在房地产经济学中也有很多理论经济学或政治经济学所涉及的问题，如地租理论等。因此，房地产经济学在某些方面又有理论经济学的属性。

房地产经济学是房地产学科的理论基础。房地产经济学的基本理论及其涉及的经济、社会属性和房地产在生产、消费、流通中的各种规律，是房地产其他各分支学科都要应用的基本理论、基本规律。因此，它是其他学科如房地产估价、房地产管理、房地产金融的理论基础。

房地产经济学是把房地产业同国民经济紧密联系的桥梁。房地产经济学中房地产业同国民经济关系的理论将房地产业纳入整个国民经济中研究，使房地产业研究同整个国民经济联系在一起，有利于正确地认识房地产业在国民经济中的地位，房地产业对国民经济的影响、带动作用和阻碍作用等，是促进房地产业带动国民经济并同国民经济协调发展的重要理论基础。

### 1.5.3 房地产经济学的内容

房地产经济学主要包括五方面的内容：(1) 房地产经济属性，如地租、地价，它是房地产交易的标准；(2) 房地产社会属性，主要介绍产权理论和房地产产权，它是保障房地产权益的关键；(3) 房地产市场运行规律，它是政府、开发商和个人认识市场的基础；(4) 房地产相关制度，它是房地产市场正常发展的基础和保障；(5) 房地产相关政策。

本书共十章。第 1 章绪论，主要讲述土地、房地产和房地产业等有关概念、性质，房地产业同相关产业的关系，房地产业在国民经济中的作用和地位，是房地产经济学的基本知识和基本概念。第 2 章地租理论，对各个时期地租理论做一介绍，主要讲述古典经济学的地租理论、马克思的地租理论和新古典经济学的地租理论以及城市地租理论。地租理论是土地价格的理论基础，也是土地利用和房地产使用、交易的理论基础。第 3 章区位理论，主要介绍区位理论的产生、几种区位理论、区位因素和区位对房地产开发的影响。第 4 章房地产价格，主要讲述土地价格、建筑物价格和房地产价格及其影响因素。第 5 章房地产市场，主要论述房地产市场的特点、类型和房地产市场的运行、房地产市场分析。第 6 章房地产经济波动，主要介绍房地产经济波动的运行机理、指标以及同宏观经济波动的关系，重点介绍两种波动类型：房地产经济周期和房地产泡沫。第 7 章房地产产权，主要介绍所有权理论、权利束理论，重点论述土地产权和房屋产权。第 8 章房地产制度，主要从土地所有制、土地使用制度和土地管理制度三个方面研究土地制度，从住宅的投资、使用、信贷和管理四个方面介绍住房制度。第 9 章房地产税收制度，它是调控房地产利益关系的有效经济手段，在介绍税收基本理论、原理的基础上，分析房地产税收方面的基本理论、发展趋势，简单介绍海外房地产税收制度并较详细地介绍我国当前房地产开发、使用、交易等方面的税收制度。第 10 章房地产市场调控政策，主要介绍房地产市场调控的土地、住房、货币和税收政策。

# 第 2 章

# 地租理论

## 本章内容提要

本章主要阐述古典经济学的地租理论、马克思的地租理论、新古典经济学的地租理论和城市地租理论。古典经济学时期流行的地租理论，是地租剩余理论，认为地租是从土地收益中减去包括工资在内的成本后的剩余。马克思的地租理论主要包括资本主义地租的实质、级差地租、绝对地租、垄断地租、建筑地段地租和矿山地租等内容。新古典经济学时期流行的地租理论是地租的边际生产力理论。城市地租理论包括城市级差地租、城市绝对地租和城市垄断地租。

## 2.1 古典经济学的地租理论

古典经济学时期流行的地租理论①，是地租剩余理论。地租剩余理论起源于威廉·配第的《赋税论：献给英明人士货币略论》和亚当·斯密的《国民财富的性质和原因的研究》之间的时期。该时期的地租论点是，地租是从土地收益中减去包括工资在内的成本后的剩余，剩余额的大小取决于农产品的需求和供给成本，农产品的成本又取决于土地的位置和肥沃程度。较完整的地租剩余理论，产生于詹姆斯·安德森的《地租性质的研究》和大卫·李嘉图的《政治经济学及赋税原理》之间的时期。这一时期对地租问题有研究的学

---

① 参见张家庆：《地租与地价学》，北京，中国国际广播出版社，1991。这里主要介绍英国学派而忽略法国学派。

者还有马尔萨斯（《地租的性质与发展》）、爱德华·威斯特（《论资本用于土地》）等。[①]

### 2.1.1 威廉·配第的地租理论[②]

地租是一块土地的耕作者从他的收获之中扣除了自己的种子、口粮及换取其他生活必需品所需要的产品部分后剩下的谷物，即所得到的剩余就是这块土地一年的地租。靠近人口稠密地方的土地，相对于土质相同而距离较远的土地，由于土地产品运输费用的节约，能产生较多的地租。如果用更多的劳动改良土地，使土地丰收，地租会因收成的增加超过所使用劳动的增加而上涨。谷物需求增加，价格即上涨，因而生产谷物的土地的地租也上涨。

### 2.1.2 亚当·斯密的地租理论[③]

地租是使用土地的代价，它是在保证租地人取得对所垫付资本的足够补偿，并获得平均利润的前提下，按照土地实际情况支付给地主的最高价格。现实生活中所缴纳的地租（契约地租），可能会低于或高于这个最高价格，通常情况下，那不过是由于地主或租地人的无知造成的。

地租在很大程度上并非地主改良土地所投入资本的利润或利息。对于未改良土地，地主也要求缴纳地租。土地改良资本的利润或利息，一般只是未改良土地地租的附加额。况且土地的改良，未必都是由地主投资的，也可能是由租地人投资的。不过在续订租约时，地主通常要求增加地租，好像改良是由他投资的。这样看来，地租完全不和地主的土地改良投资额成比例，它是一种垄断价格。[④]

地租成为商品价格构成部分的方式不同于工资和利润。有些土地产品的需求，使得它们的市场价格总是超过其生产费用，而有些产品的价格或是超过或是不超过其生产费用。前者总能提供地租，后者有时能够提供地租，有时则不能。土地产品价格有高有低，是因为生产它所必须支付的工资和利润有高低，但能不能提供地租，则是因为产品的价格有高低。因此，工资和利润的高低是价格高低的原因，地租的高低是价格高低的结果。[⑤]

---

① 参见［美］约翰·伊特韦尔等编：《新帕尔格雷夫经济学大辞典》，第 3 卷，127 页，北京，经济科学出版社，1992。马克思认为马尔萨斯剽窃了安德森的地租理论。［参见《马克思恩格斯全集》，中文 1 版，第 26 卷（Ⅱ），123 页，北京，人民出版社，1973。］威斯特是李嘉图地租理论体系的独立发现者，虽然他被李嘉图称为地租理论的创始人之一，但他的名位却远逊于李嘉图，以至于他对李嘉图有些愤愤不平。（参见［美］约瑟夫·熊彼特：《经济分析史》，第 2 卷，151 页，北京，商务印书馆，1992。）

② 参见［英］威廉·配第：《赋税论：献给英明人士货币略论》，41～50 页，北京，商务印书馆，1978。熊彼特认为配第的学生坎梯隆及其以后的重农学派首先对地租作出了合理的解释——土地之所以产生地租，是因为它是一种稀缺的生产要素，这种地租的一部分是地主投资的利息，一部分是对土地自然生产力的支付。熊彼特认为除了土地的生产力和稀缺性外，不需要其他原因来解释为什么会有地租，因而他对（劳动价值）地租剩余理论"不屑一顾"。（参见［美］约瑟夫·熊彼特：《经济分析史》，第 1 卷，398～400 页，北京，商务印书馆，1991。）马克思对重农学派这种地租观点进行了批评。［参见《马克思恩格斯全集》，中文 1 版，第 26 卷（Ⅱ），177 页。］

③ 参见［英］亚当·斯密：《国民财富的性质和原因的研究》（上卷），第 11 章，北京，商务印书馆，1988。

④ 这里的"垄断"，并不是说地主组织了卡特尔，根据垄断理论的规则来确定地租额，它只不过是指数量有限、没有生产成本的土地，也有价格（地租）。（参见［美］约瑟夫·熊彼特：《经济分析史》，第 2 卷，446 页。）由于地主阶级不是单一的售主，因而其收入不能以垄断理论来说明。（参见［美］约瑟夫·熊彼特：《经济分析史》，第 1 卷，399 页。）

⑤ 熊彼特批评说，既然前面把地租解释为一种垄断收益，它就会进入价格，因而这里同斯密的地租垄断理论是矛盾的。（参见［美］约瑟夫·熊彼特：《经济分析史》，第 2 卷，466 页注释。）

地租随土地肥沃程度不同而不同，也随土地位置的不同而不同。都市附近的土地，比偏远地带同样肥沃的土地，能够提供更多的地租，这是因为偏远地带的单位产品，从产地到都市的运输费用更高，从而其用于支付地租的剩余部分更少。良好的道路和可通航河流会减少运输费用，使偏远地带土地与都市附近土地支付地租的能力更接近。

谷田和牧场的地租支配其余一切耕地的地租。一切大国中的大部分耕地，都用来生产人类或牧畜的粮食。假如用来生产某种特殊产品的土地，所能提供的地租少于粮食生产用地的地租，那种土地马上就会改用为生产粮食；假如能够提供较多的地租，那么一部分粮食生产用地不久就会改用为生产这种特殊的产品。

煤矿能否提供地租，取决于它的产出力和位置。有些煤矿的产出物，仅够支付工资和补偿开矿资本，并提供普通利润。像这类煤矿，除了地主自己开采，不能由他人经营。因为没有地租，所以地主不许任何人开采，而任何人开采都不能支付地租。

### 2.1.3 詹姆斯·安德森的地租理论[①]

土地肥沃程度的差异，是土地支付或不支付地租，以及支付不同地租的原因。这种土地肥沃程度的差异，和土地的绝对肥力（生产力）绝对没有任何关系。各种等级土地的绝对肥力的不平衡，能够日益趋于平衡。在一国可能是谷物价格高而地租低，在另一国可能是谷物价格低而地租高，这是因为在这两个国家，地租的高低及地租本身的存在，决定于各等级土地肥力的差异，而不是决定于各等级土地的平均肥力。虽然土地产品的价格在地租最低的国家往往最高，但不是地租决定土地产品价格，而是土地产品价格决定地租，因此，地租同农业的绝对生产率毫无关系。

在不同生产条件下生产出来的等量产品具有同一的市场价格，是形成地租的前提。

由土地改良投资造成的土地生产力，会同土地的“自然”生产力融合在一起，从而提高地租。对一块土地的不断耕种，也能改良土地。

### 2.1.4 李嘉图的地租理论[②]

地租是为使用土地原有的和不可摧毁的生产力，而付给地主的那一部分土地产品。在对经过改良的农场所支付的货币额中，只有一部分是这种地租，另一部分则是对土地改良资本（包括地上建筑物）的支付。每年付给地主的这种兼有地租和利润性质的报酬，有时会由于相互对立的影响[③]而保持不变，有时又会由于某一性质占优势而有所增减。

土地数量的有限性和质量的差异性，是支付地租的原因。如果土地数量是无限的，而且一切土地都具有相同的特性（包括质量、位置），那么在使用土地时就无须支付地租。地租总是由于使用两份等量资本和劳动，而获得的两个不等量土地产品之间的差额，即是因追加的劳动量所获报酬的差异而产生的。

---

① 参见《马克思恩格斯全集》，中文1版，第26卷（Ⅱ），122～123、158～163页。

② 参见［英］彼罗·斯拉法：《李嘉图著作和通信集》，第1卷（《政治经济学及赋税原理》），第2章、第3章，北京，商务印书馆，1983。

③ 地租发展的规则和利润发展的规则大不相同，并且发生作用的方向很少相同。（参见［英］大卫·李嘉图：《政治经济学及赋税原理》，56页，北京，商务印书馆，1962。）

谷物价格高不是因为支付了地租，相反，支付地租是因为谷物价格高。谷物的价格是由用不支付地租的那一等级土地，或不支付地租的那一份资本进行生产时，所投下的劳动量决定的，地租不会也绝不可能成为谷物价格的构成部分。[①] 即使地主放弃全部地租，谷物价格也不会下降。

矿山的租金和地租一样，都是产品价值高昂的结果，而绝不是它的原因。

古典经济学对地租属性的认识，仅局限在以下几个方面：

(1) 该时期的地租观点是，地租是从土地收益中减去包括工资在内的成本后的剩余。剩余的高低取决于产品的价格及工资等成本的高低。

(2) 工资和利润的高低是造成农产品价格高低的原因，价格的高低又引起地租的高低，所以地租高低是农产品价格高低的结果。

(3) 土地面积的有限性、不可移动性和土地质量的差异性是产生地租的原因。土地的以上三种属性是产生地租的前提。

(4) 土地肥沃程度和位置的不同产生地租的差异。土地越肥沃，地租越高；距离都市越近，地租越高。

(5) 地租是为使用土地原生产力而支付给地主的那一部分产品。对已改良土地的地租包括这部分地租再加上改良投资的利润。

## 2.2 马克思的地租理论

马克思的地租理论，是马克思和恩格斯在对古典政治经济学家的地租理论批判性地继承的基础上建立和发展起来的。马克思的地租理论主要研究了资本主义农业地租，对城市地租也有所涉及，主要包括资本主义地租的实质、级差地租、绝对地租、垄断地租、建筑地段地租和矿山地租等内容。

### 2.2.1 资本主义地租的实质[②]

资本主义地租，是租地农场主为取得土地使用权，而支付给土地所有者的超过平均利润的那部分剩余价值。土地所有权垄断是资本主义生产方式的历史前提。实际的耕作者是雇佣工人，他们受雇于租地农场主。作为租地农场主的资本家，为了得到使用自己资本的生产经营场所（土地），要在一定期限内按契约规定，支付给他所使用的土地的所有者一定的货币额。不管这一货币额是为耕地、建筑地段，还是为矿山、渔场、森林等支付，通称为地租。租地农场主要支付地租，但并不因此而减少他的平均利润，也就是说，租地农场主取得平均利润，而土地所有者取得超额利润——地租。在这里，土地所有权是地租的前提，地租是土地所有权得以实现的经济形式。

① 熊彼特对英国古典经济学派的这种观点进行了批判性分析，认为地租进入还是不进入价格，同工资是完全相同的。参见［美］约瑟夫·熊彼特：《经济分析史》，第 2 卷，447 页。

② 参见［德］马克思：《资本论》，中文 1 版，第 3 卷，第 37 章，北京，人民出版社，1975；周诚：《土地经济研究》，349 页，北京，中国大地出版社，1996。

真正的地租与投入土地的固定资本的利息是有区别的。投入土地的资本的存在，一些是短期的，如化学性质的改良、施肥等；一些是长期的，如修排水渠、建设灌溉工程、平整土地、建造经营建筑物等。这种投入土地的资本为土地资本（改良物），属于固定资本的范畴。为改良土地而进行的土地资本投入所支付的利息[①]，可能形成地租的一部分，但这一部分并不构成真正的地租。真正的地租是为使用土地（物质）本身而支付的，不管该土地处于自然状态还是已经被开垦。投入土地且经过较长时间才能损耗尽的长期固定资本，大部分或全部是由租地农场主投入的。但契约规定的租期一满，在土地上进行的各种改良，就和土地本身一起成为土地所有者的财产。在签订新的租约时，土地所有者就把已投入土地的资本的利息，加到真正的地租上，而不论是把土地租给曾进行改良的原租地农场主，还是租给其他的人，地租都要上涨。撇开真正地租的变动不说，这是随着经济发展，地租（或土地价格）不断上涨的原因之一。这一过程在建筑地段的使用中表现得更为明显。

租金（或称为契约租金）中可能包括对平均利润或正常工资的扣除，或同时对这二者的扣除。从经济学上来说，扣除的平均利润和工资部分都不能形成真正的地租，但它们可能和真正的地租一起形成土地所有者的实际收入，并且可能和真正的地租一样，对土地价格起决定作用。

地租与借贷资本利息有区别。地租表现为土地所有者出租一块土地而每年得到的一定的货币额，而任何一定的货币收入都可以资本化，都可以看做一个想象的资本的利息，因而地租的资本化形成土地的购买价格。假定平均年利率为 5%，一个每年 200 元的地租，可以看做一个 4 000 元资本的利息。而当用4 000元购买一宗每年能提供 200 元的地租的土地时，这和买地人按 5%的年利率借出 4 000 元一样。但是，（自然）土地不是劳动产品，因此没有任何（劳动）价值，这个购买价格不是土地的购买价格，而是土地所提供的地租的购买价格。虽然这里的资本化率可以按普通利息率计算，但地租的资本化是以地租为前提的，地租却不能反过来由土地价格产生，非交易土地的地租的存在是进行资本化的前提。

### 2.2.2 级差地租[②]

1. 级差地租的概念

（1）分析级差地租的前提。支付地租的土地上的产品，像其他一切商品一样，是按照它们的社会生产价格出售的，即它们的出售价格，等于它们的成本要素加上由一般利润率决定的，并按全部预付资本计算的利润。这个生产价格实际上是市场（生产）价格。

（2）级差地租的形成。假定一个国家的绝大多数工厂是用蒸汽机推动的，少数是用自然水流推动的，而这些工业部门中，一个耗费资本 100 元的商品量的市场（生产）价格为 115 元，利润率是 15%。再假定用自然水流推动的工厂，生产同样商品量的耗费（成本价

---

① 可能还应该包括土地资本的单位时间（与地租缴付周期相同）折旧或损耗。

② 参见［德］马克思：《资本论》，中文 1 版，第 3 卷，第 38～44 章；周诚：《土地经济研究》，349～360 页；毕宝德：《土地经济学》，北京，中国人民大学出版社，1991。

格）仅为 90 元，但同样会按 115 元出售，利润率为 25%，这样就有 10%的超额利润。这里的超额利润虽然等于市场价格超过个别生产价格的余额，但不是产生于资本，而是产生于对一种能够被垄断且已经被垄断的、数量有限的自然力的利用，显然这样的自然力，不是该生产部门的一般条件或一般都能创造的条件。在这种情况下，这一超额利润就会落入河流的所有者手中，转化为地租。

（3）级差地租的概念。这种产生于支配垄断自然力的个别资本的个别生产价格和投入该生产部门的一般资本的社会生产价格之间的差额，就是级差地租。根据级差地租的形成条件不同，又可分为级差地租Ⅰ和级差地租Ⅱ两种形式。自然力不是级差地租的源泉，而只是它的一种自然基础。河流的土地所有权也不能创造级差地租，它只不过是“差额”转化为级差地租形式的原因。如果有一种新的不用瀑布推动的生产方法，生产商品的资本耗费降低到 90 元，那么，超额利润及地租就会消失。

2. 级差地租Ⅰ

级差地租Ⅰ是由土地的肥沃程度不同和位置差异引起的。两个等量资本和劳动投资于面积相等而优劣不同的土地上时，会产生不同的结果。这些不同的结果是由土地肥力和位置两个原因造成的。

在土地肥力不同的条件下（见表 2—1），经营优等地和中等地时，投入同样的资本和劳动，其劳动生产率和产量均高于劣等地，从而其单位产品的生产价格低于劣等地。数量有限的土地被租地农场主垄断经营，并且只有优、中、劣等级不同的土地全部用于农业生产时，才能满足社会需求，这时劣等地上单位产品的生产价格就成为市场（生产）价格。优、中等地上的个别生产价格与市场价格之间的差额，就转化为级差地租Ⅰ。

**表 2—1　　由土地肥力差别形成的级差地租Ⅰ（利润率为 20%）**

单位：元

| 土地等级 | 投入资本 | 平均利润 | 产量（个） | 个别生产价格 | | 社会生产价格 | | 利润 | 级差地租 |
|---|---|---|---|---|---|---|---|---|---|
| | | | | 全部产品 | 单位产品 | 单位产品 | 全部产品 | | |
| 劣 | 50 | 10 | 1 | 60 | 60 | 60 | 60 | 10 | 0 |
| 中 | 50 | 10 | 2 | 60 | 30 | 60 | 120 | 70 | 60 |
| 优 | 50 | 10 | 4 | 60 | 15 | 60 | 240 | 190 | 180 |

在位置不同的条件下（见表 2—2），经营距市场较近的土地与距市场较远的土地相比，会因节约运输费而取得超额利润，这一超额利润就转化为级差地租Ⅰ。

**表 2—2　　由土地位置差别形成的级差地租Ⅰ（利润率为 20%）**

单位：元

| 土地序号 | 距市场路程（公里） | 产量（个） | 投资 | | | 平均投资 | 个别生产价格 | 社会生产价格 | 级差地租 |
|---|---|---|---|---|---|---|---|---|---|
| | | | 生产投资 | 运输 | 合计 | | | | |
| 1 | 20 | 10 | 50 | 40 | 90 | 18 | 108 | 108 | 0 |
| 2 | 10 | 10 | 50 | 20 | 70 | 14 | 84 | 108 | 24 |
| 3 | 5 | 10 | 50 | 10 | 60 | 12 | 72 | 108 | 36 |

3. 级差地租Ⅱ

级差地租Ⅱ是在同一块土地上连续投入等量资本，各等量资本之间的生产率不同所产生的超额利润转化形成的地租（见表 2—3）。在同一土地上连续进行追加投资，也即发展集约化耕作，主要是或在较大程度上是在较好土地上进行的。这里的追加投资是有界定的，这里仅指提供平均利润的追加投资，它的产品的个别生产价格和市场价格是一致的。

**表 2—3　　追加投资形成的级差地租Ⅱ（利润率为 20%）**

单位：元

| 土地等级 | 投入资本 | 平均利润 | 产量（个） | 个别生产价格 | | 社会生产价格 | | 利润 | 级差地租 | |
|---|---|---|---|---|---|---|---|---|---|---|
| | | | | 全部产品 | 单位产品 | 单位产品 | 全部产品 | | Ⅰ | Ⅱ |
| 劣 | 50 | 10 | 1 | 60 | 60 | 60 | 60 | 10 | 0 | |
| 中 | 初始 50 | 10 | 2 | 60 | 30 | 60 | 120 | 70 | 60 | |
| | 追加 50 | 10 | 1.5 | 60 | 40 | 60 | 90 | 40 | | 30 |

虽然具有不同结果的各个等量资本，无论采取哪一种投资方式，都不会影响超额利润的形成，但对超额利润转化为地租却具有不同的意义。这是因为在级差地租Ⅱ的形式上，除了肥力的差别外，还有资本（以及获得信用的能力）在租地农场主之间分配上的差别。当我们说劣等土地上的产品的个别生产价格作为市场价格时，我们总是假定，在单位面积劣等土地上已经投入了一个最低限额的资本量，即投入标准的资本量。例如，英国 1848 年以前每英亩投入 8 英镑，1848 年以后每英亩投入 12 英镑。高于这个标准的农业资本会提供超额利润，低于这个标准的资本就得不到平均利润。地租是在土地出租时确定的，对超过投资标准的租地农场主来说，超额利润在租约有效期间，便流入租地农场主的腰包。租约期满后，它会不会转为地租，则取决于那些能够进行同样的额外投资的租地农场主的竞争。

4. 级差地租Ⅰ和级差地租Ⅱ的关系

级差地租Ⅰ是级差地租Ⅱ的基础和出发点。从历史上看，级差地租Ⅰ和级差地租Ⅱ反映着资本主义农业由粗放经营到集约经营两个不同的发展阶段；从形成过程看，级差地租Ⅱ的产生是以同一块土地上连续投资的生产率高于劣等地的生产率为前提的。

级差地租Ⅱ是级差地租Ⅰ的不同表现，二者实质上是一样的。无论转化为级差地租的超额利润是怎样产生的，它由租地农场主手里转到土地所有者手里，总是要有下列先决条件：各个连续投资的部分产品所具有的不同的实际的个别生产价格，已事先平均化为个别平均生产价格。级差地租在由同一块土地上的连续投资产生时，实际上会化成一个平均数，在这个平均数上，不同投资的作用已经不可能辨认和区别。也就是说，在每个场合，级差地租都是由该土地提供的平均产量和最差土地按一个标准的投资提供的产量相比的差额决定的。级差地租Ⅰ和级差地租Ⅱ不过是级差地租的两种表现形式，它们都是投在土地上的等量资本所具有的不同生产率的结果。

5. 最差耕地也有级差地租

前面假定最差耕地（劣等地）上的个别生产价格为市场价格，因而劣等地上的级差地租为零。当由于社会需求的增加，使得（在优等地、中等地、劣等地或更劣等地上）比原劣等地上的投资生产率更低的资本投资具有经济可行性时，劣等地上就产生了级差地租（见表 2—4），或者劣等地上的追加投资具有更高生产率时，劣等地也会产生级差地租（见表 2—5）。

表 2—4 社会生产价格提高情况下劣等地上的级差地租（利润率为 20%）

单位：元

| 土地等级 | 投入资本 | 平均利润 | 产量（个） | 个别生产价格 | | 社会生产价格 | | 利润 | 级差地租 | |
|---|---|---|---|---|---|---|---|---|---|---|
| | | | | 全部产品 | 单位产品 | 单位产品 | 全部产品 | | Ⅰ | Ⅱ |
| 劣 | 50 | 10 | 1 | 60 | 60 | 75 | 75 | 25 | 15 | |
| 中 | 初始 50 | 10 | 2 | 60 | 30 | 75 | 150 | 100 | | 90 |
| | 追加 50 | 10 | 0.8 | 60 | 75 | 75 | 60 | 10 | 0 | |

表 2—5 追加投资生产率提高下劣等地上的级差地租（利润率为 20%）

单位：元

| 土地等级 | 投入资本 | 平均利润 | 产量（个） | 个别生产价格 | | 社会生产价格 | | 利润 | 级差地租 | |
|---|---|---|---|---|---|---|---|---|---|---|
| | | | | 全部产品 | 单位产品 | 单位产品 | 全部产品 | | Ⅰ | Ⅱ |
| 劣等地 | 50 | 10 | 1 | 60 | 60 | 60 | 60 | 10 | 0 | |
| | 追加 50 | 10 | 1.5 | 60 | 40 | 60 | 90 | 40 | | 30 |

### 2.2.3 绝对地租①

绝对地租的概念。前面在分析级差地租时，曾假定最劣等地的个别生产价格（$P$），与调节市场的生产价格一致，因而劣等地上的地租为零。但事实是，如果租地农场主不向土地所有者缴纳地租，就不可能被土地所有者允许在劣等地上耕种。租地农场主要在既不克扣工人工资，又要获得平均利润，且又必须缴纳地租的前提下租种劣等地，供求作用下的市场价格就必须上涨到生产价格（$P$）之上，即在劣等地个别生产价格（$P$）基础上再加地租 $r$。市场价格只要稍稍超过生产价格（$P$），就足以使得劣等地进入市场。劣等地必须提供地租才会让人耕种这一事实，是谷物价格之所以会上涨的原因。由于这一地租是不论土地好坏都必须缴纳的，就称为绝对地租。绝对地租是土地所有者凭借对土地私有权的垄断所取得的、土地产品市场价格高于社会生产价格的一个差额，这个差额转化而形成的地租。

资本主义农业绝对地租的来源。由于资本主义农业有机构成低于社会平均资本的构成，在对劳动的剥削程度（剩余价值率）相等时，将会比等量的社会平均资本生产出更多的剩余价值，从而生产出更多的利润。由于土地私有权的垄断阻碍着资本自由地进入农业部门，使得农业部门的较多的剩余价值不参加利润的社会平均化，农产品的价值就高于按平均利润率计算的生产价格。于是，农产品就会按照高于生产价格的市场价格（垄断价格）来出售（见表 2—6、图 2—1）。

表 2—6 工农业有机构成对比及绝对地租的形成（剩余价值率 100%，平均利润率 20%）

| 生产部门 | 资本有机构成 | 剩余价值 | 平均利润 | 生产价格 | 商品价值 | 市场价格 $P+r$ | 绝对地租 $r$ |
|---|---|---|---|---|---|---|---|
| 工业 | $80c+20v$ | 20 | 20 | 120 | 120 | 120 | 0 |
| 农业 | $50c+50v$ | 50 | 20 | 120 | 150 | $120<P+r\leqslant 150$ | $0<r\leqslant 30$ |

① 参见［德］马克思：《资本论》，中文 1 版，第 3 卷，第 45 章；周诚：《土地经济研究》，349～360 页；毕宝德：《土地经济学》；［美］约翰·伊特韦尔等编：《新帕尔格雷夫经济学大辞典》，第 1 卷，5 页，北京，经济科学出版社，199。

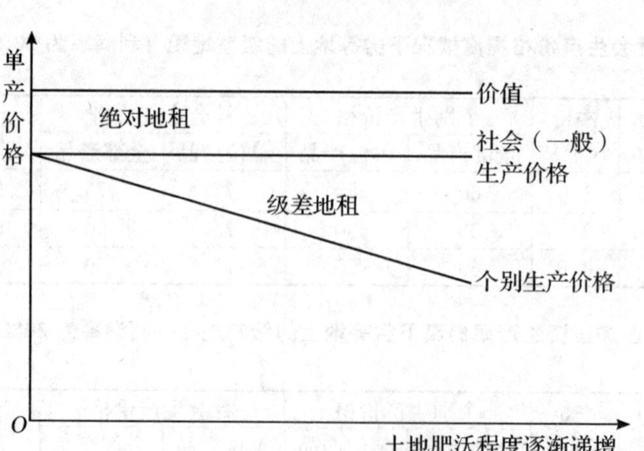


**图 2—1　绝对地租概念**

绝对地租的量。绝对地租究竟是等于价值和生产价格之间的差额，还是小于这个差额，即农业上生产的超过一定平均利润的剩余价值，将在多大程度上转化为绝对地租，完全取决于市场供求状况和新耕种的土地面积。无论产品价值超过其生产价格的余额（差额）有多大，在正常条件下，绝对地租也只能是微小的。

农业资本有机构成等于或高于社会平均资本构成时的绝对地租来源。这时，绝对地租只能来自市场价格超过价值的差额，或者说来自真正的垄断价格。这种垄断价格既不是由商品的生产价格决定的，也不是由商品的价值决定的，而是由购买者的需要和支付能力决定的。这样的绝对地租量也是微小的。①

绝对地租对土地产品价格和级差地租量的影响。由以上论述可以看出，产品价格昂贵不是绝对地租的原因，相反，绝对地租倒是产品价格昂贵的原因。如果劣等地单位面积产品的市场价格等于 $P+r$，一切级差地租就都会按 $r$ 的相应倍数增加。

土地所有权在绝对地租产生和级差地租产生中的作用不同。在级差地租形成过程中，土地所有权只是没有它的作用就已经产生的超额利润转移到土地所有者手里的原因。而在绝对地租的产生过程中，土地所有权是引起市场价格上涨的原因。单纯法律上的土地所有权，不会为土地所有权人创造任何地租，但他有权不让别人使用他的土地，直到经济关系能使土地的利用给他提供一个货币额。

## 2.2.4　垄断地租②

垄断地租是由产品的真正垄断价格带来的超额利润转化而形成的地租。真正的垄断价格既不以生产价格为基础，也不以价值为基础，而是由购买者的购买欲和支付能力决定的。这种超额利润来自同该垄断价格产品进行交换的其他产品的生产者利润的转移，即其

① 马克思在《资本论》（中文 1 版，第 3 卷，941～942 页）中把这种地租称为不同于绝对地租的垄断地租。它们的价值来自同这种具有垄断价格的商品进行交换的其他商品的剩余价值的一部分，或者说是把其他商品生产者的一部分利润转移到具有垄断价格的商品上。

② 参见［德］马克思：《资本论》，中文 1 版，第 3 卷，873～874 页。

他产品剩余价值的一部分。垄断地租可以分为两种[①]：由于土地所有权垄断，不付地租在未耕地上进行投资受到限制，以至于土地产品按照高于它们价值的垄断价格出售，由此而形成超额利润转化为垄断地租；由于某一土地的独特的自然特性，所生产出的产品具有较好的口味或其他质量特征，以至于能够以超出价值基础的垄断价格出售，由这种垄断价格产生的超额利润转化为垄断地租。前一种垄断地租，实质上就是农业资本有机构成较高情况下的绝对地租，是由于地租的存在而产生垄断价格；后一种垄断地租，是由于土地的较好的自然特性引起的，实质上就是级差地租，在这里，是垄断价格产生地租。较好的土地自然特性，既可以产生较大量的产品（这种情况更普遍），也可能产生较独特的产品。独特的产品极为稀少，导致其能够以垄断价格出售。

### 2.2.5　建筑地段地租和矿山地租[②]

建筑地段地租和一切非农业用地的地租一样，是由真正的农业地租调节的。位置对其级差地租具有决定性的作用。人口的增加以及随之而来的住宅需求的增大，会使得对建筑地段的需求增加，从而会提高建筑地段地租，土地作为空间和地基的价值也相应地提高。在土地上的固定资本投入（建筑物、铁路、船坞等）也必然会提高建筑地段的地租。不过，作为房屋投资资本的利息和折旧之和的房租，与单纯的地租是完全不同的。在迅速发展的城市内，房地产投机的真正对象是地租，而不是房租。

矿山地租的决定方法和农业地租是完全一样的。

## 2.3　新古典经济学的地租理论

新古典经济学时期流行的地租理论是地租的边际生产力理论。一般认为，冯·杜能是这一理论的先驱，他在《孤立国同农业和国民经济的关系》一书中应用边际生产力概念分析了地租理论，并建立了区位地租理论。对边际生产力理论及其在地租中的运用作出重要贡献的经济学家还有门格尔、杰文斯、克拉克、威克塞尔、威克斯蒂德、马歇尔等，其中威克斯蒂德、马歇尔是两位最重要的代表人物。他们的理论否定了古典经济学中把生产要素三分为土地、劳动、资本的方法，认为各生产要素的价值由它的边际生产力决定，从而否认地租是一种剩余。[③] 莱昂·瓦尔拉斯质问："为什么英国学派要用劳动和资本服务的使用量来确定地租，而不愿用土地服务的使用量来确定工资和利息?"[④] 瓦尔拉斯认为，"地租、工资、利息、产品价格和生产系数都是在同一问题以内的未知量；它们始终必须共同地被确定，不能单独地被确定"[⑤]。迄今为止，这一地租理论仍然表述于现代西方经济学教

---

① 对马克思绝对地租和垄断地租的理解有很大分歧，这里也只是编者的理解。蔡继明先生可能是对此问题研究最为深入的学者。(参见蔡继明：《垄断足够价格论》，天津，南开大学出版社，1992。)

② 参见［德］马克思：《资本论》，中文1版，第3卷，871～873页。

③ 参见［美］约翰·伊特韦尔等编：《新帕尔格雷夫经济学大辞典》，第3卷，127页。

④ ［法］莱昂·瓦尔拉斯：《纯粹经济学要义》，445页，北京，商务印书馆，1989。

⑤ 同上书，447页。

科书中。下面主要介绍马歇尔对地租理论的论述。

## 2.3.1 边际生产力地租理论[①]

投入土地的资本和劳动，是由陆续使用的等剂量构成的（见图 2—2）。在陆续投入的过程中，陆续使用的各个等剂量所产生的报酬会出现递增（$aef$）、递减（$a'e$，$fg$）、或者增减交替（$a'e$-$ef$-$fg$-$gh$-$hc$）的过程。我们把所产生的报酬刚好与耕作者的生产费用（一个剂量加上平均利润）相等的这一剂量，称为边际剂（$\Delta d$）。使用这一剂量刚好使耕作者的资本和劳动获得一般报酬（$dc$），而没有剩余。它所产生的报酬称为边际报酬（$dc$）。投入土地的总剂量数（$od$）乘以边际报酬，得到所投入资本和劳动的一般总报酬（$odcb$）。所投入资本和劳动产生的总报酬［$odchgfea'$（$a$）$b$］，超过这个一般总报酬，超过的部分［$bchgfea'$（$a$）］就是土地的剩余生产物，在一定的条件下转变为地租。

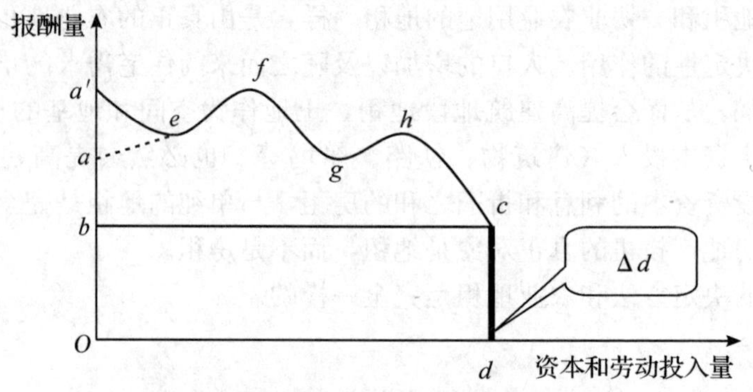


图 2—2 边际生产力地租的形成

## 2.3.2 稀有地租和级差地租[②]

从某种意义上说，所有的地租都是稀有地租，也都是级差地租。如果地租被看做土地服务总价值，超过所有土地在按照边际利用时所提供的总服务价值的差额时，地租就是级差地租。如果把每块土地充分利用到它能被有利使用的程度，也就是说，使用程度达到这样的边际，以至其产品只能以一种价格出售，这种价格刚好等于边际产品的生产成本（费用加利润），而不对土地的使用提供任何剩余。这样，土地所提供的服务（产品）的价格，必然由服务（产品）总量的自然稀缺性和对这些服务的需求即供求来决定，而地租则最容易被看成这种稀缺价格总量和产品生产成本总量之差。因此它一般又被视为稀有地租。

## 2.3.3 城市地租[③]

城市地租等于位置地租加上农业地租。有两个从事同一产业生产的生产者，他们在各方面都具有相同的便利，但第一个生产者所占有的位置较为便利，因此在相同市场上买卖

① 参见［英］马歇尔：《经济学原理》，上卷，172～174 页，北京，商务印书馆，1964。

② 参见［英］马歇尔：《经济学原理》，下卷，107～108 页，北京，商务印书馆，1965。

③ 参见上书，117、123～136、293 页。

所需运费较少。如果假设第二个生产者不存在位置便利，其所使用的土地只是按农业土地缴纳地租，那么第一个生产者的土地位置便利所具有的货币价值，就可能转化为位置地租。第一个生产者缴纳的地租额就等于位置地租加农业地租。

土地所有者的土地年收入中，包括地租和利润两部分。地租是土地的原始价值或公有价值。原始价值是由于自然的原始性质（阳光、热、雨、空气、土地位置等）所致，虽然其中大都是人为的结果，但不是土地持有者造成的。比如，一块土地由于附近人口的激增，而立即具有很高的价值，它的所有者并没有作任何努力，这种价值可以确切地称为“公有价值”，它是真正的地租。大部分位置价值（位置地租）是公有价值。土地持有者劳动或投资所创造的那部分价值可以称为“私有价值”，在土地年收入中表现为利润。[①] 利润率的大小取决于土地开发投资者所承担的风险。成片开发的风险大于单项开发，个人开发的风险大于政府开发。比如，众多土地所有者联合起来修建一条铁路，这将大大提高他们土地的价值。在土地所有者增加的收入中，有一部分应当看成土地改良（铁路）投资的利润，虽然这种资本用于铁路建设，而可能不是直接投资于自己的土地。一个国家在建立社会政治组织、普及国民教育和开发自然资源方面的投资，也具有相同的性质。

### 2.3.4 准地租[②]

准地租是指从人类制造出来的特定生产工具中获得的收入。就是说，任何无供给弹性的生产要素都能得到或多或少具有地租性质的收入。建筑物、特殊机器设备等在短期内，供给都可能缺乏弹性，它们的收入都被称为准地租。

### 2.3.5 地租与土地产品价格的关系[③]

地租是不是决定价格的成本，取决于我们是从一个企业、一个小的行业，还是从一个大的行业或整个经济范围的角度来看问题。就整个经济或一个大的行业而论，我们可以把使用土地的各种方法归并为一类，土地利用方式自然就是单一的，土地的供给缺乏弹性，地租的大小就取决于对土地的需求（引致性需求），进一步而言，就是取决于对土地产品的需求。地租是引致的，即由土地产品价格决定的。从单一的企业或某些小行业来看，土地利用方式是可以选择的（如种小麦或种树，开发成住宅、写字楼、公园或道路），土地的供给有相当大的弹性，地租就是影响土地产品价格的成本。

### 2.3.6 地价与房价关系的实证分析[④]

关于房价与地价关系的讨论主要有三种观点：土地成本驱动论、房屋需求引致论以及

---

① 除了利润，还应该包括折旧。

② 参见［英］马歇尔：《经济学原理》，上卷，94页；［美］乔治·J·施蒂格勒：《价格理论》，第15章，北京，商务印书馆，1992。

③ 参见［美］保罗·A·萨缪尔森等：《经济学》，1004～1005页，北京，中国发展出版社，1992；［美］E.曼斯菲尔德：《微观经济学——理论与应用》，512页，北京，中国金融出版社，1992。

④ 参见温海珍等：《房价与地价的内生性及其互动影响——基于联立方程模型的实证分析》，载《财贸经济》，2010（2）。

房价地价互为因果论。周京奎通过 Granger 因果关系检验发现，房价对地价有显著影响，地价对房价的影响程度较小（实际上不显著）。李珍贵、冯邦彦、刘明均发现房价是地价的 Granger 成因，反之则不成立。而高波、毛丰付通过 Granger 检验和回归分析，发现滞后两个季度的房价和地价存在互为因果的关系，况伟大则得出长期内房价走势决定地价走势、短期内两者相互影响的结论。温海珍等以城市地价与房价为内生变量，选取 5 个地价影响因素和 7 个房价影响因素为外生变量，构建了联立方程模型，通过收集全国 21 个城市 2000—2005 年的样本资料，采用两阶段回归法（2SLS）对模型进行了估计，发现房价与地价之间存在内生性关系，相互影响的方向均为正向，并且房价处于主导地位；研究结论也表明人均可支配收入是地价的重要影响因素，同时也对房价有显著的影响作用，房价滞后期对房价的影响程度最大，说明房价的预期效应是推动房价上涨的主要原因。

## 2.4 城市地租理论[①]

### 2.4.1 城市级差地租

城市土地的空间位置，包括交通便捷程度、基础设施完善程度、集聚程度、地质水文状况、环境等区位因素，是影响城市级差地租的决定性因素。

(1) 城市级差地租Ⅰ。

假定有两个分别位于城市商业中心地段和较差地段经营面积相同的商业企业，经营者的经营管理水平也相同。如果把等量资本分别投资于这两个企业，由于前者所处位置交通便利、集聚经济等原因，会吸引相对较多的顾客，从而商品的销售速度（资金流转速度）较快，营业额及营业利润也相对较高。对工业企业而言，可能会由于所处位置交通便利、接近产品市场地或原材料地，支出运费较少而获得相对较多的利润。这种由土地位置引起的相对较高的利润，在一定条件下会转化为地租。这种形式的地租就是城市级差地租Ⅰ。

(2) 城市级差地租Ⅱ。

在城市一定面积的某土地上，在投资界限范围内连续追加投资，建筑面积由小到大（也可能是建筑质量由低到高），建筑产品总价值增加。连续投资直到建筑边际[②]，由此产生的建筑产品总价值与总建筑生产成本（包含资本平均利润）之间的差额，构成业主的超额利润。这一超额利润在一定的条件下转化为地租。这种形式的地租就是城市级差地租Ⅱ。土地周围城市基础设施的建设，会改变该土地的经济地理位置，提高该土地上的城市

---

① 区位地租理论是城市地租理论的重要组成部分之一，不过，在本书的章节安排上，把区位地租理论放在“区位理论”一章。这里主要阐述城市级差地租和绝对地租的概念。参见周诚：《土地经济研究》，356～370 页；陈征：《论社会主义城市绝对地租》，载《中国社会科学》，1993 (1)；陈征：《社会主义城市级差地租》，载《中国社会科学》，1995 (1)。

② 马歇尔在讨论报酬递减和建筑土地的关系中，对建筑边际作了较为详尽的阐述。参见［英］马歇尔：《经济学原理》，下卷，129～131 页。

级差地租Ⅰ，同时也会扩大该土地上的投资界限，提高土地（在经济上允许）的可利用强度，从而提高城市级差地租Ⅱ。城市级差地租Ⅱ不仅和土地的地基承载力有关，也和经济地理位置、规划容积率限制、建筑产品的市场供求有关。

### 2.4.2　城市绝对地租

城市绝对地租是在土地使用权和土地所有权分离的条件下，所有土地使用者都必须缴纳的地租，即城市土地使用者所必须缴纳的最低限度的地租。绝对地租量是使用一个城市最边缘的土地或位置、地基等方面最差的土地所必须缴纳的地租。在对土地利用完全不作限制的情况下，土地用途的选择取决于不同用途下的地租支付能力，因而城市最边缘土地做非农业利用时，所缴纳的地租额不得低于农业利用时的地租额，也就是说，城市绝对地租量至少等于与最边缘城市土地相邻农地上的农业地租。①

由于城市最差土地只能提供平均利润，而不可能提供超额利润用以支付绝对地租，因而城市绝对地租只能是对平均利润的扣除。对城市物质生产部门来讲，绝对地租来自该部门工人创造的剩余价值；城市中非物质生产部门、非营利性的部门、居民个人所支付的绝对地租，只能是对他们所得到的国民收入的扣除。

### 2.4.3　垄断地租

在像北京王府井、上海南京路等极为稀缺的商业黄金地段上进行经营，可以获得特别高的超额利润。由于土地所有者对这种供不应求的稀缺土地的垄断，这种超额利润就转化为垄断地租。因这里的商品也只能按照正常价格出售，所以垄断地租不可能来自所出售商品的垄断价格，而是来自优越位置所带来的极高营业额或地上建筑物的特别高的垄断价格。②

## 附录　关于绝对地租的论争③

我国经济学界在20世纪80年代初，曾围绕农业资本有机构成等于或超过社会平均资本有机构成后农业绝对地租的存在及其来源问题进行了热烈的讨论。④ 在1994—1995年间，有四位学者就绝对地租是否是科学的地租理论展开争论。⑤ 黄贤金认为绝对地租是地租理论的赘瘤，地租就应该是级差地租。尹云松认为，绝对地租是以土地租佃制度为存在

---

① 有学者认为，城市土地不存在绝对地租，所谓城市绝对地租实际上就是农业中的绝对地租。参见张朝尊：《中国社会主义土地经济问题》，166页，北京，中国人民大学出版社，1991。

② 既然它不是来自于所出售商品的垄断价格，和城市级差地租Ⅰ比较可以看出，它就是级差地租。

③ 参见乔志敏：《关于绝对地租的论争》，载《农业经济问题》，1996（10）。

④ 参见伍柏麟：《政治经济学（资本主义部分）争论问题与统计资料》，175～183页，上海，上海人民出版社，1989。

⑤ 参见黄贤金：《绝对地租：理论的赘瘤》，载《农业经济问题》，1994（3）；尹云松：《绝对地租：有条件存在的地租的特殊形态》，载《农业经济问题》，1994（8）；王文举：《绝对地租：科学的地租理论之精髓》，载《农业经济问题》，1994（10）；孙剑平：《绝对地租：包容颇多误区的科学理论》，载《农业经济问题》，1995（3）。

条件的特殊形态的地租，在量上来源于级差地租，不同等级土地上的绝对地租数量不同。王文举认为土地所有权是绝对地租的充要条件，一旦社会消灭了土地所有权，绝对地租的实体也就不复存在，而级差地租的实体依然存在。孙剑平认为，马克思和西方经济学家在绝对地租问题上的分歧，主要在绝对地租的来源（是劳动还是土地）问题方面。

本书以为，既然使用劣等土地也必须缴纳地租，那么我们把绝对地租作为一种分析问题的工具是完全必要的。对绝对地租作以下表述可能是较为恰当的：(1) 土地所有权的垄断是绝对地租存在的唯一条件。只要存在土地所有权的垄断，在土地所有权和土地使用权相分离的情况下，用地人就必须支付地租。(2) 绝对地租是土地所有者向土地使用者收取的最低限度的地租，即最差土地所必须缴纳的地租。(3) 绝对地租的形成同级差地租Ⅱ在质上是相同的，即是由于劣等地上各资本连续投资的生产率的差异性而产生的。因此，优等地上的绝对地租产生于最大允许投资量中最后投资部分（相当于劣等地上投资量）生产率的差异性。其量的决定如图 2—3 所示。图 2—3 表示优等地 A 和劣等地 B 上绝对地租的质与量的规定。$og$ 为 A 上的最大允许投资量，$od$ 为 B 上的最大允许投资量。$oa$ 为“投资界限”处的生产率。$abc$ 为 B 上的地租即绝对地租，$aef$ 为 A 上的地租，可分为级差地租 $aa'b'e$ 和绝对地租 $a'b'f$ 两部分，$a'b'f$ 在量上等于 $abc$。这里的不同等级土地上的最大允许投资量是指在自然状态下，不受人为约束。(4) 不交纳绝对地租时的级差地租量以及交纳绝对地租时的级差地租量的变化情况可以用图 2—4 表示。在不交纳绝对地租时，劣等地 $B$ 上的投资生产率表现为“平均数” $oa''$，优等地 A 上超过平均投资生产率 $oa''$ 的部分为级差地租，即 $\Delta a''eh$；交纳绝对地租时，级差地租就由 $\Delta a''eh$ 变为 $befc$，其增加量为 $cc''hf$。(5) 从劣等地上看，交纳绝对地租时土地经营者的利润低于不交纳绝对地租时的利润，因此可以说，绝对地租是对不交纳绝对地租时的“正常利润”的扣除，而级差地租在任何情况下都是对超额利润的扣除。

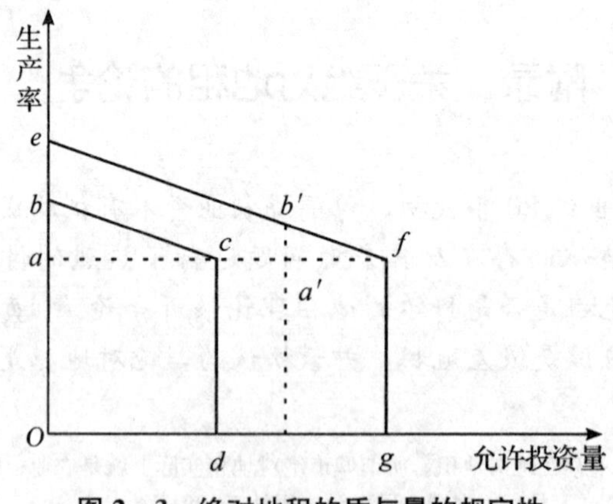


图 2—3 绝对地租的质与量的规定性

## 关键术语

地租　绝对地租　级差地租　垄断地租　建筑地段地租

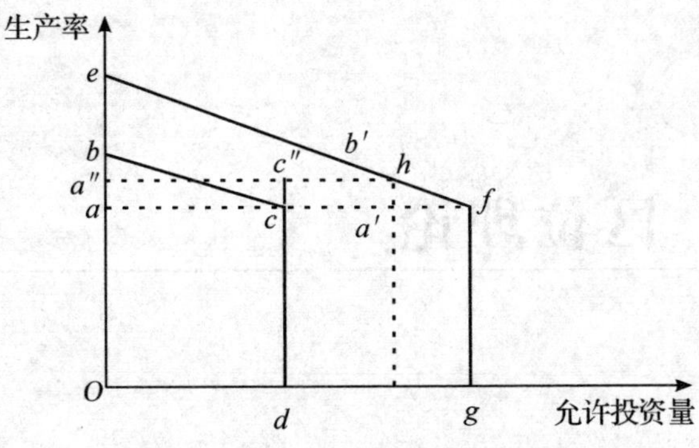


**图 2—4　级差地租量的变动规定**

## 复习思考题

1. 分析古典经济学和马克思在地租理论上的异同。

2. 新古典经济学关于地租的理论是怎样表述的？

3. 试阐述级差地租的内容。

4. 试阐述绝对地租的内容。

5. 运用本章所学关于地租的知识，说明如何运用地租理论，尝试去解决当前耕地保护与城市发展的矛盾？

# 第3章

# 区位理论

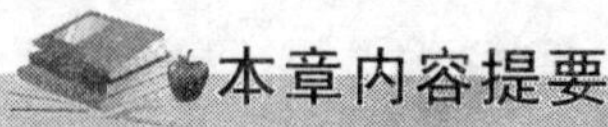

本章内容提要

本章主要讲述区位理论的产生与发展、区位理论概述、影响区位的因素以及区位理论同房地产经济活动的关系。重点介绍农业区位论、工业区位论、中心地说（中心地理论）、廖什的市场区位理论、佩兰德的区位理论、艾萨德的区位理论等。

区位理论是房地产经济学的重要理论之一。著名的农业区位论、工业区位论以及中心地理论等经典区位论，虽然多产生于19世纪末20世纪初，而且当时研究问题的条件和范围也比较简单，但这些理论的基本思想至今仍具有重要的指导意义。随着社会经济的发展，区位理论也不断得到更新和完善，并对解决实际问题发挥了重要的作用。

## 3.1 区位理论的产生和发展

### 3.1.1 区位

区位（location）是指某一空间的几何位置，是自然界的地理要素和人类社会经济活动之间的相互联系和相互作用在空间位置上的反映。为了进一步揭示区位的性质与特点，可以把区位进一步分为自然地理区位和经济地理区位。

#### 3.1.1.1 自然地理区位

自然地理区位是指某一事物与其周围陆地、山川、河湖、海洋等自然环境的空间关系，以及该位置上的地质、地貌、植被、气候等自然条件的组合特征。一个地区的自然地理区位是自然产生的，并且客观存在着，它不仅影响城市人口、城市产业的宏观空间分布，也影响到城市内部的土地利用结构形态，是与城市的形成及发展密切相关的、重要的自然基础条件。特别是有些自然因素，可以说是影响和决定城市形成的关键因素，如港口城市的形成是与海洋的存在和特定地貌相联系的，旅游城市的形成则是与独特的旅游资源的存在不可分的。

#### 3.1.1.2 经济地理区位

经济地理区位是指在人类社会经济活动过程中形成或创造的人地关系。从一个较大的区域范围来看，经济地理区位是指一个城市在特定的经济区所处的具体位置及其与其他市镇、农村居民点之间经济上的相互关系。城市经济地理区位的差异，不仅影响到城市的具体位置差异，也决定了城市的作用、性质和发展方向。

就城市内部而言，经济地理区位是指某一街区或某一地段在城市中的具体方位，以及它与街区或其他地段之间的相对地理位置和相互之间的社会经济活动的关系。城市土地区位的差异，不仅影响城市用地功能的配置，而且直接影响用地企业的经济效益，同时也会对城市土地的开发程度，经济活动的集聚和互补、互赖性产生决定性的作用。

在经济地理区位中，交通地理因素是一个重要的区位因素。交通地理因素是指城市或某地段与交通线路和交通设施的相互关系。城市交通地理区位的差异，直接影响城市的对外交通状况，从而对城市的社会经济发展产生重大影响。城市不同地段交通地理区位的差异会影响地段的通达性以及交通的便利性，对生产、经营性企业的生产成本产生直接的影响，并直接影响居民出行的方便程度。

以上各种区位的划分是相对的，实际中各种区位是有机相连、相辅相成的，多种区位共同作用于地域空间，并最终形成土地区位的优劣差异。

### 3.1.2 区位理论的形成及发展

19世纪下半叶至20世纪40年代，是区位理论的形成和得到初步发展的阶段。杜能、韦伯、克里斯塔勒、廖什等都为区位理论的形成和发展作出了贡献。他们的理论是这一阶段区位理论发展的代表，不论是杜能的农业区位论还是韦伯的工业区位论、对探讨生产活动和经济发展的空间地域关系都发挥了重要的作用。但是，由于他们的理论受社会实践条件的局限，研究对象是单个的或某一方面的经济客体，即或是农业或是工业或是市场的区位选择问题，且都是在一定的假设前提下的纯理论推导，着眼点仅在于客体和有关区位因素的空间分布和空间联系，而基本不涉及动态变化。

随着社会的进步、科学技术的发展，经过多年的实践应用与检验，区位理论得到不断更新和发展，为解决和解释实际问题发挥了重要的作用，主要表现在以下几个方面：

#### 3.1.2.1 工业化和城市化与区位理论的发展

工业化和城市化对区位理论的进一步发展起到了极大的促进作用，这些发展具体表现在以下几个方面：

（1）区位理论从单个经济的区位决策，发展到地区总体经济结构及其模型的研究。现代区位理论在很大程度上改变了过去孤立地研究区位的生产、价格和贸易的局面，将整个区位的生产、交换、价格、贸易融为一体，这种研究与实践中的区域发展问题的联系更加紧密了。

（2）从推导抽象的纯理论的模型转为力求接近实际的区域分析和建立在实践中应用的

模型，为实际的决策提供了依据。在错综复杂的社会经济因素相互作用下，从综合、区域整体及动态的角度进行分析，其研究的目的不仅在于求得纯理论的公式，而且是为了解决实际的问题。

（3）区位决策的客体除工业、农业、市场以外，又加进了范围更加广泛的第三产业。研究范围的扩大，不仅为区位理论的研究提出了更多更新的问题，也极大地促进了区位理论的发展和进步。

**3.1.2.2 现代科技与区位理论的发展**

现代科技对区位理论的发展起到的影响作用主要表现在以下三个方面：

1. 数学模型的广泛建立

由于当时科技理论水平的限制，加上考虑的是单个因素、单个企业的局部均衡状况，在以杜能、韦伯等为代表的古典区位理论中，建立的数学模型较为简单，实用性不强。此后，经过一批学者的努力，对古典区位理论做了部分的修改和发展，逐渐建立起“线性对偶模式”、“引力模式”、“潜能模式”等较为复杂、实用的数学模型。特别是随着现代系统论的提出，人们思考、解决问题的方式受到了很大的冲击，许多学科的研究呈现出一派崭新的局面。区位理论研究也不例外。20 世纪 70 年代以来，人们利用区位理论思想、控制学原理、运筹学方法，建立起一系列复杂的数学模型，区位理论的计量化水平和解决实际问题的能力都得到了很大提高。

2. 计算机技术的大量使用

计算机作为现代高科技的结晶对整个人类社会产生了深远影响。计算机技术对区位理论发展的贡献主要表现在：（1）复杂方程的快速求解。计算机快速、高效的计算功能有力地支持了区位论中复杂的数学方程，使这些方程的快速求解成为可能，从而可以用于大规模的社会实践。（2）地理信息系统的广泛使用。现代区位论考虑的是整个区位生产、交换、价格及贸易的总体情况，是区域总体空间结构和产业结构的综合研究，因此需要所研究区位的自然、社会等各方面多层次、多方位的翔实资料。地理信息系统正好能够满足这一需求，它可以方便快捷地提供某一地区全方位的地理信息，为区位论研究者提供了有力的现实依据。

3. 遥感技术的应用

遥感技术是 20 世纪发展起来的一门综合性探测技术，它主要是利用现代运输工具和遥感仪器，远距离接受被测物体辐射、反射的电磁波信号，经过加工处理，获取地面有用信息。利用遥感技术可以全天候、快速、准确地获取各种资料，是地理信息系统最好的数据获得方式。遥感技术对区位理论研究者的重要意义在于：它可以全方位探测所研究区位的自然资源分布状况、土地利用状况、已有的产业布局状况等，源源不断地提供各种区域地理信息，极大地方便了区域地理信息系统的建设，使之不仅可以用于宏观决策，也可用于微观分析。利用遥感技术可以快速地获取一个地区的多种数据、地图、影像或图片，将一个大区的多因素空间分布尽收眼底，直观地反映出来，为区域开发、区域规划提供了有力工具。因此可以说，遥感技术和计算机技术一起，为区位理论研究提供了最有力的数据和技术支持。

**3.1.2.3 高新技术产业的兴起与区位理论的发展**

高新技术产业的兴起为传统区位理论带来了新的挑战。从区位理论发展的历史过程来看，传统区位理论从古典的单纯地考虑生产、运输成本到追求市场扩大与优化乃至到现代的着眼于经济活动的最优组织，其考虑的区位因子，均是生产成本、运费、劳动力价格等一些具体的实物形式，而对于影响高新技术产业发展与区位选择的软资源（非实物资源）研究则几乎一片空白，因而难以对高技术产业的布局起到理论上的指导作用。从已有的高新技术产业布局来看，其区位选择的着眼点在于是否能够获得有力的技术支持，是否可以方便快捷地获取大量信息，是否拥有足够的智力资源，是否有高质量的优美环境。对于传统区位理论中重点研究的原料、燃料以及传统意义上的铁路、公路、水路运输则不予过多考虑。这些和一般意义上的工业生产具有本质上的区别，因而给传统区位理论提出了一系列新的课题，极大地丰富了区位理论的研究内容，也打破了传统区位理论研究的思维定式，将研究重点转移到对现代经济产生重大影响的软资源上来。高新技术产业的区位选择对传统区位理论提出的新挑战再一次表明了现代科技对区位理论发展的巨大推动作用。

## 3.2 主要区位理论

### 3.2.1 农业区位论

19 世纪初德国经济学家杜能创立了关于农业布局的学说。在其代表作《孤立国同农业和国民经济的关系》一书中，作者以虚构的与外界无联系的“孤立国”和他在德国梅克伦堡经营的台楼农场为例，借助数学公式，试图证明农产品种类的分布取决于距离市场的远近和运输费用的大小，并以此设想农业分布是以城市为中心的六个同心圆地带。这一理论是西方国家比较流行的农业布局理论之一。其主要内容可以概括为以下几个方面：

#### 3.2.1.1 基本假设

孤立国是假设的一个与世隔绝的国家。在这里，只有一个中心城市，全国各地的农产品都要以这个城市作为主要的销售市场；在这里土壤肥沃性相同，气候、地形等完全一致；城乡间唯一的运输手段是马车；各地农业经营者的能力和技术条件相同；平原四周是未经开垦的荒野，使孤立国与外界隔离；农作物的经营目的是谋取最大收益；运输费用与农产品重量和生产地到消费市场的距离成正比；市场上农产品的价格、农业劳动者的工资、资本的利息都固定不变。

#### 3.2.1.2 主要内容

1. 计算公式

在以上这些假设条件下，杜能认为农产品的利润（$P$）是由农业生产成本（$E$）、农产品市场价格（$V$）和农产品的运费（$T$）三个因素决定的。用公式表示如下：

$$P=V-(E+T)$$

杜能运用这一公式分析了城市周围土地利用类型及农业集约化程度，得出的结论是：城市周围土地的利用类型以及农业集约化程度都是随着距离的递远呈带状变化，围绕城市形成一系列同心圆，这些同心圆被称为“杜能圈”。

2. 六个同心圆

杜能圈共包括六个同心圆（见图 3—1），各个圈由内到外分别是：

| | |
|---|---|
| 第一圈为自由农业区 | 提供蔬菜、牛奶等，集约化程度较高 |
| 第二圈为林业区 | 提供薪炭、木材等 |
| 第三圈为轮作农业区 | 提供牲畜、土豆及谷物等 |
| 第四圈为谷草农业区 | 提供小麦、玉米、稻谷及畜产品等 |
| 第五圈为三圃式农作区 | 耕地划分为三块，分别种植黑麦、大麦及休闲地 |
| 第六圈为畜牧业 | 纯牧区 |

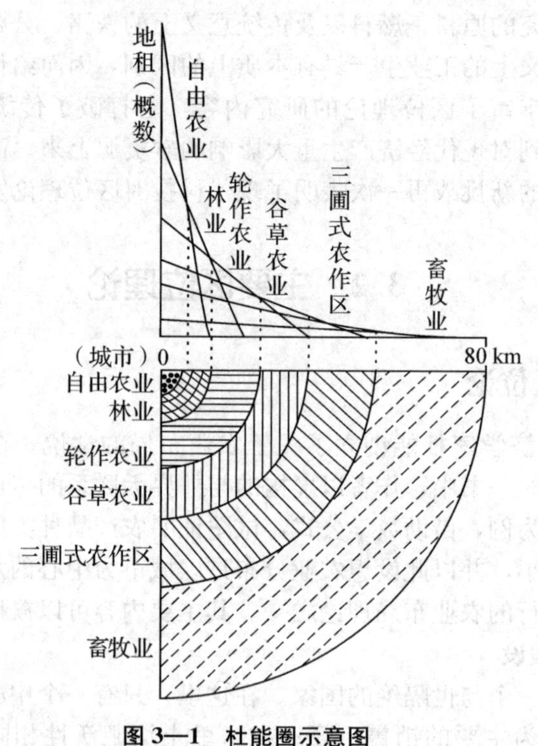


图 3—1 杜能圈示意图

**3.2.1.3 杜能理论的贡献**

杜能对农业区位论的研究从级差地租出发，阐明了市场距离对于农业生产集约程度和土地利用类型（农业类型）的影响，并得出结论：农业布局应该按由近到远配置不同的作物，其经营方式也应由集约到粗放变化。

该理论基于建立农业分圈层实现农业化与各圈层多种作物合理组合的讨论，引申出农作物的最优区位，首次确立了两个很重要的概念，即土地利用方式的区位存在着客观规律性和优势区位的相对性。

## 3.2.2 工业区位论

德国经济学家韦伯第一个完整地提出了工业区位的理论，并在当时产生了相当广泛的影响，被公认为工业区位理论的奠基者，其代表作为《工业区位论》（1909 年出版）。

**3.2.2.1 基本概念**

韦伯认为，工业区位的选择主要取决于生产成本费用的大小，即任何一个理想的工业区位都应该选择在生产成本费用最小的地点。他在理论中首先提出和分析了“区位因素”

的概念，认为区位因素可以划分为三类：（1）一般性区位因素和特殊性区位因素，即对每一种工业生产都有一定意义的因素和只对某些部门才有意义的因素。（2）区域因素、集聚因素和分散因素，这里的区域因素决定企业的布局，而集聚因素和分散因素影响企业的联合性与协作性。（3）自然技术因素和社会文化因素等。同时，韦伯认为对企业生产成本费用起决定作用的因素只有运输费用、劳动力费用和集聚因素，并通过设定一定的假设条件，分析这些因素对企业的影响。

韦伯认为在影响产品成本的运输费用、劳动力费用和集聚三因素中，以运费最为重要，并进一步分析总结出运费因素有三个指向，即原料指向、劳动力指向、市场指向，三者都把工业企业向自己的方向牵引，将这三个指向各点相连形成一个“区位三角形”，并利用几何方法求证工业区位应该设置在运费最小地点。韦伯认为这种规律不因社会经济制度的影响而改变。

#### 3.2.2.2 主要内容——三个法则

假设分析地区的地形、气候等条件相同，且在同一政治力量控制之下；有遍地原料和限地原料的区别；劳动力充足，工资不变，但各个不同地区的工资有区别；销售地点是一定的，销售量是已知的；运费是重量和距离的函数。在这些假设条件下，工业区位的选择应该遵循以下三个法则：

1. 运输区位法则

以吨公里大小计算运输费用，吨公里最小的地点在何处是确定区位问题的核心。

设原料指数为原料重量与制品单位重量（1吨产品）之比，运输法则的一般规律是：

原料指数>1时，生产地设于原料地；

原料指数<1时，生产地设于消费地；

原料指数=1时，生产地可以设于原料地，也可设于消费地。

按照这个基本原理，韦伯对一个市场和一种原料地、一个市场和两种原料地以及一个市场和多种原料地等不同情况进行了分析，并提出著名的“区位三角形”模式，用以证明和选择运费定向区位。

2. 劳动力区位法则

韦伯在单纯考虑运费因素对工业区位的影响后，加入了劳动力费用的影响，对上述工业区位模型进行修正。他认为当某一地点由于劳动力费用非常低廉而对企业有利时，可将企业生产区位从运费最低点吸引到劳动力费用的最低点，使运费定向区位产生第一次空间“偏离”。但只有当劳动力费用节约额大于运费增加额时，工厂才能从运费最小点移向劳动力供给点。

3. 集聚（分散）法则

分散与集聚是相反方向的吸引力，如同劳动力费用可以改变工业区位的选择一样，集聚效益也可以使运费和劳动力定向的区位发生偏离，将工厂从运费最小点引向集聚地区或分散地区。同样发生变化的条件是集聚（或分散）获得的利益大于工业企业从运费最小点迁出增加的费用额。

#### 3.2.2.3 韦伯理论的贡献

韦伯将数学与土地经济学应用于土地规划，是运用现代计量方法研究土地经济问题的先驱，其所提出的追求成本费用最低点的思想尽管有不合理之处，但仍是现代产业活动追求经济效益的核心。他提出的三要素也是土地利用规划、城市规划和土地利用的核心。但是，在韦伯的理论中忽视和掩盖了社会经济因素的作用，对社会科学的应用认识不足，低估了其作用。

### 3.2.3 中心地说（中心地理论）

中心地说是关于城市区位的一种理论，产生于第一次世界大战后的西欧工业化和城市化迅速发展的历史时期，由德国地理学家克里斯塔勒首创，该理论首次发表于《南德的中心地》一书中。学说的主要目的是探索和揭示城镇分布的"安排原则"，即决定城镇数量、规模和分布的原则，基本论点认为，城市形成于一定数量的生产地中的中心地，是向周围区域居住的人口供应物品和劳务的地点，而且不同级别的中心地应遵循一定的等级分布规律。

#### 3.2.3.1 基本概念

1. 中心地和中心地职能

中心地是向居住在它周围地域（尤指农村地域）的居民提供各种货物和服务的地方，一般是指城镇的所在地。中心地的职能指由中心地提供的货物和服务的种类。由于各个中心地的级别不同、大小不一，因此各中心地提供的货物和服务的种类也不同，表现为各个中心地的职能不同。

2. 人口门槛

门槛，在这里是指一个企业为维持经营活动所必须赚取的最低收入，将这一最低收入界限比喻为企业的门槛。由于企业的经营收入（尤其是商业企业的经营收入）与企业周围居住的人口数量直接相关，因此可以以人口数来计算，即可以维持一家企业单位所需的最低人口数来代替最低收入，这个最低的人口数就称为人口门槛。

3. 货物的最大销售距离

在其他条件不变的情况下，消费者购买货物的数量取决于他准备为之付出的实际价格（$P'$），即等于商品的销售价格（$P$）与为获取商品所支付的交通费（$T$）两者之和。如果在一定地域内，商品的销售价格 $P$ 不变，则商品的实际价格的变化主要取决于交通费用 $T$。

由于交通费用是购买商品的出行距离（$S$）与交通费单价（$D$）的乘积，而 $D$ 又是相对固定的，因此可以得出交通费用 $T$ 与出行距离 $S$ 直接相关，也即实际价格 $P'$ 与出行距离 $S$ 直接相关，且 $S$ 越远，$P'$ 越大，当 $S$ 增大到一定距离，$P'$ 大到消费者不准备支付时，这时的 $S$ 即为货物的最大销售距离。

货物最大销售距离（$G$）（理想范围）、门槛范围（$L$）（最小范围）及实际距离（$S$）之间的关系如下：$G$ 大于 $S$、$S$ 大于 $L$，即实际距离应位于理想距离和最小距离之间。

#### 3.2.3.2 主要内容

1. 假设条件

克里斯塔勒承袭了杜能、韦伯的抽象分析方法，在建立中心地模型之前也提出一系列假设条件：这里为"均值平原"，土地肥沃，资源分布、人口分布、收入分布均匀，对货物需求、消费方式都是一致的，无边界；有一个统一的交通系统，交通费和距离成正比，朝各个方向移动都可行；生产者和消费者都属于经济行为合理的人；消费者到离他们居住地最近的中心地购买他们所需的货物和服务，他们为此付出的实际价格等于货物的销售价格加上来往的交通费用。

2. 六边形网格

克氏探讨了中心地对周围地区担负中心服务的范围（如何分布更合理），认为距离最近、最便于提供货物和服务的地点，应位于圆形商业地区的中心。他指出，对于一个孤立的中心地的市场区而言，圆形是最合理的市场区图形，圆的半径是最佳的服务半径。但在多个中心地并存的情况下，圆形市场区就不再是最合理的市场区图形，因为这时相邻中心地的服务范围会产生空白或重叠交叉，从而得不到最佳的效果。克氏根据周边最短而面积最大和不留空当的弥合性原则，认为最合理、最有效的市场区图形是正六边形体系。

3. 等级体系的形成

由于中心地提供的货物和服务有高级、低级之分，且一般低级货物和服务的门槛较低，相应的最大销售距离和范围也较小；高级货物和服务的门槛较高，最大销售距离和范围也较大。克氏认为，不同的货物和服务的提供点都能够按照一定的规则排列成有顺序的等级体系，一定等级体系的中心地不仅提供相应级别的货物和服务，还提供所有低于那一级别的货物和服务。

克氏进一步认为，按照三种不同的原则，可以建立三种中心地等级体系，这三种原则为：市场最优（供求）原则、交通最优原则、行政最优原则。

（1）市场最优原则。社会分工和市场经济的发展，往往导致地区中心成为商业市场，即为商业和服务机构集中设置地，城镇按照市场最优的原则分布，将有利于商业和服务业的活动的开展（见图3—2）。

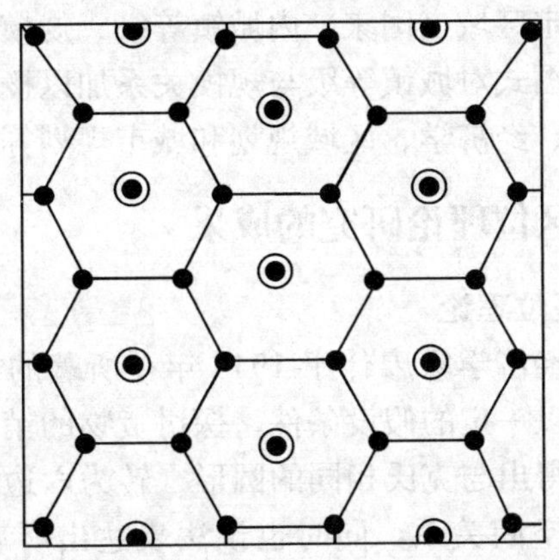

**图3—2　市场最优原则城镇分布示意图**

（2）交通最优原则。交通网线交叉点经常产生集镇，在交通网线最经济合理的前提下，城镇网的结构应是：两个同级中心地之间交通线中点处形成次一级中心，即许多小城镇可能位于较大城市间的交通线上（见图3—3）。

（3）行政最优原则。设立各种行政中心，对城镇体系的形成有重大影响。克氏认为，最便于行政管理的中心地体系，应由彼此距离相等、均匀分布于国家的基层单位组成，且位于六边形的各角（见图3—4）。

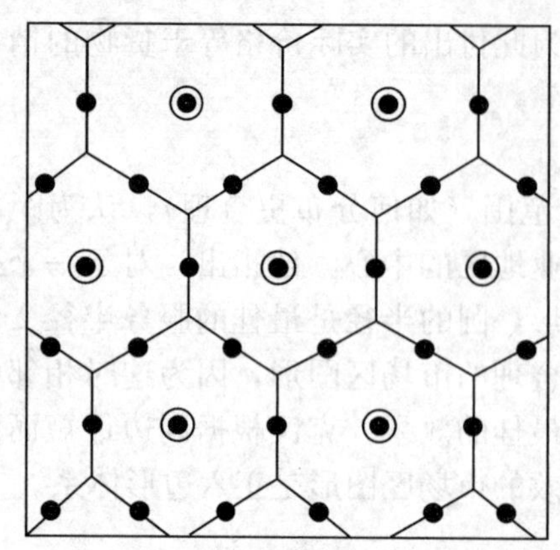
图 3—3 交通最优原则城镇分布示意图

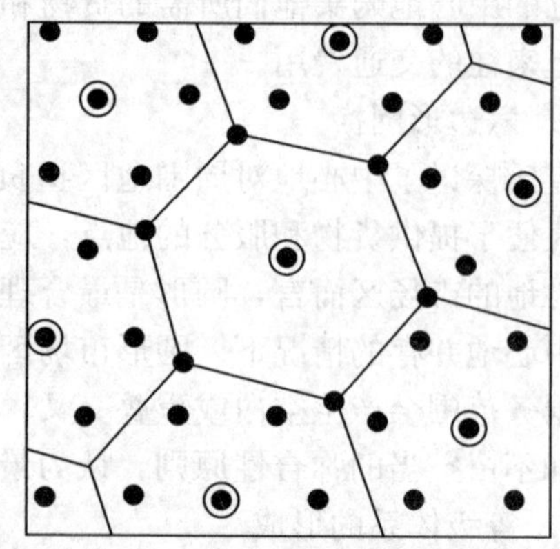
图 3—4 行政最优原则城镇分布示意图

以 $K$ 表示基本区域的度，即在不同的市场空间组织原则下，中心地相对于由它服务、供应、管辖的区域排列关系及其中的数量关系。其计算规则为：六边形区域内点的数量，加上区域边界上点的数量的 1/2，或加上六边形顶点上的数量的 1/3。这样，可以得到以上三种原则的 $K$ 值分别为：市场最优原则模式 $K=3$，交通最优模式 $K=4$，行政最优模式 $K=7$。

以上三个原则的共同特点是：立足于服务职能，把城镇作为体系加以研究。由于在不同的区域各原则的特点不同，因此各个原则所起的作用也不同，但是，不论在什么区域，三个原则均共同发挥作用，并影响着城镇体系的形成。

4. 中心地理论的主要贡献

中心地理论主要论述一定区域（国家）内城镇等级、规模、职能间的关系及其空间结构的规律性，并采用六边形图式对城镇等级与规模关系加以概括，它同杜能与韦伯的理论一起，曾对国外人文地理学、经济学、区域规划和城市规划等领域产生过很大的影响。

### 3.2.4 其他学者对区位理论研究的成果

#### 3.2.4.1 廖什的市场区位理论

与克氏同一时期，德国经济学家廖什于 1945 年在所著的《区位经济学》一书中，在与克氏毫无关系的情况下，以一定的假设条件，探讨货物的销售范围及其上、下限，利用数学公式推导经济学理论，得出与克氏相同的圆形（转为六边形）的市场最优模式。他以简单的方程组来描述一般的空间关系，同时也设法表达出所有区位相互关系的抽象化系统，这是廖什将空间经济思想带入区位理论并在方法上创新的主要贡献之处。

#### 3.2.4.2 佩兰德的区位理论

佩兰德（T. Palander）是第一个论及市场地区范围问题的经济学家，他以一个简单的例子来说明两个生产相同产品的厂商，如何达成两个市场区域界限的平衡。在图 3—5 中，A、B 两个厂商的市场是沿着图形的水平轴分布的，A 厂商的生产成本为 $AA'$，B 厂商的生产成本为 $BB'$，而消费者所付的价格必须要加上运输成本，可由 $A'$ 和 $B'$ 两方向上升的直线表示。因此，任一点的产品的价格包括固定的工厂成本及变动的运输成本，而这两个厂商的市场范围将以 $X$ 点为界。

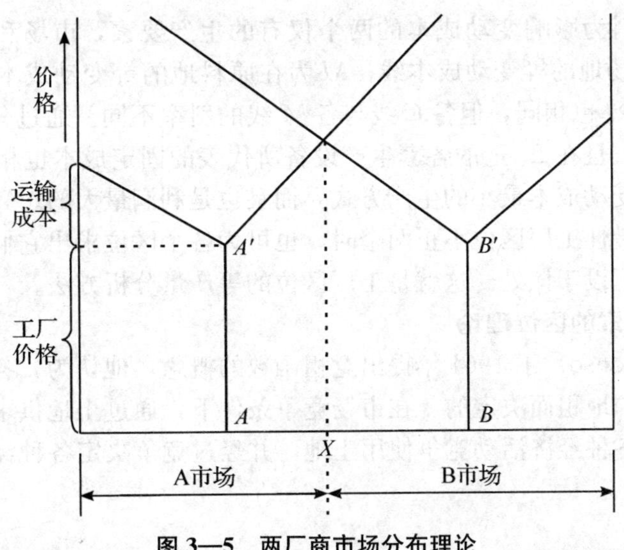


图 3—5 两厂商市场分布理论

佩兰德有关工厂区位的理论，深受韦伯的影响，但他强调时间因素的影响，并对市场区域范围进行研究，可以说是韦伯理论的深化。

#### 3.2.4.3 艾萨德的区位理论

沃尔特·艾萨德（W. Isard）在《区位与空间经济》一书中，阐述了其区位理论的一般原则。他通过著名的代替原则，把有关区位的理论合并并加进经济理论。他认为一般区位理论能以经济理论的方法来扩展，用以研究在依据代替原则分析企业家作区位决策时各种不同的生产要素的任何组合。沃尔特提出利用和借鉴经济学中两种生产要素的各种可能组合所形成的等产量曲线与各种等成本曲线相切，可决定生产的特定生产量和生产要素的最低成本组合的分析方法，可利用等产量曲线分析确定工厂的区位。

如设一厂商在目前的技术水平和生产设备最有效利用的情况下，每月生产 X 单位产品，其利用劳动力（$L$）及原料（$M$）的情况如图 3—6 中的等产量曲线 $L_x$，$L_x$ 线上每点的劳动力和原料的组合均可生产 X 单位的产品。

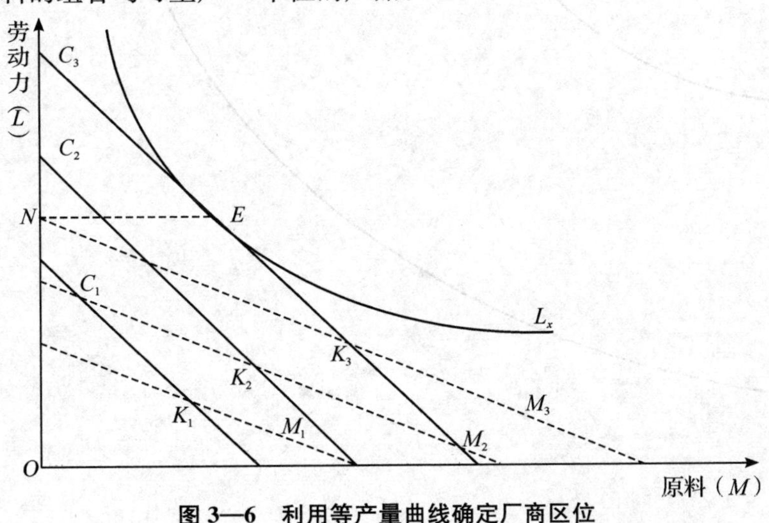


图 3—6 利用等产量曲线确定厂商区位

设劳动力与原料为影响变动成本的两个仅有的生产要素，市场和原料为两个替选区位。图中的 $C$ 为市场地的等变动成本线，$M$ 为在原料地的等变动成本线，各 $C$ 线的斜率相同，各 $M$ 线的斜率也相同，但各 $C$ 线与各 $M$ 线的斜率不同。通过分析可以得出，若产品数量及售价一定，且在 $L_x$ 上的各套生产设备所代表的固定成本也相差甚微，则 $E$ 点的生产方式将不仅是变动成本最小的生产方式，而且也是利润最大的。

当替换的可能最佳工厂区位不止两个时，也可为各个区位求出它们的等变动成本线处于何处，便可将工厂设于该处。这就是工厂区位的等产量分析方法。

#### 3.2.4.4 阿隆索的区位理论

阿隆索（W. Alonso）于 1964 年提出竞租函数的概念，他认为，各种经济活动的区位是由其所能够支付的地租而决定的。在市场竞争条件下，通过土地供求机制、土地价格机制的作用和调整，各种经济活动竞争使用土地，并经过竞争决定各种经济活动的最佳区位选择（见图 3—7）。

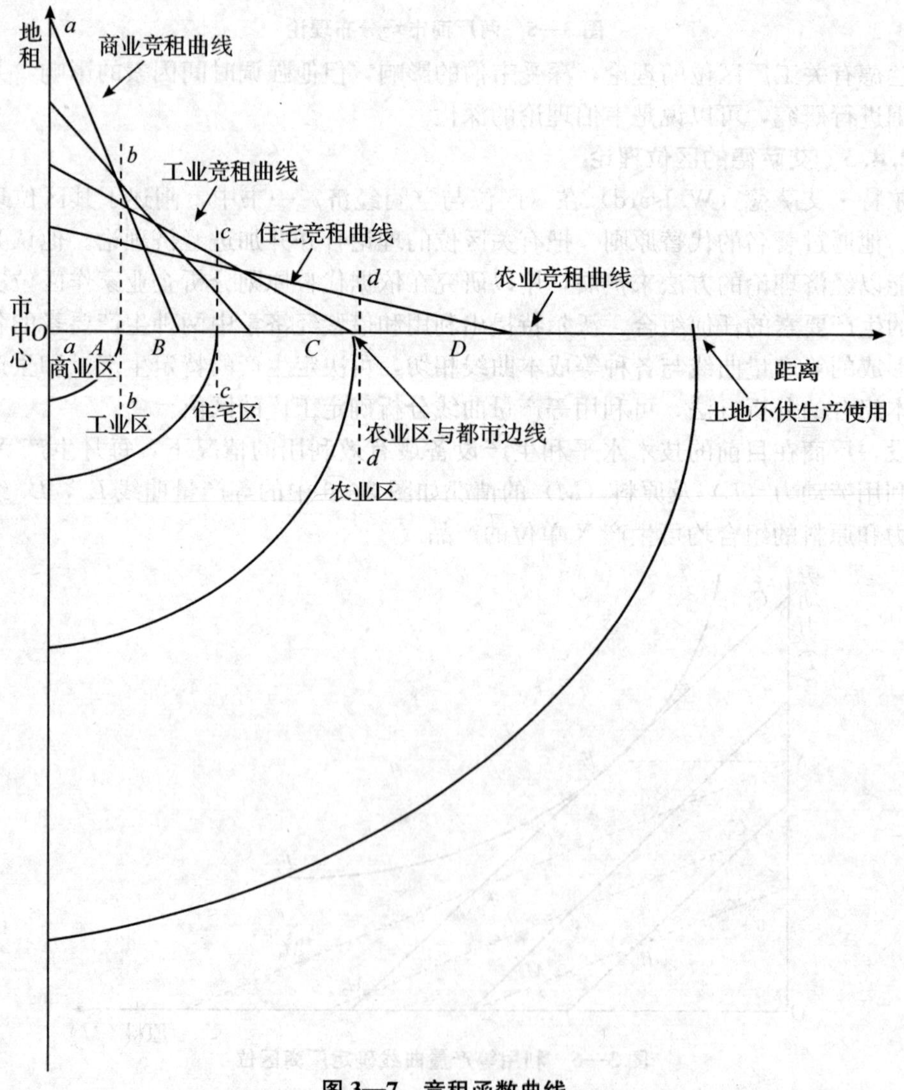


图 3—7　竞租函数曲线

由于商业、工业、住宅、农业等经济活动的竞争能力的差异，表现出竞租曲线的不同，以及由此决定的各业用地分布的区别。

## 3.3　研究区位（理论）的实际意义

### 3.3.1　影响房地产区位的主要因素

影响房地产区位的主要因素可以概括为一般因素、区域因素和个别因素等。

#### 3.3.1.1　一般因素

一般因素是指对城市土地具有普遍性、一般性和共同性的影响因素。这些因素对具体地块的影响不明显，但它们决定各个地块的总体效益和基础水平，影响土地的宏观区位条件。一般因素包括：人口、行政区划、地理位置与自然条件、社会经济状况、土地与住房制度、城市规划、土地利用计划和政策等。

1. 人口

人口因素对土地的影响可以通过多个方面来表示，其中主要要素包括人口密度和人口素质。人口密度直接反映的是人地之间的相互关系，即单位土地面积的人口数量。由于人是最活跃的因素，因此它对土地区位的好坏有着重大影响。作为顾客，人口密度越高，购买力越强，越有利于促进商业中心的形成；作为城市设施的使用对象，也只有达到一定的人口数量和密度，才开始配套建设比较完善的城市基础设施和服务设施。从这个意义上讲，人口密度越高，土地利用的集约化程度也相应提高，土地的区位就越好。城镇人口密度和土地区位的关系基本遵循这一规律，即城区人口最高，边缘区次之，郊区最少，与此相对应，土地区位也由城镇中心向外逐渐变差。

也要看到，人口的集聚效益是有一定限度的，人口密度超过了合理的环境容量，非但不能继续产生新的效益，反而会使城镇环境恶化、交通拥挤、市容混乱，从而影响土地的区位，因此必须保持一个合理的人口密度，才能有利于城镇发展，使城镇土地发挥最佳的经济效益。

人口素质是人口的收入水平、受教育程度、职业等条件的综合反映，直接或间接对土地的利用发生作用，影响到土地条件的变化。收入水平的差异直接影响人们的消费水平，决定人们对房地产产品标准的要求，影响到对土地的利用效益。人们受教育程度以及从事职业的差别，直接影响人们的消费观念，影响人们的收入水平，从而影响到土地的利用效益。在西方国家城市中，往往划分有明显的富人区和贫民区，两者的差异相当大。在富人区，住房条件好、基础设施以及公有设施完备，相应的地价水平也很高。而在贫民区，除了各项设施条件差以外，还存在着严重的社会治安问题，地价水平自然不会高。

2. 行政区划

行政区划的变化主要有两种情况：一是行政级别升格，二是行政界限发生变化。行政级别的升格，意味着投资环境的改善，投资机遇的增加，将有利于提高地区的地价水平；行政界限的变更，同样会增加投资的机会，有利于改善地区的投资环境。

3. 地理位置与自然条件

自然因素也是影响土地区位的重要因素之一，地形、坡度、土地承载力、洪水淹没及排水状况以及地质构造等都会对土地区位的优劣产生影响。

城镇主要建筑物占地都要求地势平坦、排水良好，土方工程量小，以节省开发投资。当坡度超过一定限制时，就要采取工程措施，挖土填方、平整场地、修建挡土墙和护坡工程。地形起伏的地区，坡度对道路网的建设和交通的营运管理也有很大影响。城镇的各类建筑物和构筑物都要求天然地基稳固，具有较高的承载力和良好的地质条件，以节约建筑造价，相反，在地基承载力低的软土层中建设高大的楼层，必须采取强化基础的工程措施。

分布在沿江沿河地带的城镇，每到洪水季节，一些地势相对较低的土地常遭到洪水淹没，有些地段则因为坡度过于平缓而排水不畅，雨季经常积水。这两种情况都影响城市正常的生产生活，并使土地贬值。

4. 社会经济状况

社会经济状况是一个综合性的因素，可以用政治安定状况、社会治安程度、国民收入、物价变动、利率水平、消费水平等指标的变化来衡量。政治安定、政局稳定，则房地产投资的运转渠道正常，投资风险小，可以增加房地产投资者的信心，带动地价上升。政局不稳，则会直接影响房地产投资成本的收回和利润的获取，影响对房地产的投资。

5. 土地与住房制度

土地制度规定着土地所有者、使用者以及其他主体对土地的占有、使用、收益以及处分等权利，直接影响各个主体的经济行为。合理有效的制度规定，不仅有利于土地的合理配置，利于对土地的有效开发与利用，获取土地最大的利用效益，也会保证各利益主体的权益，利于社会的安定，创造良好的经济环境。我国土地使用制度由无偿使用到有偿使用所带来的巨大变化，诸如城市土地的高效、集约利用，土地市场机制的建立与完善等，为国民经济的发展奠定了重要基础。

住房制度不仅与土地利用、经济建设相关，也关系到千家万户的居住问题，影响经济的发展，关系到社会的安定。我国传统的住房制度采用的是低租金、福利分房的制度，房地产投资不能通过房地产自身的运营来收回，而要靠国家的财政补贴来维护，不但不利于房地产经济、房地产市场的发展，也极大地阻碍了住房的建设。住房制度的改革，住房建设的市场化、专业化以及住房使用与分配的商品化、货币化等新的运行机制的建立，将有利于促进房地产投资的良性循环，带动房地产市场的发展。

6. 城市规划

合理安排好城镇各类用地，是城镇规划的主要内容。虽然规划涉及的土地利用是未来的目标，但土地区位的优劣在现实的土地市场中会表现出来。例如在城镇郊区的农地，一旦被规划确定为近期开发的建设用地后，地价就会急剧上升，这些土地区位也就变得越来越好。

7. 土地利用计划

政府的土地利用计划直接影响土地一级市场的供给状况，并对整个房地产市场的供求关系有直接的影响。合理的土地利用计划，会促进土地市场的运作，带动地价的上涨，否则就会干扰市场的正常运行，阻碍市场的发展。

8. 政策

政府的税收政策、金融政策对房地产投资有着直接的影响作用，可以起到抑制投资或促进、鼓励投资的作用。

**3.3.1.2 区域因素**

区域因素是影响城镇内部不同地区土地区位条件的因素，主要包括繁华程度、交通状况、城镇设施的完备程度、环境条件和土地使用限制等因素。区域因素决定土地的中观区位特征。

1. 繁华程度

所谓繁华，是指城市某些职能的集聚，对各企业和居民产生巨大吸引力的结果。繁华地区能创造高额的收益和利润，在外观上则表现为城市生活中交往最频繁、最活跃。由于商业的集聚能形成较大的吸引力，而且获得级差收益较高，因此商业服务设施的集聚程度可以用来表示繁华程度。

商业服务业的集聚程度可以用商业的集聚经济效益表示。商业的集聚经济效益主要来源于它的互补性。在一个中心商业区里，通常集中着数百号不同类型的商店及相应的服务设施。由于商品繁多，服务项目齐全，社会需求的物品几乎应有尽有，可供选择余地大，因而具有很大的吸引力，能够形成巨大的客流量。而顾客多又意味着收益多、利润高。商业集聚的互补性还表现在，顾客到此的目的绝非光顾一家商店，大部分人都要综合利用，这就是为什么商业集聚中心吸引的顾客及盈利要比分散分布的商店高得多的原因。

2. 交通状况

城市交通状况可以通过通达程度来具体衡量。通达程度就是把通行距离和时间作为一个整体，既要求通行距离短，以节约运费，同时又要有四通八达的交通网络，把出行的时间减少到最低程度。

反映通达程度的因素主要包括道路功能、道路宽度、道路网密度、公交便捷度和对外设施的分布状况。

3. 城镇设施的完备程度

城镇设施包括城镇基础设施和城镇公用设施。城镇的基础设施主要指交通、能源、给水、排水、通信、环境保护、抗灾防灾等设施，它是城镇发展必不可少的物质基础，其配套程度和质量直接影响生产、生活等城镇功能的正常运转。城镇公用设施与城镇居民正常生活和工作有密切关系，它包括医疗、教育、银行、储蓄、邮政、商业服务业、行政管理机构等设施，对城镇的经济效益和社会效益也能产生间接影响。

4. 环境条件

园林绿地有净化空气、美化环境、改善城市小气候、丰富城市居民室外活动等多种功能，是城镇环境与生态系统的重要组成部分。在工业化和城市化的过程中，环境问题不仅困扰着城市的发展，影响居民的切身利益，同时也直接影响土地区位的优劣。要全面了解环境质量，通常要开展综合环境质量评价工作，掌握大气、水和噪声的污染情况。

5. 土地使用限制

这是指城市规划以及环境保护规划等对土地开发、利用的各项条件的规定。

#### 3.3.1.3 个别因素

个别因素主要是指与宗地直接有关的自然条件，市政设施，宗地形状，长度、宽度，临街条件以及使用限制等。个别因素决定土地的微观区位，即决定地块的区位条件状况。

1. 自然条件

主要是指具体地块的地形、坡度、土地承载力、洪水淹没及排水状况以及地质构造等条件，直接影响土地使用条件和价格。

2. 市政设施

主要是指具体地块所在地的各项设施条件，影响土地的投资效益。

3. 宗地形状

一般来讲，规则的宗地要比非规则的宗地好利用，而在规则的宗地中又以长方形的利用效益最好。

4. 宗地长度、宽度

不同条件下，对所利用的宗地的长度、宽度均有一定的要求和限制，适度的长度、宽度会使宗地的利用效益最大，否则，会造成浪费和低效利用。

5. 临街条件

尤其对商业用地而言，是否临街、位于十字路口还是丁字路口、临街的宽度等，都会影响到宗地的利用效果。

6. 使用限制

主要是指规划对宗地利用的限制，包括用途、容积率、建筑高度等条件的限制。

### 3.3.2 区位理论与房地产经济活动的关系

#### 3.3.2.1 区位理论与房地产价格

区位理论是研究特定区域内关于人类经济活动与社会、自然等其他事物和要素相互之间的内在联系和空间分布规律的理论。

土地作为人类一切活动的场所和载体，虽不可移动，但是，因人们在其上从事的活动内容不同，使之在空间上表现出不同的利用形态。具有不同地租、地价的地块之间不仅有距离和方位特征，还具有确定的空间分布规律。而这些空间分布规律、变化演替过程及区位特征又都与各种地理要素和社会经济活动的影响有密切联系。因此，如果把土地作为区位论研究的客体，而把各种已有的地理要素和社会经济活动的空间配置作为区位条件，分析研究这些条件在土地上的分布和变化特点以及它们相互组合对土地发生的综合影响和作用，就可以揭示城镇土地的空间变化规律及其数量特征，并根据土地区位条件造成的区位空间差异，进一步评估出土地价格。

从区位理论来看，区位对城市土地起着极其重要的作用，是决定房地产价格的主要因素。在城市，由于土地区位不同，产生不同的使用价值和价值，使得同类行业在不同的区位上获得的经济效益会相差很大，不同行业在同一位置上经济收益也相差很大。如同一条街道，临街或背街、临街宽度、临街深度等条件的差异，都会影响到商业用地的效益。区位优劣成为衡量地租、地价高低的标尺。它促使土地使用者在选用土地时，必须把能在该土地上获得的区位收益与所需支付的区位地租进行比较，然后选择与其经济水平相适应的地段，从而使土地利用在地租、地价这一经济杠杆的自发调节下，不断进行用途置换，最终形成土地收益和租金都趋向于最佳用途水平的合理的空间结构。因此，以区位理论作指导，从区位条件入手，用因果关系的推理思路，根据各种条件下形成的区位类型（自然、经济、交通）对不同区位土地产生的影响，及其在空间上表现出的不同的使用价值和价值及市场交易形成的地价和土地收益，就能较准确地估算出土地价格。

不同区位之所以影响房地产价格，可以归纳为两个方面的原因：一个原因是由于区位是影响企业生产成本的重要因素，如区位不同，就会导致交通成本和土地开发成本的差异，从而影响企业的生产成本；另一个原因是区位也影响到土地使用者的方便程度，如基础设施和公共设施的完备状况均会影响土地的利用效用。

#### 3.3.2.2 区位理论与企业的选址

企业的选址过程，是企业依据所应该考虑的因素的变化情况，进行逐项分析，并利用一定的规范方法，确定用地结果的过程。

1. 企业选址应当考虑的主要因素

不同的产业、不同的项目在建厂选址方面有不同的要求。如有些企业因在生产过程中原材料消耗量大，或者不便运输、储存，需要布局在原料产地；有些企业由于成品运输困难、损耗较大，需要接近消费区；还有些高新技术企业则需要布置在大学或科研中心附近。这些特殊要求在选择建厂地区时要着重加以考虑和注意。一般来讲，企业选址考虑的主要因素有：土地条件、交通条件、设施状况、协作条件、投资成本以及环境保护等。

（1）土地条件。

土地条件可以细化为土地占用面积和地质条件。选择厂址时，虽然希望厂址有一个平坦的地形，但为了不占良田、少占耕地，还是应避开平坦的地方而选择土方量较大的坡荒地和丘陵地带。厂址选择应尽可能少占用耕地或不占用耕地，在需要占用耕地时，应尽量使用贫瘠土地、坡地和山地，以节约使用土地。

同时，厂址占地面积要满足生产建设的需要，包括项目厂房、各种建筑物布局的需要和生产工艺流程的需要，厂址四周应有适当的扩展余地。能源、原材料消耗量较大的投资项目，还应考虑是否有足够面积的原材料和燃料的堆放、储藏空间。

厂址的工程地质、水文地质等方面的条件应符合项目要求。在评价工程地质时，首先应研究是否有不宜建厂的工程地质，如厂址附近是否有活动断层。当遇到断层时，应请地震部门确定是否为活动断层。如系活动断层，就不宜选作厂址。即使是老的稳定断层，厂址也应与断层保持一定的距离。大型的不稳定边坡和天然滑坡附近、溶洞发育地区、洪水灾害地区以及有可开采的矿床或已开采过的矿坑上面，均不宜建厂。

工程地质条件如能满足作为天然地基的要求，那是比较理想的，因为这样可以大大减少建厂工作量并缩短工期，因此，厂址最好选择在这类地基上。

此外，厂区土壤结构应能承担工厂的全部载重。厂址如位于地震烈度7度以上地区的饱和松土层上时，必须采用相应的加固措施，以防止沙土液化的发生。软黏土、淤泥、淤泥质黏土、膨胀性土以及新近堆积的黄土、自重湿陷性黄土或较厚湿陷性黄土等土层，一般都不宜作为厂址。当必须在这种土层上建厂时，应进行地基改良工程。

（2）交通条件。

交通运输费用是产品成本中的一项重要开支。为此，年运输量大的工厂应选择在靠近铁路、水运和有管道运输的地方。工厂的交通运输，当以铁路运输为主时，必须了解铁路对货物流向的要求，通过能力、运输能力是否有余量。只有这些条件能满足工厂要求时，铁路运输方案才能成立。当以水运为主时，应了解运输河道的通航季节，上下游站接轨，而不需要进行复杂的土方工程和投资大的桥梁隧道工程。若工程主要运输靠水运，厂址就应靠近河道，并有建设码头的岸线。厂址标高应能保证不受洪水或大雨的淹灌。

（3）设施状况。

职工生活服务设施，如住房、商业网点、学校、公共交通、医疗、银行保险机构等，也是厂址选择需要考虑的重要因素。如果把工厂建在现有的工业区或城镇地区附近，就可以充分利用其公共基础设施，从而为职工生活带来诸多方便。

新建项目的厂址也要尽可能选择在基础条件已经具备的地区，以便利用现有的供电、供水、供气、工程管线、生活设施等条件，以节约投资和缩短建设期限。据有关资料统计，20 世纪 70 年代由国外引进的化肥装置，虽然装置完全相同，但由于建设地点不同，国内配套工程投资的差别竟达到 40%。

（4）协作条件。

厂址的外部协作条件对工厂的建设和运行影响较大。比如，厂址附近如果有丰富的水源、电源，良好的交通条件，各工厂之间有良好的协作条件，地区的农业基础较好，农副产品供应充足，有现成的施工、制造单位等，都能使工厂的建设速度加快，投资减少，生产成本降低。

（5）投资成本。

建厂投资费用包括占地、移民、现有建筑物的拆迁、赔偿等所需的费用。一般来说，厂址的选择要尽可能地避免大规模的拆迁、筑路，以节约投资和建设成本。

（6）环境保护。

建设工厂或其他工程项目，必然会对周围的环境产生影响。因此，在可行性研究和厂址选择的过程中，必须进行环境影响评价。厂址的选择要有利于项目所在地区的环境保护，严禁在自然保护区和风景名胜区建厂，对排放的废水、废气、废渣等要有切实可行的治理方案。

在项目选点上，新建工厂应位于居民点的下风方，并应避免在已建工厂烟囱的下风方。窝风的盆地不适宜用作化工厂的厂址。排污量大的工厂如炼油厂、造纸厂等，其污水不应排到饮用水源的上游。

2. 厂址选择的方法

在选择建厂地区的过程中，一般可根据原料供应和主要市场的方便程度提出几个方案，然后计算不同建厂地区方案的运输、生产和分配费用。以资源为基础的项目，由于运输费用可能很高，应当把工厂设在主要原料产地附近。大量依靠进口原材料的项目，应设地港口或靠近卸货地点。易变质的产品或农产品加工工业则应面向市场，将这类工厂建在主要消费中心或者中心附近。

厂址选择是一项涉及多方面经济技术的工作，必须在充分调查、综合分析的基础上，采用科学的方法确定投资项目的建设地点。厂址选择的方法较多，常用的有重心法、方案比较法和分级评分法三种。

重心法是把运输因素作为依据，利用“求重心”的原理，选择其中运输量最小、费用最低的方案为最佳方案的一种方法。这种方法的特点是把生产运输因素作为厂址选择的重要因素。对于其他因素基本相同、主要由运输费用的高低来决定投资项目效益的项目，可采用这种方法来选择厂址。

方案比较法是在已经确定的建厂地区内对不同厂址方案的投资费用和经营费用进行比较来确定厂址的一种方法。

分级评分法是指对不同的厂址方案中的所有因素进行评分，并根据分值的高低来确定最优厂址的一种方法。可以结合专家评分法或德尔菲法进行评价。

#### 3.3.2.3　区位理论与高新技术产业的区位选择

20世纪70年代末80年代初，新技术革命浪潮席卷全球，以微电子技术为核心的高复合技术以及信息产业的发展日新月异，对世界经济和社会发展产生了重大影响。伴随着高新技术产业的蓬勃发展，与此相适应的开发生产模式——科技园这一全新的工业概念随即产生。

高新技术产业区与传统的工业区有着本质的区别，它通常是指利用高新技术成果转化带来经济效益的一些中小企业的集聚地带，有时也指一个综合性的技术开发中心或高技术三角带、科学园等。世界上最早创建的两个园区是美国的128号公路和硅谷，它们作为新生事物的产生备受世人瞩目，而它们获得的巨大成功则为其他国家发展高新技术产业提供了可操作的范式。此后几十年间，科技作为高新技术产业的生产方式在许多国家纷纷出现，并且由于各国科技、经济发展水平的限制及具体国情的差异，其发展模式各不相同。如日本的筑波，将科研、教学、生产、社会服务与管理融为一体，形成一种新型城市——科学城；英国的剑桥科学园和美国的斯坦福科学园以大学为核心，主要从事研究开发和产品中期试验，以促使科技成果的有效转化；法国的格勒诺布尔和韩国的大德研究园地则是通过良好的基础设施、优美的环境和高质量的服务吸引厂商进行高科技工业生产。此外，还有高技术产业地带、高技术产品出口加工区等。总之，高技术产业作为经济发展中的新生力量异军突起，已经在区域经济发展中发挥着不可忽视的重要作用。

由于大多数科技园的产生是人为地、有计划地将科研机构和企业部门迁移集聚到适应技术革新、有利于高新技术产业化的地带中去，因而，高新技术产业的地域上的集聚现象十分明显。虽然科技园在各个国家的发展形势各异，其空间区位选择却存在着一定的相似之处，其具体表现主要归纳如下①：

（1）紧密依托经济发达的大城市。

大城市经过长期的建设发展，是产业、技术、资金、人才、情报相对集中的地方，同时拥有适宜于高新技术产业发展的软、硬件设施。一般来说，高技术产业发展需要人才、商品、信息、资金的全方位自由流动。大城市强大的人才流、技术流、信息流、资金流等为高新技术产业的发展提供了方便。在硬件设施方面，大城市拥有与高新技术产业发展相配套的新型基础设施——航空运输、通信等。由于高技术产品具有高附加值，并且要求对

---

①　参见夏丽丽：《科技进步对区位论发展影响之初探》，载《经济地理》，1999（10）。

市场作出迅速反应，故其产品一般需要航空运输。而通信对于高新技术企业的意义则在于通信往往是信息流动的手段。现代数字网络及光纤通信技术使现代通信的地位尤其突出。大城市具备的上述优点使得其对于高新技术产业具有强大的吸引力。但由于大城市本身的拥挤及地价昂贵，高技术园区一般都布局于以大城市为依托的近郊地区。

（2）靠近教育和研究机构。

进入20世纪80年代以来，科技园布局于大学（主要是重点理工科大学）附近的趋势日益明显。这是因为大学兼有教育和研究的双重功能，与大学为邻使高新技术企业既可以依靠大学雄厚的科研实力，为其“生命周期短、竞争激烈、换代快”[①] 的产品提供长期的技术支持，又可以从大学那里源源不断地获得专业人才。因此，大学在科技园中兼有知识库和人才库的作用，很受企业欢迎。而大学一旦与企业联合，会获得企业的资金支持，更有利于其从事科学前沿的专项研究。这一布局特点在英国尤其显著。

（3）便捷、高效的信息获取条件。

能否便捷、高效地获取各种信息是高新技术企业能否生存、发展的关键。为此，许多科技园临近信息往来十分频繁的高速公路布局。一方面可以迅速掌握相关信息；另一方面便捷的交通条件对于物质的运输、科技人才的流动也是相当重要的。为了尽快获取全球资讯，园区内往往要求建有大型会议中心及各种信息服务设施，如卫星通信地面接收线、通信卫星、闭路电视及个人计算机联合组成的通信网等。这些已成为科技园发展的基本物质保证手段。

（4）优美的环境条件。

对高新技术企业而言，优美的环境条件已不仅仅是为了满足人们的审美情趣，而且是一种生产的需要。高新技术企业的产品技术含量大，精密度高，其生产过程对环境质量的需求高（如空气含尘量少、温度湿度条件适宜、水质清洁等），这些环境因素对企业产品的质量高低将产生不可忽视的影响。此外，对于园区的工作人员来说，优美舒适的环境令人心情舒畅，有利于消除高度紧张的脑力工作带来的疲劳感，提高工作效率。因而，高质量的环境对于科研人员也具有巨大的吸引力。

#### 3.3.2.4 区位理论与房地产开发

城市房地产是城市经济、政治和文化活动的基本场所，是城市居民安居乐业的生存空间，也是城市立体形象的物质外壳和主体。城市房地产的开发与建设关系到城市经济、社会的发展和城市形象的塑造，因此，重视房地产开发规划的制定和实施具有重大的意义。

区位理论是制定房地产开发规划的重要理论依据，不论是房地产项目的区位选择，还是房地产项目的具体实施，都应该遵循区位理论以及房地产开发规划的具体要求，以保障房地产开发项目取得合理的社会经济效益，也可以促进房地产开发规划以及城市规划的实施。

1. 房地产开发项目的区位选择

房地产开发项目的区位选择，除了要遵循一般性的选址规律以外，还要考虑房地产开

① 李冬环：《科技园之信息地理透视》，载《世界地理研究》，1988（2）。

发项目和房地产企业的特殊性质。具体应该考虑以下几个方面的要素：

（1）依据房地产项目的要求选择区位。

要根据不同项目的特点和要求确定区位。首先，要区分的是项目的类型，包括主类和亚类等多个层次，如居住用房地产和非居住用房地产。居住用房地产中又可分为普通居住用房地产和高档房地产；非居住用房地产又可分为商业用、办公用以及工业用房地产等，各个不同类型的房地产对区位的要求是不同的。居住用房地产更多地要考虑到环境条件和基础设施条件等因素，而非居住用房地产则更多考虑的是客源、交通等因素。

其次，要区分的是项目的性质和档次，具体可以分为外销性和内销性的房地产，或高、中、低档次的房地产，其中最大的区别就是这些房地产的经营策略不同，盈利水平不同，因此在区位选择的原则上有一定的区别。如对于外销型或盈利水平高的项目，应当遵循市场规律进行区位选择；而对于低档次或盈利水平低的房地产项目则不能完全按照市场规律进行区位选择。

最后，也要注意一些房地产项目的特殊要求。例如，居住用项目中的老年公寓、学生公寓等，对区位的选择有一些特殊的要求。如老年公寓对社会服务设施的特殊要求、学生公寓对与学校距离的要求等，是房地产开发策划所应该考虑的。

（2）综合分析房地产项目成本和售价确定项目的区位。

考虑房地产项目的要求确定项目的区位固然是必需的，但是，这仅仅是区位选择的一个方面，即需求方面，而另外一个很重要的方面是市场的供给和市场的竞争，以及由于竞争而导致的区位成本或价格的提高。因此，房地产项目最终对区位的选择结果，还要由区位成本和房地产售价的比较来确定。只有当区位成本小于房地产售价时，选择才是可行的。

2. 房地产开发项目的实施

房地产开发项目的实施应符合城市规划和房地产开发规划的要求。城市规划与房地产开发规划对房地产项目的控制主要体现在区位的限制上和用地使用条件的限制上。城市规划通过对房地产开发项目严格的规划和管理，对项目选址进行控制，同时对项目的实施也进行约束。主要内容有：对开发项目选址、定点进行审批；对建筑用地规划进行审批；对项目规划设计条件进行审批；对项目设计方案进行审批；对项目的建筑工程规划进行审批等。通过层层把关，严格控制房地产项目按照规划的要求实施。房地产开发规划则通过具体的项目规划控制开发项目的实施，落实和保证城市规划的控制标准。

规划通过对用地使用条件的限制而发挥作用，土地使用条件主要包括：居民每人用地（$m^2$/人），居住区总建筑面积（$m^2$）（包括居住建筑面积和公共建筑面积），总户数、总人口、平均每户人口，平均每户居住面积（$m^2$），建筑密度（%）（各类建筑的基地面积与居住区用地的比），住宅面积密度（$m^2$/ha）（单位面积居住区用地上拥有的住宅建筑面积），容积率（单位面积居住区用地上拥有的各类建筑的建筑面积），人口毛密度，人口净密度，规划人口数量，平均层数，高层比例，住宅间距，居住区平均造价，建设周期，绿化比率，停车位辆数，有效面积系数，开发项目总造价，平均造价和开发建设周期等。

城市规划与房地产开发规划指导和制约房地产的开发活动，房地产开发活动是城市规划与房地产开发规划实施和实现的方式。规划对房地产开发的制约是为了整体的效益、长远效益，但是在强调规划制约和规划目标的同时，也要考虑到其在经济上实现的可能性，同时要提高规划的透明度，减少人为干预，最有效地发挥规划的作用。

**3.3.2.5 案例1——服装店区位选择分析**[①]

1. 都市中心整体的商店街区

在这类地区，流动客多，客层、年龄层的组合多样而丰富，会产生对不同性别及年龄顾客吸引力的差异性。这样很容易利用中心的影响力和辐射力产生的聚合效应来发展店铺。商店林立繁华的商业中心，一般都能使顾客产生信任感和向往心情，特别是对选购品的购买，消费者大多愿意到商店众多的商业中心购买，以便进行更好的对比和选购。因此在这类地区建立服装专卖店效益会比较好。在我国，如北京市的“王府井商业街”，上海市的“南京路商业街”、“淮海路商业街”以及天津市的“和平路滨江道商业街”等都是此类商业中心，其影响力和辐射力都是跨地区的。

商业中心一般是该地区客流量大、购买频率和购买质量较高的地区，来此购物的顾客大多表现出较强的求质、求好、求美的心理特点，对价格的敏感程度相对较低，所以在这些地区，商品的质量要好，品种要齐全，有较强的趋时性及时代感，同时价格就比较高。但同时，这些地区的费用比较高，竞争性也强，并非是所有店铺的理想开业地点，它较适合于中型服饰店及服饰专卖店。店主应有针对性地为顾客提供服务。在节假日顾客多时，更要用适当的营销手段吸引顾客。还可灵活聘用学生打工，因为他们对服饰的流行有一定的认识，能体现青年一代的心理及审美，容易与顾客交流。

2. 车站附近或交通要道周边地区

这类地区以流动客为中心。往来旅客集中，一般应首先建立良好的购物环境。如店前留出较大的空地等，方便顾客出入。这一带的店铺就不具有商业中心区形成的群体优势，多属单独店铺，或小群体搭配。所以，突出自身优势最为重要。到这类店铺购买的顾客多以求便易、求实用心理居多，店铺应以中档或廉价的商品为主，如一般低廉的服饰。

车站主要以搭乘大众运输工具的乘客为主，其年龄、职业、爱好和目的不同。由于人流量大，这一地段商业价值较高，可针对特定的各阶层设计经营方向。但经营的商品必须具有符合生活需要、价位不高、且易于携带的特点。服饰的购买，顾客一般会用很长时间才能找到中意的，所以大都不会在奔忙之间购买。这类地区不适合于服饰店的开设，除非交通要道是在购物区附近，例如北京西单地铁站里的一排小型服饰店，人们会进去看看，这样就吸引了不少顾客。

3. 人口密度地区

一个地区的人口密度，可以用每平方公里的人数或户数来确定。一个地区人口密度高，则选址商店的规模可相应扩大。要计算一个地区的白天人口，即户籍中除去幼儿的人口数加上该地区上班、上学的人口数，减去到外地上班、上学的人口数。部分随机流入的客流人数不在考察数之内。

白天人口密度高的地区多为办公区、学校文化区等地。对白天人口多的地区，应分析

---

① 参见《不同地段开服装店的分析报告》，见 http://info.china.alibaba.com/news/detail/v3000103-d6168292.html。

其消费需求的特性进行经营。比如采取延长下班时间、增加便民项目等以适应需要。人口密度高的地区，到商业设施之间的距离近，可增加购物频率。而人口密度低的地区吸引力低，且顾客光临的次数也少。

4. 客流量大的地区

一般在评估地理条件时，应认真测定经过该地点行人的流量，这也就是未来商店的客流量。人流量的大小同该地上下车人数有较大关系。上下车乘客人数的调查重点为：

(1) 各站上下车乘客人数时间的变化会影响设置商店的类型。

(2) 上下车乘客人数愈多的地方愈有利。

(3) 上下车乘客人数若减少，又无新的交通工具替代的情况下，商圈人口也会减少。

(4) 根据车站出入的顾客年龄结构，可了解不同年龄顾客的需求。

#### 3.3.2.6 案例2——KFC的选址策略[①]

肯德基对快餐店选址是非常重视的，选址决策一般是两级审批制，通过两个委员会的同意，一个是地方公司，另一个是总部。其选址成功率几乎是百分之百，这也是肯德基的核心竞争力之一。

通常肯德基选址按以下几个步骤进行：

1. 商圈的划分与选择

(1) 划分商圈。

肯德基计划进入某城市，就先通过有关部门或专业调查公司收集这个地区的资料。有些资料是免费的，有些资料需要花钱去买。把资料收集齐了，就开始规划商圈。

商圈规划采取的是记分的方法，例如，这个地区有一个大型商场，商场营业额在1 000万元为1分，5 000万元为5分，有一条公交线路加1分，有一条地铁线路加3分等。这些分值标准是多年平均下来的一个较准确的经验值。

通过打分把商圈分成若干大类，以北京市为例，有市级商业型（西单、王府井等）、区级商业型、定点（目标）消费型，还有社区型、社区—商务两用型、旅游型等。

(2) 选择商圈。

即确定目前重点在哪个商圈开店，主要目标是哪些。在商圈选择的标准上，一方面要考虑餐馆自身的市场定位，另一方面要考虑商圈的稳定度和成熟度。餐馆的市场定位不同，吸引的顾客群不一样，商圈的选择也就不同。

例如马兰拉面和肯德基的市场定位不同，顾客群不一样，是两个"相交"的圆，有人吃肯德基也吃马兰拉面，有人可能从来不吃肯德基专吃马兰拉面，也有人反之。马兰拉面的选址当然与肯德基不同。

商圈的成熟度和稳定度也非常重要。比如由于新规划的道路出现，将来这里有可能成为成熟商圈，但肯德基一定要等到商圈成熟稳定后才进入。

2. 聚客点的测算与选择

(1) 要确定该商圈内最主要的聚客点。

例如，北京市西单是很成熟的商圈，但不可能西单任何位置都是聚客点，肯定有最主

---

① 参见《肯德基的选址秘密》，见 http://brand.hr.com.cn/html/41552.html。

要的聚集客人的位置。肯德基开店的原则是：努力争取在最聚客的地方和其附近开店。

比如，对店门前人流量的测定，是在计划开店的地点掐表记录经过的人流，测算单位时间内多少人经过该位置。除了该位置所在人行道上的人流外，还要测马路中间的和马路对面的人流量。马路中间的只算骑自行车的人，而开车的不算。肯德基选址人员将采集来的人流数据输入专用的计算机软件，就可以测算出，在此地投资额不能超过多少，超过多少这家店就不能开。

（2）选址时一定要考虑人流的主要运动路线会不会被竞争对手阻截。

如果竞争对手的聚客点比肯德基选址更好那就有影响。如果是两个一样，就无所谓。例如北京市北太平庄十字路口有一家肯德基店，如果往西一百米，竞争者再开一家西式快餐店就不妥当了，因为主要客流是从东边过来的，再在那边开，大量客流就被肯德基截住了，开店效益就不会好。

（3）聚客点选择影响商圈选择。

聚客点的选择也影响到商圈的选择。因为一个商圈有没有主要聚客点是这个商圈成熟度的重要标志。如北京市某新兴的居民小区，居民较多，人口素质也较高，但据调查显示，找不到该小区哪里是主要聚客点，这时就可能先不去开店，当什么时候这个社区成熟了或比较成熟了，知道其中某个地方确实是主要聚客点才开。

为了规划好商圈，肯德基开发部门投入了巨大的努力。以北京市肯德基公司而言，其开发部人员常年跑遍北京市各个角落，在北京市，肯德基已经根据自己的调查划分出的商圈，成功开出了多家餐厅。

肯德基与麦当劳市场定位相似，顾客群基本上重合，所以我们经常看到一条街道一边是麦当劳，一边是肯德基，这就是肯德基采取的跟进策略。因为麦当劳在选择店址前已做过大量细致的市场调查，挨着它开店不仅可省去考察场地的时间和精力，还可以节省许多选址成本。当然肯德基除了跟进策略外，它自己对店址的选择也很有优秀之处值得借鉴。

## 关键术语

区位　　经济地理区位　　区位理论

## 复习思考题

1. 简述区位的概念和类型。
2. 农业区位论、工业区位论和中心地说的概念、代表人物与主要内容分别是什么？
3. 影响房地产区位的因素有哪些？
4. 如何理解区位理论与房地产经济活动的关系？

# 第 4 章

# 房地产价格

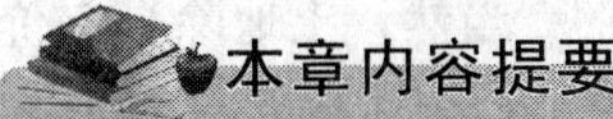
本章内容提要

房地产价格是由土地价格和建筑物价格构成的。本章共分四节。第一节介绍土地价格，特别是介绍土地价格的构成、不同类型地价及其相互之间的关系、地价和国民经济的关系。第二节介绍建筑物成本和价格。第三节介绍房地产价格，特别是房地产价格和租金之间的关系、房地产价格类型。第四节介绍影响房地产价格的因素。

## 4.1 土地价格

### 4.1.1 土地价格的内涵

土地的买卖必然产生土地价格。从卖方来讲，土地价格是所出租或出售土地的地租资本化的收入；从买方来讲，土地价格是资本化的，因此是提前支付的地租。也就是说，它等于若干年期间（一定年限土地使用权交易时）或无限年期间（土地所有权交易时）地租的折现值。可用下列公式表示：

$$V=\frac{\sum a_i}{(1+r)^i}$$

式中，$V$ 为土地价格；$a_i$ 为第 $i$ 年的地租；$r$ 为折现率（假定折现率不变）。

在土地价格为一定年限土地使用权价格时，实际的土地价格可能略小于理论上（若干年）地租资本化的结果。这是因为有两个因素可能导致土地价格的酌减：一是等租期终结时，地上建筑物（尚具有价值）可能会随同土地无偿交给土地所有者；二是土地对租约的任何限制，如不许转租、转让、抵押等可能引起的不方便。[①] 当然，在交还时，若地上建筑物价值为零，且由土地所有者拆除时，也可能导致土地价格的提高。

土地价格不是土地的购买价格，而是土地所提供的地租的购买价格。也就是说，地租的存在是土地价格的前提。许多人认为，既然土地按某一价格出售，它就应该产生一定的地租收入来作为买地人投资的公平报酬，而事实远非如此。为土地支付多少代价，取决于土地能够生产什么、生产多少，而不是取决于它应该生产什么。土地收益又取决于土地总产品的价格。可见，是土地的地租收入决定土地的价格，而不是相反。[②]

土地所有者的地租收入中，包括真正的地租和部分土地资本（即土地租约签订前存在的土地资本）的利息和折旧。[③] 因而，土地价格中，也包括真正地租的资本化和土地资本价格两部分。人类社会的发展，已经经历了一个相当长的历史时期，在土地上投入了相当多的资本和劳动，纯粹的自然土地已极为罕见。因此，差不多所有的土地收入都包含土地资本利息及折旧的成分。[④] 应该注意的是，并非土地的全部价格都来自人类的劳动或资本投入。虽然历史上可能在某一块土地上曾经投入大量的资本，但这种资本的积累是有限的。因为大多数的土地资本（土地平整、劈山填海等除外）都会发生损耗，有些已经破旧不堪，不仅不能提高土地价格，反而使土地的价格降低了。[⑤] 当然，土地除具有价格外，土地所有权（或使用权）的占有还是身份和社会地位的象征，用于满足某种心理需求。

纯自然的土地不是劳动产品，其中没有任何物化劳动，从而也没有任何价值（指劳动价值），因而，它的价格不是其价值的货币表现，而不过是资本化的地租。

土地价格对生产者来说，是成本价格的要素，但对产品来说，不是构成其生产价格的要素，只是从绝对地租的意义上来讲，即土地价格中的绝对地租资本化部分，才能作为决定的因素进入土地产品的价格。

无论从理论上还是从现实来看，严格区分土地价值和价格都是困难的，也是徒劳的。土地或土地使用权自进入市场就产生了价格，对购买者而言是未来生产、经营的成本，它的价值是其未来的利用价值；对出让人而言是权利的让渡，其价值是保有价值、租金资本化或未来使用价值的折现值。

---

① 参见［英］马歇尔：《经济学原理》，下卷，128页。

② 当然还可能有对工资或利润的扣除，但在这里不予考虑。真正的地租和土地资本利息及折旧之间的关系是，前者取决于后者。假定租金不变，利率上升，后者提高，前者必然减少；当租金不足以补偿后者时，前者就为零。杜能认为真正的地租有时为负（参见［德］约翰·冯·杜能：《孤立国同农业和国民经济的关系》，30～31页，北京，商务印书馆，1986），实际上这是不可能的。

③ 这里的折旧不是会计制度上的折旧，而是土地资本的现实损耗。马克思说的土地资本是广义的土地资本，这里的土地资本是指除房屋建筑及其附属物以外的土地资本（狭义的土地资本），以便将房租和地租区别开来。土地资本的具体内容因土地的生、熟程度不同而不同。周诚教授较早地区分了广义、狭义的土地资本。（参见周诚：《土地经济研究》，377～379页。）

④ 参见［美］理查德·T·伊利等：《土地经济学原理》，225页。

⑤ 参见［英］马歇尔：《经济学原理》，下卷，293页。

### 4.1.2　土地价格的形成

土地的价格是由供求决定的。土地同其他商品一样，其价格是由供求相互作用形成的。纯自然土地不是人类劳动创造的，因而没有生产成本。假定土地是匀质的，也就是说不存在差别，这样，从土地供给方来讲，只要对他付出一点点货币①，他就会出售。另外，土地面积的有限性，决定了纯自然土地的供给是固定的（图 4—1 中的 $Om$）。虽然可以通过填海造地来扩大陆地面积，但在量上是微不足道的，纯自然土地的无成本和供给固定，使得土地的价格完全取决于需求。如图 4—1 所示，在需求为 $d$ 时，土地价格为 $p$；在需求为 $d'$时，土地价格为 $p'$。

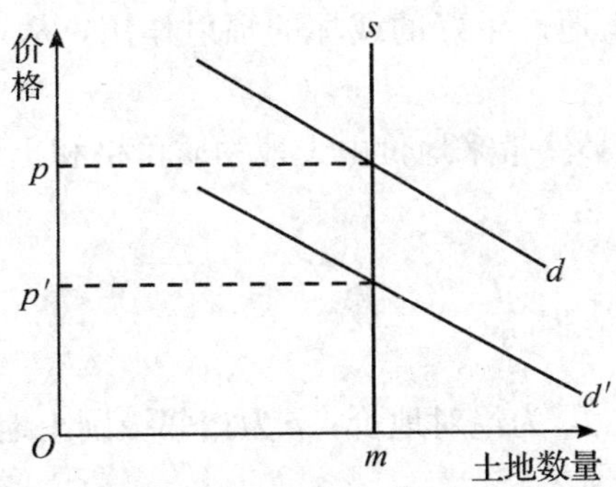


**图 4—1　土地供给条件下地价的决定**

一块土地或许可以有多种用途，因而，对某一用途的土地来讲，其供给并非固定的。如图 4—2 所示，某种用途的初始需求为 $d$，初始供给为 $s_m$，土地均衡价格为 $p$。当土地的需求上移为 $d_1$ 时，土地供给不可能很快随之增加，仍为 $s_m$，价格由 $p$ 上升到 $p_1$。由于价格上升，其他用途的土地转变为该种用途的土地，随着时间的变化，该用途的土地供给逐渐增加到 $s_s$，再增加到 $s_1$。土地价格也随之由 $p_1$ 下降到 $p_2$ 再到 $p_3$。

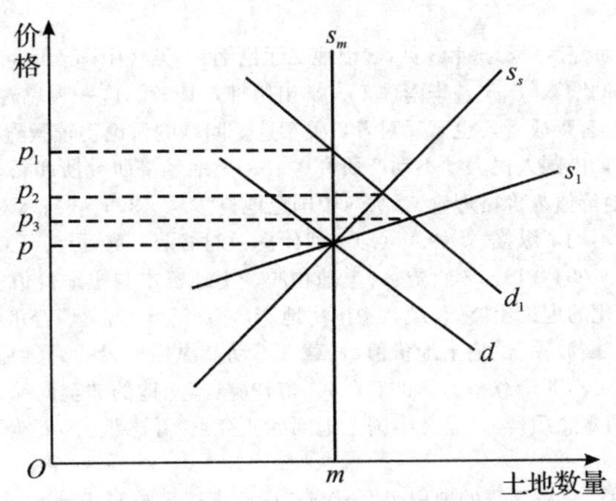


**图4—2　土地供给随时间变化条件下地价的决定**

① 由于不存在土地差别，也就不存在级差地租，因而只可能有绝对地租。这正如马克思所说，只要付一点点钱，地主就会出租或出售土地。

### 4.1.3 土地价格构成的本质

1. 理论上的土地价格

从理论上讲，土地价格由土地物质价格和土地资本价格构成。[①]

土地是由土地物质和土地资本构成的，与此对应，地租是由土地物质所要求的真正地租和土地资本所要求的租金性质的地租构成的。真正的地租包括绝对地租和由土质及位置优劣而产生的级差地租。租金性质的地租又可以区分为某块“土地本身的土地资本地租”和“外部辐射地租”。[②] 土地本身的土地资本地租是土地资本的单位时间损耗量（折旧及利息）[③]；土地的外部性辐射地租是指该宗土地以外的大型基本建设（如道路、商场、剧院、公园、工厂等），会对该宗土地产生好的或坏的辐射作用，从而使该宗土地的地租有所增加或减少。

土地、地租的二元构成必然带来地价由土地物质价格和土地资本价格构成。土地物质价格的理论构成公式为：

$$J_{dw}=J_{dj}[1+(1+r)^{n}u]\frac{d}{s}$$

式中，$J_{dw}$ 为土地物质价格；$J_{dj}$ 为绝对地价；$r$ 为相邻级别土地级差地价的差别幅度；$n$ 为土地的级别（最差土地为 0）；$u$ 为土地不同用途的价格差别系数；$\frac{d}{s}$ 为土地供求平衡度系数。$J_{dj}(1+r)^{n}$ 为不考虑土地用途和供求状况时的基础级差地价。

当供求平衡时，$\frac{d}{s}=1$；供不应求时，$\frac{d}{s}>1$；供过于求时，$\frac{d}{s}<1$。土地资本价格为土地本身的资本价格和外部辐射价格之和。土地本身的土地资本价格的理论构成公式为：

$$J_{dz}=J_{j}\times(1-K_{x})\times(1-K_{m})+J_{x}-J_{f}$$

---

① 参见周诚：《土地经济研究》，381～408 页；《土地二元论纲》，见《中国土地问题研究》，合肥，中国科学技术大学出版社，1998；《土地经济问题》，广州，华南理工大学出版社，1997。这一观点称为地价二元论，对土地、土地价值及地租地价构成的二元论，有赞成者，也有反对者，关于这一问题的讨论比较激烈。相关的主要文献还有：周诚：《土地经济研究（续集）》，北京，中国人民大学不动产研究中心、土地经济研究所印行，2000。刘书楷：《马克思劳动价值观与西方非劳动价值观土地价值与价格理论》，载《中国土地科学》，1995（6）；《对当前土地价值与价格研究中有关基础理论概念的思考》，载《不动产纵横》，1996（2）。费仕良、刘书楷、夏万年：《对近现代土地价值与价格理论的比较研究》，载《不动产纵横》，1994（1）。李百冠：《土地物质、土地资本与土地价值关系探究》，载《不动产纵横》，1997（2）。高映轸：《土地商品化的理论出路》，载《中国房地产》，1995（8）；《谈经济学中的土地二元论》，载《中国房地产》，1996（10）。王万茂、高波：《试论土地价值》，载《不动产纵横》，1993（1）。潘家华、高映轸：《土地资源的价值成分及其社会定价》，载《不动产纵横》，1993（4）。雷仲篪：《土地的“全商品论”》，载《不动产纵横》，1994（4）。于俊文、孙翔：《土地价值概念质疑》，见《中国土地问题研究》。乔志敏：《土地价值问题剖析》，载《社会科学家》，1998（2）。

② 本书则以为“外部辐射”只对真正的地租产生影响，从而直接影响到土地物质价格，对土地资本价格基本上不产生影响。[参见乔志敏：《土地价值问题剖析》，载《社会科学家》，1998（2）。]

③ 周诚教授认为真正的地租包括绝对地租和级差地租Ⅰ，土地本身的资本地租则可以从土地资本补偿和级差地租Ⅱ两个不同角度理解，因此把土地本身资本地租称为级差地租Ⅱa，把辐射性地租称为Ⅱb。因本书编著者对级差地租有不同的理解［参见于恩和、乔志敏：《重新认识级差地租及其与土地收益分配的关系》，载《经济问题》，1997（3）］，故作出一定修改，但并不影响对土地价格构成因素的分析，特此说明。

式中，$J_{dz}$ 为土地本身的土地资本价格；$J_j$ 为过去历次投资所形成的土地资本价格的累计（全新重置成本）；$K_x$ 为土地资本的无形（功能性、经济性）损耗系数；$K_m$ 为有形损耗系数；$J_x$ 为最近一次或数次形成的尚未发生损耗的土地资本价格；$J_f$ 为当前已经报废的土地资本（假定残值为 0）的拆除费用。

外部辐射价格的理论构成公式为：

$$J_{ds}=\sum Z_i+\sum F_j$$

式中，$\sum Z_i$ 为正向辐射地价之和；$\sum F_j$ 为负向辐射地价之和。

若我们以一宗新开发的非农用地为例，其总价格的理论公式为：

$$J_{dk}=F_z+F_k+J_w+J_s$$

式中，$J_{dk}$ 为该土地的总价格；$F_z$ 为农地征收费，即农地价格（绝对地价）；$F_k$ 为土地开发费，即非农用地本身的土地资本价格；$J_w$ 为由土地位置、用途等决定的非农用地的土地物质价格（仅指级差地价部分）；$J_s$ 为外部辐射价格。

我国城镇土地价格的实际构成可表示为：

$$\begin{array}{l}\text{土地}\\\text{价格}\end{array}=\begin{array}{c}\text{农地征收费}\\\text{(绝对地价)}\end{array}+\begin{array}{c}\text{位置和用途及容积率}\\\text{等因素差价(级差地价)}\end{array}$$
$$+\text{(土地开发费+城市建设配套费)(土地资本价格)}$$

以上土地价格的论述仅是以劳动价值论为基础，是以其形成和来源而论的。虽然土地价格可以表现为多个组成部分的简单加总，但现实中土地价格构成要素成本间的关系远比这复杂得多。有时，土地价格等于各组成部分价格之和，但多数情况下是大于或小于各组成部分之和的。从这个角度可以看出，并不是开发费用越高，土地价格就越高。土地价格在理论上应该为各组成部分成本同其有效贡献系数乘积的和。各土地构成要素对土地价格的贡献系数是不同的，有效贡献有时大于 1，但有时小于 1。在市场中，土地价格的高低同土地效用及在市场中的位置是相互关联的。

2. 土地价格与土地交易额

土地价格是土地原始价值、公共投资与环境改良价值、私人投资改良价值、未来价值四项因素在地理空间的结合，而表现出来的土地货币交易额。①

土地的原始价值，不是人力能够创造的，对该部分价值的估计很困难。在新古典城市经济学中，往往将城市边缘土地的农业利用价值，作为其用于城市建设用地时的机会成本，称为城市土地的原始价值。

公共投资与环境改良价值，是包括政府部门进行的各种公共建设以及私人部门在土地之上进行的各种经济活动，对城市环境（包括社会、文化、政治、经济、建筑实体等多种因素）的改良所形成的土地价值。

私人投资改良价值是指个人投资于某块土地上，使得该土地的价值增加的部分。私人

---

① 参见边泰明：《土地价值与都市环境》，载《台湾土地金融季刊》，1994 (4)。这里的价值不同于劳动价值，可以理解为最可能价格（the most probable price）。

在城市某块土地上进行投资，不仅增加这块土地的价值，而且影响到毗邻土地的价值，也就是说产生了价值外溢效果或称外部性。可以说，私人投资改良与政府公共投资共同创造了社会环境价值，之所以将土地价值区分为私人部分和公共部分，是为了对土地收益进行公平合理的分配。

未来价值是尚未实现的、潜在的价值。比如，农地在转化为建设用地前，价值较低，转化后价值增加，用途转化前的预期价值增加就是未来价值。土地利用强度较低时，所实现的价值也较低，预期土地利用强度提高所引起的土地价值增加部分，也是未来价值。未来预期价值实现的速度与城市化速度极为相关，从货币时间价值的角度考虑，这种速度越慢，土地未来价值的现值越小。未来价值还与土地上的土地资本累积量及其基础设施的新旧程度有关，累积量越大、越新，未来价值量相对越小，而社会环境价值越大，二者具有此消彼长的关系。未来价值是土地投机的真正对象。

3. 土地价格构成

土地价格由纯农地价格、土地用途转换成本、土地价格的预期增值（也可能减值，即可能为负数）、不确定性的风险补偿费、可达性（区位）价值构成。①

如图 4—3、图 4—4 所示，城市地租由农地地租、区位地租、土地资本租金（即转换土地用途的资本的机会成本）、不确定性风险年补偿费构成。农地转化为市地后，可能会由于市地供过于求等原因，出现地租下降到农地地租以下的情况，但从市地转换为农地是很困难的（土地用途转换的不可逆性），不确定性风险年补偿费就是对所承担的这种（系统性）风险的补偿。与地租相对应，城市地价分别由纯农地价格、区位价格、土地用途转换成本、不确定性风险补偿费、预期增值构成。要注意的是，在地租构成中，没有预期增值的对应项，这是由于地价是地租的资本化，因而必然要考虑未来若干（或无限）年内地租增减的变化，对地租却不必考虑这一点。农地价格由农地开发权价值和与农地地租相对应的纯农地价格构成。农地开发权价值是土地由农业利用开发（转换）为非农业利用时，土地开发权益的价值，也可以称为开发期权（option to develop）价值。

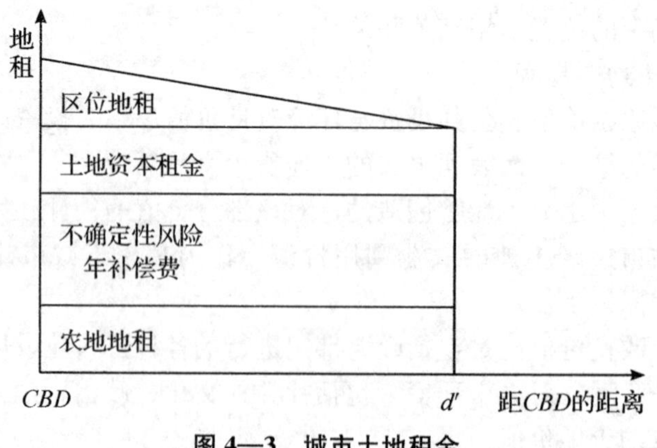


**图 4—3 城市土地租金**

① Dennis R. Capozza, Gordon A. Sick, The Risk Structure of Land Markets, *Journal of Urban Economics* 35, pp. 297-319 (1994).

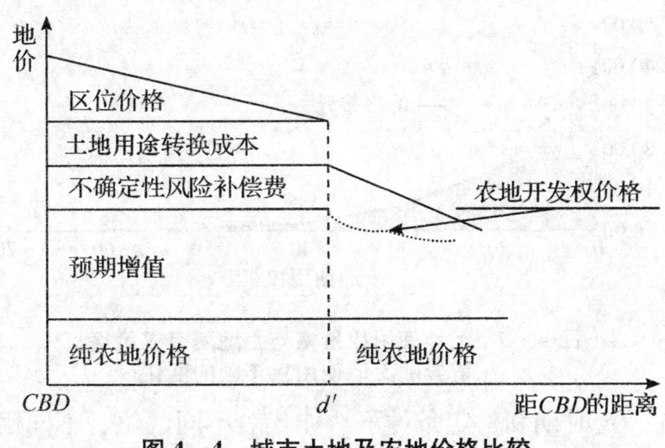


**图4—4 城市土地及农地价格比较**

## 4.1.4 土地价格的种类

按照不同的作用和标准，可以划分出多种土地价格。

1. 市场价格和市场价值

市场价格又可以称为交易价格，它是指在市场交易中，特定交易的买卖双方实际成交的货币额。市场价格又可以根据买卖双方交易时所处的地位、所掌握的市场信息等状况，分为公平市场价格和非公平市场价格。公平与不公平都是相对而言的，公平市场价格是对买卖双方来讲都不吃亏（不是凭某一个人的感觉判断的），非公平市场价格是对买卖双方来讲，一方占了另一方的便宜。最为公平的市场价格就是市场价值。市场价值是“一资产在公开竞争的市场上出售，买卖双方行为精明且对市场行情及交易物完全了解，没有受到不正当刺激因素影响下所形成的最高价格”[①]。更明确地说，市场价值是最可能的价格。另外，还可以分为买价、卖价，出售价、出租价，征用价、出让价、转让价，拍卖价、招标价、协议价等。

2. 土地所有权价格和土地使用权价格

土地所有权价格是买卖土地所有权的价格，它是无限期地租的折现值。土地使用权价格是一定年限内使用土地的权利的价格，它是若干年限内地租的折现值。土地使用权价格可以是一次付清，也可以是按年支付，按年支付的称为年地租。在国家（我国）出售土地使用权时，土地使用权价格又可以称为土地出让金。同一块土地的使用权价格，会因土地的用途、容积率、使用权年限的变化而不同。土地所有权价格和土地使用权价格在数量上的差异，随土地使用权年限的增加而缩小。假定地租为10元/平方米·年，折现率为10%，土地使用权价格和土地所有权价格差异，随土地使用权年限的变化状况可以用图4—5来表示。

3. 基准地价和标定地价[②]

基准地价是指在城市规划范围内，对现状利用条件下不同级别的土地或者土地条件相当的地域，按照商业、居住、工业等用途，分别评估确定的某一时点上一定年期物权性质的土地使用权平均价格。

---

① Byrl N. Boyce, *Real Estate Appraisal Terminology*, Ballinger Publishing Co., 1975, p. 137.

② 参见柴强：《房地产估价理论与方法》，54页，北京，中国物价出版社，1995。

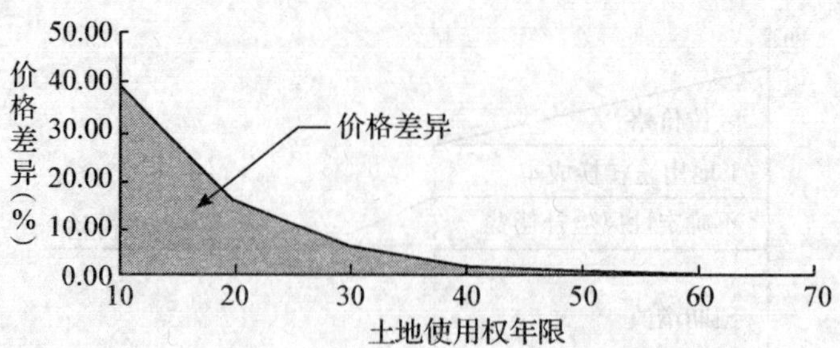


**图 4—5 土地使用权价格与土地所有权价格差异随土地使用权年限的变化**

标定地价是指在一定时期和一定条件下，能代表不同区位、不同用途地价水平的标志性宗地的价格。标定地价既可以用比较法、收益法、剩余法等评估，也可以在基准地价基础上进行修订评估。

基准地价和标定地价都是由政府部门评估并向社会公布的，借用中国台湾地区的称谓，它们都是“公告地价”。

4. 课税价格、征收价格、抵押价格

课税价格是政府课征与土地价值有关的税（比如国外的地价税）时，所确定的土地价格。征收价格是政府征收农村集体所有的土地、用地人合法占有的土地时，向土地所有者或土地使用者支付的货币额（或等量价值物）。抵押价格是以土地为抵押担保物借款时，贷款人确定的土地抵押物价值，一般为市场价值的6～8成，视贷款比率而变化。

5. 总价格、单位价格、楼面地价

总价格是某一定面积土地的总价值。单位价格是上述总价格与土地面积的比值，即单位面积土地价格，简称为单价。楼面地价是单位建筑面积地价，它等于土地总价格除以建筑总面积，或等于土地单价除以容积率。比如，有面积均为1 000平方米的甲、乙两宗土地，土地单价均为700元/平方米。甲的容积率为3，可以建设3 000平方米的建筑物，每平方米建筑物售价为1 200元；乙的容积率为2，可以建设2 000平方米的建筑物，每平方米建筑物售价为1 250元。甲、乙的楼面地价分别为233.3元/建筑平方米、350元/建筑平方米，甲的每平方米建筑物价格1 200元中有233.3元是地价，乙的每平方米建筑物价格1 250元中有350元是地价。在现实生活中，楼面地价往往比土地单价更能反映土地价格水平的高低。

在土地出让中是以单位面积土地计价，还是以单位面积建筑物（楼面）计价，取决于出让条件或合同要求。前者是在规划等条件确定的情况下，较简单的计算方式，也是很多国家采取的方法；后者是在规划许可条件有一定变化幅度的情况下，合理控制建筑物高度、密度和容积率的有效方式。

6. 评估价格

评估价格是具备价格评估资格的估价人员，运用科学的方法和技术手段，遵照有关的法律规定和评估规则所确定的土地价格。前面所讲的基准地价、标定地价就属于评估价格。

### 4.1.5 不同类型地价之间的关系

土地价格是由土地的使用价值决定的，因使用价值不同而价格不同。土地使用价值因区域、使用人、土地利用政策的不同而不同。同一块土地在各种条件相同的情况下，其价值在市场上的表现实际上是其竞买人对其进行各种价值判断的结果。

土地价格是在市场交易过程中形成的。在自由竞争的市场上，假设有两个富有经验的土地所有者（或土地使用权让与人）和购买者。出售人知道自己土地的评估价格，但他假设，投资者都会认为这一宗土地的价值更高，也就是他们评估的土地开发价值更高。开发价值是土地在一定开发条件和方式下，土地所有者（或开发者）能够取得的最大净收益，是开发后收益同开发成本的差额。如图 4—6，假设评估的土地开发价值为 $c$，评估价格为 $a$。在土地推向市场的第一天，8 号投资者出资小于 $a$，1 号投资者出资等于 $a$，土地所有者都不愿意出让。第二天，7 号投资者出资略高于 $a$，而 2 号投资者出资高于 7 号，这时土地所有者或使用权人想在市场上再观望一段时间，希望有出价更高的投资者；投资者 6 号和 9 号也加入到游戏中，抬高了土地市场价格；再有投资者 3 号、4 号、5 号加入到竞投行列后，土地所有者给出更高的要价；假设 3 号、4 号、5 号投资者的土地开发价值都为 $c$，这时由于价格过高造成利润过低，达不到要求的回报率而放弃竞争。所以，成交的土地市场价格实际上是在投资者 2 号、6 号和 9 号之间的价格，具体成交价格的高低是根据当时市场参与人的多少、竞争的激烈程度和对市场的预测等决定的，一般是在 $b_1$ 和 $b_2$ 间波动。该区间的任何数值都是土地市场价格，它不是一个固定值，而是一个区间；区间的大小因市场条件而异。

图 4—6 较详细地说明了土地价值在市场中的实现过程，也充分地说明了不同类型地价间的相互关系。

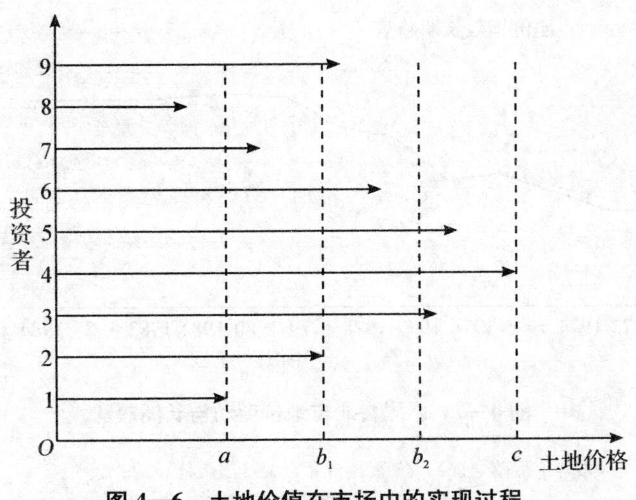


**图 4—6　土地价值在市场中的实现过程**

## 4.1.6　土地价格的变动

1. 土地价格变动机理①

土地价格是地租的资本化，因而，地租量和利息率是决定地价变动的最直观因素。土

① 参见［德］马克思：《资本论》，中文 1 版，第 3 卷，875～880、914 页。

地价格因地租量的增减而提高或降低，也可以在地租量不变的情况下，因利息率的升降而升降。

从土地价格由土地资本价格和土地物质价格构成来看，还可以因这两个构成部分的变动而变动。土地资本价格的变动取决于土地资本投入和损耗，土地物质价格的变动取决于真正的地租及利息率的变化，有时也完全取决于供求状况，而与地租及利息率无关。比如，有时土地按分割成小块出售的单位价格比按大块出售时要高得多，这是由于小块土地的购买者人数较多，对小块土地所有权的需求超过供给，而与地租和利息率无关。

2. 土地价格的变动趋势及其形态[①]

随着社会及经济的发展、人口的增长，人们对土地的需求不断增加，对土地的投资也不断增加，因而，地价具有长期增长的趋势，在发展的初期阶段表现得更明显。从各个国家和地区的地价变动历史来看，地价是呈波浪式增长的，这主要是由于以下几方面的原因：（1）地价受经济周期的影响而波动，且波动幅度超过经济周期；（2）土地市场的供求变化，往往出现"土地供不应求→地价上升→土地供给增加→地价下降→再度供不应求→地价再度上升"的循环变动；（3）影响土地价格的有人口、经济增长、国家发展政策、战争、自然灾害、国际关系等多种因素，这些因素的变化是参差错落、互有消长的，且在时空（时间和空间）上表现各异，地价的变化必然是随时间起伏跌宕、空间上千差万别的。图4—7为中国台北市1973—1987年的地价变动趋势。

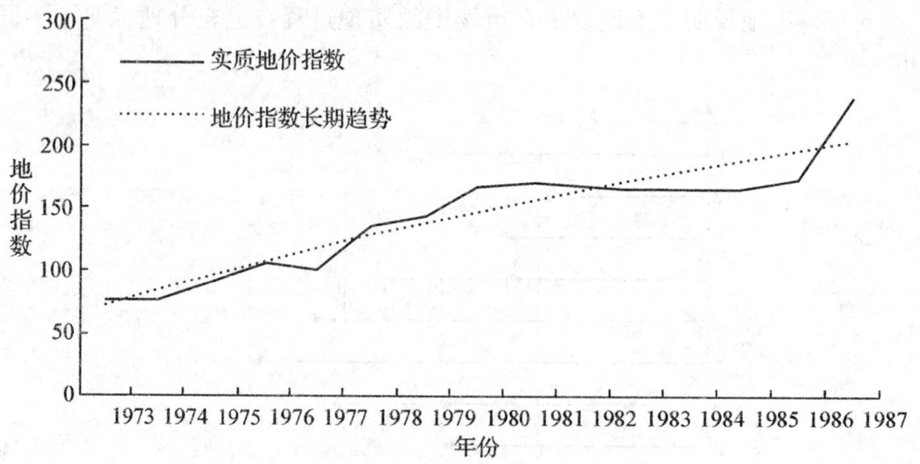


**图4—7 中国台北市地价变动与长期趋势**

资料来源：洪宝川：《探索地价涨落之谜》，46页，台北，大日出版社，1992。

土地价格增长的形态可以分为三种：投资性增值、供求性增值、用途性增值。（1）投资性增值，包括宗地直接投资增值和外部投资辐射性增值。直接投资增值是指在某一土地上进行"七通一平"开发投资造成土地价格的提高；辐射性增值是指某一地块以外的土地开发投资，比如，基础设施的建设，商业、金融业、工业及科教文卫类设施的开发，对该

① 参见周诚：《土地经济研究》，415～434页；边泰明：《土地价值与都市环境》，载《台湾土地金融季刊》，1999(4)。

土地价格提高产生积极作用。当然，也可能产生消极的负面作用。（2）供求性增值，也可以称为稀缺性增值，是指随着社会、经济的发展，对面积有限的土地的需求（既有土地利用需求，也可能存在土地投机需求）日益增加，从而导致地价的上涨。（3）用途性增值，是指像农地转化为非农地、工业用地转化为商业用地等土地用途发生变化或预期可能将要发生变化而引起的土地价格上涨。这三种形态的增值通常是互为促进的。比如，一块土地由于周围交通、商业或文化等环境的改善，提高了其在经济上的可利用程度，也即所容许的资本投入量增加，用途变换及用途增值成为可能，因而对它的需求增加，购买者在土地上进行“七通一平”开发，提高了土地资本价值，同时，也会对周围土地的价值产生辐射性影响。无论是由于环境的改善，还是由于土地更为稀缺，土地价格的增长最终是由土地在经济上所容许的资本投入量增大得到体现的。

土地价值的变动可以用图 4—8 表示，随着农地转化为市地，以及环境改善使得土地资本容许投入累积量渐增，地价在农地价 *oa* 基础上增加，直到达到土地资本最大容许累积量 *oc* 为止，地价最大化为 *ob*。如果此后新的土地资本投入量与损耗量相等，则地价沿 $c'de$ 维持在 *ob* 水平；否则，随着时间的变化，可能由于某些土地资本报废需要拆除而花费一定的成本，使得地价沿 $dd'$ 下降。

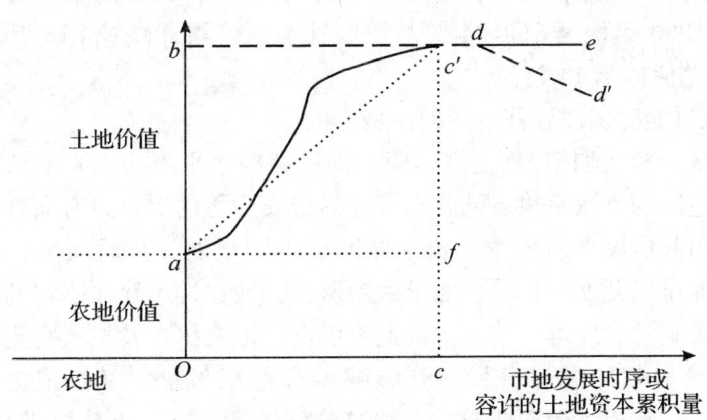


**图 4—8　城市土地价值的变动过程**

### 4.1.7　土地价格与国民经济的关系

从总的方面讲，地价的高低同经济发展密切相关，地价水平的高低反映一个地区、一个国家的经济发展水平，一般情况下，地价越高经济社会发展水平也越高。但并不是说在任何情况下地价都可以客观地反映经济发展水平、经济运行状况，也不是地价越高越好。

1. 地价与经济周期[①]

地价因受到国民经济周期的影响而呈现周期性波动。土地的稀缺性决定了在地价上涨时，人们往往为了保值、增值而竞相抢购，在地价下跌时，又竞相抛售以求减少损失，因而地价波动幅度显著大于经济周期波动幅度。以第二次世界大战后的日本为例，地价变化

① 参见周诚：《土地经济研究》，421 页；［日］野口悠纪雄：《土地经济学》，北京，商务印书馆，1997；戚名琛：《近几年来的日本城市地价波动》，载《经济研究资料》，1997 (10)。

经历了五个阶段：(1) 1945—1955 年是日本战后恢复时期，该时期物价上涨速度高于地价上涨速度。(2) 1955—1966 年，由于日本政府提出国民收入倍增计划，日本进入全面发展工业的阶段，引起对工业用地需求的增加，从而导致了以工业用地为主的地价上涨。这一时期的地价上涨速度在 1961 年达到了高峰，全国工业地价平均涨幅最高达到前一年同期地价的 53.2%。(3) 1966—1975 年，日本进入高速城市化阶段，人口和就业向东京、大阪、名古屋等大城市及其近郊集中，促使了住宅用地地价的上涨，并带动其他用地地价的上涨。1973 年日本住宅用地地价平均上涨幅度最高达前一年同期地价的 37.8%。随着 1973 年世界石油危机的爆发，日本经济出现通货膨胀，日本政府采取了削减政府投资和金融紧缩政策，虽然降低了通货膨胀率，但也导致 1975 年出现地价负增长的情况。(4) 1975—1983 年，日本经济实际增长率约为 5%，虽然又出现了住宅价格上升引起的地价涨峰，但平均住宅用地地价上涨速度最高时期也只有 13.6%。(5) 1983—1998 年出现第三次地价大幅度上涨和暴跌。随着信息化、国际化等经济结构的变化，自 1983 年起对写字楼的需求增加，引起东京商业用地价格的急剧上升，并逐步带动了住宅和工业用地价格及其他邻近地区和大城市地价的上涨。1987 年上涨率达到顶峰，东京各类用地地价平均上涨 85.7%。进入 20 世纪 90 年代，日本经济进入不断衰退的阶段，以致日本地价出现大幅度下滑，自 1990 年秋至 1997 年 3 月，全日本地价累计跌掉 513 万亿日元，为日本 1991 年国内生产总值的 1.14 倍。

2. 地价上涨可能对国民经济造成的不良影响

林英彦教授认为[①]，地价过度上涨（即与国民经济水平不协调）的结果会引起如下不良影响：(1) 住宅问题难以解决。低收入者为谋得安身之住房，只有向郊区迁移或减少居住面积，这势必引起居民交通成本（包括时间成本）增加、交通拥挤、出现贫民窟等现象。(2) 公共事业难以开展。地价上涨导致为取得公共建设用地而支付的土地征收成本增加，增加了公共设施开发成本。(3) 地价上涨引发土地投机，投机者将土地闲置不用，可能会造成城市边缘地带的无序开发，既影响城市健康发展，又造成公共设施的浪费。(4) 土地投机盛行，造成不劳而获及社会财富分配的不公平，土地投机又引发地价上涨，形成恶性循环。反常的高地价水平，阻碍国民经济的发展。比如韩国，自 20 世纪 70 年代，随着工业化和城市化的急速发展，其城市地价迅速上涨。1974—1991 年，韩国地价指数增长 19.1 倍，在汉城达到 37.2 倍，而同期国民生产总值仅增长 4.1 倍，零售物价指数增长 5.6 倍。地价快速上涨引发一些严重的社会问题。比如，给政府的基础设施投资带来较大财政负担，还使得许多低收入家庭负担不起飞涨的房租和房价，住宅普及率由 1975 年的 74.4%下降到 1988 年的 69.4%。另外，由于 65.2%的土地被 5%的人所有，猖獗的土地投机及地价持续上涨所带来的意外收入，集中在少数大地主手中，使得国民收入及财富分配不公平状况进一步恶化。地主人均可获得的土地收益是人均国民生产总值的 26 倍，可见其不公平程度。这一切引发了社会各阶层的严重矛盾，且极大地阻碍了技术革新和生产竞争。[②]

① 参见林英彦：《土地经济学通论》，104～115 页。

② Bruce Kopple, D. Young Kim, *Land Policy Problems in East Asia*, East-West Center and Korea Research Institute for Human Settlements, 1994.

3. 地价投机和泡沫经济对国民经济的不良影响

投机和泡沫经济虽然不能决定国民经济的发展，但可以对国民经济产生重大影响。[①]这是因为：(1) 一方面，投机和泡沫造成的价格暴涨，会使得对产品的需求猛然增加，从而引起价格更加急剧上升，导致虚假的繁荣；另一方面，投机和泡沫造成的价格暴跌，也会导致需求的突然减少，引发价格的急剧下降，从而人为地导致企业亏损和经济萧条。这就造成供求关系严重脱节，使市场经济无法有秩序地运行。(2) 投机和泡沫所造成的虚假繁荣，会使得信用过度膨胀，以至于当泡沫破裂时，国民经济的各个环节之间就会出现信用的相互拖欠甚至不能偿付的现象，信用渠道的中断或阻滞会给整个国民经济带来严重的后果。比如日本，1955—1989 年，地价水平平均上升 54 倍，东京等六大城市上升 128 倍。长期的地价上涨，致使日本国民形成一种地价只上涨不下降的观念（被称为“土地神话”），导致谋求不劳而获收益的地价投机日益猖獗，实际地价中的泡沫成分较大。野口悠纪雄研究认为，东京和大阪 1987 年的实际地价中，投机泡沫的成分占 54%。1991 年日本泡沫经济爆破，地价的狂跌严重影响到房地产业、金融业及整个经济。经济泡沫破灭不过数月，就有 4 000 家开发公司接连倒闭。1995 年秋，东京最大的宇宙信用合作社和日本最大的木津信用合作社，由于其不动产贷款大量成为呆账、坏账而相继破产。在 20 世纪 80 年代末向房地产开发企业贷款最积极的太平洋银行，虽然有日本 4 家大银行为主要股东，也于 1996 年年初破产。日本的 8 家专门从事房地产信贷的民间金融机构，有 7 家因房地产抵押贷款呆账、坏账成堆而于 1996 年清盘解散。在它们的呆账中，个人住宅抵押贷款呆账率为 17.4%，企业贷款呆账率为 89.1%。为推动经济复苏、阻止地价狂跌，日本政府陆续进行公共投资 14 万亿日元，以至于到 1997 年 3 月，年财政赤字达国内生产总值的 7%，累计赤字相当于国内生产总值的 87.4%。

## 4.2 建筑物价格

这里所说的建筑物价格，是指建成后建筑物的价格，不包括土地价格。对房地产来讲，建筑物价格主要是指房屋建筑及其附属物的价格。附属物的具体范围视具体的建筑情况而定。建筑物的价格和一般产品的价格一样，是由建筑生产费用加一定的利润形成的。不过，建筑费并不是实际的支付额，而是一种被社会承认的正常费用，利润也是被社会承认的合理利润。

### 4.2.1 建筑物价格的构成

建筑物为新建成的状态时，其价格主要由以下几部分构成：(1) 建筑工程费用，包括一般土建工程、给排水工程、采暖通风工程、电气照明工程费用；(2) 设备及安装工程费

① 参见高鸿业、张帆：《驾驭虚拟资本》，载《人民日报》，1998-02-14；戚名琛：《近几年来的日本城市地价波动》，载《经济研究资料》，1997 (10)；Yukio Noguchi, James M. Poterba, *Housing Markets in the United States and Japan*, the University of Chicago Press, Ltd., pp. 14-15。

用，包括机械设备及安装工程、电器设备及安装工程费用；（3）其他费用，包括设计费、监理费、概预算编制费、招标费、管理费、财务费用、销售费用、合同预算审查费、不可预见费、有关税费、利润等。

如果建筑物是一个已经使用若干年的建筑物，那么该建筑物的价格，就是用该建筑物的重置价格或重建价格（replacement cost new or reproduction cost new）减去价值损耗；价值损耗一般用折旧表示。造成建筑物损耗且贬值的因素有自然的、功能的、经济的，由此而造成的价值损耗称为贬值，可以分为自然性贬值、功能性贬值、经济性贬值。自然性贬值是由于正常的使用、长期磨损、管理疏忽、虫蛀、潮湿、自然灾害而发生的破损、自然老化、损坏，从而引起的贬值。功能性贬值是由于建筑物所提供的服务功能不足、过时、超规格（如过高的居住空间，所提供的效用可能不足以补偿其成本）等原因造成的贬值。经济性贬值是由于建筑物以外因素的变化，比如，经济衰退、环境污染、交通拥挤、战争的发生及政府政策转变所导致的贬值，当然这些因素也同时导致地价的下降。

在建筑物到其经济使用寿命结束时，它的价格相当于报废价格。从经济的角度讲，建筑物需要拆除，因而它的价值就是所拆除的残余物废料价值减去拆除费后的剩余价值，也称净残值或残值。

如果建筑物不是用来出售而是出租，那么建筑物的价格就表现为租金（这里暂时不考虑管理费、维修费等），包括折旧和利息。价格和租金存在如下关系：

$$R_t=r\times V_o+I\times V_t$$

式中，$R_t$ 为第 $t$ 年的租金；$I$ 为市场利率（投资回报率）；$r$ 为建筑物年损耗（折旧）率；$V_o$、$V_t$ 分别为建筑物的全新重置价值和在第 $t$ 年年初时刻的建筑物价值。上式可进一步写成：

$$R_t=\frac{V_o}{N}+I\left[V_o-\frac{V_o(t-1)}{N}\right]=\left[\frac{1}{N}+\frac{I(N-t+1)}{N}\right]V_o$$

式中，$N$ 为经济使用寿命（假定残值为 0）；$t$ 为建筑物正在使用的年序数；$\left[\frac{1}{N}+\frac{I(N-t+1)}{N}\right]$为租售比价因子。

### 4.2.2 建筑物价格的变动

建筑物价格的变动，一般应以单位建筑面积个别价格的平均水平变化来衡量。建筑物价格的变动，是由于影响建筑物价格的多种因素的变化而产生的。这些影响因素大体有构造、装修、设备、规模、用途、地区、物价水平等。长期以来，世界各国建筑物价格水平变动呈上升趋势，这可能有物价水平、建筑质量等变化的原因在内。不过，历史事实证明，即使排除货币价格变动影响之后的建筑物生产费用，也比一般产品生产费用呈现相对更快的上升趋势。抛开质量因素不说，建筑物价格同别的商品价格相比，以可比口径计算的生产费用最终将趋向增加。若建筑物生产方式及建筑产品长期无太大变化，照理其生产成本应无太大变化。但是，与在生产方法、组织形式以及大批量生产方面获得较大进展，因而产品价格趋于迅速降低的新兴工业，如汽车、电子产品等相比，其价格已不相称地上升。据调查，在 1913—1960 年间，美国建筑价格上升幅度超过消费资料价格上升幅度的 2 倍，瑞典则超过 1/2，法国超过 4/3，荷兰超过 1 倍。通常，从长期变动趋势看，材料价格比劳动力价格上升得慢，甚至在劳动力价格上升时，材料价格还下降。美国从 1913 年至 20 世纪 60 年代，劳动力价格增长了 10 倍，而同期材料价格仅上升了 4～5 倍。[①] 就我国深圳来讲，高层住宅建筑造价 1993 年比前一年增长了 13.9%，1994 年比 1993 年增长 18.5%。这主要是由于建工成本中的人工费、管理费上涨，导致成本上扬。虽然建工成本中占 6 成以上的材料费，即钢筋、水泥、木材价格自 1993 年开始下跌，但也未能抑制造价的上涨趋势。据调查，深圳 1992 年建筑工人日均工资 9.99 元，1993 年 10 月为 13.54 元，1994 年年初为 16.47 元，1995 年年初达 21.77 元，为 1992 年的 2.18 倍。[②]

### 4.2.3 建筑物折旧

#### 4.2.3.1 折旧和折旧类型

建筑物使用一定时期后，会产生各种各样的损坏或功能降低，使其市场价格偏离其重置价，这一差别就是折旧（depreciation）。建筑物的折旧可能来源于三种情况：（1）由于长期使用而产生的建筑物实体的老化和损坏，可以称为建筑物实体损坏（physical deterioration）。（2）由于市场变化、生活习惯的改变，原建材、原房屋布局和结构等不适应人们的新需求而产生的功能性贬值（functional obsolescence）。（3）由于不动产所处周围环境的改变而导致的效用降低、市场行情走低等而产生的外部性贬值（external obsolescence）。

#### 4.2.3.2 折旧估算方法

在计算折旧时，按其变化形态，又可以将折旧分成直线折旧和指数折旧、均速折旧和加速折旧等。

求算折旧额主要采用三种方法：市场提取法、年龄—寿命法和分解法。

市场提取法：主要是利用同目标建筑物有相近折旧程度的参比建筑物的折旧额，求出参比建筑物平均折旧率，然后再用来计算目标建筑物的折旧额。在计算时，先用各参比房地产销售价格减去土地价格，得到建筑物折旧后余额；重置价减去折旧后余额得到折旧额；折旧额同重置价的比值为折旧率。几个参比建筑物的平均折旧率是计算目标建筑物折旧额的折旧率。

年龄—寿命法：主要是利用建筑物总寿命和已使用年限，求出已使用年限同总寿命的比值，该比值同重置价的乘积为建筑物总折旧额。

分解法：分解法是一种最复杂、最详细的折旧估算方法，它可以同以上两种方法合用，也可单独使用。主要是逐项估计所有折旧项目，然后加和，得出总折旧额。

## 4.3 房地产价格

房地产价格是建筑物连同其所占用土地的价格。对新建房屋，它是建造成本加土地价格；对已使用的房地产，它是土地价格同建筑物折旧后余额的和。对于同一宗房地产来

① 参见［英］P. A. 斯通：《建筑经济学》，10～16 页，北京，中国经济出版社，1987。

② 参见龚四海：《深圳商品房价格为何居高不下》，载《中外房地产导报》，1995（35）。

讲，房地产价格等于建筑物价格加土地价格，这里的前提条件是该建筑物和它所占用土地的组合是相称的。如果建筑物和土地的组合不相称，房地产价格中的土地价格就必然降低，甚至会出现房地产价格低于建筑物成本的情况。如果拆除建筑物后重新建筑一个性质不同的建筑物，相对于目前的房地产来讲是更好的选择，那么该房地产的价格就等于（也可能小于）拆除建筑物后的土地价格加该建筑物的净残值。在市场经济条件下，土地的供求具有市场竞争机制，每一块土地都可以达到其高效最佳利用方式（highest and best uses），土地同建筑物的组合也相适应。在计划经济条件下或计划经济向市场经济转变过程中，征而不用、多征少用现象普遍，容易造成土地同建筑物组合不协调的现象，土地价值因利用不充分而降低。

### 4.3.1 房地产价格的构成

房地产价格是房地产市场供求相互作用形成的，它的高低受很多因素的制约和影响。房地产价格的评估方法较多，如成本法（cost approach）、市场比较法（sales comparison approach）、收益还原法（capitalization）等。这里简单地分析房地产价格的构成。从生产价格理论的角度，则可以分解为多个组成部分（见图4—9）。[①]

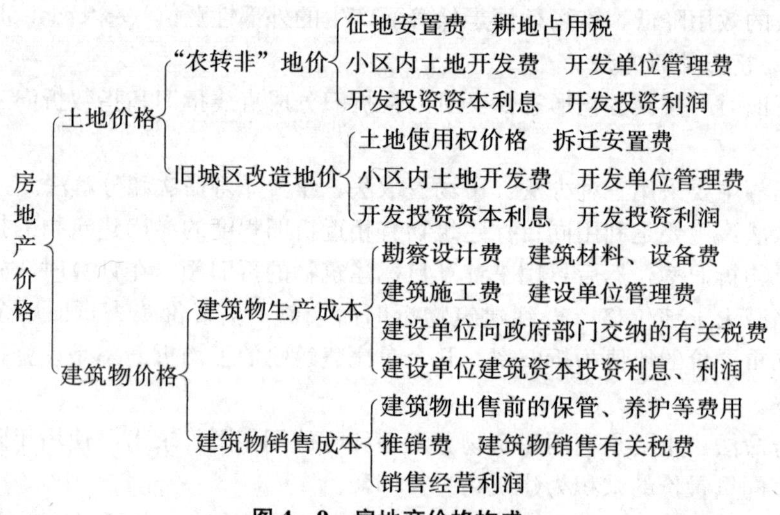


图4—9 房地产价格构成

目前，全国各地的商品房价格构成成分基本相同，各成分在房地产价格中所占比例略有差别，这里以北京市为例介绍如下[②]：

Ⅰ类 土地开发费：包括征地补偿费或拆迁安置费、“七通一平”费、勘察设计费、拆迁征地管理费、土地出让金。

Ⅱ类 房屋开发费：包括房屋建筑安装工程费、附属工程费（锅炉房、变电站、开闭所、路灯配电室、高压水泵房、电话交接间）、室外工程费（小区内电力、电信、热力、燃气、人防工程、供排水）。

① 参见周诚：《土地经济研究》，466页。

② 参见张晓岚：《当前的房地产价格构成》，载《北京房地产》，1997（2）。

Ⅲ类 各种配套及税费：公共建筑配套工程费（学校、医院、粮副食店、饭馆、文化活动站、书店、浴池、居委会及街道办事处、派出所、工商税务所、房管所、市政管理用房等）、环境卫生绿化工程费、“四源费”（自来水、污水、煤气或天然气、热力）、大市政费、两税一费（营业税、城市建设维护税、教育附加费）、黏土砖使用费、管理费、利润。

房地产价格各构成部分所占的比例，在不同城市、不同房地产开发项目中表现各异。从全国城镇的商品房价格构成平均状况来看，各种费用比例大致为：土地费用占 20%，建筑安装工程费占 40%，市政公共设施费占 20%～30%，各种税费占 10%～20%。表 4—1、表 4—2、表 4—3 为建设部政策研究中心 1996 年调查研究的案例情况。

**表 4—1　　上海市香山新村东北小区房价构成**

| 项目<br>金额和比重 | 平均售价 | 土地费用 | 三通一平 | 配套费 | 其他费用 | 建安工程费 | 管理费 | 营业税及附加 | 房屋接管费 | 管理销售财务费用 | 利润 |
|---|---|---|---|---|---|---|---|---|---|---|---|
| 数额（元/平方米） | 3 000 | 1 150 | 18.8 | 312.28 | 0.83 | 783.22 | 31.19 | 185.4 | 28.28 | 300 | 190 |
| 占房价比重（%） | 100 | 38.33 | 0.63 | 10.41 | 0.03 | 26.11 | 1.04 | 6.2 | 0.94 | 10 | 6.31 |

**表 4—2　　北京市法华寺南里小区房价构成**

| 项目<br>金额和比重 | 平均售价 | 拆迁安置补偿费 | 规划设计和报建费 | 大市政和基础设施费 | 公共配套设施费 | 建安工程费 | 税 | 其他费用 | 利息 | 净利润 |
|---|---|---|---|---|---|---|---|---|---|---|
| 数额元/平方米 | 8 255.42 | 3 346.01 | 140.29 | 1 035.22 | 128.15 | 1 758.63 | 843.4 | 69.83 | 781.87 | 152.02 |
| 占房价比重（%） | 100 | 40.53 | 1.70 | 12.54 | 1.55 | 21.30 | 10.22 | 0.85 | 9.47 | 1.84 |

**表 4—3　　武汉市、长春市、大连市房价构成**

| 城市 | 房价（元/平方米） | 税占房价比重（%） | 费占房价比重（%） | 地价占房价比重（%） | 建安成本和利润占房价比重（%） |
|---|---|---|---|---|---|
| 武汉 | 1 800 | 11.5 | 14 | 8～10 | 64.5～66.5 |
| 长春 | 1 800 | 9 | 24 | 27 | 40 |
| 大连 | 3 950 | 11.5 | 13 | 25 | 50.5 |

资料来源：程振华等：《当前城镇普通商品住宅价格和税费情况及政策建议》，载《不动产纵横》，1997（2）。

在目前的房地产价格构成中，不应该包括下面四类费用：（1）市政工程费（大配套费）。这部分应该由财政支出或由城市维护费列支。最好的办法是对这些设施实行有偿使用，谁使用谁付费。（2）“四源费”。目前，这些费用还是开发者缴纳；从长期趋势来看，随着基础设施投融资体制的转变、水电气企业的改制和水电气价格的市场化，这部分费用应摊入水费、煤气费和取暖费中。（3）公益设施建设（学校、派出所等）费。这部分设施属于社会福利事业，一般应由财政列支。（4）营业性配套设施（粮店、饭馆等）费。这部分应由此类设施的商业经营者支付。[①]

### 4.3.2 房地产价格和房地产租金之间的关系

我们在前面曾经讨论了土地价格和地租、建筑物价格和建筑物租金之间的关系。综合这两组之间的关系，我们可以推导出房地产价格和房地产租金之间的关系：

$$RN=LR+R_t=\left[\frac{1}{N}+\frac{I(N-t+1)}{N}\right]V_o+LR$$

式中，$RN$ 为房地产纯租金；$LR$ 为地租。

房地产纯租金是从房租中减去一次租金交付期间内的经营维护管理费，包括保险费、管理费、维修费、税费。[②] 因而，我们可以把年房租表示为：

$$\begin{aligned}R&=\left[\frac{1}{N}+\frac{I(N-t+1)}{N}\right]V_o+f\times V_t+M+A+K+LR\\&=\left[\frac{1}{N}+\frac{I(N-t+1)}{N}\right]V_o+f\times\frac{V_o(N-t+1)}{N}+M+A+K+LR\end{aligned}$$

式中，$R$ 为向承租人收取的年房租；$f$ 为房屋财产年保险费率；$M$ 为年管理费；$A$ 为年维修费；$K$ 为年税费。

另外，还应考虑房屋闲置损失和拒付租金（赖账）损失，因而实际的房租定价为：

$$R'=\frac{R}{(1-X)(1-Y)}$$

式中，$R'$为理论上的契约房租；$X$ 为平均房屋闲置（空置）率；$Y$ 为租金拒付率。

由此可以看出，如果 $f$、$M$、$A$、$K$、$LR$ 保持不变，随着 $t$ 的增加，房租将逐渐降低。

从以上的讨论我们可以看出，房租和房地产价格之间是成正相关关系，它们的变动方向基本一致，只是在变动幅度上可能会有差异，这是因为这一关系还受到利率、风险、预期增值等因素的影响。这种关系在中国香港 1979—1991 年的表现正是如此（见图 4—10a、图 4—10b）。[③]

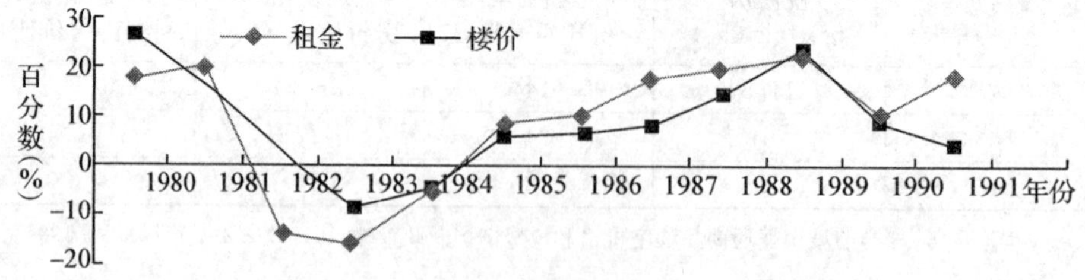


**图 4—10a 中国香港楼价及租金的变动幅度**

① 参见曹振良：《合理价格是发展房地产业的重要因素》，载《价格理论与实践》，1993（3）。

② 房地产租赁纯收益由资本回收部分（折旧费）和资本增值部分（投资回报，包括利息利润）构成，因而经营管理费中不包括折旧费，否则，会在纯收益和经营管理者中重复计算。

③ 参见谢贤程：《香港房地产市场》，153、72 页，太原，山西经济出版社，1993。

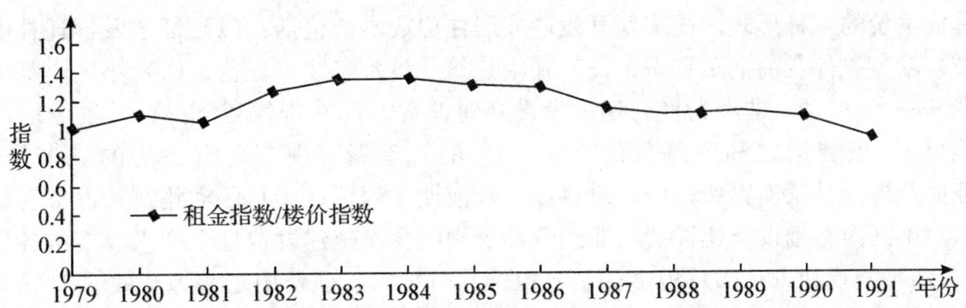


**图4—10b 租金指数与楼价指数比率变动幅度**

在房价波动的一定范围内，房价、房租按照上述规律运行，二者成正比例关系。但当市场供求矛盾超出一定范围或出现投机现象时，以上正比例关系就被破坏，特别是土地投机现象盛行时，会出现房价上升速度快于房租上升速度，过度的投机引起房价上升、房租几乎停止上涨的现象。之所以出现这种现象，是和决定房租、房价的因素不同相关的。房价在一般情况下是由供求关系决定的，在房价超出供求关系决定的范围以外，出现投机现象时，房价是同人们臆想的未来价格相关的，但房租在任何情况下都是同房屋的效用、使用价值相关的，房租的效用同当前市场状况及利用方式有关，是相对稳定的，结果就出现上述现象。

### 4.3.3 房地产价格的种类

像土地价格一样，房地产价格可以按用途分为住宅价格、写字楼价格、商业楼价格、工业厂房价格等，还可以分为市场价值、市场价格、总价格、单位价格、课税价格、征收价格、抵押价格、评估价格等。这里主要介绍其他一些类型。

1. 商品房价格、经济适用住房价格

商品房价格就是房地产的市场价格，由完整的土地价格和建筑物价格构成（具体内容参见本节“房地产价格的构成”部分）。商品房价格是向高收入阶层出售住房的市场价格。以商品房价格购买的房地产，包括建筑物所有权和若干年的土地使用权。

经济适用住房价格是向中低收入阶层出售的（经济适用）住房价格，它是由建筑物价格和不完全土地价格构成。具体包括：（1）征地及拆迁补偿安置费；（2）勘察设计及前期工程费；（3）住宅建筑及设备安装工程费；（4）小区内基础设施和非经营性公用配套设施建设费；（5）贷款利息；（6）税金；（7）以（1）至（4）项费用之和为基数的1%～3%的管理费；（8）3%以内的利润。以经济适用住房价格购买的房地产，包括建筑物所有权和划拨土地使用权。

2. 标准价、成本价

标准价是以城镇中低收入职工家庭经济承受能力确定的公有住房出售价格，它以负担价和抵交价之和测定。不同的买房职工还可以享受不等的工龄折扣、现住房折扣以及一次性付款折扣。以这种价格购买的房地产，包括划拨土地使用权和部分建筑物所有权（与政府按份共有的房屋所有权）。标准价是实施成本价的一种过渡价格形式。

成本价是向中低收入阶层按优惠的房地产开发成本出售住房的价格。经济适用住房价格也是成本价的一种形式。国家新开发的安居住房成本价包括：(1) 征地及拆迁补偿安置费；(2) 勘察设计及前期工程费；(3) 住宅建筑及设备安装工程费；(4) 小区内基础设施建设费和一半 (1/2) 非经营性公用配套设施建设费；(5) 贷款利息；(6) 税金；(7) 以 (1) 至 (4) 项费用之和为基数的 1%～3%的管理费。现有公有住房的成本价包括：(1) 征地及拆迁补偿安置费；(2) 勘察设计及前期工程费；(3) 住宅建筑及设备安装工程费；(4) 小区内基础设施建设费（非经营性公用配套设施建设费是否列入成本由各地政府决定）；(5) 贷款利息；(6) 税金；(7) 以 (1) 至 (4) 项费用之和为基数的 1%～3%的管理费。现有公有住房出售时也扣减工龄折扣。以成本价格购买的房地产，包括建筑物所有权和划拨土地使用权。

3. 廉租金、准成本（福利）租金、成本（标准）租金、市场（理论）租金

如果将与房地产市场价格相对应的房地产租金细分为维修费、管理费、折旧费、投资利息、税金、保险费、租赁经营利润、地租八个构成部分，那么，前两项构成廉租金，前三项构成准成本租金，前五项构成成本租金，所有部分的总和构成市场租金。

## 4.4 影响房地产价格的因素

每一房地产的价格都受到其所处地域范围的政治、社会、经济等多种因素的影响，甚至国际事件和形势有时都会影响到其他地区的房地产需求，从而进一步影响到房地产价格。比如，1990 年伊拉克军队入侵科威特就使得世界原油价格由 7 月份的每桶 20 美元上升到 9 月份的每桶 40 美元，原油价格的上涨严重影响到经济发达的英美等石油消费大国的国民经济，从而影响到居民收入、对房地产的需求及房地产价格。随着我国社会主义经济体制改革的深化，以及城市化进程的加快，我国户籍管理制度逐步得到改革和完善，这就为消除城乡居民之间的隔阂、促进人口流动提供了积极有利的条件。这些变化对城市社会经济的发展和城市房地产市场的繁荣产生了积极的影响，但同时也造成了房地产价格的上升。虽然房地产价格受到诸多因素的影响，但这些因素相互之间是密切相关的，因而严格区分它们各自对房地产价格产生的影响是比较困难的。

### 4.4.1 影响房地产价格的一般因素

一般因素是指影响房地产价格的整体性宏观因素，它们对房地产价格的影响体现在全社会范围内的房地产价格水平的变化上，而不是对个别房地产价格变化的影响上。从影响因素的性质看，一般可分为社会因素、经济因素和政治因素。

#### 4.4.1.1 社会因素

1. 人口状况

人口状况是最主要的社会因素之一。人口状况对房地产价格的影响具体由人口数量及人口密度、人口素质、家庭人口构成三方面来反映。人口数量及人口密度和房地产价格的关系非常紧密，人口数量多、人口密度较大的国家和地区，房地产价格一般都较高，人口增加对房地产的需求增加，导致房地产价格的上升。特别是在城市，外来人口、流动人口

的增加，可能刺激商业、服务业等产业的发展，使房地产价格的上涨趋势更为明显。比如，日本所有城市土地价格增长率1956—1960年为11%～13%，1960—1961年为17%～18%，1962—1964年为6%～9%，而美国1956—1966年的土地价格变动率仅为5.5%～6.9%，其主要原因是日本在经济发达国家中人口密度最大、人口增长率最高。虽然美国的城市经济发展也很快，但由于人口密度低，人口增长率比日本也低，地价增长速度因而较慢。美国学者曼可（Mankiw）和维尔（Weil）对美国住房消费需求和人口年龄分布之间的动态变化关系进行了研究。[①] 美国1946—1964年间人口出生率突然上升，导致人口暴涨。1960年，20～30岁的人口达2 400万，占总人口的13.3%。到1980年，20～30岁的人口已经达到4 460万。曼可和维尔的研究认为，住房需求下降到20世纪60年代中期，然后开始攀升，进入20世纪80年代后又开始下降。1946—1964年暴涨的新生人口，在20世纪70年代进入住房需求市场，婚龄人口的增加导致对住房需求的增加是20世纪70年代住房价格猛涨的重要原因之一。人口素质包括人民受教育的水平、文明程度等。区域人口文化教育素质低、组成复杂、社会秩序欠佳，该区域的房地产价格必然低落；人口素质提高，对社会稳定、经济发展等具有良好的促进作用，必然带动房地产价格的上涨。

此外，由于传统生活方式的改变及城市化的影响，家庭人口会越来越少。一般而言，随着每个家庭人口平均数的下降，即家庭小型化，房地产需求相应增加，房地产价格出现上涨趋势。比如，美国在1890年平均每户4.93人，共有住房1 269万套，到1987年，平均每户2.66人，共有住房10 265.2万套。1987年的住房总量增加到1890年的809%，而相比之下1987年的总人口只增加到1890年的387%（表4—4）。[②]

**表4—4　　1890—1987年美国住房单元总量**

| 年份 | 住房单元（千套） | 每户人数 |
|---|---|---|
| 1890 | 12 690 | 4.93 |
| 1990 | 15 964 | 4.76 |
| 1910 | 20 256 | 4.54 |
| 1920 | 24 352 | 4.34 |
| 1930 | 29 905 | 4.11 |
| 1940 | 34 949 | 3.77 |
| 1950 | 42 857 | 3.37 |
| 1960 | 58 326 | 3.33 |
| 1970 | 68 672 | 3.14 |
| 1980 | 88 207 | 2.76 |
| 1987 | 102 652 | 2.66 |

2. 社会稳定状况

社会稳定，人们乐于生产投资、购田置业，人民的生活能够持续稳定地改善，经济发

① G. N. Mankiw, D. N. Weil, The Baby Boom, the Baby Bust, and the Housing Market, *Regional Science and Urban Economics*, 1989, pp. 235-258.

② James H. Boykin, Alfred A. Ring, *The Valuation of Real Estate*, Regents/Prentice-Hall, Inc., 1993, pp. 66-67.

展带动房地产价格的上涨；政局动荡、社会治安混乱，人心惶惶，人们甚至可能为活命而四处逃难，无心生产发展经济，更不要说购田置业了，整个经济崩溃，房地产价格必然下跌。

3. 城市化

城市化是 20 世纪世界范围内最强有力、持续时间最长的发展趋势之一，大量的人口在多样化的就业机会、多样化的文化生活和生活方式吸引下，从农村迁移到城市。随着城市化水平的提高，人口及各种经济活动向城市集聚，对城市土地及房屋的需求增加，房地产价格提高。城市边缘的农地也转化为土地利用强度较高、地价较高的非农业用地。城市基础设施的开发建设也会从供给成本方面推动房地产价格的上涨。但如果城市过于扩张或城市衰落，就会导致房地产价格的下降。

4. 房地产投机

在经济学上，投机是指一种买或卖的活动，其目的是在价格或汇率有变化时，通过买进或卖出赚取利润。① 由于构成房地产的土地是不同于一般劳动产品的特殊商品，因而，房地产投机不同于一般商品的投机。房地产投机会造成房地产价格格外地高，严重的投机会导致泡沫经济，而一旦泡沫破灭又会导致房地产价格的暴跌。

**4.4.1.2 经济因素**

1. 国民经济水平和发展趋势

从世界发达国家和发展中国家的比较，以及国内不同地区、不同城市的比较中，就可以看出，经济水平较高的国家和地区房地产价格较高，经济发展趋向于繁荣的国家和地区房地产价格上涨。房地产价格会因受到国民经济周期的影响而呈现周期性波动。土地的稀缺性决定了在房地产价格上涨时，人们往往为了保值、增值而竞相抢购，在房地产价格下跌时又竞相抛售以求减少损失，因而房地产价格波动幅度显著大于经济周期波动幅度。

2. 财政收支及金融环境

财政金融状况是国家综合经济实力的反映，而货币供给量是财政、金融状况的外在表现。货币供给量增加，则表示市面上的资金增加，即社会闲散资金增加，游资过剩会导致过多的货币争相购买少数的物品，特别是购置可以保值的房地产，于是造成对房地产的需求增加，促使房地产价格上涨。在金融环境比较良好、利率较低、贷款容易取得的地区和时期，房地产价格较高，而在金融危机、利率较高、贷款困难的地区和时期，房地产价格则相对较低。利率水平对房地产价格的影响也较复杂，但一般来讲，利率提高一方面增加房地产的开发成本，另一方面会减少对房地产的投资需求；反之，则相反。金融环境的变化必然引起房地产价格的变动。② 比如，为了挽救储蓄贷款业，避免潜在的破坏性的资金流出，1980 年美国国会在《存款机构放松管制和货币控制法案》中，逐步取消了存款利率上限限制，并允许储蓄贷款业发放各类消费者贷款，将存款保险额从 4 万美元提高到 10 万美元，更重要的是放松了对行业的监管，降低了对储蓄机构权益资本的要求，允许按

---

① 参见［英］D. W. 皮尔斯：《现代经济学词典》，562 页，上海，上海译文出版社，1988。

② 美国学者研究认为，真实利率—需求价格弹性为－1.207，通货膨胀对现有住房的价格有正影响。John M. Clapp，Stephen D. Messner，*Real Estate Market Analysis Methods and Applications*，Praeger Publishers，1988，p. 271。

100％的评估价值放贷，即使购买价比评估价还低。无节制的贪婪很快取代了更多的自由。一场利率大战在储蓄贷款业展开，有些储蓄贷款协会付给存款者两位数的利率，当储蓄利率上升到 5.5％时，从储蓄贷款协会流出的钱开始回流，但储蓄贷款协会新的存款成本，超过了在 20 世纪六七十年代利率为 6％或更低的固定利率住宅抵押贷款中的赢利。20 世纪 80 年代中期，掀起了一场寻求高利润以弥补过去低利率住宅抵押贷款成本的贷款狂潮，许多机构贷款几十亿美元给公寓、写字楼及其他项目，开发商得到的贷款投入房地产开发，如果项目成功则自己发财，如果失败联邦储蓄贷款保险公司则会弥补损失。1984 年得克萨斯州的马斯魁特帝国储蓄贷款协会的倒闭引起了全行业的关注，监管者评估发现，抵押贷款中有几十亿美元的抵押物价值被高估了 30％，石油价格下降引发了得克萨斯的经济崩溃，随之而来的是房地产价格“气球”的突然爆瘪。[①]

3. 税负

在税负较重的地区，人们不愿意去投资，因为苛捐杂税会将投资所获得的经营利润盘剥的所剩无几。这样一来，对房地产的投资性需求就较少，房地产价格也较低。在许多土地私有的国家，政府向土地所有权人征收地价税，这种地价税实际发生的作用，降低了土地的价格。土地增值税的征收对抑制房地产投机，从而降低虚高的房地产价格也具有积极的影响。

**4.4.1.3　政治因素**

1. 土地制度及政策

不同的土地制度及政策对地价产生不同的影响。比如，在我国传统的土地无偿使用制度下，地租、地价根本不存在；在市场经济条件下，制定科学合理的土地制度和政策，不仅使国家作为土地所有者的利益得到了体现，而且通过市场形成合理的土地使用权价格，从而大大促进了土地的有效使用；在城市土地归政府所有的地区，政府每年的土地供给计划，会影响到土地市场上的土地供给量，因而影响到地价的变化。土地利用计划管理、土地用途管制、开征土地增值税及土地行政管理体制的改革等都会影响到地价的变动。

2. 房地产价格政策

房地产价格政策抽象来看有两类：一类是高价格政策；一类是低价格政策。所谓高价格政策，一般是指政府对房地产价格放任不管，或有意通过某些措施抬高房地产的价格；所谓低价格政策，一般是指政府采取种种措施抑制房地产价格上涨。因此，高价格政策促进房地产价格上涨，低价格政策造成房地产价格下落。但值得注意的是，低价格政策并不意味着造成房地产价格的绝对水平低下。同理，高价格政策也不意味着造成房地产价格的绝对水平高涨。抑制房地产价格的措施是多种多样的，它们影响房地产价格低落的速度和幅度不尽相同。抑制房地产价格的措施主要有：制定最高限价，规定房地产交易时不得突破此价格；制定标准价格，作为房地产交易时的参考；政府在房地产价格高涨时抛出一定量的房地产，以增加房地产的供给，从而平抑房地产的价格；征收房地产交易税或增值税；建立一套房地产交易管理制度。

---

① 参见［美］罗伯特·F·哈特利：《管理得与失》，第 5 章，北京，中信出版社，2000。

3. 土地出让方式、出让期限

土地出让方式主要有协议、招标、拍卖三种。协议出让由于是政府部门对那些要扶持的高科技工业或教育、卫生、慈善和宗教单位等提供土地的方式，一般会降低地价；招标方式由于不仅考虑报价，而且考虑开发方案，所以通常选定的土地使用者不一定是出价最高者，因此有抑制地价的作用，但若单纯以报价方式投标，则有抬高地价的作用；在拍卖情况下，如果土地需求量大，土地由谁取得完全取决于报出的地价的高低，所以最能抬高地价。土地出让期限的长短意味着土地使用时间的长短，因而它对地价的影响是显而易见的。

4. 行政级别及隶属变更

可以想象，将某个县级城市升格为地级市、省辖市，无疑会促进这一地区房地产价格的上涨。同样，将原属于某一较落后地区的地方划归另一较发达地区管辖，也会促进这一地区房地产价格上涨。相反，则导致房地产价格下落。如我国深圳市变为经济特区，海南岛成立海南省并享受特区政策，都使该地区的房地产价格上涨。

#### 4.4.1.4 其他因素

1. 心理因素

房地产市场的兴衰、房地产价格的涨落和房地产事业的起伏都与人的心理状况有密切联系。人们心理上的认同感、安全感和荣耀感等无一不反映在房地产价格的起落上。具体来讲，影响房地产价格的心理因素有购买或出售心态、欣赏趣味、时尚风气、接近名家住宅心理、讲究风水及价值观念的变化等。

2. 国际因素

国际经济、军事、政治等环境如何，对房地产价格有较大影响。（1）国际经济状况。国际经济发展良好，一般有利于房地产价格上升。（2）军事冲突。房地产具有不可移动性，一旦遭到战争的破坏，则繁华城市瞬间可化为废墟，因此，当遭受战争或社会动乱，房地产价格会陡然下落，受到战争威胁或影响的地区，房地产价格也会有所下降。（3）政治对立。若发生政治对立，则不免会出现国与国之间实行经济封锁、冻结贷款、终止往来等，这些一般会导致房地产价格下跌。（4）国际竞争。主要是国与国之间为吸引外资而进行的竞争，竞争激烈时，房地产价格一般较低落。

3. 特殊因素

所谓特殊因素是指对房地产价格的影响不具备普遍意义的因素，但这些因素有时也足以影响房地产价格。如某些不适宜单独开发的小块土地，本来地价应该较低，但拥有人反以居奇的心态，待价而沽，需用人可能为达到基地的完整性以及发挥土地整体利用效益，宁可接受较高的地价；某些重要人物的死亡有时可以左右时局，从而影响房地产价格的涨落；参加土地竞投的某些单位和个人，由于自身的急切需要，如公司急于在证券市场上市而不计成本购买土地，以求达到一定资产量从而抬高地价；土地拥有者偶遇资金调度困难，急需现金周转，因此贱售土地以应急需，这时的成交价多低于正常价格。所有这些都可以看成是特殊因素对地价的影响。

### 4.4.2 影响房地产价格的区域因素

所谓区域因素是指影响一个城市内部不同功能分区房地产价格的因素。这些因素一方面取决于城市不同分区的地理环境，另一方面取决于实现分区功能对地理环境要素的要求。

#### 4.4.2.1 城市不同功能分区因素

在一个城市内部，不同地区的房地产价格水平高低有明显差异。一般来讲，距离城市商业中心地越近的房地产价格越高，商业区的房地产价格高于工业区的房地产价格，工业区的房地产价格高于住宅区的房地产价格。

假定在单一中心城市，土地质量及利用效用是匀质的。现在有一个家庭（代表该城市一般家庭），年收入为 20 000 元，其中 10 000 元用于支付除居住外的基本消费，另外 10 000 元用于支付房屋消费。如果该家庭选择居住在城市中心，家庭人员工作、上学和购物等均在市中心，则该家庭支付市中心房屋（100 平方米）租金的能力为 10 000 元/年，扣除房屋折旧、保险费和维修管理费等费用5 000元后，属于支付地租的为 5 000 元/年。如果他们选择居住在距离市中心 10 公里处，则每年因到市中心上班、上学和购物花费交通费 2 000 元，花费的时间成本、心神疲劳补贴为 1 500 元，那么他们支付 10 公里处房屋租金的能力（意愿）为 6 500 元/年，其中属于支付地租的为 1 500 元/年。图 4—11a 中的 $ab$ 反映了该城市居民对距城市中心不同距离位置土地的地租支付能力（意愿），我们把它称为居住用地地租支付能力曲线，简称为居住竞租能力曲线。城市土地可以作住宅、商业、工业等不同用途使用，不同用途具有不同的竞租能力曲线，如图 4—11b 中 $cd$（商业）、$ef$（工业）、$gh$（住宅）所示。不同位置的土地的用途，取决于不同用途的地租支付能力。这样就从城市中心向外形成商业区、工业区、住宅区的同心圆状圈层分布（见图 4—12），房地产价格水平也依次由高到低。

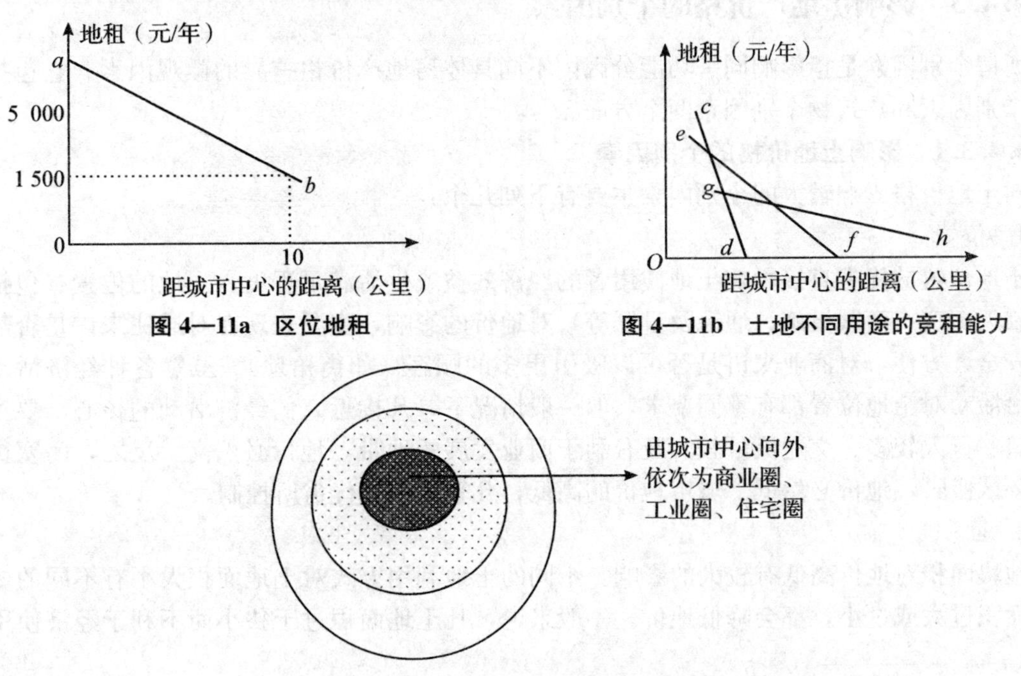


图 4—11a 区位地租

图 4—11b 土地不同用途的竞租能力

图 4—12 单一中心城市功能圈层分布

#### 4.4.2.2 城市不同功能区的环境因素

1. 商业区

影响不同商业区房地产价格水平的主要因素有：(1) 商业区经营规模、经营种类、聚集程度、竞争状况、繁华程度；(2) 商业区腹地（吸引顾客的空间范围）大小、顾客的来源及购买力；(3) 商业区内经营者的经营资力、资信、开拓精神；(4) 商业区与外界的交通通达程度；(5) 区内环境、街道规划设计对顾客购物（附带娱乐）的方便、舒适程度；(6) 土地利用控制（如容积率、建筑密度等）状况。

2. 住宅区

影响不同住宅区房地产价格水平的主要因素有：(1) 自然景观优美程度、环境清洁程度；(2) 距商业中心的远近、与外界的交通通达程度；(3) 水、电、燃气、邮政、电信、防火、垃圾处理等基础设施的配置状况；(4) 学校、医疗、公园娱乐等公益设施的配置状况，例如美国学者曾经对1990年波士顿地区的住房价格与附近学校的学生成绩之间的关系进行了研究，表明二者成正相关关系①；(5) 区内百货商店、粮店、洗理等服务状况；(6) 区内街道、绿化等规划设计状况；(7) 居民的人口构成、文化素养、治安状况；(8) 土地利用控制状况。

3. 工业区

影响不同工业区房地产价格水平的主要因素有：(1) 与原料供应及产品外销有关的交通通达程度；(2) 雇佣劳动力的成本；(3) 水、电、燃气、电信、防火等基础设施的配置状况；(4) 相关产业的集聚程度；(5) 环境污染及管制状况；(6) 土地利用控制状况。

### 4.4.3 影响房地产价格的个别因素

所谓个别因素是指影响同一功能分区内不同具体房地产价格差异的微观因素。它包括土地个别因素和建筑物个别因素两个方面。

#### 4.4.3.1 影响土地价格的个别因素

对土地价格影响较大的个别因素主要有下列几个：

1. 位置

土地位置的优劣直接影响土地使用者的经济效益或生活满足程度。土地的位置（包括是否临近街道、商服设施、通风及日照等）对地价的影响，主要表现在对居住来讲是否舒适、安全、方便，对商业来讲是否可以吸引更多的顾客（如街角地）。虽然各种经济活动和生活活动对土地位置都有不同要求，但一般情况下，凡接近人们经济活动的核心、要道的通口、行人较多、交通流量较大及有利于商业发展的地带，地价必然高。反之，闭塞街巷，郊区僻野，地价必然低。城市地价的高低，几乎为位置优劣所控制。

2. 面积

地块面积对地价高低有较大的影响。不同的土地利用方式对土地面积大小有不同的要求，面积过大或过小，都会降低地价。一般来说，凡土地面积过于狭小而不利于经济使用

---

① Denise Dipasquale, William C. Wheaton, *Urban Economics and Real Estate Markets*, Prentice-Hall, Inc., 1996, pp. 27-28.

的地价必低，但在特殊情况下可能会有例外，如某地块的存在可能会降低相邻大面积土地的利用价值，于是相邻地块的使用者为求其土地得到最佳利用，而不惜以高价取得。

3. 地形地势

地形地势对地价也有重要影响，且主要是通过影响土地的利用价值和建筑成本而影响其地产价格。土地高低起伏，与平坦的土地相比，增加了土地开发的成本，相对地价较低。不过，高低起伏对独户住宅或许具有较高的美学价值。与相邻土地相比，地势较低，雨水容易漫灌，一般地价较低，但用于设计有地下室的大厦时，则对地价无影响。地势较高对住宅来讲，没有大的影响，但对商业来讲，会降低地价。

4. 地质

主要包括地质构造及土质的建筑力学性质和物理化学性质。地质构造和土质的力学性质决定地基的稳定性和承载力，对城市用地地价影响较大，如在松软地基上建造高层建筑，则必须要进行地基处理，这势必会增加建筑费用，从而影响地产价格。

5. 水文

主要指江河湖泊等地表水和地下水状况。江河湖泊等水体对居民生活、生产用水、美化环境、改善小气候条件等具有重要的作用。当然地表水体也可能造成洪水危害，地下水位埋深过浅，对建筑用地来说会增加施工难度，提高建筑费用，从而影响地价。

6. 形状

土地形状是否整齐，对地价有一定的影响。土地形状规则有利于土地的高效利用，地价也高，三角形、菱形、细长形、短宽形等不规则形状土地的可利用效用都较低，地价也较低。为改善这类土地的利用，多采用土地调整措施。土地经过调整之后，土地利用价值提高，地价立即随之上涨。与形状直接有关的是地块的长度、宽度及其比例关系，这对商业用地尤为重要。

7. 气候

主要包括日照、风向、风速、温度、湿度、降水量、灾害性气候等。对城市用地来说，这些因素直接关系到环境的舒适程度和居民的身体健康，所以也会影响地产价格。

8. 临街状况

地块临街状况对地价影响很大。临街宽度与深度状况对商业地块的价格影响很大，在宽度一定的条件下，深度过深，超过需要，超过部分的土地效用则将难以发挥；在深度一定的条件下，一般来说宽度增大，土地价格也增加，如宽度与深度适当，则可使地块充分发挥其全部面积的效用。街角地处于两条街道交叉或拐角处，具有两面正面长度，对于营业性房产最能发挥效用，从而使土地价格提高，但是街角地必须有一定的范围。但对于居住用不动产来说，街角地对地价的影响则相反。临街地，一面临街，其商用价值低于街角地。袋地深入到街区的腹地，通过巷道与街道相连，从而造成了不利的地理条件，其商用价值较低，但袋地用于住宅建设时，地价有可能大于商用，但仍要看袋地的采光、通风、视野、防火等因素的情况。盲地一般指未临接公共道路的宅地，其价格一般较低。

9. 土地利用限制状况

土地利用的规划限制状况，特别是对建筑高度和容积率的控制限制了土地的利用强度，对地价影响很大。地价对容积率特别敏感，比如日本东京 1951—1961 年，地价对容积率的弹性为 2。①

10. 土地产权权属状况

土地产权的性质及其有效年限影响到地价的高低。对同一宗土地来讲，土地所有权价格就高于其一定年限的土地使用权价格。商品房价格和经济适用住房价格的差异也在于它们的土地使用权性质的不同。商品房价格就是房地产的市场价格，由完整的土地价格和建筑物价格构成，以商品房价格购买的房地产，包括建筑物所有权和若干年的土地使用权。经济适用住房价格是向中、低收入阶层出售的（经济适用）住房价格，它由建筑物价格和不完全土地价格构成。以经济适用房价格购买的房地产，包括建筑物所有权和划拨土地使用权。

11. 建筑物与土地的组合是否得当

建筑物与土地组合得当，则地价较高，反之亦然。

#### 4.4.3.2 影响建筑物价格的个别因素

从房屋建筑物的个别性看，其影响因素主要有：

1. 建筑构造

建筑物主体结构分为木结构、钢筋混凝土结构、钢筋结构等不同类别。建筑物按其所属类别的不同，价格水平也有差异。

2. 房屋装修

主要指门窗地板的用料情况。

3. 房屋设备及附属设施

房屋设备主要指卫生设备和暖气设备。房屋附属设施指围墙、栅栏和绿化状况。

4. 地段、层次、朝向

房屋的地段、层次、朝向对房屋使用价值影响极大，进而影响到房屋价值。

5. 房屋的损耗和完好程度

当房屋建成以后，不论使用与否，随着时间的延续，都会逐渐发生损耗，时间越长，损耗越大，建筑物价值越低。

6. 规模及高度

建筑物的规模影响单位价格，规模小则单位造价高；高层建筑由于结构、设备、地基等因素，也将引起造价上升。

7. 用途

住宅、办公楼、商厦、校舍、工业厂房等，由于建筑用途不同，价格水平各异。

此外，建筑设计、施工质量、建筑面积、建筑功能及建筑物与环境的协调性等因素也影响建筑物的价格。

## 关键术语

房地产价格　　土地价格　　建筑物价格

① 参见［日］谷重雄：《建筑经济学》，263 页，长春，吉林人民出版社，1988。

## 复习思考题

1. 试论述土地价格形成的内涵和土地价格构成的本质。
2. 在我国，土地价格的种类包括哪些内容？
3. 房地产价格与房地产租金之间具有何种关系？
4. 影响房地产市场价格的因素有哪些？
5. 试结合当前我国土地市场价格和房地产价格上涨的实际，论述土地价格和国民经济发展之间的关系。从宏观的角度，谈谈政府应该采取何种措施防止全国性房地产价格持续上涨现象的产生。

# 第5章

# 房地产市场

本章内容提要

本章共分三节。第一节主要讲述房地产市场的类型和特点。第二节主要介绍房地产供需、运行机制和影响因素。第三节主要介绍房地产市场分析的内容和方法。

## 5.1 房地产市场的类型和特点

市场是社会生产分工和商品交换的产物，是维系商品经济的纽带。市场有两重含义，一是指买卖双方交易的场所，二是指交易活动发生的过程。房地产市场是指房地产交易活动的总和，是买卖双方相互作用的一种机制。

### 5.1.1 房地产市场的类型

房地产市场类型可以从用途、发育程度、覆盖（影响）范围、层次、交易对象、供货方式、权益让渡方式、法律原则、供求状况等不同角度划分。

#### 5.1.1.1 按照用途划分

可以分为住宅市场、写字楼市场、商业楼房市场、工厂厂房市场、仓库市场、特殊用途房地产市场。每一类又可以进一步细分，如住宅市场可细分为普通住宅市场、高级公寓市场、别墅市场；写字楼市场可细分为高档写字楼市场、普通写字楼市场。

#### 5.1.1.2 按照发育程度划分

可以分为房地产萌芽市场、发育市场、成熟市场。衡量房地产市场发育程度的指标有城镇住房私有化率、居民家庭住房消费支出占总消费的比重、房价与家庭年收入的比值、房地产金融资产与国民生产总值的比值、私人投资占房地产市场总投资的比例、有偿使用土地面积占应该有偿使用土地面积的比例、年竣工商品住房面积占年竣工住房总面积的比例。[①]

#### 5.1.1.3　按照覆盖（影响）范围划分

可以分为国际性、全国性、地方性房地产市场。不同类型房地产所影响的地理空间范围是有差别的，一般来讲，房地产的档次越高，市场空间范围就越大，比如，别墅影响的地理空间范围就大于普通住宅。国际性房地产市场如东京写字楼市场，它的需求就具有国际性。全国性房地产市场如北京王府井商业楼房、上海南京路商业楼房市场。当然，我们还可以仅从空间范围来划分，如北京房地产市场、南京房地产市场、武汉房地产市场、华南房地产市场、中国房地产市场、亚洲房地产市场和世界房地产市场等。在分析房地产市场时，要从房地产档次来考虑所分析的市场空间范围，否则没有多大意义。比如，一篇以“2008 年中国商品住宅市场前景”为题的市场分析报告，其作用及意义都不大，房地产市场具有区域性，一般论述一个城市或一个区域的房地产市场更具有针对性。

#### 5.1.1.4　按照层次划分

房地产市场常被划分为一级市场、二级市场、三级市场，但是这种划分方式并不是统一的。有的将国家出让土地给房地产开发公司的土地出让（批租）市场作为一级房地产市场，将房地产开发公司与房地产消费者之间的房地产交易市场作为二级房地产市场，将房地产消费者之间的交易市场作为三级房地产市场。有的将商品房买卖作为一级市场，将旧房买卖作为二级市场，将房屋出租作为三级市场。由于按照层次划分不统一、不规范，给房地产市场问题的研究带来诸多不便和混乱。随着市场的成熟，除对国家控制的土地出让市场区别对待外，房地产市场是统一的，不管交易人和转手次数，都遵守相同的市场规律，而不用再分级管理、分级开放。

可以按照下列框架统一规范我国房地产市场的分类和称谓[②]（见图 5—1）：

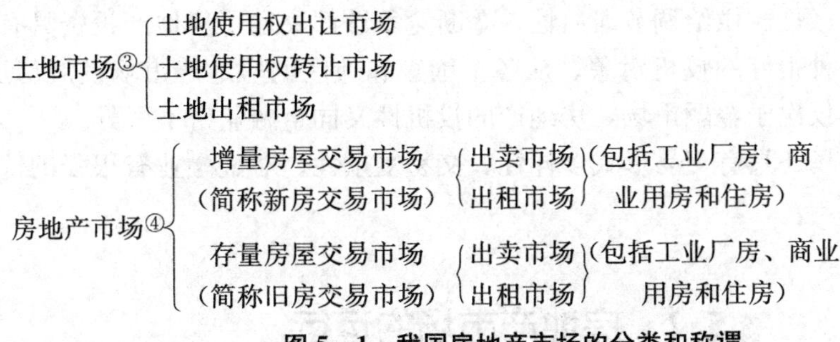


**图 5—1　我国房地产市场的分类和称谓**

土地上未建房屋及其他附属设施的，其交易活动称为土地市场；土地上建有房屋及其他附属设施的，其交易活动称为房地产市场。两类市场亦应区别称谓。

---

① 参见曹振良、傅十和：《中国房地产市场发育及其测度》，载《不动产纵横》，1990（1）。

② 参见叶剑平、谢经荣主编：《房地产业与社会经济协调发展研究》，北京，中国人民大学出版社，2005。

③ 无地上房屋和其他附属物。

④ 有地上房屋和其他附属物，房屋；交易中含有土地使用权转让或转租。

另外，我们还可以按照交易对象划分为房屋土地实体交易市场，与房地产有关的资金、劳务、技术、信息等服务交易市场；按照供货方式划分为现房市场、期房（楼花）市场；按照权益让渡方式划分为买卖、租赁、抵押、典当、置换、联营、入股等类型房地产市场；按照法律原则划分为合法房地产交易市场、非法房地产交易市场（隐形市场）；按照供求状况划分为买方市场、卖方市场。

### 5.1.2 房地产市场的特点

房地产市场有许多不同于一般商品市场的特点，可以简单归纳为以下几点：

#### 5.1.2.1 地区性

房地产的实体由土地及地上建筑物构成，土地的不可移动性决定了房地产实体是不可移动的。各地区的房地产市场在出现供过于求或供不应求时，不可能通过向其他地区或从其他地区进行调剂，来达到供求均衡，因而房地产市场具有很强的地区性。不同地区之间的房地产价格水平、供求状况、交易数量等，相对于一般商品而言有极大的差异，这是由房地产市场的地区性决定的。

#### 5.1.2.2 供给调节滞后性

由于房地产开发周期比较长，从获得土地到建成出售需要短则一年长则数年的时间，因而在市场供不应求时，供给的增加需要相当长的时间。由于房地产的耐耗性，决定了在市场供过于求时，多余的供给需要相当长的时间才可能被市场消化，因而在需求变动后，供给需要相当长一段时间才能随之调节变动，达到新的均衡。

#### 5.1.2.3 垄断竞争性

市场上交易的房地产存在区位、质量、新旧、面积价格等方面的较大差异。房地产自身的特性和时间的结合使得房地产市场具有较强的垄断竞争性。

#### 5.1.2.4 投机性

房地产市场的地区性、供给调节滞后性、垄断竞争性都决定了房地产投资具有很强的投机性，房地产是一种很好的投机对象。从各个国家和地区的房地产市场发展历史来看，房地产市场的投机性仅次于金融市场，房地产的投机性又同金融业密不可分。

此外，房地产市场还具有交易形式多样性、交易复杂性、对金融业有很强的依赖性等特点。

## 5.2 房地产市场的运行

### 5.2.1 房地产市场的参与者

房地产市场的主要参与者有政府、房地产开发商、房地产建筑承包商、房地产金融机构、企事业单位及个人。政府的土地管理部门是房地产市场上土地的供给者，其供给的数量和方式都会影响到房地产市场行情。房屋土地、城市规划、物价、工商行政、税务等政府管理部门，起着维持房地产市场有序运行、协调房地产经济法律关系的作用。房地产建筑承包商是房地产的生产者，房地产开发商是房地产的供给者。房地产金融机构是房地产开发、消费所需大量资金的贷款供给者，不包括开发商在内的企事业单位及个人，是房地产的消费性或投资性需求者。还有一些单位和个人如房地产交易中介机构、律师事务所、房地产评估机构、房地产经纪人、律师、估价师等，是房地产市场的中介者。

## 5.2.2 房地产市场的供给和需求

### 5.2.2.1 房地产需求

房地产需求是指在一个特定时期内，消费者在各种可能的价格下，愿意而且能够购买的房地产数量。通常，在一个特定价格下，消费者愿意且能够购买的房地产数量，称为房地产的需求量。影响某一种（类型）房地产需求量的因素有：该（类）房地产价格、消费者的收入及偏好、替代房地产价格、预期房地产价格的变动趋势。如图5—2需求曲线 $d$ 所示，消费者在某一特定时期内对某一房地产的需求量，随着价格的降低而增加。在价格固定不变的前提下，消费者的收入增加（减少）、对该房地产的偏好提高（降低）、替代房地产价格上升（降低）、预期房地产价格上升（下降）都会导致房地产需求数量的增加（减少），这样就形成新的需求曲线 $d_1(d_0)$。

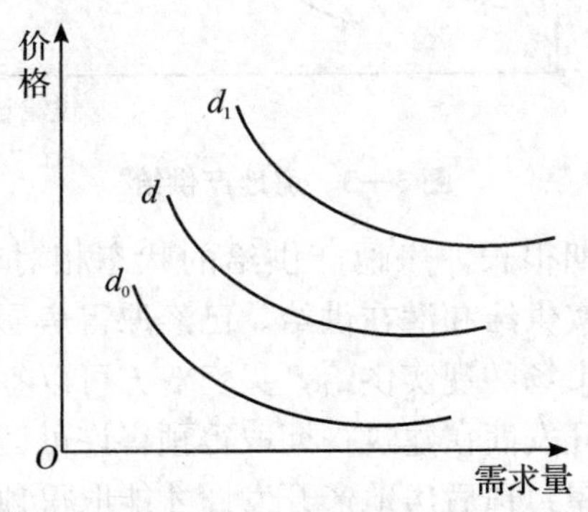


**图5—2 房地产需求**

按照需求的性质，房地产需求可分为生产性需求、生活性需求、投资性需求和投机性需求。生产性需求是国民经济各产业部门为了满足生产经营需要而产生的需求，如工业厂房、商业店铺、写字楼等，在此，房地产产品是生产资料。生活性需求是居民为了满足生活需要而产生的需求，主要是住宅，如普通住宅、公寓、别墅等，在此，房地产产品是生活资料。投资性需求和投机性需求是投资者或投机者为了资产保值增值或获取差额利润而产生的需求，在此，房地产是投资和投机的工具。随着房地产市场的逐步发展，会有越来越多的投资人和投机者参与房地产市场，这一方面使市场更具活力，同时也是市场波动的重要因素。过度的投机则对房地产市场产生巨大危害。

按照需求者的来源，房地产需求可分为本地需求和外来需求。城市级别越高或重要程度越高，其外来需求就越大。如杭州房地产的需求至少涉及浙江全省，北京、上海房地产则涉及全国甚至海外。外来购买力是这些城市房价居高不下的重要原因。据2006年调查，北京外来常住人口300余万，其中已购住房的不足20万；每年有新增外来人口45万人，住房需求约20万套。

#### 5.2.2.2 房地产供给

房地产供给是指在一个特定时间内，房地产开发商在各种可能的价格下，愿意而且能够供给的房地产数量。通常，在一个特定价格下，开发商愿意且能够供给的房地产数量，称为房地产的供给量。影响某一类型房地产供给量的因素有：该类房地产价格、房地产开发成本、建筑技术水平。如图 5—3 供给曲线 $s$ 所示，开发商在某一特定时期内对某一种房地产的供给量，随着价格的提高而增加。在价格不变的前提下，开发成本的减少（增加）、建筑水平的提高都会导致房地产供给数量的增加（减少），这样就形成了新的供给曲线 $s_1(s_0)$。

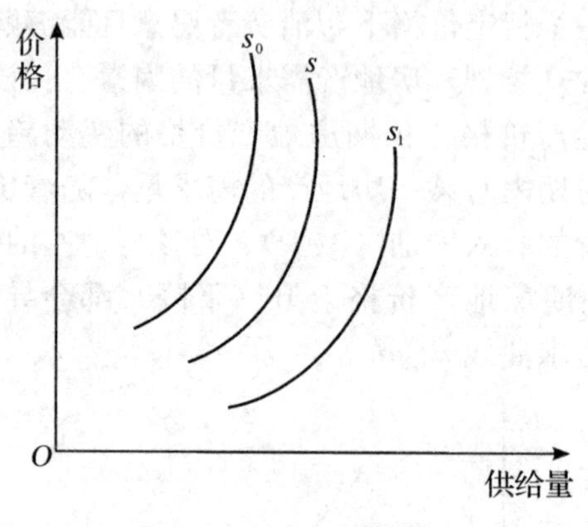


图 5—3 房地产供给

由于房地产产品生产周期很长，房地产供给的状态相对较复杂。根据房屋的存在状态，房地产供给可以分为现实供给和潜在供给。已经取得房屋销售许可证的房屋，无论是期房还是现房，都可以构成市场的现实供给，买卖双方可以签订购销合同。政府为了促进市场发育，起初允许房地产开发商在建筑初期取得预售许可证，但是随着政府房地产政策的不断规范，现在只有在房屋封顶后房地产开发商才能取得预售许可证。房地产开发商在取得土地之后，还要办理各种手续以及施工建设，在此阶段房地产供给属于潜在的供给。房屋的供给还可根据房地产品是否适销对路分为有效供给和无效供给。人们需求的多样化，如对价格、户型、面积、交通、质量等的不同需求，要求有合适的房地产供给。不能适应市场的供给则会成为无效供给，形成房屋空置。由于市场的变化，例如收入变化、偏好变化，无效供给也会转化为有效供给。

#### 5.2.2.3 房地产供求均衡

同一般商品一样，房地产市场需求和供给二者相互作用共同决定房地产价格。如图 5—4 所示，我们把在某一价格上房地产需求量和供给量正好相等的价格称为均衡价格（$P_0$）。

#### 5.2.2.4 房地产供求弹性

弹性是一个变量对于另一个变量的敏感性的度量。房地产需求（价格）弹性是指房地产价格上升（下降）1%，消费者对房地产的需求量将会下降（上升）的百分数，反映了需求量对于价格变化的敏感性。房地产供给（价格）弹性是指房地产价格上升（下降）1%，开发商对房地产的供给量将会上升（下降）的百分数，反映了供给量对于价格变化的敏感性。房地产供求的短期弹性不同于长期弹性，特别是对房地产供给弹性来讲，更是

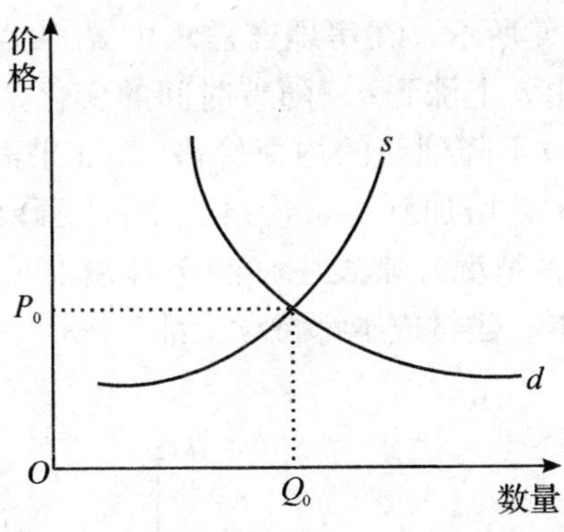


图 5—4　房地产供求均衡

如此。如图 5—5 所示，无论价格如何变化，房地产的供给量在短期内基本不变，因而短期供给弹性为零，随着时间的延长，供给曲线由 $s_0$ 逐渐变为 $s_1$ 再变为 $s_2$，供给弹性逐渐增加。美国学者研究认为，土地的需求价格弹性在 0.308～0.860 之间，平均土地需求价格弹性为 0.699 8。投资供给价格弹性为 1.97。① 应用供求的概念，可以了解和预测改变市场状况造成的结果。例如，美国学者研究表明，美国城市房屋租赁的需求弹性为 1，而供给弹性为 0.5，如果政府为了鼓励房屋出租，使房屋出租数量提高 2%，就必须决定将租金提高 4%，而这又会使对出租房屋的需求量下降 4%。②

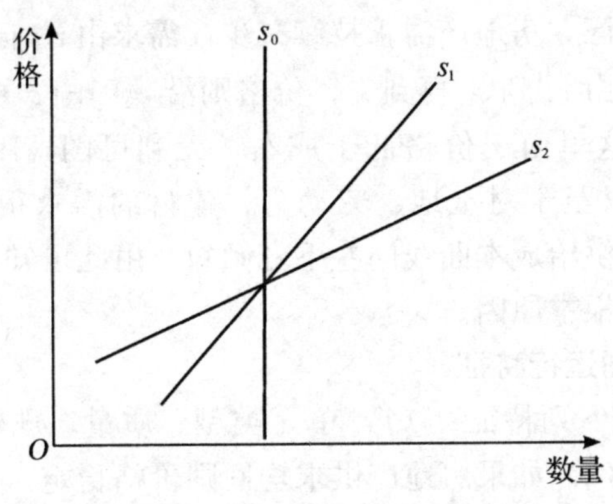


图 5—5　房地产供给弹性

## 5.2.3　房地产市场的运行③

### 5.2.3.1　房地产市场运行机制

假定某一时期房地产供求均衡，供给为 $s_1$，需求为 $d_1$，均衡价格为 $a$。由于房地产供

① John M. Clapp，Stephen D. Messner，*Real Estate Market Analysis Methods and Applications*，Praeger Publishers，1988，pp. 170，271.

② 参见［美］E. 曼斯菲尔德：《微观经济学——理论与应用》，345 页。

③ Bruce Harwood，Charles J. Jacobus，*Real Esate Principles*，Englewood Cliffs New Jersey，1990. William M. Shenkel，*Modern Real Estate Principles*，Plano，Texas Publishing，1984. Alfred A. Ring，*Real Estate Principles and Practice*，Englewood Cliffs New Jersey，1985.

给调节滞后，所以，如图 5—6 所示，在房地产需求由 $d_1$ 变为 $d_2$ 时，供给在短期内不会发生变化，仍然为 $s_1$，价格由 $a$ 上涨到 $b$。随着时间的变化，新的房地产开发完工，市场供给由 $s_1$ 增加到 $s_2$，价格由 $b$ 下降到新的均衡价格 $c$。如果需求再由 $d_2$ 增加到 $d_3$，价格会从 $c$ 上涨到 $d$，随后供给由 $s_2$ 增加到 $s_3$，价格也由 $d$ 下降到均衡价格 $e$。连接 $a$、$c$、$e$ 就形成长期供给曲线 $Ls$。这种情况经常发生在经济日益增长趋于繁荣的地区，这里需求稳定增长，地价、劳动力成本、建材成本都持续上涨，因而，长期供给成本曲线也向右上方倾斜。

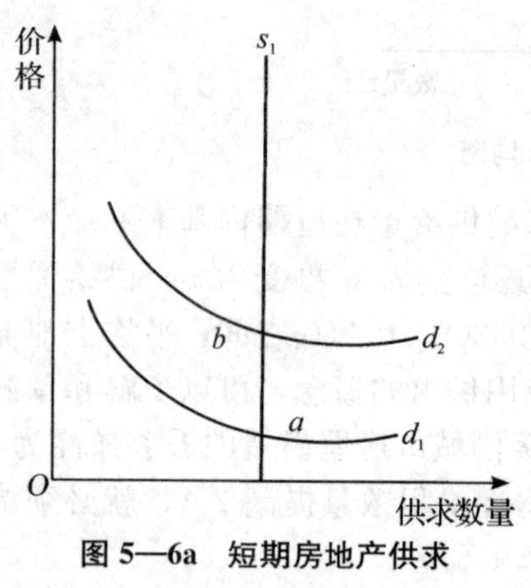


图 5—6a 短期房地产供求

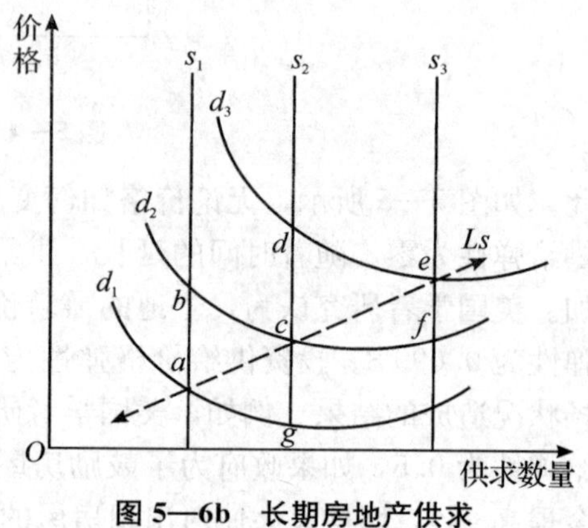


图 5—6b 长期房地产供求

在经济日益衰退的地区，房地产需求持续减少，需求由 $d_3$ 向下移动到 $d_2$ 再到 $d_1$，供给也随着建筑物的损坏而由 $s_3$ 到 $s_2$ 再到 $s_1$，价格则沿 $e \rightarrow f \rightarrow c \rightarrow g \rightarrow a$ 变动，长期供给曲线为向下方倾斜的 $Ls$。这里由于价格低于成本，无利可图，因而新开发的房地产很少（低于损坏量）或没有，以至于对土地、劳动力、建材的需求很少，生产要素价格降低，开发成本持续下降，长期供给成本曲线向左下方倾斜。由此可知，地区经济发展趋势是影响房地产市场长期走势的根本原因。

#### 5.2.3.2 房地产市场运行特征

房地产市场运行具有下列特征：（1）单元类型、质量、规模大小、位置相近的房地产，以相近的价格出售。（2）如果房地产供求均衡则价格稳定。（3）如果供过于求，则形成买方市场，价格下降，开发项目减少；如果供不应求，则形成卖方市场，价格上涨，开发项目增加。（4）市场利率下降，房地产开发信贷成本降低，房地产开发量可能增加，同时消费、信贷成本也下降，消费者的购房支付能力提高，房地产需求也增加；反之，市场利率上升，房地产开发量减少，房地产需求也减少。（5）同一般的商品市场一样，房地产市场的良好运行，需要维持适量的房地产“存货”，即维持适量的空置房地产（或空置率）。这个“适量”的大小，因时间、地区、房地产类型的不同而不同。

房地产市场通过供求、竞争、价格机制及其相互作用，起到了几方面作用：（1）在政府的政策、法律制度的约束下，合理调节配置房地产资源，以使其得到最有效的利用。（2）联结房地产的生产者和消费者，并随着经济和社会的发展，不断调整房地产的数量和质量，保证房地产经济系统的正常运行。（3）为房地产开发商和消费者提供市场需求信息、供给信息、价格信息，以调节房地产开发、消费行为。（4）调控资金流向、家庭财产构成和金融市场。

### 5.2.4 影响房地产供求的因素

一般来讲，影响房地产供求的因素主要有：

#### 5.2.4.1 人口

包括人口的数量、性别及年龄组成、家庭构成。人口的增加、家庭规模的减小、婚龄人口的增加都会导致对住房需求的增长。比如美国 1946—1964 年人口出生率较高，导致人口暴涨，致使 20～30 岁的人口数量占总人口的比例自 20 世纪 60 年代中期到 80 年代初处于高峰，1946—1964 年暴涨的新人口在 70 年代进入住房需求市场，是美国 70 年代住房价格猛涨的原因之一。

#### 5.2.4.2 就业及工资水平

就业率的提高、工资水平的上涨会导致对住房以及其他类型房地产需求的增加。

#### 5.2.4.3 利率及抵押贷款的条件

利率下降及抵押贷款条件的放松，会导致对房地产需求的增加，同时也会导致房地产开发供给量的增加。

#### 5.2.4.4 税率、土地利用控制、租金水平控制

税率提高会增加交易成本或房地产的拥有成本，从而降低需求量，同时也可能降低开发商的利润，降低房地产的开发供给量。土地利用控制严格，会减少土地及房地产供给量。租金控制在低于均衡租金的水平，会增加需求、减少供给，以至于供给短缺，比如，我国城市公有住房租金长期维持在较低水平，使得对出租的公有住房的需求远大于供给。

#### 5.2.4.5 建筑工人的工资、建筑材料价格

它们影响到房地产的开发成本，从而影响到房地产的供给量。

#### 5.2.4.6 建筑技术的变化、建筑质量

建筑技术的提高会降低开发成本，从而增加供给。建筑质量的提高会吸引更多消费者，增加需求，但同时也会增加开发成本，降低供给。

#### 5.2.4.7 售价、租金水平、空置率

虽然价格和空置率是供求作用的结果，但也会反过来影响到供求。

影响不同类型房地产供求的因素并非完全一致，在分析房地产市场时应当予以注意。比如，影响住宅需求的因素主要有：新家庭的形成、家庭收入、抵押贷款条件、可替代住房的价格、拥有住房的成本①、消费者对价格的预期、季节（影响住宅租赁市场）；影响住宅供给的因素主要有：开发成本、建筑技术、开发商及建筑承包商的数量、信贷条件、建筑物的损坏、开发商的市场预期；影响写字楼需求的因素主要有：当地企业及公司的办公人员数量、合理的人均办公室面积、企业及公司的经营业务类型及其发展状况等；影响写字楼供给的因素除影响住宅供给的因素之外，还有商业楼、工业厂房等用途房地产与写字

---

① 一些学者及政府官员认为，对住宅用地的出让地价，改一次性交付为每年交付（即实行土地年租制），可以降低商品房的价格，从而增加需求。实际上，由于实行土地年租制会提高拥有商品住房的年成本，从而又会降低对住房的需求，另外，实行年租制提高了对住房的支付能力，也会提高房价、降低需求，因而可以说，实行土地年租制对扩大商品住房需求量的作用有限。

楼之间的用途转换。

影响房地产供求的各因素变动方向不一致，对供求变动的影响可能是向同一方向而加强，也可能是向不同方向而减弱。这就需要认真分析各因素是如何变动并影响供求的、影响程度大小（可以用供求的收入弹性、利率弹性等指标衡量）。需要注意的是，价格、租金水平、空置率是供求作用及其他条件作用的结果，它们取决于供求，而不能决定供求。

## 5.3 房地产市场分析

### 5.3.1 房地产市场分析的概念

房地产市场的参与者为了各自的目的，需要掌握房地产市场的现状与发展趋势，因此就要对房地产市场进行分析。

房地产市场分析就是市场的参与者收集市场中的一切有用信息，按照科学的分析方法，通过分析加工处理，透过市场活动的表象，发现市场的特征和内在规律，找出市场运行存在的问题及原因，预测市场未来的发展趋势，以指导参与者未来的行为。

市场分析对于不同的参与者有不同的作用和意义。对于开发商来说，市场分析可以帮助其把握合适的开发时机，选择合适的开发项目，明确项目定位和消费人群，获取最大化的利润，规避市场风险。对于金融机构和投资者来说，市场分析可以帮助其选择贷款和投资时机，选择贷款和投资的对象、项目类型和期限，规避投资风险。证券市场的投资者还可以通过分析房地产市场来预测证券市场中涉及房地产开发公司和投资机构的股票、基金等证券的走势。对于政府来说，则要通过房地产市场分析来判断市场的运行态势、景气程度、以往政策的绩效，发现存在的问题，以制定适当的政策，引导和调控房地产市场良性发展。消费者则需要市场分析来帮助他们做出消费的决策，选择买房还是租房以及消费的时机。当然，普通的消费者由于专业能力的限制和信息的不对称，很难做出较为准确的判断，这就需要借助专业咨询机构的帮助。房地产市场分析是专业咨询机构的特长和主业，不仅为普通消费者服务，更为开发商和政府部门等机构提供咨询。

### 5.3.2 房地产市场分析的内容

房地产市场分析的内容有四个层次，即宏观经济、地区市场、专业市场和项目市场。

#### 5.3.2.1 宏观经济的分析

房地产业是国民经济的重要组成部分，对房地产市场进行分析首先要对影响待研究区域房地产市场的宏观因素进行分析。这一层面的分析内容主要包括：国民生产总值及其增长速度、国民经济产业结构、固定资产投资及其增长率、物价水平、人口规模结构及增长趋势、居民收入和消费水平、劳动力和就业状况、相关产业发展状况、各行业投资收益率、企业规模及结构、国家金融政策、财政政策等。

#### 5.3.2.2 地区市场的分析

对地区市场的分析内容包括：道路交通等基础设施的现状和分布；水、电、燃气、热力、通信等市政基础设施现状和供给能力；地区国民经济与社会发展规划、城市总体规划和土地利用总体规划、房地产发展规划、土地供应计划等专项规划和计划；人口规模、结构、分布及其迁移趋势；医疗、教育、文化娱乐等资源的分布；城市重点功能区和政府确定的重点开发地区。

#### 5.3.2.3　专业市场的分析

对专业市场的分析内容包括：根据潜在需求的来源及竞争物业所在区域，确定市场研究区域；细分市场，进行产品细分及消费者细分；分析特定消费群体所对应的房地产子市场；分析各子市场的供需关系及各子市场的供需缺口；确定目标子市场，分析目标子市场供求缺口量。

#### 5.3.2.4　项目市场的分析

对具体项目的分析内容有：(1) 地区在建（售）项目的基本情况，包括项目名称、开发商、用途、建筑面积、容积率、价格、户型、配套设施、绿化率、物业管理、市政条件等。(2) 消费者的具体情况和需要，包括消费群体的特征（年龄、职业、收入、教育、行为)、对户型的偏好、对房屋总价和单价的接受程度、对交通条件和配套设施的要求、消费的目的（即居住还是投资或投机买卖）等。(3) 拟建项目的分析，包括拟建项目与竞争项目相比，其市场占有率、吸纳量、销售（出租）周期、价格（租金）水平等。

在进行房地产市场分析时，无论是哪个层次的分析，都需要从市场供求两个方面进行。供给分析的内容有：土地的供给状况，包括土地前期开发整理的规模与结构、土地市场上土地的供应规模与结构、土地市场的价格走势；房地产供给状况，包括房地产存量、房地产在建数量、竣工量、销售量等；结合政府的城市规划、住房政策等预测房地产的供给。需求分析的内容有：根据人口、就业、产业发展、收入等因素分析预测对房地产的需求，包括对不同类型房地产的需求、需求的总量、分布等。

对于政府决策机构和管理部门而言，市场供求分析侧重于总量、结构、价格的分析。对房地产企业来说，房地产市场分析要更为细致，不仅要分析房地产市场的总体情况，还要分析具体项目。

需要注意的是，不同类型的房地产，如住宅、商业配套、写字楼、工业仓储等，由于用途、功能要求、销售对象、使用年限、政府政策等因素的差异，其市场分析的侧重点应有所不同。

### 5.3.3　房地产市场分析的技术

房地产市场分析的技术因分析的内容和深度不同而有所不同。

总体来说，房地产市场分析的方法有定性分析和定量分析。定性分析是根据实际情况、实践经验和逻辑推理，对房地产市场的发展趋势作出推断。定性分析主要依靠个人经验、知识和分析能力，适用于信息资料不完整、影响因素复杂，或对主要影响因素难以定量分析的情况。常用的方法有德尔菲法、意见集中法、类推法等。定量分析是在历史资料和统计数据的基础上，运用统计方法和数学模型，对市场趋势进行数量分析的方法，主要有时间序列分析和因果关系分析。时间序列分析是依据变量的时间变化规律建立模型，有移动平均法、指数平滑法、季节变动法等。因果关系分析是依据分析对象及其影响因素间的因果关系建立模型，主要有回归分析、经济计量模型、投入产出模型等。

按照房地产市场分析的内容，对市场环境及总体情况、专业市场、项目市场的分析有相应的分析方法。

#### 5.3.3.1 市场环境及市场总体情况的分析

对宏观经济和区域市场这些房地产市场的环境的分析，有专门的分析方法，可以借助政府部门的专业分析成果，如发展改革、统计、房屋土地、金融、信息中心、社科院等部门。

房地产市场总体情况的分析通常要用若干个指标来反映，比较有代表性的是国房景气指数，该指数通过土地开发面积分类指数、房地产开发投资分类指数、商品房面积分类指数、竣工面积分类指数、商品房销售价格分类指数、资金来源分类指数等指标综合反映全国房地产经济活动的总体水平。

房地产市场价格的分析通常用价格指数。最简单的价格指数是报告期的价格与基期的价格的比值。考虑到销售量因素对价格变动的影响，可以将报告期的销售量（或者基期的销售量）作为权重，这样构造的指数为加权综合指数。

房地产市场波动的分析方法参见房地产经济波动章节的有关内容。

#### 5.3.3.2 专业市场的分析

对某个细分的专业房地产的市场分析内容主要包括供给量、需求量及其相互平衡关系。

供给量的分析包括当前供给量分析和潜在供给量的分析。当前供给量分析主要运用市场调查方法，调查当年房地产的竣工量、已获得销售许可证的数量及其平均的销售周期、历年剩余的在售量，综合得出当前实际供给量。潜在供给量分析主要依据政府审批开发项目过程中形成的各种数据资料，具体可以使用管道分析法。按照我国房地产开发的管理规定，进行房地产开发需要经过一系列的审批程序，获得《建设用地规划许可证》、《国有土地使用证》、《建设工程规划许可证》、《建设工程开工许可证》、《商品房预售许可证》等许可文件，这个过程犹如水在管道中的流动过程，分析“管道”中各部分的数据就可以获知不同阶段房地产的可供应量。

运用土地供给量可以估算新增房地产供给量。土地供给量主要由两部分组成。一是规划为市区的需要征收的农村集体土地，一是城市建成区内再改造整理的存量土地，包括旧城改造和工业仓储改变用途等。通过调查获得上述数据后，按照政府规划可知不同用途在总供给量中的比例和面积，根据各用途土地面积和平均容积率可以计算各类房地产供应量。

市场分析不仅要分析供给总量，还要分析供给的结构。在对城市特定区域进行市场分析时，要将该区域的房地产产品按照户型、面积、价位进行分类，分别计算其供给量。在对城市的各个区域进行供给量结构分析后，可以对各区域的供给量进行对比分析，找出房地产供给的区域特征。

需求量的分析包括需求潜力分析和需求偏好分析。需求潜力分析可从人口、家庭规模和收入等方面进行。

根据人口资料分析需求量，首先要预测新增人口数量和人均建筑面积，得出新增人口需求的面积，加上原有人口改善生活质量需要增加的面积和拆迁改造安置用房的面积。运用人口数量分析房地产需求要辅之以人口结构、家庭规模以及政府住房政策等影响因素。

居民收入的多寡决定了实际的房地产购买力，因此可根据收入分析需求量将家庭收入按高低分组，根据市场调查得出不同收入组别的人群能够支付的房屋总价和套型面积，据此推算整个市场有效的房地产需求量。将房地产需求量及其结构和房地产供给量及其结构进行对比，不仅可以分析供给量和需求量是否平衡，还可以分析供求结构是否失衡。

对于商业房地产，在进行市场分析之前一般还要进行商圈分析，也就是分析商业房地产所提供的商业服务或商品服务的范围。方法主要有同心圆法、行车时间法、路线调查法。商圈界定之后需要收集不同服务圈层里的人口规模、居民户数、平均家庭收入、人均收入等基础分析数据。商业房地产的市场需求分析方法主要有比率—人口相乘法、单位零售房地产面积商品零售额比率比较法、马利兹亚城市商业房产需求预测法、房地产开发度指数法等。

#### 5.3.3.3 项目市场的分析

对房地产项目进行市场分析就是运用市场调查方法，对房地产项目市场环境进行数据收集、归纳和整理，形成项目可能的产品定位方向，对数据进行竞争分析，利用普通逻辑的排出、类比、补缺等方法形成项目的产品定位。市场分析方法中的调查方法包括实地调查法、问卷访问法、座谈会等。

竞争分析（competitive market analysis，CMA）是对特定项目的每个有可能影响其竞争能力的特征因素进行分析和评价。评价的方面主要有项目的交通通达性、社会关联性、环境可视性、自然条件、经济特性、法律特性等。每一种特性都可以分解出若干因素及其指标，如交通通达性可以分解为运输工具、主要干道、车流量、道路承载力、出入口、停车位等。对每个因素确定出分值和权重，最后进行综合分析。

对房地产项目的市场分析可运用 SWOT 分析方法。SWOT 的含义是优势（strength）、劣势（weakness）、机会（opportunity）和威胁（threats）。该方法是将对房地产项目内外部条件各方面内容进行综合和概括，进而分析项目的优势和劣势、机会和威胁的一种方法。其中，优势和劣势分析主要是着眼于项目自身的实力及与竞争对手的比较；而机会和威胁分析是指外部环境的变化及对项目的可能影响。将调查得出的各种因素根据轻重缓急或影响程度等用排序方式，构造 SWOT 矩阵。第一象限是 W（劣势）矩阵，第二象限是 S（优势）矩阵，第三象限是 O（机会）矩阵，第四象限是 T（威胁）矩阵。根据 SWOT 分析矩阵可以形成四种行动对策，分别是：最小与最小对策（WT 对策）、最小与最大对策（WO 对策）、最大与最小对策（ST 对策）和最大与最大对策（SO 对策）。

### 5.3.4 房地产市场分析的结果

房地产市场分析的结果通常用分析报告的形式表现。市场分析报告根据实际需要，可以包括宏观分析、地区分析、专业市场和具体项目的不同组合内容。

一般的分析都要说明房地产市场面临的经济环境、政策环境等外部市场环境。宏观分析方面，要准确描述宏观经济的现状、体现宏观经济的发展态势以及对房地产市场的影响，具体要分析对房地产市场产生重要影响的财政政策、货币政策、价格政策、土地政策、住房政策等。政策分析要预测一个具体的政策对房地产价格、开发布局、产品形式、开发进度、消费等各个层面的影响。根据需要，还可根据各种信息预测未来可能出台的政策，这种预测比政策的影响分析更加困难。

地区市场的总体趋势分析报告要对地区房地产市场形势进行总体的概括和描述，包括景气状况、房地产市场行情、市场动态、地区政策分析、规划和基础设施的变化，以及各种因素对房地产市场的影响结果等。

专业市场分析的结果要明确市场的特征、进行市场细分、确定目标市场、分析市场的各种影响因素。如住宅市场，要能够明确住宅类型、区域分布、户型、消费者特征、需求数量及其结构、供给数量及其结构、影响该类住宅供给和需求的各种因素、价格分布和走势等。

房地产项目市场的分析结论一般要说明同类项目的开发结构、开发规模、区域分布、产品质量、产品定位、客户情况等竞争市场环境，明确项目的竞争市场，为确定项目市场定位和产品定位、制定价格策略、营销模式提供依据。

总体而言，房地产市场的分析结果要力求明确、结论清晰，能够为政府、开发企业、金融机构、消费者等不同需求主体提供决策依据。

## 关键术语

房地产市场　　市场分析　　供给　　需求　　弹性

## 复习思考题

1. 房地产市场有哪些分类？
2. 房地产市场的特征是什么？
3. 房地产市场是个易受垄断的市场吗？
4. 简述房地产市场运行的一般原理。
5. 房地产市场供求平衡是怎样达到的？
6. 房地产市场分析的内容有哪些？
7. 对应不同的分析内容，房地产市场分析的主要方法有哪些？
8. 请收集近期政府对房地产市场的调控政策和管理措施，并阐述对房地产供求的影响。
9. 请分析当前本地区商业房地产市场或住宅市场的运行特征。
10. 选择若干楼盘，分析其市场竞争力，并写出市场研究报告。

# 第6章

# 房地产经济波动

本章内容提要

本章共分七节。第一节概述房地产经济波动的含义和类型。第二节讲解房地产经济波动的影响因素。第三节阐述房地产经济波动的运行机理。第四节分析房地产经济波动的指标。第五节研究房地产经济波动与宏观经济波动的关系。第六节讲述房地产周期的概念、运行阶段、测定和典型国家的实例。第七节分析房地产泡沫的概念、运行机理和判断指标。

## 6.1 房地产经济波动的基本概念

### 6.1.1 房地产经济波动的含义

房地产经济的增长和国民经济的增长一样，不是平稳的，而是波浪式前进的。从长期来看，房地产经济的发展有一个向上的长期趋势。长期趋势平滑地向前延展，而经济波动则围绕着长期趋势上下振荡。房地产经济波动就是房地产经济总量围绕着长期趋势上下振荡所形成的运行状态。

房地产经济波动包括季节波动、随机波动、房地产周期和房地产泡沫等。有时，广义的房地产周期也指房地产经济波动（见图6—1）。

房地产经济波动包含了房地产经济的各个层面，包括房地产经济增长率、房地产消费水平、房地产价格水平以及产业结构等方面的变动。

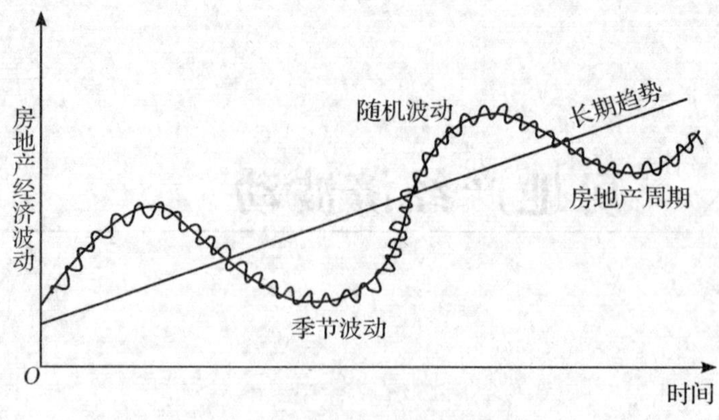


图 6—1 房地产经济波动示意图

### 6.1.2 房地产经济波动的类型

房地产经济波动从不同的角度划分，有多种类型。

#### 6.1.2.1 规律性波动和非规律性波动

房地产周期性波动、季节波动，都是有规律的波动。房地产经济的随机波动、房地产泡沫，则是无规律的波动。

#### 6.1.2.2 区域房地产经济波动

按照区域的大小不同可以分成国家房地产波动、区域房地产波动和城市房地产波动。

#### 6.1.2.3 不同物业类型和用途的房地产市场波动

由于用途不同，需求不同，不同物业类型和用途的房地产表现出不同的规律，而出现分类型的市场波动。根据物业类型和用途分类划分，有住宅、办公用房、商业用房、厂房仓库等。不同物业类型又可以细分成小类。例如，住宅可以分成普通住宅、高级公寓、别墅等；办公用房可以分成甲级写字楼、乙级写字楼等。

#### 6.1.2.4 不同经营类型房地产市场波动

按照经营类型，房地产市场有租赁市场和销售市场之分。因此，房地产市场波动可以分为房地产租赁市场的波动和房地产销售市场的波动。

## 6.2 房地产经济波动的影响因素

影响房地产经济波动的因素有很多，诸如制度因素、政策因素、人口因素、技术因素、经济影响因素、产业结构、居民收入水平、消费水平、国际因素、心理因素、灾害因素等。这些具体的因素又可以从不同角度划分成长期、中期、短期因素，外生因素和内生因素等。

### 6.2.1 制度因素

制度因素包括社会制度、土地制度、住房制度、投资体制等方面的因素。

社会制度是房地产市场存在的基础，不同的社会制度基础决定了房地产经济具有不同的波动形式和规律。

我国的土地制度是公有制，国有土地所有权不能买卖，在土地市场以及房地产市场中，交易客体都是土地使用权。

住房制度决定了一个国家房地产市场的发达程度。中国实行了多年的住房公有制度，住房交易市场不发达。租赁市场与买卖市场的联动关系也很弱。中国目前的住房制度正处于转型时期，商品房、经济适用房、廉租房多种住房分配体系并存。旧有的分配体系下的“老房”和新的分配体系下的“新房”并存。不同的分配体系和不同的住房市场相互独立，同时又相互影响，这就决定了中国房地产经济波动的复杂性。

由于中国独特的固定资产投资体制，住宅建设投资由基本建设投资中的住宅建设、技术改造投资中的住宅建设、房地产开发投资中的住宅建设、居民个人住房建设和农村居民及集体单位固定资产投资中的住房建设等几部分组成，房地产投资必然要受到其他各项投资的影响。如果国家基本建设投资中的住宅建设投资增加，在住宅消费规模不变的情况下，房地产开发的空间就会受到挤压，在市场规律的作用下，房地产开发投资会减少。

### 6.2.2　政策因素

政府为了实现既定的政治目标、经济目标，往往要采取多种手段，调控经济运行、调节社会分配、调节房地产市场。政府的政策是房地产经济波动的主要外生冲击因素，也是熨平波动的主要力量。

政策因素包括财政政策、货币政策、收入分配政策、产业政策、区域政策、法律手段、计划指导以及政府的市场监管。①

财政政策包括盈余政策、赤字政策、收支平衡政策，以及税收、固定资产投资、补贴、债务方面的政策和更为细致的关于减免税、折旧、贴息等专项政策。

货币政策的手段主要是法定准备金率、再贴现率和公开市场业务。

收入分配政策是政府根据既定的目标而规定的个人收入总量及结构的变动方向，以及政府调节收入分配的基本方针和原则。住房制度改革中的公积金、住房补贴、住房分配货币化政策等，都能够调节居民的住房消费能力。

产业政策是国家规划、干预和诱导产业形成和发展的一种政策，包括产业结构政策、产业组织政策等。具体的实施手段有政府直接干预（包括直接投资、调配物资、强制性的行政管制等）、经济手段（财政、金融、价格、工资等）、立法措施、政府指导和协调。房地产产业政策有：土地利用管理方面的政策、住房分配消费方面的政策、房地产开发经营方面的政策、房地产融资方面的政策、市场管理方面的政策、涉外房地产政策等。

政策因素往往和其他因素掺杂在一起，有时很难分辨清楚。一项政策因素，经常也属于另外一种因素。例如，税收政策同时也是一项经济因素，产业政策同时包含了多种政策影响因素。

---

①　参见李悦：《产业经济学》，北京，中国人民大学出版社，1998。

### 6.2.3 人口因素

房地产，尤其是居民住宅，是人类的基本需求。因此，人口因素是决定房地产需求的最基本因素，也是决定房地产经济的基本因素。人口因素决定着房地产经济波动的长期趋势。

人口数量的不断增长，决定了对土地需求、房屋需求的持续增长，由此也决定了房地产经济不断增长的长期趋势。只是由于人口增长率的高低起伏，导致房地产经济的长期趋势也存在一定的波动，形成房地产经济的长波。

人口迁移快且多的时期，一般是房地产经济快速发展的时期，也往往是土地投机、房地产投机盛行的时期。美国历史上的西部开发、地产投机，以及中国沿海特区的发展都证明了这一点。

家庭是住房消费的基本单位。家庭数量决定了住房消费的数量，家庭数量的增加成为拉动住房消费的主要力量。家庭人口的多少、结构的变化也决定了住宅市场的需求结构。

### 6.2.4 经济影响因素

经济影响因素很多，主要有国民收入、国民储蓄、货币供给额、利率、物价水平、税收等。

#### 6.2.4.1 国民收入

国民收入决定了居民的购买力，进而决定了居民的住房消费能力。国民收入增长了，居民才能够购买住房，增加居住面积，继而增加住房投资。因此，国民收入是房地产经济活动的主要影响因素。国民收入的增长和波动是房地产经济增长和波动的主要动力。

#### 6.2.4.2 国民储蓄

对居民个人或家庭而言，房地产是其最大的财产，需要倾其毕生积蓄购置。排除掉透支消费、分期付款等特殊情况，一般家庭购买住房都需要前期储蓄。因此，当期的房屋销售和前期居民储蓄有关。对于宏观经济而言，房地产消费量和整个地区的国民储蓄有关，前期的国民储蓄量影响后期的住房消费量；国民储蓄的波动，影响房地产经济的波动。

#### 6.2.4.3 货币供给额

货币供给额或货币供应量从两个方面影响着房地产经济。在供给方面，影响房地产开发投资；在需求方面，影响房地产的消费购买能力。在货币供给额大量增加时，就会导致房地产投资大幅增加，居民需求旺盛，交投活跃，严重时，还会引起投机泡沫。

#### 6.2.4.4 利率

中央银行调整再贴现率，会影响货币市场的货币流量，影响房地产开发的资金量。在金融市场上，中央银行贴现率是市场利率的核心，后者一般追随前者变动，进而影响银行贷款规模及广义货币供应量（$M_2+CD$）的变化，导致房地产市场的波动。高贴现率和高利率会降低货币供应量，引起房地产投资萎缩，低贴现率和低利率会增大货币供应量，推动房地产投资膨胀。而长期的超低贴现率则会导致地价暴涨，形成地价泡沫。以日本为例，1985 年“广场协议”签订之后，日本银行下调了贴现率。图 6—2 是日本 20 世纪 80 年代以来贴现率及广义货币供应量的变化。从图上可以看出，1985 年 9 月之后的货币供应量呈不断扩张的趋势。1987 年 2 月日本银行下调贴现率后，货币供应量增长率超过 10%，特别是 1987 年 1 月达到 12.4%，创下了高增长率的纪录。货币供应量的增长超过了实际经济需求（实际 GNP 增长和物价上涨之和）。有一部分货币供应量游离于实体经济之外，成为不动产、股票投资的资金来源，间接导致资产价格上涨。

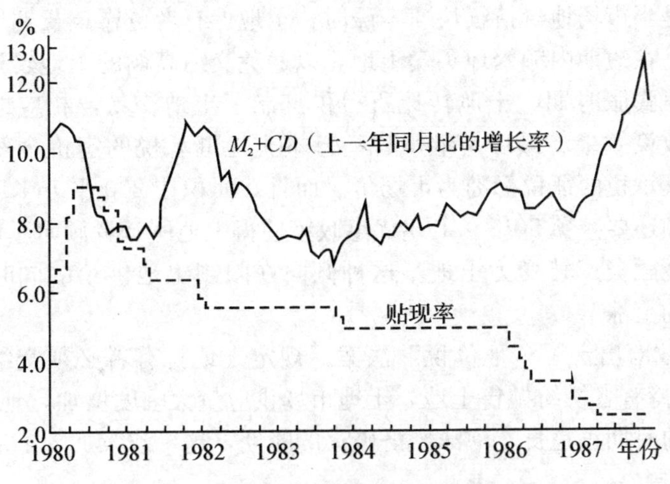


**图 6—2　日本货币供应量和贴现率的变化**

资料来源：《东银周报》，1988-01-28。

一般来说，利率和房地产周期大致呈相反的变化趋势。利率下调，房地产市场景气上升；利率高，房地产市场萧条。但上述这种关系也并非绝对。在经济热潮当中，房地产经济和利率可以同时走高。在我国 1992 年和 1993 年经济高峰中，由于投资热和房地产热，对资金的需求量很大，房地产的开发也达到了一个高峰。从 1993 年 7 月开始，中央开始紧缩银根、调高银行的利率，1995 年贷款利率高达 12.06%，对宏观经济的调控政策也使房地产市场开始走下坡路。从 1996 年开始，央行为了刺激经济增长，开始调低利率。到 2002 年，连续 8 次降息。在降息以及其他多种利率政策的刺激下，房地产业自 2004 年以后由萧条走向复苏。

#### 6.2.4.5　物价水平

物价指数是衡量物价水平的基本指标，反映了国民经济的总体物价水平。物价水平的高低，会影响房地产价格走高或走低。

#### 6.2.4.6　税收

税收政策是政府调控经济的最重要政策之一。房地产税收政策对土地利用形式、房地产交易有很大影响。

日本地产泡沫产生的一个重要原因就是土地课税中的偏差。[①] 首先是土地保有税。土地保有税（包括固定资产税、城市计划税、特别土地保有税及国家土地保有税）中最主要的固定资产税的标准税率是 1.4%，而 20 世纪 80 年代后期实际有效税率（指税额与市场价的比率）相当低，仅为 0.2%～0.3%。美国、加拿大、英国等国家的相应税率为 1%～

① 参见［日］野口悠纪雄：《土地经济学》。

2%。有效税率的低下助长了土地的闲置和低密度利用，也就相应减少了土地的有效供给。1985 年以后地价高涨，实际有效税率进一步降低，促使大量资金向土地转移。其次是转让所得税。对土地、建筑物转让所得课税的税率根据保有期而不同，时间越短，税率越高。虽然高税率可以起到抑制土地投机的作用，但土地投机并不总是以短期内的频繁转手为特点的，尤其是当市场地价持续快速上涨时，土地保有者更愿意长期保有土地赚取土地增值收益，而不是在短期内频繁地买卖土地，以避免交纳高额的土地转让所得税。因此日本在地产泡沫急速膨胀时期，土地转让所得税抑制了土地交易，相应地减少了土地的供给，取得相反的政策效果。最后是继承税。日本土地继承税的定价金额要比土地市场价低，而金融资产继承税的征税标准为市场价。而且，面积在 200 平方米以下的居住用地的继承税的定价金额还要减免 50%。上述优惠政策使得土地所有者倾向于保有土地，而且还促使更多的人将金融资产转变为土地。这种倾向在限制土地供给的同时扩大了土地的需求，造成了地价的上涨。

1992 年日本政府出台了“地价税”法案，规定土地持有者必须交纳地价税，税率为 0.3%。此后土地持有者纷纷抛售土地，土地市场供应量大幅度增加，地价持续下跌。“地价税”政策实施的时期正是日本泡沫经济破灭的时期，这一政策加大了地价下降的幅度。

### 6.2.5 其他因素

此外，还有一些因素对房地产经济波动有着很大影响。

#### 6.2.5.1 技术因素

科学技术对经济增长、经济波动的影响以及对房地产波动的影响早已经被前人的理论和实践证明。近年来，新技术革命尤其是信息技术革命，对世界各国的经济增长模式产生了巨大而深远的影响。信息技术尤其是互联网技术，改变了人与外界交往的方式，提高了信息交流的效率，从而改变人的工作、生活习惯，改变人的居住环境、居住模式，甚至影响了房地产商的投资决策。有些技术如建筑新材料、新工艺等会影响房地产业的发展。技术的影响还体现在，一国的主导技术或产业的兴衰影响到该产业的生产用房投资和产业人员的住房需求，导致房地产经济的波动。例如 IT 技术和 IT 行业就具有这样的影响力。在现代特大城市的扩张中，轨道交通技术的发展，对房地产市场有着越来越明显的作用。

#### 6.2.5.2 国际因素

一国的宏观经济与房地产业受国际因素影响的大小，取决于该国对外开放的领域和程度。对外开放程度具体体现在进出口贸易、利用外资、企业参与外向型经济的程度、国际金融、地区对外经济战略等方面。由于国际分工的存在，国与国之间形成了不同的产业格局和产业层次，这样就容易形成经济波动的国际传递和同体循环。例如美国经济不景气时，需求收缩，会使一些国家出口行业受到冲击，卷入衰退。一国的产业结构变动、自然现象、政治突发事件，都会对其他国家产生影响，尤其是发达国家对发展中国家的影响更大。金融开放的程度对宏观经济以及房地产经济的影响是巨大的。1997 年 7 月 2 日，以泰国政府和金融当局公布转变外汇管理体制和提高贴现率为发端，爆发了金融危机，并且很快波及东南亚地区，形成地区性乃至全球性的金融危机。在这场危机中，房地产业遭受了严重的打击。

国际因素对一国房地产经济的影响要远比一国内部的独立的房地产经济系统复杂得多，具体的影响因素和具体的影响途径也是多种多样的。

#### 6.2.5.3　心理因素

心理因素对房地产经济波动的影响更多地表现在短期的市场波动中。从长期来看，信息沟通越来越充分，人的预期是稳定的，心理变化趋于平稳，心理因素对市场的长期波动影响不大。心理因素对房地产市场的影响主要体现在预期、投机、赌博、从众、盲目乐观、侥幸、恐慌等方面。

#### 6.2.5.4　灾害因素

灾害可能是人为的，如战争（把战争归入政治因素亦无不可），也可能是自然的，如地震、干旱、水灾。战争对经济的影响是巨大的，同样也对房地产经济造成破坏。随着世界局势的变化，恐怖行为也对房地产经济造成了直接破坏，例如遭受“9·11”袭击的美国的房地产经济。自然灾害是不可控的，有时是随机性的，有时是周期性的。自然灾害可以间接也可以直接影响房地产经济。地震直接对房地产造成破坏。干旱和水灾可能直接影响市场，也可能通过影响农业产业、宏观经济而间接影响房地产经济。虽然灾害对房地产造成破坏，但灾后的重建也会使房地产经济重新振作，从低谷走向繁荣。

## 6.3　房地产经济波动的运行机理

房地产经济波动的运行机理可以从两个方面加以分析，即内在传导机制与外在冲击机制。内在传导机制，是指经济系统内部结构特征所导致的经济变量之间的必然联系和对外在冲击的反应。外在冲击机制，是系统外在的冲击通过系统内部传导而发生的经济活动，来源于外生变量的自发性变化。外生变量可能是随机的，也可能是周期性的。房地产经济波动既有其内在传导机制又有其外在冲击机制，是经济系统内在的传导机制和通过传导而作用于经济活动的外在冲击共同发生作用的结果。

### 6.3.1　房地产经济波动的内在传导机制

房地产经济波动的内在传导机制主要包括利益驱动机制、竞争机制、供求机制、价格机制、乘数—加速数机制、信贷利率机制、产业关联机制、经济增长制约机制。

这些运行机制不是单一地起作用，而往往是同时起作用。当房地产企业看到价格发出的信号，预期会有利润，在利益驱动下，开始进入市场或者增加投资。增加的投资与消费在乘数和加速数的作用下，进一步导致了房地产经济的高涨，并且在产业关联机制下带动了相关部门的增长。逐渐地，会出现资源紧缺、成本提高、价格升高、供应量增多而需求下降、空置量增加、利润下降。最终，房地产经济扩张会由于经济增长的制约机制、价格机制发生作用而停止下来，开始进入衰退。在衰退过程中，这些内在机制同样是一起起作用的。

内在传导机制使得经济系统自发地按照特定的规律运行。但是有些情况下，也会出现传导失灵，这就如同汽车的传动系统失灵一样。例如乘数机制，在经济不景气时，政府可以通过兴办公共工程并通过乘数效应来刺激经济增长，但是如果地价过高，就会抑制这种乘数效应。日本在泡沫经济破裂后，一再追加财政支出，扩大公共事业开支，但是所起的作用并不明显。其中一个重要原因就是绝大部分投资都被用来购买土地，而没有用来购买建材和雇用劳工，这大大削弱了投资的乘数效应。同样，其他传动机制也存在失灵的情况。

### 6.3.2 房地产经济波动的外在冲击机制

房地产经济波动的外在冲击是由各种外在影响因素导致的，例如财政政策、货币政策和投资政策冲击（如货币供给冲击、房地产投资和消费冲击、税收、利率、存款准备金率变动等）、体制变动的冲击、国际政治和经济冲击等（请参阅房地产经济波动的影响因素一节）。

外在因素和内在因素一起，形成了房地产经济系统的波动。内在因素以及内在传导机制，是房地产经济波动的必要条件，决定了波动的必然性、规律性。外在因素和外在冲击机制，是波动的充分条件，它不能改变波动的基本规律，但是可以影响波动的形态，如波长、波峰和波谷等。房地产经济系统的每一次波动，都是由某一个或者数个具体的外在影响因素冲击造成的。外在因素对房地产经济系统形成的冲击是通过内在因素传导形成的，而不是单独起作用。外在因素和内在因素、外在冲击机制与内在传导机制对房地产经济波动所起的作用，可以用水面的波浪打一个比方。在风力的作用下，水面会起波浪，波浪的大小与风力的大小有关。外生因素的作用和风类似，起着冲击的作用，并且它的强弱影响到波浪的形态。如果是一个石块，也可以“激起千层浪”，但是波浪的形态又不同了。可见，不同的外生因素引起的波动形态是不同的。在房地产经济中，起冲击作用的外生因素很多，但冲击的效果是不同的。如果水面结了冰，那无论是风还是石块，都不能产生波浪。可见，水自身的性质是水面波动的决定性因素。外因必须通过内因而起作用。

## 6.4 房地产经济波动指标

按照指标变动和房地产基准波的先后关系，房地产经济波动指标可以划分为先行指标、同步指标以及滞后指标。先行指标又叫先导指标、领先指标，该指标峰或谷的变动一般领先于基准波的峰或谷。同步指标的变动时间一般与基准波的变动时间相一致。滞后指标的变动则往往落后于基准波。由于房地产波动的复杂性，一项指标属于哪一类并不是固定不变的。同一时期，一个区域的先行指标可能会是另一区域的同步指标。指标的先后是相对的，不是绝对的。只是作为一项判断指标，在一定时期、一定区域内，要有足够的稳定性。

按照指标所反映的内容，可以将房地产经济波动指标划分为价值量指标和实物量指标。价值量指标包括房地产价格、土地资产总额、房地产投资额、居民收入等。实物量指标包括住房开工面积、商品房销售面积、土地供应量、就业人数等。两类指标分别从不同的侧面反映了房地产经济波动的状况。

此外，还有绝对指标和相对指标之分。绝对指标如房屋价格、居民收入、房屋空置量、土地资产、GDP 等。相对指标如户均房价收入比、房屋空置率、土地资产/GDP 等。多数情况下，相对指标更能反映经济现象后面的本质问题。在研究房地产经济波动时，需要将这些指标综合考虑。

### 6.4.1 房地产投资量（或投资增长率）

房地产投资量是房地产经济波动的决定性因素，房地产投资增长必然会带动房地产开发建设，增加市场供应量，影响市场价格。房地产投资是固定资产投资的一个组成部分。将房地产投资和固定资产投资比较，可以判断房地产投资是否和整个国民经济相协调，是否脱离了正常水平以及是否会产生泡沫。在 1991 年以前，中国的房地产投资量每年不超过 300 亿元，在固定资产投资中所占的比例不超过 5%，处于很低的水平。1992 年之后，房地产投资才开始大幅度增长。1992 年和 1993 年连续两年高速增长，增长率均超过了 100%。1996 年房地产投资占固定资产投资的比重为 16.69%，投资增长率达 78.42%。从 1997 年开始，房地产投资比重持续增加。在 1998 年以前，房地产投资的波动较大，1998 年以后波动幅度减小，这表明房地产业在经历了动荡变动之后逐渐进入稳定发展时期（见表 6—1）。

表 6—1 全国房地产投资和全社会固定资产投资

| 年份 | 房地产投资（亿元） | 固定资产投资（亿元） | 房地产投资占固定资产投资比重（%） | 房地产投资增长率（%） | 固定资产投资增长率（%） |
|---|---|---|---|---|---|
| 1986 | 101 | 3 120.6 | 3.24 | | |
| 1987 | 131 | 3 791.7 | 3.45 | 29.70 | 21.51 |
| 1988 | 206 | 4 753.8 | 4.33 | 57.25 | 25.37 |
| 1989 | 226 | 4 410.4 | 5.12 | 9.71 | −7.22 |
| 1990 | 212 | 4 517 | 4.69 | −6.19 | 2.42 |
| 1991 | 252 | 5 594.5 | 4.50 | 18.87 | 23.85 |
| 1992 | 541 | 8 080.1 | 6.70 | 114.68 | 44.43 |
| 1993 | 1 397 | 13 072.3 | 10.69 | 158.23 | 61.78 |
| 1994 | 1 630 | 17 042.1 | 9.56 | 16.68 | 30.37 |
| 1995 | 2 144 | 20 019.3 | 10.71 | 31.53 | 17.47 |
| 1996 | 3 825.3 | 22 913.5 | 16.69 | 78.42 | 14.46 |
| 1997 | 3 106 | 24 941.1 | 12.45 | −18.80 | 8.85 |
| 1998 | 3 614 | 28 406.2 | 12.72 | 16.36 | 13.89 |
| 1999 | 4 103 | 29 854.7 | 13.74 | 13.53 | 5.10 |
| 2000 | 4 984 | 32 917 | 15.14 | 21.47 | 10.26 |
| 2001 | 6 344 | 37 213 | 17.05 | 27.29 | 13.05 |
| 2002 | 7 790 | 43 499 | 17.79 | 22.81 | 16.89 |
| 2003 | 10 153 | 55 566 | 18.27 | 30.33 | 27.74 |
| 2004 | 13 158 | 70 477 | 18.67 | 29.59 | 26.83 |
| 2005 | 15 909 | 88 774 | 17.92 | 20.91 | 25.96 |
| 2006 | 19 423 | 109 998 | 17.66 | 22.09 | 23.91 |
| 2007 | 25 289 | 137 324 | 18.42 | 30.20 | 24.84 |
| 2008 | 31 203 | 172 828 | 18.05 | 23.39 | 25.85 |
| 2009 | 36 242 | 224 599 | 16.14 | 16.15 | 29.95 |

资料来源：中华人民共和国国家统计局编：《中国统计年鉴 2010》，北京，中国统计出版社，2010。

### 6.4.2 开发企业数量

房地产开发企业是房地产开发的主体。房地产经济高潮时期，市场人士普遍看好房地产市场的未来发展，纷纷入场投资，开发企业数必定会增加。1991 年房地产开发企业也就只有 5 128 家，1992 年猛增至 13 566 家，翻了一番，而 1993 年又翻了一番，达到了 26 000 多家，表明当时房地产市场异常活跃。企业数量在 1995 年达到高峰后，急剧减少，经历了两年的调整期，从 1998 年开始稳步上升，到 2002 年突破了 30 000 家，到 2007 年又翻了一番突破了 60 000 家。2008 年顶峰期达到了 87 562 家（见表 6—2）。

表 6—2　全国房地产开发企业数量

| 年份 | 1986 | 1987 | 1988 | 1989 | 1990 | 1991 | 1992 | 1993 | 1994 |
|---|---|---|---|---|---|---|---|---|---|
| 数量 | 1 991 | 2 506 | 3 536 | 3 985 | 4 400 | 5 128 | 13 566 | 26 027 | 31 486 |
| 年份 | 1995 | 1996 | 1997 | 1998 | 1999 | 2000 | 2001 | 2002 | 2003 |
| 数量 | 33 482 | 21 269 | 21 286 | 24 378 | 25 762 | 27 303 | 29 552 | 32 618 | 37 123 |
| 年份 | 2004 | 2005 | 2006 | 2007 | 2008 | 2009 | | | |
| 数量 | 59 242 | 56 290 | 58 710 | 62 518 | 87 562 | 80 407 | | | |

资料来源：中华人民共和国国家统计局编：《中国统计年鉴 2010》。

### 6.4.3 商品房销售面积（增长率）

商品房屋的销售面积是房地产市场中实际的成交面积，客观地反映了市场的实际需求。商品房销售面积及其增长率能够反映市场的冷热程度。中国的商品房销售面积在 1991 年以前一直处于一个较低的水平，没有超过 3 000 万平方米，年增长率也很低，走势比较平稳。1992 年、1993 年销售面积突然大幅度提高，增长率则达到 41.76%和 55.94%，此后逐步有所回落，显示市场逐步转淡。1997 年以后，销售面积开始回升，市场逐步转暖（见表 6—3）。

表 6—3　全国商品房销售面积、销售额及其增长率

| 年份 | 商品房销售面积（万平方米） | 销售面积增长率（%） | 商品房销售额（亿元） | 销售额增长率（%） |
|---|---|---|---|---|
| 1987 | 2 697.24 | | 110.11 | |
| 1988 | 2 927.33 | 8.53 | 147.22 | 33.72 |
| 1989 | 2 855.36 | −2.46 | 163.75 | 11.23 |
| 1990 | 2 871.54 | 0.57 | 201.83 | 23.25 |
| 1991 | 3 025.46 | 5.36 | 237.86 | 17.85 |
| 1992 | 4 288.86 | 41.76 | 426.59 | 79.35 |
| 1993 | 6 687.91 | 55.94 | 863.71 | 102.47 |
| 1994 | 7 230.35 | 8.11 | 1 018.50 | 17.92 |
| 1995 | 7 905.94 | 9.34 | 1 257.73 | 23.49 |
| 1996 | 7 900.41 | −0.07 | 1 427.13 | 13.47 |
| 1997 | 9 010.17 | 14.05 | 1 799.48 | 26.09 |
| 1998 | 12 185.33 | 35.24 | 2 513.30 | 39.67 |
| 1999 | 14 556.50 | 19.46 | 2 987.87 | 18.88 |

续前表

| 年份 | 商品房销售面积（万平方米） | 销售面积增长率（%） | 商品房销售额（亿元） | 销售额增长率（%） |
|---|---|---|---|---|
| 2000 | 18 637.13 | 28.03 | 3 935.44 | 31.71 |
| 2001 | 22 411.90 | 20.25 | 4 862.75 | 23.56 |
| 2002 | 26 808.29 | 19.62 | 6 032.34 | 24.05 |
| 2003 | 33 717.60 | 25.77 | 7 955.70 | 31.88 |
| 2004 | 38 231.60 | 13.39 | 10 375.70 | 30.42 |
| 2005 | 55 486.22 | 45.13 | 17 576.13 | 69.40 |
| 2006 | 61 857.07 | 11.48 | 20 825.96 | 18.49 |
| 2007 | 77 354.72 | 25.05 | 29 889.12 | 43.52 |
| 2008 | 65 969.83 | −14.72 | 25 068.18 | −16.13 |
| 2009 | 94 755.00 | 43.63 | 44 355.17 | 76.94 |

资料来源：中华人民共和国国家统计局编：《中国统计年鉴2010》。

图6—3显示，在1989年以前，商品房销售面积有一个回落的走势。从1989年到1996年，房地产市场经历了一个完整的周期，从谷到谷的时间是7年。这个阶段的峰值出现在1993年，此后销售面积稳定在7 000万平方米左右，销售面积增长率下滑。从1996年开始房地产市场又开始好转，销售面积增长率于1998年达到阶段性峰值35%，此后基本稳定在近20%以上，在2004年增长率下滑后，2005年又大幅度反弹至45%，之后反复震荡，于2008年跌入低谷，2009年又强烈反弹至43.63%，销售面积总量创出94 755万平方米新高。总体而言，商品房销售面积的波动反映了房地产市场处于剧烈波动不稳定的时期。

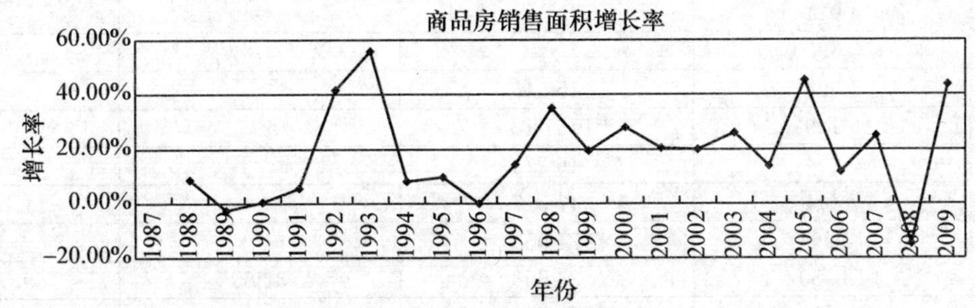


**图6—3 商品房销售面积增长率**

资料来源：中华人民共和国国家统计局编：《中国统计年鉴2010》。

### 6.4.4 商品房销售额（增长率）

商品房销售金额是销售面积和销售单价的乘积，在销售单价稳定的情况下，销售额和销售面积的变化是一致的。从表6—3中看，销售额增长率和销售面积增长率的走势基本上一致，都在1992年、1993年、1998年、2005年和2009年创出高点，在1996年、2008年创出低点。同时，我们还可以看到，商品房销售额增长率的震荡幅度强于销售面积增长率。

### 6.4.5 商品房空置率

国际上很多国家都把房屋空置率作为房地产经济波动的重要指标。国外一般把空置率界定为一定时间市场上没有出租、出售的房屋占房屋总量的百分数。按房屋类型又有住宅空置率、商业房地产空置率等。

空置率是反映一定时期市场吸纳能力的重要指标。空置房屋的类型、占市场可供应的比例，反映了投资状况和市场的有效需求。在我国目前空置率通常以当前商品房的空置量与近三年商品房的竣工量进行比较计算。

$$商品房空置率=\frac{报告期末商品房空置面积}{近三年商品房可供应量}\times 100\%$$

表 6—4 是我国近年商品房空置的情况。一般认为，当商品房空置率为 3%以下时，买房人难以找到房源，市场处于卖方市场；当商品房空置率为 3%～10%时，市场较为平稳，买卖双方均有选择余地；商品房的空置率大于 10%时，房屋过剩，处于买方市场；达到 15%以上时，则商品房积压过剩严重。由于各地社会经济发展状况不同，商品房空置率多少为宜应结合实际而定。按照以上标准，我国商品房的空置在 1997 年前和 2001 年后基本在可接受的范围之内，在 1997—2001 年期间空置过多，其中 1999 年达到了 19.6%，这一时期商品房空置过量，主要是因为 1993 年、1994 年房地产投资过热所致。

**表 6—4　　我国近年商品房空置的情况**

| 年份 | 当年商品房竣工面积（万平方米） | 前三年商品房的可供应量（万平方米） | 当年商品房空置面积（万平方米） | 空置率（%） |
|---|---|---|---|---|
| 1987 | 4 021 | | | |
| 1988 | 5 390 | | | |
| 1989 | 5 899 | 15 310 | | |
| 1990 | 5 129 | 16 418 | | |
| 1991 | 5 244 | 16 273 | | |
| 1992 | 7 144 | 17 517 | | |
| 1993 | 12 564 | 24 952 | | |
| 1994 | 13 950 | 33 658 | 3 289 | 9.7 |
| 1995 | 15 110 | 41 624 | 5 031 | 12.1 |
| 1996 | 15 357 | 44 417 | 6 203 | 14.0 |
| 1997 | 15 819 | 46 286 | 7 654 | 16.5 |
| 1998 | 17 566 | 48 742 | 8 783 | 17.8 |
| 1999 | 21 410 | 54 795 | 10 740 | 19.6 |
| 2000 | 25 104 | 64 080 | 10 701 | 16.7 |
| 2001 | 29 867 | 76 381 | 11 763 | 15.4 |
| 2002 | 34 975 | 89 946 | 12 592 | 14 |
| 2003 | 26 851 | 91 693 | 12 837 | 14 |

资料来源：罗龙昌：《发展房地产业与优化产业结构》，北京，经济管理出版社，2000；中华人民共和国国家统计局编：《中国统计年鉴 2004》，北京，中国统计出版社，2004。

## 6.5　房地产经济波动与宏观经济波动的关系

房地产经济系统是宏观经济系统的子系统。宏观经济的波动，自然会影响房地产经济系统；房地产经济波动，也会影响到宏观经济系统。

### 6.5.1　房地产经济波动与宏观经济发展阶段

考察房地产经济波动与宏观经济波动二者之间的关系，首先要考虑宏观经济的发展阶段。

按照罗斯托的经济增长阶段论，人类社会发展分为六个阶段：(1) 传统社会阶段；(2) 为起飞准备条件阶段；(3) 起飞阶段；(4) 成熟阶段；(5) 高额群众消费阶段；(6) 追求生活质量阶段。[①] 在不同的阶段，房地产经济波动与宏观经济波动的相互影响是不同的。

当社会发展水平处在初级阶段时，宏观经济发展水平较低，国民经济产业结构以第一产业为主，第二产业也不甚发达，房地产业处于相对弱小的地位。在此阶段，房地产业对国民经济的影响较小，对宏观经济的依存度较大，房地产经济波动主要受制于宏观经济波动。当然这里不排除局部地区房地产经济出现独特波动，例如在中国，尽管总体房地产业比较弱小，但在沿海局部地区，都曾出现过房地产开发热潮甚至地产泡沫，但这种局部地区的房地产经济波动对宏观经济的影响是有限的。

在宏观经济进入起飞阶段、迅速发展时，整个宏观经济包括房地产经济趋于活跃，宏观经济波动与房地产经济波动的关系较为复杂。各产业的迅速发展，增大了对房地产的需求，房地产业的基础性、先导性充分体现出来，房地产经济迅速高涨。同样，宏观经济过热时发生的调整也会很快波及房地产业，引发房地产经济的剧烈波动。经济迅速发展时期，房地产业成为热门的行业，房地产经济总量扩大，房地产业包括住宅产业成为国民经济“新的增长点”，房地产经济的波动对宏观经济波动的影响加大。此时由于政府相关政策的不稳定，也会造成房地产经济波动的不稳定，容易出现大起大落。

当社会经济发展处在成熟阶段之后，房地产业在国民经济中的结构、地位相对稳定，房地产经济和宏观经济的关系更加密切，二者波动会逐步趋于一致，相关性增加。

### 6.5.2　房地产经济和宏观经济相互影响的一般过程

在一个具体的经济波动周期中，宏观经济和房地产经济的相互影响一般是按照下列过程展开的。

当宏观经济处于高涨阶段时，百业兴旺，就业率高，投资需求旺盛，银行信贷扩张，收入水平和消费水平提高，人们对未来的预期也较高。此时对房地产的需求也相应增加，房地产业进入高涨阶段。当宏观经济衰退时，百业凋敝，投资减少，银行信贷紧缩，失业

① 参见［美］W. W. 罗斯托：《从起飞到自维持增长的经济学》，成都，四川人民出版社，1988。

率增加，收入水平和消费水平降低，人们对未来的预期下降。此时对房地产的需求和投资减少，房地产经济步入衰退期。

当房地产经济处于上升阶段时，房地产需求旺盛，投资增加，促进了基础设施建设，房地产业对建筑业、建材业、能源业、金融业的拉动作用加大，就业人口增加，从而带动国民经济的发展，使其进入上升轨道；反之，当房地产经济衰退时，投资减少，对建筑业、建材业等相关产业的需求减少，失业人员增加，进而影响整个国民经济的增长。

宏观经济波动与房地产经济波动在波动时间、波动幅度、波动形态等方面既有共同点，又有差异性。学界对宏观经济周期与房地产周期运行的时间次序作了较多研究。人们普遍认为：一个国家的房地产业周期与宏观经济周期是一种正相关关系，波长大体一致。但是在复苏、繁荣、衰退、萧条四个阶段的时间上不一致。一般来说，房地产业周期的复苏、萧条期滞后，而繁荣、衰退期超前。具体来说：

从复苏阶段看，尽管房地产业是基础性和先导性产业，但由于建筑产品价值量大，耗用资金多，生产周期长，并且是非工厂化单件设计单件生产，当经济复苏时，房地产开发商需要经过相当长的时间筹备、计划才能投入生产，所以房地产经济的复苏要稍微滞后于宏观经济的复苏。但是另一方面，如果开发商都能较准确地预见到市场的变化，在萧条期积极筹备、购置土地并做好规划设计，房地产经济的复苏完全可以在宏观经济复苏前率先启动。

从繁荣期看，房地产经济的繁荣期要比宏观经济繁荣期来得迅速。这是由于房地产业经过复苏阶段的准备和发展，逐渐体现出其基础性和先导性产业的作用。具体来说，首先是有市场需求。由于经济高速发展，居民收入水平提高，全社会对各种商业用房、各类住宅、工业厂房等的需求增加，从而拉动房地产业迅速发展。其次是有充足的资金。在高速发展并有市场的情况下，房地产开发商不仅可以加速自有资金的周转，同时还可以利用现有的资产通过抵押贷款向银行取得更多的贷款，兴建更多的楼宇。在房地产有利可图的条件下，银行也愿意将更多的资金投入房地产，使房地产业得到更快的发展。最后是价格刺激。房地产产品的开发周期较长，当需求扩张时会引起楼价上涨，由于楼宇的供给弹性较小，从而加剧了楼价上扬，刺激楼宇投资，进一步加速房地产经济的扩张。

从衰退期看，房地产经济衰退早于和快于宏观经济衰退。房地产业作为基础性和先导性产业，往往会处于“超高涨”或“超前发展”的状态，如果房地产业过于超前发展，必然与其他产业部门脱节、资源配置失调、市场竞争加剧，最终难以维持较长时间的高速发展而逐渐降下来，进入衰退期。同时宏观经济的衰退进一步加速房地产业的衰退步伐。

从萧条阶段看，房地产业的萧条阶段要滞后于宏观经济的萧条阶段。因为当宏观经济出现萧条的时候，各行各业的发展都处于停滞不前的状态，失业率、通货膨胀率高企。但由于房地产本身具有保值增值的功能，在其他行业都萧条的时候，人们会放弃其他投资，转向房地产开发投资或者直接购买房地产，从而维持房地产市场的一定供给和需求，推迟了房地产市场的萧条。从商品弹性角度看，普通住宅作为人们维持生活、维护尊严的必需消费品，需求价格弹性和收入弹性小，即使是经济萧条期，也需要购置基本的住宅。这是维持住宅产业稳定的重要因素。

### 6.5.3　我国房地产经济波动与宏观经济经济波动

考察房地产业同宏观经济总体发展的协调程度，可以从房地产业发展规模和速度两个方面来描述。在规模上，可以用房地产业产值占国民生产总值的比重、房地产投资占全社会固定资产投资的比重和房地产开发投资占国民生产总值的比重三个指标来说明房地产业同宏观经济发展协调与否。在速度上，可以用房地产业产值增长率与国内生产总值增长率、房地产开发投资增长率与全社会固定资产投资增长率或国内生产总值增长率的对比来考察。其他反映房地产经济波动的各个指标都可以用来与宏观经济对比，以考察房地产经济波动与宏观经济波动的相互影响。

下面以商品房的销售面积增长率与 GDP 增长率，以及其他一些指标来考察房地产经济波动和宏观经济波动的关系。

从图 6—4 中我们可以看出，从 1988 年到 1996 年，中国的房地产经济波动和宏观经济波动比较吻合。房地产经济的波谷出现在 1989 年，宏观经济的波谷出现在 1990 年；房地产经济的波峰出现在 1993 年，宏观经济的波峰出现在 1992 年；其余时期两项指标基本上是同步。宏观经济的波动幅度比房地产经济的波动幅度小。从 1991 年开始，宏观经济开始增长，与此同时，房地产业也出现了增长趋势。受邓小平南方谈话等的影响，GDP 增长率在 1992 年达到了最高点 14.2%；同时全国各地出现了“房地产热”，房地产投机盛行，比如当时的海南和北海的房地产投机热。全国房地产销售面积增长率在 1992 年和 1993 年分别是 41.8%和 56%。不过当时房地产投资的热点重要集中在沿海地区。1992 年，全国商品房销售面积增长率是 30.29%，达到了峰值。在 1993 年房地产周期波峰之后，房地产市场便走向萧条。1994 年的商品房销售面积增长率急剧下降，只有 8.1%。而此时的国民经济增长率还维持在 12.6%，这说明了房地产业的下跌大大快于宏观经济周期。

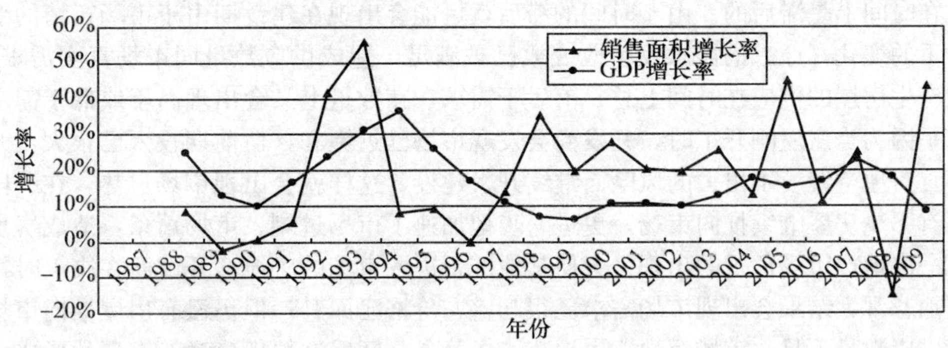


**图 6—4　中国房地产经济波动与宏观经济波动比较**

资料来源：中华人民共和国国家统计局编：《中国统计年鉴 2010》。

从 1995 年开始，政府开始进行宏观经济调控，使得经济增长率下降，经济周期也开始进入衰退期，而且此后又受到亚洲金融危机的影响，宏观经济一直低迷不振。但房地产经济状况恰恰相反，显示了积极向上的态势。由于政府采取财政扩张政策，住房货币化改革，全国的住宅消费热，政府努力将住宅产业作为经济的增长点等原因，房地产业从 1996 年就走出低谷，开始处于增长状态，1998 年销售面积增长率达到 35%，此后基本稳定在

20%左右。宏观经济则在1999年才开始止跌企稳，逐步回升。2004年至2009年，房地产经济出现了大幅度波动，商品房销售面积大起大落，尤其是2008年至2009年间，销售面积增长率从−14.72%跃升到43.63%。商品房价也一路暴涨，远远超出了国民的消费能力，在这一阶段，房地产经济和宏观经济的走势差别较大。

## 6.6 房地产周期

房地产周期，是指房地产经济在运行过程中，随着时间的变化而出现的扩张和收缩交替反复运动的过程。房地产周期每一次反复循环的时间间隔基本上是一致的。房地产周期是房地产经济波动的特殊运动状态，是一种有规律的波动。房地产经济波动是房地产市场总的发展变化规律，是一个大的概念，具有普遍性、绝对性。而房地产周期是一个小的概念，具有特殊性、相对性。国内外房地产业发展的历史证明，由于房地产业的发展受到宏观经济发展、人口、政治、社会文化、法律制度等多种因素的影响，以及房地产业本身运动规律的制约，房地产业在发展过程中，会表现出周期性的波动，出现房地产经济发展的高峰期和低谷期。房地产经济的周期性波动规律，也可称房地产周期。

### 6.6.1 房地产周期概念

房地产开发是一个十分复杂的过程，从可行性分析到房屋完成建设推向市场要经过很多环节，历时较长，一般建设周期为2～4年，因建设规模的大小而不同，个别大规模的建设项目可能要经过5～6年的时间。由于建设周期长，所以就产生了房屋的供应滞后现象，也就是从发现市场需求到房屋建成满足市场要经过相当长的时间，所以，供应同需求相比，在时间上是滞后的。由于时间的滞后就可能会出现在建设期由于市场行情的变化或竞争对手的变化，原来的需求发生改变或已被满足，造成供应数量同市场真实需求不同。结果就产生房屋的供应在时间上总是落后于需求，在数量上又会出现高于或低于需求的现象。这是因为当房屋刚开工时，开发商会发现市场已近饱和，但前期投入已很大，开发商不得不冒房屋空置卖不出去的风险而继续开发建设，这样就会出现市场过热，在一段时间内，还有不少房屋继续推向市场，更进一步地加速了市场过剩、市场萧条，造成房地产市场危机。房地产市场危机的出现又会使其他准备进入市场的房地产开发商在决策时特别小心、更加悲观，结果会出现市场需求已很旺盛，价格已回升，但仍没有房屋推向市场，造成房屋供应数量不足，市场短缺。房地产市场萧条、旺盛这种规律性的出现就形成房地产市场周期，一般简称房地产周期。其运作过程如图6—5所示。

图中点$A$的横线说明距离市场供需平衡时的时间差，竖线说明在同一时间供需数量的差别。$B$点的横、竖线的意思相同，这时要达到供需平衡，同样需要一段时间，但$B$点的供应大于需求，同$A$点有很大不同。

房地产周期按其供需关系可以划分为四个时期。每个时期都有不同的供需矛盾，表现为不同的空房率。空房率又称房屋空置率（vacancy rate），是指房屋推向市场一定期限后，空置房屋所占比率。这里有两个问题，一是“一定时期”在不同国家规定不同，西方

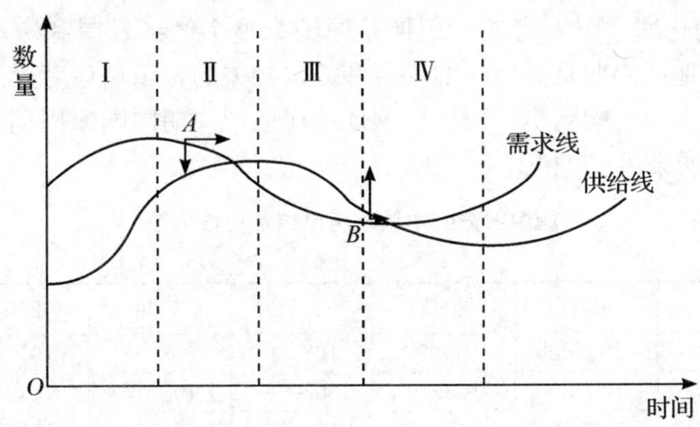


图 6—5　房地产周期示意图

国家多以两年为准，而亚洲国家多以一年为准，我国对空置率没有时间期限的规定。二是“所占比率”指的是占谁的比率，是占新房的比率，还是占所有存量房屋的比率。我国多指占新房的比率，即占增量房屋的比例，称之为商品房空置率；西方国家多指占存量房屋的比例，可称之为空置率。另外，国外将房屋出租排斥在空房以外，而我国很多时候空置房屋是指没有出售的房屋，没有将已出租的房屋扣除。下面讲的空房率是占所有房屋的比率，在应用中空房率的含义不同，其数值也应有所不同。

(1) 上升期：市场房屋供应数量小于需求数量，需求不断上升，房屋不断供应。这个阶段的空房率较 5%为高，随着需求的不断增加空房率不断下降，后期空房率达到正常水平即 5%～6%。

(2) 高峰期：需求开始变弱降低。在这个阶段的前期需求超过供给，后期在需求降低的情况下，供应仍不断增加，结果空房率上升，房租和房价开始下降。

(3) 降低期：供应和需求都降低，开发商对房地产业持悲观态度，空房率上升到 10%～15%。

(4) 低谷期：供应增加量不断下降，而需求处在转折期，前期空房率在 10%～15%，后期空房率下降到 10%以下。

空房率在西方国家被作为房地产周期的指示指标，而房地产周期又是宏观经济的晴雨表，所以可以利用空房率预测宏观经济未来的发展。

## 6.6.2　房地产周期类型

### 6.6.2.1　国家房地产周期

房地产周期有很多种，其中包括全国性的房地产周期，它是由全国性的政策、法规、税收或宏观经济因素的变化而产生的，如我国 1993 年曾出现过房地产过热，随着后来中央宏观调控政策的推行，房地产市场逐渐进入调整期，直到 1997 年下半年才又逐渐上扬。

### 6.6.2.2　区域房地产周期

这是区域的供需因素所决定的，如在南方沿海地区 1992—1993 年房地产市场达到高峰期，随后进入调整、消化期；而北方一些城市 1993—1994 年才进入高峰期，1994—

1995 年进入调整消化期。国家房地产周期是同国家整个经济发展和宏观政策紧密联系在一起的，地区性房地产周期是同地区的供应和需求相关的，虽然后者受到前者的影响，但在很多情况下，二者不可能同步，所以出现地区房地产周期同国家周期在发生时间、波动幅度方面的差别（见表 6—5 和图 6—6）。

**表 6—5　　国内部分大中城市房屋销售价格指数**

（上年＝100）

| 地区 | 2002 | 2003 | 2004 | 2005 | 2006 | 2007 | 2008 |
|---|---|---|---|---|---|---|---|
| 平均 | 103.70 | 104.80 | 109.70 | 107.60 | 105.51 | 107.60 | 106.46 |
| 北京 | 100.30 | 100.30 | 103.70 | 106.68 | 108.75 | 111.40 | 109.45 |
| 上海 | 107.30 | 120.10 | 115.90 | 109.73 | 98.68 | 103.40 | 105.91 |
| 深圳 | 100.40 | 102.20 | 104.60 | 107.23 | 112.29 | 116.30 | 98.14 |
| 南宁 | 102.50 | 102.10 | 105.70 | 104.93 | 104.12 | 107.60 | 108.16 |
| 银川 | 103.60 | 102.10 | 104.40 | 102.65 | 102.33 | 103.90 | 111.76 |

资料来源：中华人民共和国国家统计局编：《中国统计年鉴 2010》。

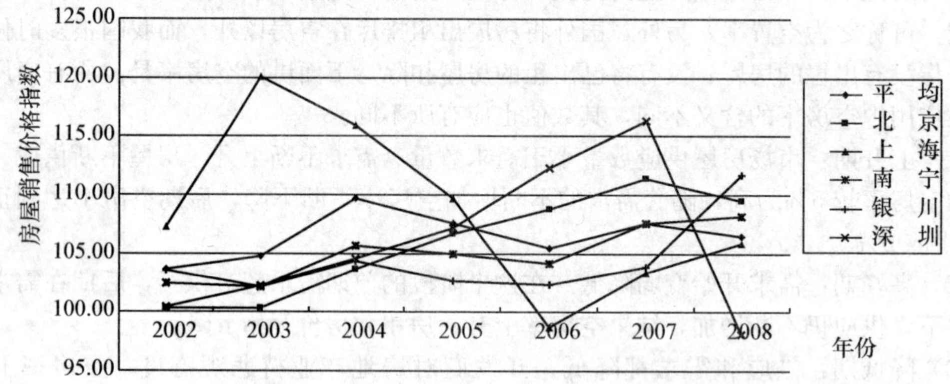


**图 6—6　国内部分大中城市房屋销售价格指数**

资料来源：中华人民共和国国家统计局编：《中国统计年鉴 2010》。

地区性房地产周期波动的特征与该地区的产品结构也密切相关，一般来说，一个地区房地产市场的规模较大、成熟度高、产品品种（物业类型）全面、结构稳定，则其波动性小，如果某一地区的房地产正处于发展初期、市场规模小、物业类型单一，则其波动性较大。在房地产生产结构中，如果波动性大地区的房地产市场所占比重较大，则整个房地产市场的波动性就较大，反之亦然。

例如，尽管香港地区房地产市场已经较为成熟和发达，但由于其地域狭小，土地供应量及房屋建设规模都很有限，价格波动仍比内地房地产市场波动更加剧烈。根据测算，1987—1996 年内地商品住宅销售面积波动率的标准差仅为 0.065 4，而同期香港私人住宅单位销售面积波动率的标准差达到了 0.211 2，其中中小住宅价格波动率的标准差甚至达到了 0.347 1。①

① 参见谢贤程：《香港房地产市场》，香港，商务印书馆，1994。

#### 6.6.2.3 不同类型房地产周期

不同类型房地产具有不同的需求对象，所以供需矛盾也不同。当一种房地产供不应求时，其他类型的房地产可能已经过剩，如在南方一些小城市高级别墅供应已远大于需求，空置率为50%～70%时，工业房地产和商业房地产却还很短缺。又如近两年北京市商业房地产（如大型商场）已远大于市场容量时，住宅还远不能满足需要，就充分地说明了不同类型房地产具有不同的周期。即使同为住宅，因结构、质量不同也可能产生不同的周期性，如南方高级别墅过剩，但普通住宅还是很旺销的。当然，这也是因为不同类型的住宅具有不同的需求对象，当某一类型房屋的供应数量同目标群体数量产生矛盾时，就可能产生供不应求或供过于求的现象，就可能出现某一类型的房地产周期。

对比近年全国房地产销售价格分类指数，住宅销售价格指数和非住宅销售价格指数变动基本一致。另一方面，住宅指数的变动要远大于非住宅，如果扣除住宅中经济适用住房的因素，其变动还要更大一些（见图 6—7）。

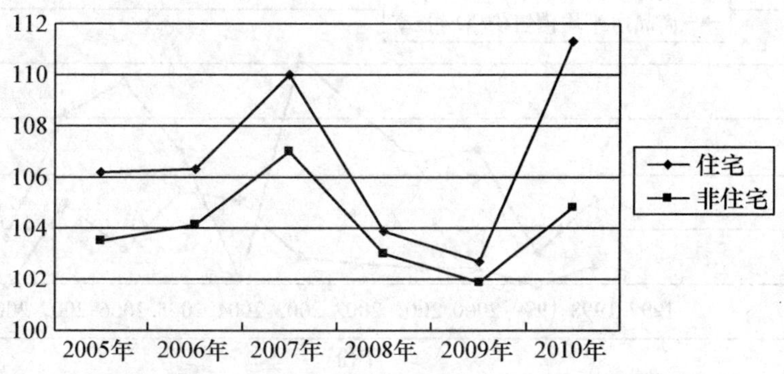


**图 6—7 全国分类房地产销售价格指数比较**

资料来源：见 2010 年国家统计局官方网站。

#### 6.6.2.4 房地产周期中不同因素间的关系

1. 房地产开发投资与房地产消费

从理论上来说，房地产投资的增加会引起房地产业的扩张，市场进入繁荣阶段，投资下降使房地产业出现萧条的局面。也就是说，房地产投资的变动与房地产市场的景气变动是基本一致的，两者几乎是共振的。

从图 6—8 可以看出，在 2005 年以前，房地产开发投资与商品房销售几乎是同步波动。但在 2005 年之后，商品房销售量和房价出现了大起大落，销售额增长率和房地产开发投资背离较大。

2. 房地产价格同房地产贷款

房地产业是资金密集型行业，房地产开发投资的主要资金来源是银行贷款，房地产市场的景气状况很大程度上要依赖银行贷款，因而在周期波动上有很大相关性。以近年的商品房平均销售价格和银行开发贷款增长情况为例，2003 年以前二者增长率波动趋势基本一致，2004 年出现较大背离，商品房价格大幅上涨，银行贷款额则受到严格控制。2007 年至 2009 年，受国内外经济形势的影响，二者均经历了大幅度跌落和上涨（见图 6—9）。

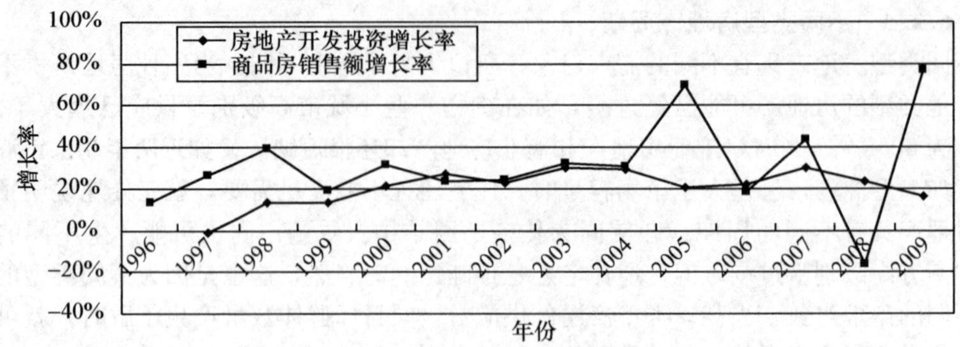


**图 6—8　全国房地产开发投资与商品房销售额波动率比较**

资料来源：中华人民共和国国家统计局编：《中国统计年鉴 2010》。

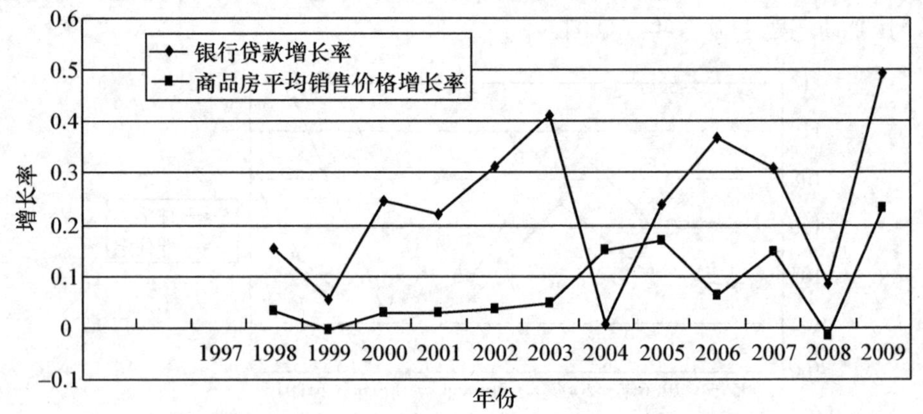


**图 6—9　近年商品房平均销售价格和银行开发贷款增长率**

资料来源：中华人民共和国国家统计局编：《中国统计年鉴 2010》。

## 6.6.3　房地产周期的测定

### 6.6.3.1　描述房地产周期的基本概念

1. 房地产周期平均长度

房地产周期的平均长度是指，在一定历史时期内，每个房地产周期平均经历的时间长度，通常用年表示。

2. 房地产周期的振幅

房地产周期的振幅，即房地产周期波动的幅度，以房地产经济在同一周期中由峰顶到谷底的指标差额表示，所以又叫落差。它是用来衡量某次房地产周期波动幅度强烈程度的重要指标。落差越大，说明房地产经济涨落程度越强烈，房地产经济越不稳定；落差越小，说明房地产经济涨落程度越缓和，房地产经济越稳定。

3. 房地产周期的频率（周期次数）

房地产周期的频率，是指在一段历史时期内，房地产经济的波动所经历的周期次数，通常用次表示。它是衡量一个国家或地区一定时期内房地产经济增长或发展稳定程度的主要指标之一。波动频率高，说明某一历史时期内，该国（地区）房地产经济的发展和增长不稳定；波动频率低，说明某一历史时期内，该国（地区）房地产经济的发展和增长比较稳定。

### 6.6.3.2　房地产周期的基本测定方法

每个经济指标的时间序列中一般都包含四种变动要素：长期趋势性波动（$T$）、季节性变动（$S$）、周期性波动（$C$）和不规则性变动（$I$）。而要确定每个经济指标的周期性波动，就必须采用一定的方法，消除长期趋势性波动、季节性变动和不规则性变动的影响。这种方法就是对经济指标的周期性波动进行测定的方法。一般说来，这种测定的方法适用于较狭义的房地产周期波动。广义的房地产经济波动，则要根据实际情况，根据研究需要，确定是否消除特定因素。

最基本的测定方法有直接测定法和剩余法。

1. 直接测定法

这种方法是用代表房地产经济主要变量指标的时间数列，把每年数值直接与上一年的数值相比，求得经济变动的相对数，以此反映房地产周期波动状况的测定方法。此种方法也称环比测定法。

该法计算公式为：

$$C_tI_t=\frac{Y_t}{Y_{t-1}}$$

式中，$C_tI_t$ 为第 $t$ 年的周期性波动及不规则变动相对数；$Y_t$ 为第 $t$ 年的房地产经济主要变量数值；$Y_{t-1}$ 为上年房地产经济主要变量的数值。

一般说来，使用直接测定法，把当年数值与上一年同期数值相比，大体可以消除时期序列中包含季节性变动和长期趋势性变动因素的影响，如果在这一基础上再使用移动平均法，就又可以大体消除不规则变动的影响，得到周期性波动因素的相对数。

直接测定法的最大优点是简单易行，直观明了。局限性是适用范围比较窄，要求服从指数增长，趋势比较平稳，有较长时间的短期资料。

2. 剩余法

该方法的基本前提是假定时间序列 $Y$ 可以被分解为长期趋势性波动（$T$）、季节性变动（$S$）、周期性波动（$C$）和不规则性变动（$I$）这四个因素。使用剩余法测定房地产周期性波动，就是从时间序列中逐次或一次消除长期趋势性波动和季节性变动，剩下周期性波动和不规则性变动。然后，再进一步消除不规则性变动，得到周期性波动值。这种方法实际上是把对经济周期性波动的测定问题，转化成对时间序列分解模型的选择和对长期趋势性波动及季节性变动的测定问题。

剩余法的基本步骤：(1) 对以月度或季度为时间单位的数据进行季节性调整，消除时间数列中季节性变动（$S$）因素的影响；(2) 通过最小二乘法等方法求出长期趋势性波动（$T$）；(3) 利用移动平均法消除不规则性变动（$I$）因素的影响，然后再利用该序列与长期趋势性波动（$T$）的比率，求出周期波动值（$C$）。

最基本的时间序列分解模型有两种，即加法模型和乘法模型。加法模型的一般形式为 $Y=T+C+S+I$；乘法模型的一般形式为 $Y=T\cdot C\cdot S\cdot I$。

### 6.6.4 典型国家和地区的房地产周期

从各国经济和房地产业的发展进程看，房地产周期往往与该国（或地区）的宏观经济发展相适应，与对房地产的需求相协调，房地产周期波动的频率在各国有所不同。例如，美国的房地产周期从 1870 年开始到 1960 年间，按 18 ～20 年的频率完成一次周期循环，10 年上升，10 年下降，其周期波动大致是按照库兹涅茨周期模式运行的。日本房地产周期大体是 10 年一次循环，其房地产繁荣期（波峰）分别为 1961 年、1978 年、1981 年、1990 年，基本上遵循朱格拉周期波动模式。中国香港地区为 7~8 年，其中上升期为 5 年，下降期为 2 ～ 3年；在韩国，从 1958 年开始，房地产业已荣衰交替 9 次，周期平均为 4 年。由于各国计算经济周期的方式不同，各国房地产周期长度不一定具有可比性。即使是同一个国家的不同地区，用不同的方法也会得出不同的周期。图 6—10 是使用日本 1955—2001 年的地价指数增长率数据所做的模型，图形显示日本大约有 10 年一次的房地产周期。

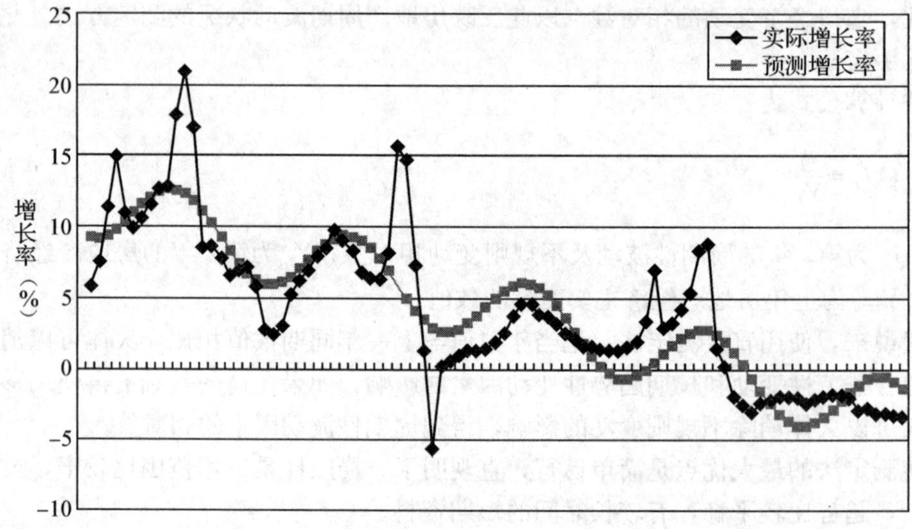


**图 6—10 1955—2001 年日本地价增长率预测走势与实际走势**

资料来源：［日］不动产研究所：《不动产经济统计》，2001。曲波：《房地产经济波动理论与实证分析》，北京，中国大地出版社，2003。

## 6.7 房地产泡沫

房地产泡沫是泡沫的一种，是以房地产为载体的泡沫经济。房地产泡沫是房地产经济波动的一种形式，它的产生又加剧了房地产经济的波动。随着市场经济的发展，出现了越来越多的房地产泡沫现象，对经济发展构成了极大的威胁。

### 6.7.1 房地产泡沫的内涵与特征

#### 6.7.1.1 房地产泡沫的内涵

所谓泡沫，就是一种或一系列资产的价格脱离了实际基础价值连续上涨的现象。在这个定义中，首先，我们可以看到，泡沫是一种价格波动现象。价格波动是市场经济中不可避免的现象，但是与一般的价格波动相比，泡沫具有在短期内大起大落的特点。其次，泡沫不是一般物价的上涨，而是资产价格的上涨。作为泡沫的载体，往往具有稀缺性的特点，在短期内不易达到供求平衡，很容易成为投机的对象。由于土地的稀缺性、不可移动性、不可替代性等一系列特性，房地产成为最常见的泡沫载体之一，房地产泡沫也是最常见的泡沫。

#### 6.7.1.2　房地产泡沫的特征

作为房地产经济波动的一种特殊形式，房地产泡沫有自己的一些独特特征。房地产经济波动有长期趋势性波动、周期性波动、季节性变动以及不规则性变动，也包括了泡沫式的波动。而房地产泡沫仅仅指房地产价格的剧烈波动。房地产泡沫尽管常常伴随着投资量、成交量的波动，但这些波动并不是房地产泡沫的本质特征。房地产周期是房地产经济在运行过程中出现的周期性的、连续性的循环往复现象，是市场经济中不可避免的一种现象。房地产泡沫在形态上表现为房地产价格的大起大落，不具有连续性的特征，不具有在一定时间内反复出现的必然性。房地产泡沫，是市场投机行为盛行的结果，不是经济发展中必然出现的产物，而是可以消除、防范和控制的。房地产泡沫的产生加剧了房地产周期的波动幅度，改变了周期波动形态。

与通货膨胀相比，房地产泡沫乃至任何一种泡沫，都是某一类资产的价格持续性上涨，而非“一般物价水平”“普遍性”的持续上涨。正是由于这种房地产泡沫和通货膨胀的区别与联系，可以用地价指数与物价指数的比值来衡量泡沫的严重程度。通货膨胀是由于货币量增长的速度超过了生产的增长速度，即流通中货币供应量超过实际需求量时就发生了通货膨胀。在房地产泡沫产生的过程中，货币供应量不断增加，各种各样的资金包括私人投资、企业资金、银行贷款、国外游资纷纷介入，在短期内迅速使房地产价格升高。

总的说来，房地产泡沫有以下主要特征：房地产泡沫是房地产价格波动的一种形态；房地产泡沫具有陡升陡降的特点，振幅较大；房地产泡沫不具有连续性，没有稳定的周期和频率；房地产泡沫主要是由于投机行为引发的货币供应量在房地产经济系统中短期内急剧增加造成的。

### 6.7.2　房地产泡沫产生的原因及运行机理

房地产经济波动中的许多内在传导机制，同样适用于房地产泡沫，如利益驱动机制、产业关联机制、增长的制约机制等。与房地产经济波动不同的是，房地产泡沫还具有自身运行的特殊机制。

#### 6.7.2.1　投机价格机制

在房地产经济波动中，价格机制的作用是：在价格上升时，需求量减少，供给量增加；价格下降时，供给量减少，需求量增加。但是在房地产泡沫的形成过程中却相反。价格上升时，人们认为今后价格还要上升，需求量反而增加，房地产持有人惜售，供给量反而减少，这样就进一步刺激了价格上升。在泡沫破灭时，价格下跌，人们认为价格还要下跌，持有人纷纷抛售，反而增加了供应量，同时由于无人肯接手买入而需求量减少，这样就加剧了价格的下跌。

#### 6.7.2.2 自我膨胀机制

由于银行信贷的参与，房地产泡沫具有了一种自我膨胀的机制。在房地产价格上升之后，房地产拥有人的资产价值上升，随后他将房地产抵押给银行，获得贷款之后继续购买房地产，如此循环往复。在一个投机的市场当中，许多人都是这么做的，于是形成了泡沫的自我膨胀机制。不但一般的投机人参与房地产的炒作，有时候银行也积极参与炒作，更加助长了泡沫的泛滥。如果银行将房地产抵押贷款证券化，就会获得更多的资金放贷给投机者。流入房地产的资金就像滚雪球一样越滚越大。银行等金融机构和广大的房地产证券投资人在这种膨胀机制中一步一步陷入泥潭。

房地产泡沫独特的运行机制，扰乱了市场的一般运行机制。此外，由于某些传导机制的作用，使房地产泡沫的危害加大。例如由于产业关联机制的作用，在房地产泡沫繁荣时期，相关产业也被带动起来。但是一旦泡沫破灭，相关产业也不可避免地受到牵连。

房地产泡沫的外在冲击机制指的是在某种外界因素的冲击下，房地产泡沫产生或者破灭。许多因素都可能成为泡沫的冲击因素，诸如利率的升降、税收的增减、石油价格的升降等。有些冲击因素是政府调控造成的，如利率、税收等；有些冲击因素可能是投机者制造的，如市场谣言、狂热的情绪、恐慌的气氛等。

正是在内在传导机制和外在冲击机制的共同作用下，房地产泡沫开始产生、膨胀乃至达到极点，直到最后崩溃。在房地产泡沫的形成过程中，银行起着重要的推动作用；房地产泡沫破灭时对银行业的破坏作用也较大。

### 6.7.3 房地产泡沫的判断指标

根据指示指标同房地产泡沫产生的时间顺序，可以将判断指标划分为预示指标、指示指标和滞后指标。

#### 6.7.3.1 预示指标

1. 房地产贷款增长率/贷款总额增长率

泡沫经济的形成在很大程度上依赖于信贷杠杆的推动。在虚拟资产膨胀过程中信贷规模也是同步扩张的，两者互动发展。信贷增长使股市、房地产市场升温，同时随着股价、房地产价格的提高，信贷规模尤其是抵押贷款的数量也在扩大。另一方面，选取该项指标作为预示指标，符合房地产投资或投机的步骤。无论是投资还是投机，获得一定数量的资金是前提条件。因此，通过对该指标变动情况的分析可以预测房地产经济活动的非正常变化。

从图 6—11 上两条曲线变动可知，房地产贷款增长率和贷款总额增长率相差最大的时期是 1985 年至 1990 年，而在此前后差别不是很大。这说明 1985 年前后有大量的资金涌入日本房地产业，其中最主要的原因是日本银行实行的降低贴现利率以抵消日元升值的压力的政策。房地产贷款数量的过快增长使其占贷款总量的比重由 1985 年的 18%提高到 1987 年的 20%。宽松的贷款条件是房地产泡沫得以产生的“催化剂”，它使房地产泡沫不断膨胀，并直接导致了泡沫破灭后银行出现大量呆账、坏账等一系列严重后果。

2. 货币供给量

货币供给量的多少直接影响流入房地产市场的资金。货币供给量的增加使得产生房地产泡沫的可能性增大，因此可以作为一个先行指标。徐滇庆（2000）的研究证明，在中国

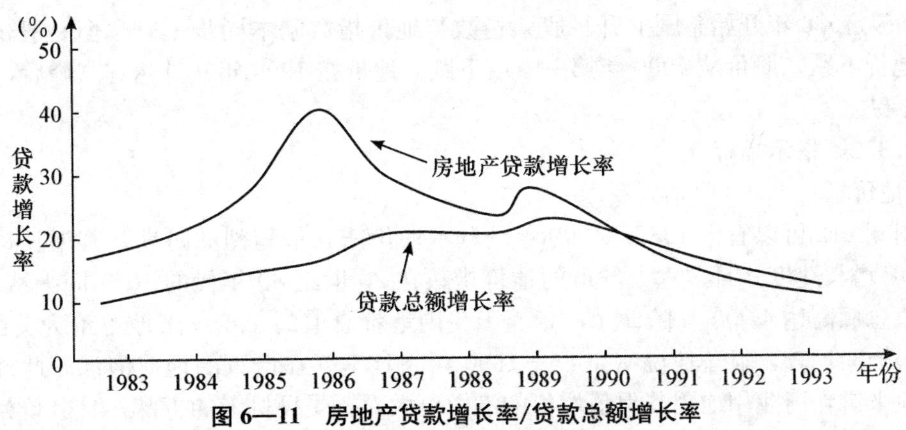


**图 6—11　房地产贷款增长率/贷款总额增长率**

资料来源：OCED ECONOMICS SURVEYS —1994。

台湾，货币供应领先于房地产泡沫。中国台湾的货币供给量在 1986 年第一季度以后，增长率从不到 20%变为超过 30%，而房地产价格是从 1997 年第一季度开始飙升的。前期货币供给对房价有较强的解释能力，见回归方程：

$$PH_t = -3.1579 + 0.0014 M_{1Bt-1}$$
$$(-2.17)\quad(11.69)$$
$$\bar{R} = 0.7997 \quad F = 136.709$$
$$\log PH_t = -7.2780 + 0.8970 \log M_{1Bt-1}$$
$$(-7.81)\quad(10.67)$$
$$\bar{R}^2 = 0.7684 \quad F = 113.824$$

货币供给增加 1 百万新台币，房价每平上涨 0.001 4 万元。按照弹性方程式来解释，货币供给变动 1%，房价变动 0.897%。

3. 股价指数

股票市场是一个投机程度很高的市场，是最容易产生泡沫的领域。在泡沫经济时期，股票的反应极其灵敏，股票泡沫的变化往往领先于其他市场的泡沫变化。徐滇庆（2000）的研究证明，中国台湾的前期股价对房价有很高的解释能力，见公式：

$$PH_t = 4.6325 + 0.0026 Pstock_{t-1}$$
$$(8.13)\quad(19.44)$$
$$\bar{R} = 0.9127 \quad F = 377.834$$
$$\log PH_t = -1.8962 + 0.5644 \log Pstock_{t-1}$$
$$(-9.20)\quad(20.44)$$
$$\bar{R}^2 = 0.9246 \quad F = 417.929$$

股价每上涨一点，房价上涨 0.002 6 万元。按照弹性方程式来解释，股价每变动 1%，房价变动 0.564 4%。

日本的情况略有不同。日本的房地产泡沫在 1985 年就开始了，从 1986 年开始急剧上升。股价从 1986 年开始急剧上升。股票指数与地价指数基本同步上升。但是股价下跌略领先于地价下跌。股价从 1990 年第一季度下跌，地价在 1990 年 9 月达到高峰后，从 1991 年开始下跌。

**6.7.3.2 指示指标**

1. 地价增长率/GDP 增长率

从图 6—12 可以看出 1986—1990 年是日本地价增长最猛烈的时期，其增长速度远远超过 GDP 增长速度。日本六大城市的地价指数在 20 世纪 80 年代的 10 年间上涨了 5 倍，地价市值总额高达 4 000 万亿日元，相当于美国地价总值的 4 倍，土地单价为美国的 100 倍。这一横向比较，显著地说明 1986—1990 年间日本存在严重的地产泡沫。此外相对于住宅用地来讲，商业用地因其保值增值的潜力更大而备受投机者的青睐，且其价格对经济形势的变化较为敏感而波动幅度更大。

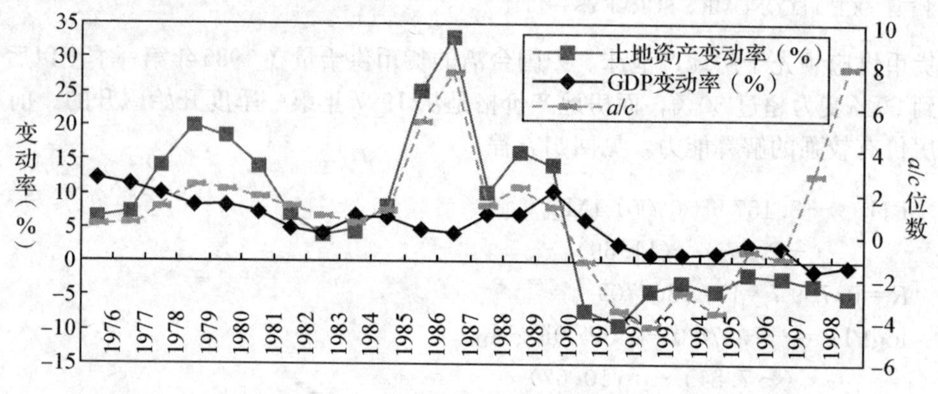


**图 6—12 1976—1999 年日本土地资产变动率与 GDP 变动率的比较**

资料来源：马场元：《土地资产的变动与景气循环》，载《不动产研究》（东京），第 43 卷第 2 号。

中国香港的房地产价格增长率/GDP 增长率在 1986—1996 年十年间的平均值为 2.4，到了 1997 年楼市高峰时，该指标达到了 3.6～5.0。

2. 地价增长率/物价增长率

地价是物价的一个组成部分，在常规状态下，地价的涨跌与物价涨跌应该保持一致。但是在地产泡沫期间，地价会脱离物价水平单独上扬，因此可以用地价指数增长率与物价指数增长率的比值检验地产泡沫。

3. 房价/家庭年平均收入

这个指标最初是用来衡量家庭对房价的承受能力。如果房价远远大于家庭年平均收入，则说明住房价格超过了居民消费水平，房价过高。比较理想的情形是房价与家庭年平均收入的比值维持在一个合理的范围内，国际上通常认为这个范围是 3～6。世界银行认为发展中国家的比值一般在 4～6 之间，发达国家一般在 1.8～5.5 之间。日本政府的目标是将房价与家庭年平均收入的比值控制在 5.0 之内。但是当我们对日本泡沫经济时期该项指标进行分析之后，发现它远远高于预期值，而且致使其不断升高的原因在于地价的上涨。换句话说，地价上涨是促成该项比值不断提高的主要动力，因此反过来我们可以通过分析该项比值来判断地价的变化（见表 6—6）。

表6—6 房价*（建筑成本、地价）/家庭年平均收入

| 年份 | | 1955 | 1960 | 1970 | 1980 | 1985 | 1990 | 1994 |
|---|---|---|---|---|---|---|---|---|
| 房价/收入 | | 4.2 | 5.4 | 7.6 | 7.3 | 8.5 | 10.2 | 9.4 |
| 其中 | 建筑成本/收入 | 2.8 | 2.7 | 2.8 | 2.8 | 3.1 | 3.4 | 3.4 |
| | 地价/收入 | 1.4 | 2.7 | 4.8 | 4.4 | 5.4 | 6.9 | 5.9 |

注：*房价是指一套标准住宅的平均价格。标准住宅在日本是指建筑面积为116平方米的自有住房。因计算时四舍五入，数据上有一定误差。

资料来源：OECD ECONOMICS SURVEYS—1994。

从表6—6上的数据可以看出，房价/家庭年平均收入的比值在1990年达到了10.2，之后有所下降，说明此时正值泡沫高峰期。1980年之前的20年间，该项比值的变化较为稳定，说明地价的上涨没有此后泡沫时期那么严重。同时，建筑成本在1955—1994年间增长缓慢，它对房价的影响较小。这说明建筑物作为劳动产品价格相对稳定，房地产泡沫的实质是地产泡沫。

4. 商业房地产实际价格同理论价格比

表6—7显示从1987年开始，实际地价增幅与理论地价增幅迅速拉开距离，以极其陡峭的斜率向上攀升，犹如泡沫的迅速泛起。在1991年，两者差距达到最大，超出幅度达到509%，此时日本房地产泡沫达到了顶峰并出现下跌趋势，1992年之后，指标值迅速回落，猛降到292%，而且是一去不回头，又如泡沫破裂。自此，现实地价开始了理性回归之路，逐步与理论地价接近，到了1996年，实际地价首次低于理论地价，指标值出现负值。

表6—7 东京商业用地实际价格和理论价格之比较 （单位：1 000日元/ $m^2$）

| 年份 | 1982 | 1983 | 1984 | 1985 | 1986 | 1987 | 1988 | 1989 |
|---|---|---|---|---|---|---|---|---|
| 理论价格（A） | 565 | 486 | 432 | 546 | 895 | 1 069 | 774 | 569 |
| 实际价格（B） | 562 | 611 | 743 | 968 | 1 485 | 2 217 | 2 489 | 2 470 |
| (B－A)/A(%) | －0.53 | 25.72 | 71.99 | 77.29 | 65.92 | 107.39 | 221.58 | 334.09 |
| 年份 | 1990 | 1991 | 1992 | 1993 | 1994 | 1995 | 1996 | |
| 理论价格（A） | 601 | 415 | 594 | 616 | 810 | 730 | 987 | |
| 实际价格（B） | 2 532 | 2 528 | 2 331 | 1 753 | 1 198 | 866 | 630 | |
| (B－A)/A(%) | 321.30 | 509.16 | 292.42 | 184.58 | 47.90 | 18.63 | －36.17 | |

资料来源：曹振良、傅十和：《房地产泡沫及其防范》，载《中国房地产》，2000（2）。

5. 价租比（租价比）

价租比是房价与房屋租金的比值或地租与地价的比值（反过来则是租价比，也称租售比）。房租反映了住房的有效需求。一般来说，房租和房价水平是相互匹配的，如果房价超过房租很多，则说明市场存在过度投机炒作。一般认为该指标达到160～200时，有存在泡沫的可能性。根据有关研究机构的统计分析，2006年北京、上海城市中心城区的住房租售比已经达1∶270～1∶400，房价虚高倾向明显。

表6—8所示为1987年东京住宅地价与出租费比较，最低的地区价租比也在130以上，绝大多数地区在200以上，远远高于一般正常的利率的倒数或者是股票的市盈率。从此以后，日本开始出现了房地产泡沫。

表 6—8 **1987 年东京住宅地价与出租费比较**

| 地点 | 现实地价（万日元/$m^2$） | 出租费（万日元/年·$m^2$） | 价租比 |
|---|---|---|---|
| 千代田区大手町 | 2 500 | 19.1 | 130.890 1 |
| 中央区银座 | 2 300 | 11.5 | 200 |
| 港区新桥 | 2 850 | 12.9 | 220.930 2 |
| 港区赤坂 | 2 080 | 10 | 208 |
| 新宿区西新宿 | 2 860 | 11.6 | 246.551 7 |
| 横滨市 | 1 140 | 4.2 | 271.428 6 |
| 大阪市梅田 | 1 820 | 6.6 | 275.757 6 |
| 福冈市 | 820 | 2.9 | 282.758 6 |
| 名古屋市 | 940 | 4.2 | 223.809 5 |
| 札幌市 | 653 | 3.4 | 192.058 8 |

资料来源：1. 现实地价是根据 1987 年日本国土厅的“地价公告”。
2. 出租费是根据日本经济新闻调查数据（1987 年 2 月 23 日）。

#### 6.7.3.3 滞后指标

滞后指标是泡沫经济发生以后衡量其严重程度的指标。通常选择地价总额/GDP 作为滞后指标，这符合地产泡沫是虚拟经济对实体经济的偏离这一本质含义，该指标是一项静态指标。由于地产泡沫的形成是一个动态过程，所以地价总额/GDP 衡量的内容具有事后统计性的特点。图 6—13 是日本 1960—1997 年不同用地价格指数同 GDP 指数的变化曲线。

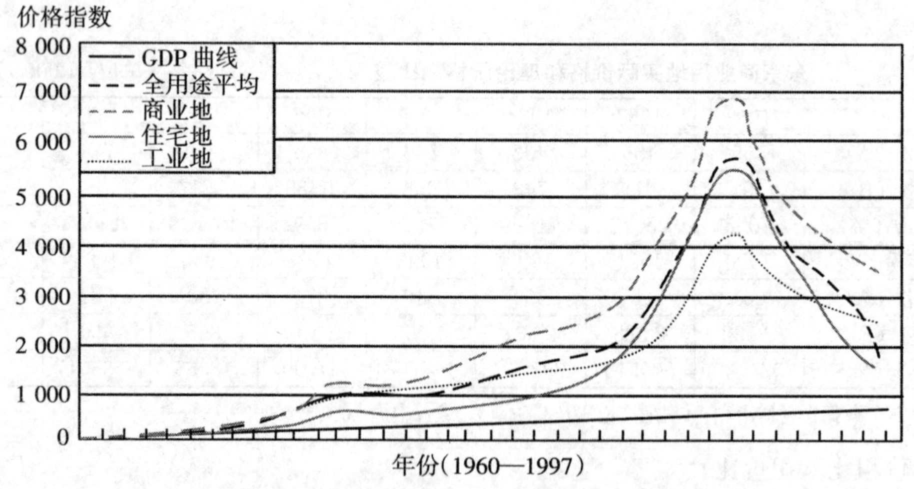


**图 6—13 1960—1997 年日本六大都市市街地地价指数**

资料来源：根据日本不动产研究所 2000 年公布的《日本六大都市市街地价格指数》编制。

日本地价总额曲线在 1986 年至 1991 年间形成一个波峰，地价总额/GDP 的比值最高达到 560%，接近 600%，这应当是泡沫经济高峰期，此后曲线迅速下降，表明了泡沫经济的破灭。

以上讨论了几个不同的指标。需要注意的是，不同的指标作用各有不同。有些指标比较敏感，可以用来预测地价的走势，为政府决策提供依据，防止地产泡沫的产生，也可以为开发商提供决策依据。有些指标可以帮助我们分析地产泡沫存在的可能性及严重程度。各类指标要相互补充，综合考虑才能得出正确的结论。此外，不同的指标适合于不同的国家或地区。这些指标是否适合于我国，还需要结合实际进一步研究。

## 关键术语

房地产经济波动　房地产周期　房地产泡沫　判断指标　空置率　租价比

## 复习思考题

1. 房地产经济波动、房地产周期、房地产泡沫的概念分别是什么？相互之间有何区别与联系？
2. 影响房地产经济波动的因素有哪些？各个因素是怎样发挥作用的？
3. 阐述房地产经济和宏观经济相互影响的一般过程。
4. 描述房地产周期的基本概念有哪些？
5. 一个完整的房地产周期要经历哪些阶段？
6. 房地产泡沫有哪些特点？
7. 房地产泡沫是否可以避免？
8. 房地产泡沫的典型判断指标有哪些？
9. 请分析近几年利率变化和房地产经济变化的关系。
10. 请分析近几年房地产市场空置率变化和房地产经济波动的总体状况。
11. 请运用基本原理分析所在地区当前房地产市场所处的阶段和形势。

# 第7章

# 房地产产权

本章内容提要

本章共分四节。第一节从理论上探讨产权的概念及其演变，重点讲述了交易成本、绝对所有权、地产权和权利束的概念。第二节主要讲述土地产权，重点介绍土地所有权、土地使用权和他项权利以及我国土地所有权形式及其变化。第三节介绍房屋产权，主要论述房屋所有权和产权属性，特别是房改过程中形成的各种房屋产权。第四节介绍国外的房地产产权。

## 7.1 产权理论

### 7.1.1 产权

产权是财产权或财产权利（property rights）的简称。对产权的解释多种多样，不同专业、不同的人从不同角度都可以给出不同的界定。我们从民法、普通法、产权经济学三个方面进行阐述。

#### 7.1.1.1 民法中的产权定义

我国《民法通则》中将财产权分为三类：财产所有权和与财产所有权有关的财产权、债权、知识产权。《中国大百科全书（法学卷）》将财产权定义为："人身权的对称，即民事权利主体所享受的具有经济利益的权利。财产权包括以所有权为主的物权、准物权、债权、继承权以及知识产权等。在婚姻、劳动等法律关系中，也有与财物相联系的权利，如家庭成员间要求赡养费、抚养费的权利，夫妻间的财产权和基于劳动关系领取的劳动报酬、退休金、抚恤金的权利等。财产权是一定社会的物质资料占有、支配、流通和分配关系的法律表现。”日本百科全书中的产权定义为：“与财产有关的权利。主要的产权有所有权、抵押权、存在于物和契约及工业财产中的权利、版权、无形财产权。”从民法上对财产权的权威解释来看，财产权具有以下含义：(1) 反映了由“财产”引起的人与人之间的关系；(2) 指与财产有关的权利；(3) 包括物权、债权、知识产权等。彼德罗·彭梵得对财产权的定义更具有深刻性、概括性：“法律保障给予某一主体以求生存和幸福的资料总和是他的财产，因而这种权利本身被称为财产权。”①

#### 7.1.1.2 普通法中的产权定义

《布莱克法律辞典》将财产权解释为：“关于一切类型具体财产（含动产、不动产、有形财产、无形财产）权利的通用术语。”《牛津法律大辞典》指出：“最好不要把财产权视作单一的权利，而应当把它视作若干独立权利的集合体，其中的一些甚至其中的很多独立权利可以在不丧失所有权的情况下予以让与。”②

#### 7.1.1.3 产权经济学中的产权定义

产权经济学家对产权没有一个统一的定义，较具代表性的有：(1) 产权是一种通过社会强制而实现的对某种经济物品的多种用途进行选择的权利。(2) 产权是指所有权、使用权、管理权、分享残余收益或承担负债的权利、对资本的权利、安全的权利、转让权以及尚未列举的一些权利。(3) 产权由对财产进行利用、收益、转让的权利或权力组成。(4) 产权是描述人们或厂商可以对他们的财产做什么的法律规则。(5) 产权不是指人与物之间的关系，而是指由于物的存在及关于它们的使用所引起的人们之间相互认可的行为关系准则。产权安排确定了每个人相应于财产的行为规范，反映了每个人相应于稀缺资源使用时的经济地位和社会关系。(6) 产权意味着所有者按照自己意愿使用或转让财物的权利，只要所有其他人的私有财产的物质性能或用途不受影响，并为别人抵制或转移这种影响留下充分的余地。产权是一种社会契约，它的意义产生于这样的事实，即它有助于形成一个人在同他人的交易中能理性地把握的那些预期。这些预期在法律、习俗和社会惯例中得到实现。③ 虽然上述定义中，有些采用列举式表述方式，有些采用抽象式表述方式，但都可以直观地表述为“与财产有关的权利”。抽象式表述方式不过是更进一步涉及人对物的权利背后的人与人之间的关系。

通过对不同产权概念的介绍，可以看出民法、普通法、产权经济学上的产权概念在表述上有不同，其本质是一致的。产权经济学家菲吕博腾等也认为，罗马法、普通法、马克

---

① 参见《中国大百科全书（法学卷）》，北京，中国大百科全书出版社，1984；［意］彼德罗·彭梵得：《罗马法教科书》，北京，中国政法大学出版社，1992；*Encyclopedia of Japan* (Vol 6)，Kodansha，1983。

② M. A. Henry Cambell Black，*Black's Law Dictionary*，West Publishing Co.，1979；《牛津法律大辞典》，北京，光明日报出版社，1988。

③ 参见［美］约翰·伊特韦尔等编：《新帕尔格雷夫经济学大辞典》，第3卷，1101页；Yoram Brazel，*Economic Analysis of Property Rights*，Cambridge University Press，1989，p. 2；［美］平狄克、鲁宾费尔德：《微观经济学》，524页，北京，中国人民大学出版社，1997；［美］E. C. 菲吕博腾、S. 配杰威齐：《产权与经济理论：近期文献的一个综述》，见《财产权利与制度变迁》，204页，上海，上海人民出版社，1994；阿曼·阿尔奇安：《产权经济学》，见盛洪主编：《现代制度经济学（上卷）》，70页，北京，北京大学出版社，2003；哈罗德·德姆塞茨：《关于产权的理论》，见盛洪主编：《现代制度经济学（上卷）》，81页。

思和恩格斯以及现行法律与经济研究的产权概念是基本一致的。[①] 因此，我们可以说，产权是指产权主体拥有的与财产有关的权利的集合，它是一定社会的人与人之间财产关系的法律表现。产权可以分为三类：所有权，包括有形财产的所有权和无形财产的所有权；所有权的暂时分割，如普通法中的地产权、民法（大陆法）中的用益权；为他人谋利益的所有权——信托。[②]

## 7.1.2 产权与经济效率[③]

### 7.1.2.1 完全（整）产权概念

市场经济下的商品及服务交易，实质上是产权交易。产权交易是提高资源配置效率的一种方式，只有完全产权才能够进行自由交易。一项完全产权是指对某一财产具有可以完全实施的排他性（或称独占性，还可以称为专有性等）的使用及收益权、自由的（不受他人干涉的选择）转让权，否则，该产权就是不完全的或者说是残缺的。

### 7.1.2.2 交易费用（成本）概念

交易费用是指在产权交易过程中，寻求买方或卖方、买卖双方谈判、签订合同、履行合同等方面的费用。成交的价格不属于交易费用的内容。

### 7.1.2.3 科斯定理

美国法学教授罗纳德·科斯在论文《联邦通讯委员会》（1959 年）中提出“权利界定是市场交易的前提，促进产出最大化的结果与法律判决无关”。后来他又在《社会成本问题》（1960 年）一文中复述了这一观点，并说明这一结果取决于零交易费用的假设。斯蒂格勒将科斯定理表述为：在完全竞争条件下，私人成本与社会成本将相等。也就是说，如果交易费用为零，私人成本就等于社会成本。经济学家对科斯定理的批判从来就没有停止过，但科斯定理仍然是我们研究房地产产权的工具。

如图 7—1 所示，假定有甲、乙两宗土地，甲土地上建筑物高度的变化会影响乙土地的风景，从而影响乙的价格。随着甲的地上建筑物高度（假定土地覆盖率不变）由零到 $Oc'$ 的提高，甲的总收益由零增加到 $cc'$，同时乙的地价下降，总损失由零上升到 $Oa$。如果甲地建筑物高度没有受到城市规划的限制，则甲的建筑物高度超过 $Oe'$ 时，乙的总损失超过甲的总收益，这时乙愿意补偿给甲等量的总收益而让甲放弃增加建筑物的高度，甲的建筑高度为 $Oe'$；如果甲的建筑限制高度为 $Ob'$，则乙也同样愿意补偿甲；如果甲的建筑限制高度为 $Od'$，甲在不超过 $Oe'$ 前增加高度的总收益超过乙的总损失，则在政府允许的情况下，甲愿意补偿乙的总损失而增加建筑高度直到 $Oe'$。在甲、乙交易费用为零的前提下，无论对甲的建筑权利作任何规定，甲的建筑高度都一样，而且社会净收益最大为 $Oae$。也就是说，在各方能够无成本地讨价还价即交易成本为零时，只要产权界定清楚，无论其是如何界定

---

① 参见［美］E. C. 菲吕博腾、S. 配杰威齐：《产权与经济理论：近期文献的一个综述》，见《财产权利与制度变迁》，232 页。

② 参见《简明不列颠百科全书》，2 版，183 页，北京，中国大百科全书出版社，1985。

③ 参见张五常：《再论中国》，72～73 页，108 页，香港，信报有限公司，1987；［美］平狄克、鲁宾费尔德：《微观经济学》，524～525 页；吴易风等：《西方经济学》，403～404 页，北京，中国人民大学出版社，1999；［美］阿兰·兰德乐：《资源经济学》，147～153 页，北京，商务印书馆，1989。

的，市场运行的最终结果都是一样的，且达到帕累托最优。这就是科斯第一定理。

不过，不同的产权安排会影响到个人的福利及财富分配，如果会进一步影响到需求模式的话，则会有不同的经济效益。交易成本为零的情况在现实生活中根本不存在，不同的产权安排会有不同的交易成本，因而，最初的产权界定会影响到市场配置资源的效率。这就是科斯第二定理。

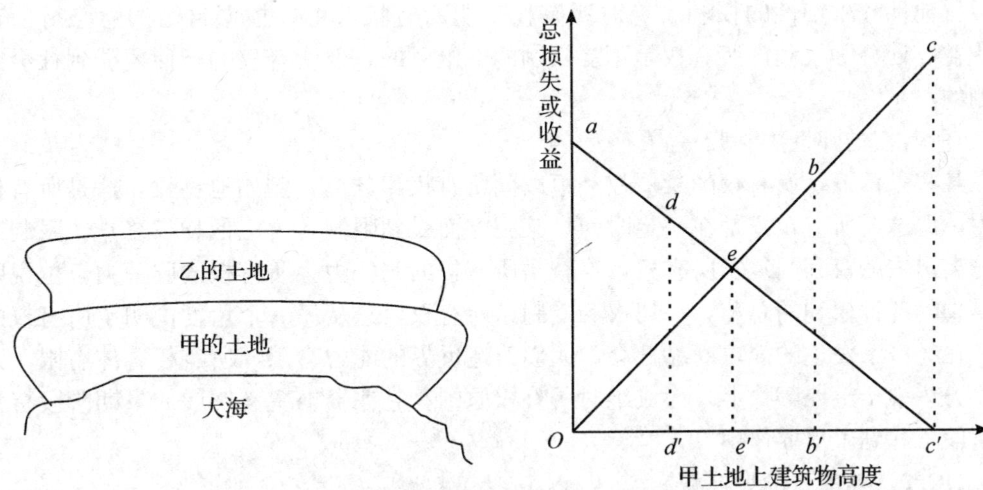


**图 7—1　不同产权安排下房地产开发效益的变化**

注：此图只有在 $aeO$ 为等边直角三角形时，两条线的斜率的绝对值才相等。

由于存在交易成本，因而初始产权的界定应在兼顾公平的同时，最大限度地降低交易成本。需要注意的是，产权的安排只是整个社会制度体系中的一个方面，除了考虑经济效益，还要与社会道德及伦理等价值体系和谐一致，才能够得到有效实施。

## 7.1.3　产权的演变

产权的区分是社会发展的结果，不同的社会发展阶段、组织形式可形成具有其发展阶段性质的产权概念和产权结构。最具有特点的是罗马法的绝对所有权、英美法的地产权、日耳曼法的所有权和权利束。

### 7.1.3.1　罗马法的绝对所有权

在简单的商品经济条件下，形成了罗马法的“个人本位”的立法思想和绝对所有权原则。一方面，它强调所有权，承认个人所有权的绝对性、排他性和永续性；另一方面，它强调对物的“所有”，而不是对物的“利用”。

所有权在立法中处于绝对的、中心的地位，主要表现在：

1. 所有权中心主义

所有权是支配力最完整的物权，所有权人能按照自己的意志对自有物实施占有、使用、收益和处分的权利，在此基础上产生物权，赋予其所有人对物特定方面的、受所有权人限制的权利，这就形成了完整的所有权概念。

2. 一物一权原则

一物只能有一个意志主体独占性地全面支配，由所有权人实施完全的处分权，所以，一物在质上只有一个所有者。他物权是在所有权基础上设立的，他物权的行使要受制于所有权人；他物权人的使用权等的行使是所有权人意志的体现，并不因他物权的设立而使所有权人受损或权利丧失。

3. 绝对所有权原则

绝对所有权原则是“所有权绝对主义”立法思想的具体体现，主要表现为所有权是绝对性、排他性和永续性的权利。绝对所有权表明所有权人可以根据自己的意愿行使其使用、收益、处分等权利。所有权是不受限制的、绝对的，但所有权的行使要受到社会公德等的制约。

4. 所有权的弹性力和归一力

在某些条件下，所有权的某些权利可以同所有权相分离，例如他物权，这是所有权的弹性力。但这时所有权只是在一定时间、某一方面受到限制，一旦他物权终止，限制即消除；分离出去的权利回复于所有权，这就是所有权的归一力。所有权的归一力，也说明所有权是物的各种权利的总和，一切权利受制于所有权，这从另一个角度说明了所有权的绝对性。在经济不发达的简单商品社会，人们改造世界的能力有限，所有权客体有限，人们将注意力集中于土地等物上，形成绝对所有权原则。它在资本主义发展的早期阶段特别是农业阶段，起到了重要作用。

#### 7.1.3.2 英美法的地产权

地产权（estate）是英美法中土地制度的基础。

1066 年诺曼底公爵征服了英格兰后，英王变成了其全国土地的唯一绝对所有权人。征服者威廉以所谓“保有”[①]（tenure）的形式将英格兰的土地授予一批追随者，这些追随者又将土地以保有权形式授予一级领主，直至最终佃户，形成一个金字塔式的等级结构。

土地保有从原则上否定了所有权的一体性，创设了一种有利于其他形式的所有权分离的思想氛围。所有权可以在领主和佃户之间分离，为什么不能在与土地有其他方式联系的人之间发生分离？罗马法长期反对所有权的分离，英美法的土地保有推动了土地权利的分离趋势。[②]

所有权的主要内容是被授予土地的人对国王或上级领主有应尽的义务，如定期服役或纳贡等，如果不尽其义务，土地就要被剥夺，所以说保有权也可以解释为保有条件，说明保有人同上级领主之间的关系。根据这种关系，保有人持有一定的土地，但并不拥有完全的所有权，而是以定期服役或纳贡为代价的。在保有制度下，保有人和领主同时都享有地产权和土地权益（interest in land），尽管后者有权实际占有和使用其持有的土地。

英国的这种土地产权制度是典型的封建土地制度，但保有条件是变化的。1680 年以后，各种具有封建义务性质的保有条件逐步取消，1923 年以后，附加在保有土地上的所有封建义务完全取消。现在的保有成为一项法定产权，即完全保有的土地或租地权。英美法系的土地产权由紧密联系的两个层次构成：一是土地所有权，它属于国家或政府；二是

---

① Tenure is the legal right to live in a particular building or to use a particular piece of land during a fixed period of time. *Collins Dictionary*.

② 参见［英］F. H. 劳森、B. 拉登：《财产法》，78 页，北京，中国大百科全书出版社，1998。

地产权或土地权益、不动产权益（interests in real estate），它是指对土地占有、使用和收益的一系列权利。地产权制度有两个相互联系的概念：保有权和地产权。

保有权可以分成自有保有权（free tenures）和非自有保有权（unfree tenures）。

同保有权紧密相连的是地产权。在早期，地产权被用来说明土地保有的持续期间。根据持续期间不同可以分成不同的地产权状态，如占有地产权和期待地产权。随着地产权制度的发展，estate 一词获得了财产权的意义，它体现了一个人在特定地产中所享有的权利的属性，即描述一个人在不动产中的所有权利益的性质。

地产权在普通法上的分类如图 7—2 所示。

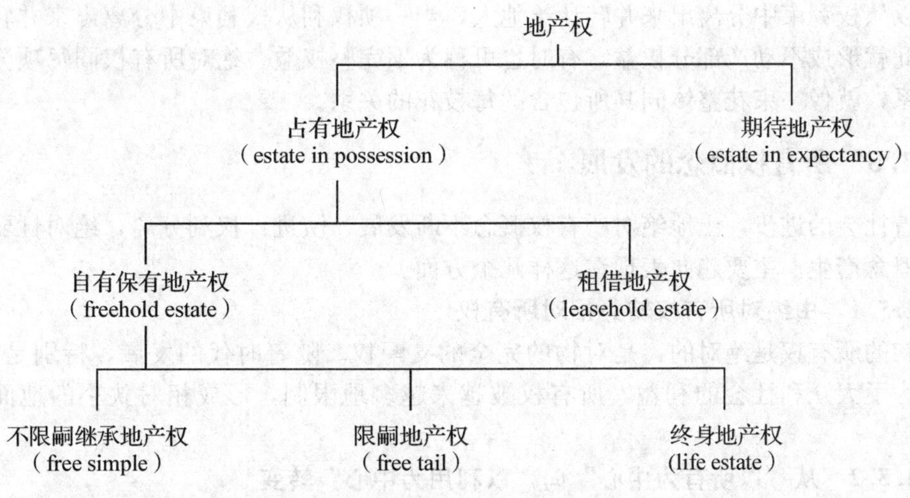


**图 7—2　地产权在普通法上的分类**

### 7.1.3.3　日耳曼法的所有权

日耳曼法是农业社会的法律，同时又具有游牧部落的传统，所以，日耳曼法以“团体本位”为立法原则，以物的利用为中心，所有权具有相对性。日耳曼法中对于所有权的界定有其鲜明的特征。

1. 各种利用权为独立的物权

因为日耳曼法的立法原则是以物的利用为中心，所以，它并不强调物的归属和全面的支配力，而是强调物的实际占有和利用。因此，也不存在所有权派生他物权的概念，各种具体的利用全都是独立的物权。物的全面利用是各种利用权的集合，各种利用权在量上是不同的，全部利用权的组合就是物的全部权利。

2. 所有权的双重性

日耳曼法的所有权不是绝对的，物之上可以有两个所有权，如一块地上存在“上级所有权”和“下级所有权”，前者是收取地租的权利，“下级所有权”是支付地租后的使用权。

3. 团体所有时权利的分离

日耳曼法中不动产由公社等团体所有，团体再给内部成员以各种使用权、收益权。这样，团体的成员拥有使用权、收益权，而团体享有管理权和处分权，形成使用权同管理权、处分权的分离。

4. 所有权的可分割性

所有权的可分割性主要表现为：所有权可分割为管理权、处分权、使用权和收益权；不同的权利可以为不同的人所有，形成一物可有多个不同的物权人，不同的物权人可分别享有各自的权利。

### 7.1.4 权利束

日耳曼法中所有权的相对性和可分割性是后来产生权利束的条件。根据权利束理论，绝对所有权（或完全不动产所有权）可以分割成相对独立的、清晰的一束权利。每一项权利都可以从权利束中分离出来并转让给他人，当一项权利从权利束中分离出来并转让、抵押，由此就形成不动产部分权益，有时也可称为不完整权益。绝对所有权同每项分离的权利的关系，就像一束花整体同其所包含的每枝花的关系。

### 7.1.5 所有权概念的发展

随着社会的进步，土地绝对所有权概念不断发展、演进：权利分离，绝对性弱化，土地产权概念产生。主要趋向表现在这样几个方面。

#### 7.1.5.1 由绝对所有权转为相对所有权

最初的所有权是绝对的，是对物的完全的支配权。随着时代的发展，特别是 19 世纪以后，为了大众和社会的利益，所有权被越来越多地限制，形成相对狭小的地面的利用权利。

#### 7.1.5.2 从“以所有为中心”向“以利用为中心”转变

罗马法系强调的是土地的绝对所有。中国自宋朝以来，同一块土地上多种权利并存，田主与田客、田骨与田皮，甚至一田两主的现象就已出现。英美法系的“保有”更是推动了土地所有权的分离。在资源稀缺性社会，土地作为重要的自然资源，“以利用为中心”弱化所有权、凸显资源的合理充分利用的土地产权更符合社会进步的一般规律。

#### 7.1.5.3 从“个人中心”向“社会本位”转变

在很长的一段历史时期，财产权的绝对性不断被自我强化，社会普遍认为财产权是对世性的。但这一认识在社会发展中开始逐渐被修正，个人权利的行使被越来越多地限制，个人权利的行使不能够对他人和社会造成损害，单纯强调财产权的绝对性的实践，会受到否定性的社会评价。

#### 7.1.5.4 所有权向权利束的发展

19 世纪末以来，物的权利已不再是由一束绝对的或固定的权利构成，而是由一束依情况而受限制的权利所构成。每一项权利都是一种产权，产权的使用越来越频繁。

#### 7.1.5.5 所有权由对物的所有向对价值的权利转变

随着商品社会交易越来越频繁，有利于商品或权利流转并发挥其效益的市场规则和产权制度被较多地肯定、推广。随着人口的增多，人地矛盾越来越尖锐，不管是大陆法系国家，还是英美法系国家，有利于土地充分利用和流转的制度被越来越多地推广，原来绝对所有权的概念在立法上或实际操作中越来越不受重视。一些国家可能会在立法上坚持土地绝对所有权的原则，但在现实操作中或生活中，新产权概念日渐流行。19 世纪初，财产被定义为对物的绝对支配权。19 世纪末，财产已不是由支配物的权利所组成，而是由有价值的权利组成。权利由对物的直接支配转为对价值的享有。目前，一些有关产权概念的争议也是大家在讨论这一概念时引用不同时期的概念同样名称不同内涵而引起的。

## 7.2　土地产权

### 7.2.1　土地所有权

土地所有权属财产所有权的范畴，它具有一般所有权的属性，是财产所有权中最重要的一种。土地所有权发展到今天，经历了漫长、复杂的演变过程，也形成了不同国家、地区特有的土地产权制度和土地所有权形式。

#### 7.2.1.1　所有权的属性

所有权是物权中最重要、最完整的一种权利，它在全部物权中起着主导作用。

所有权的完整性。早期罗马法中，土地所有权是完整的和绝对的，它是其他权利的源泉；有人将土地所有权看做其他权利的“母体”，其他权利是在所有权人的意志下，从所有权中分离出去的，它们还受到所有权人的一定限制。所有权的完整性在不同国家的表现不同，所有权完整性的规定在大陆法系国家主要表现在成文法和法典中；在英美法系国家主要表现在判例中，从形式上来看似乎不如前者系统。在同一法系中的不同国家，土地所有权的完整性也不同。近代以前所有权权能内部结构的不可分割性与社会经济发展的要求之间存在矛盾。经济发展呼唤所有权内部的占有、使用、收益、处分权能的分离。为了适应社会的发展，所有权的权能发生分离，土地所有权的完整性、绝对性不断削弱，且越来越形式化。

所有权的显要性。早期所有权相对于其他物权，始终处于“对物显要的主宰”。它是其他物权存在的条件，并受其制约。

所有权的完整性、显要性共同构成了所有权的绝对性。过去，所有权又被称为绝对权。

#### 7.2.1.2　所有权的权能

在产权经济学中，权利由权能和利益组成：权能是可以做什么，利益是权能的目的和结果。在现代社会，权能具有可分性，相对应地，利益也有可分割性。根据我国民法学普遍采用的“四项权能”理论，土地所有权可以分解为：占有权能、使用权能、收益权能和处分权能，一般表述为占有权、使用权、收益权和处分权。

1. 占有权

占有是指对物的实际控制。在所有权法律关系上，占有表现为权利人不受他人侵犯的对物的实际控制。这种占有是为自己利益而实施的，它可以排除他人的干扰或请求他人消除干扰、危害。在现代社会，一些国家将占有赋予法律地位，并使占有权成为单独的物权，可以单独同所有权分离。

2. 使用权

使用是指对物的有效利用。它是权利人依照自己的意志对物加以利用或不利用的行为权利。这种权利不仅保障权利人的使用行为，同时还可排除他人的不法干涉。占有是使用的前提，所以法律对占有的保护也包括对使用权的保护。现代社会，使用权常常被法律界定为独立的权利，可以从所有权分离并单独运行。

3. 收益权

收益权能是指权利人可以由物之使用或者物之自然产出而获得经济利益的权利。在法律上主要表现为权利人可以获取土地收益或主张他人归还土地收益的权利。收益权是一项独立的权能，在土地占有权、使用权出让后，可以仍然保留收益权。

4. 处分权

处分权是指权利人对物（土地）的权利变化有权作出决定。它可以决定土地权利的出让、转让、出租、抵押等。而权利人对土地利用状态的改变不属于处分权。

土地所有权的以上四项权能可以统一由所有权人行使，形成绝对、统一的所有权，也可以分别由不同人行使，形成分离、分割的状态，如土地使用权出让等。

#### 7.2.1.3 土地所有权的类型

不同社会制度条件下，土地所有权类型是不同的。按土地所有权的发展历史和不同国家土地所有权状况，可以把土地所有权分成六种类型：部落和氏族所有、家族所有、个人所有、集体或合作社所有、法人所有与国家所有。

1. 部落和氏族所有

原始社会的游牧部落和定居后的氏族占据地区的土地由部落、氏族所有，这是早期土地的所有形式，这种土地所有权延续到封建社会结束。但是，目前世界一些地方还存在着这种所有权的残余。

2. 家族所有

由氏族所有权演化过来的家族所有权实质上是家族成员共同所有，但由家长行使管理权。这种所有权形式在中国、欧洲、印度等国家或地区出现过，并形成了当时的法律体系。

3. 个人所有

个人所有权可以是单个人所有，也可以是二人以上的群体共有。单个人拥有在市场经济国家一般都是允许的，但权利的行使受到限制。共有也是一种古老的权利形态，主要表现为土地的合伙经营。

4. 集体或合作社所有

集体所有权在原始社会就有。但是，现代意义上的集体或合作社所有是19世纪在欧洲开始的，后来在一些社会主义国家被普遍推行。《中华人民共和国土地管理法》（简称《土地管理法》）第八条规定：“农村和城市郊区的土地，除由法律规定属于国家所有的以外，属于农民集体所有；宅基地和自留地、自留山，属于农民集体所有。”

5. 法人所有

法人是人们为谋求社会的和经济的目的而组成的具有法律人格的实体，如公司。19世纪以后，公司数量骤增，成为拥有土地所有权的重要主体。目前，我国的现代企业拥有的是土地的使用权，而不是土地所有权。

6. 国家所有

在封建社会，国家大量拥有土地所有权。古代中国曾经在一个相对较长的时期实行土地专属国家所有的制度。当代世界各国都有土地属于国家所有，只不过国家所有土地所占的比例在各国不同。例如：美国联邦政府就拥有 64 700 万英亩的土地，占美国全部土地的 29%，私人拥有的土地为 136 600 万英亩，占美国全部土地的 60%。[1] 我国《土地管理法》第二条规定："中华人民共和国实行土地的社会主义公有制，即全民所有制和劳动群众集体所有制。"第八条规定："城市市区的土地属于国家所有。"

**7.2.1.4　我国国家土地所有权**

1. 国家所有土地的来源

新中国成立后，我国国有土地的规模、范围越来越大。回顾我国国有土地的产生、扩展的历史，可以发现我国国家所有的土地主要有下列四种来源：

接收旧政权的国有土地。1949 年新中国成立后，旧中国的国有土地，如政府机关用地、军事设施用地、国家企业用地和国家公用设施用地，均由新政权接收。

没收旧官僚等的土地。根据 1949 年制定的具有临时宪法性质的《中国人民政治协商会议共同纲领》的规定，没收了旧中国官僚、买办资产阶级拥有的土地，归国家所有。

农村土地改革中划归国家所有的土地。1950 年，根据《中华人民共和国土地改革法》，在实行农村土地改革过程中，将一部分农村土地划归国家所有，如大片的荒山荒地、原国有农事试验场、地主的大片土地等。

经济发展不同时期征收的土地。1953 年中央人民政府颁布的《国家建设征用土地办法》为国家建设征收土地提供了法律保障。我国在此后进行的 50 多年经济建设中，特别是几次工业建设时期征收了大量农地；20 世纪 80 年代以后，我国城市的快速发展也征收了大量的农地。农地的征收是 20 世纪 50 年代以来我国国有土地的主要来源。

2. 国家土地所有权的性质

国家土地所有权是国家享有的一种民事权利。国家土地所有权关系属于民事法律关系的范畴，受民法的调整；在财产关系方面，国家同其他民事主体处于平等地位。在土地管理的行政法律关系中，政府作为管理者，与行政相对人一方的地位是不平等的。

国家土地所有权不同于国家领土主权。前者为土地资产所有权主体，后者是国际法上的权利；前者可以对抗其他民事主体，后者可以对抗其他国家的侵犯。

国家土地所有权的主要功能是为全民服务。国家拥有土地的主要目的是为社会服务。如公路、铁路、国家公园、学校、体育馆等是公共财产，国家提供兴建这些公共设施的土地，是为公众服务。当然，国家也有一些土地是营利性的，如国有企业用地等。一般在西方国家，前者占主导地位；而在我国城市，后者占有不小的比例。

3. 国家土地所有权的主体

国家土地所有权主体随国家的经济制度、文化传统等的不同而变化。我国近 50 年来，

---

① 参见李进之等：《美国财产法》，序言，3 页，北京，法律出版社，1999；秦明周、[美] 理查德·H·杰克逊主编：《美国的土地利用与管制》，序言，北京，科学出版社，2004。

国家土地所有权的行使主体也发生了多次变化。

（1）国家土地所有权主体的形式。按国家或公有土地的所有权主体的不同，可以将世界各国的土地所有权主体分成一元制和多元制，其中又可以分成很多类型。

一元制。一元制是指在一个国家或地区，仅存在单一的国家土地所有权。按照所有权主体的代表者或行为者，又可以将之分成一元一级制和一元多级制。一元一级制是指国家土地的所有权由单一的主体代表或行使，它又可以分成两种情况：一是元首制，如我国古代和目前的英国，但在现代社会的元首制多半是名义上的而非实际的；二是中央政府制，中央政府是国有土地的产权代表和行使者，如日本、新西兰等国。一元多级制是指，单一的国家土地所有权由多级主体代表或行使，如我国台湾省的公有土地虽然由不同级别的行政机关行使，但仅有一个同一的所有权，这是其“法律”规定的。

多元制。多元制土地所有权多发生在联邦制国家或地方政府有较大自治权的国家。在这些国家除了联邦政府能拥有自己的国有土地，各地方政府也都独立拥有自己的公有土地，各级政府对自己拥有的土地行使管理、使用、经营等权利。

（2）我国的国家土地所有权。我国是单一制国家，在长期的计划经济时期，我国推行经济的集中统一管理体制，国家的工业发展、基础设施的建设都按照国家的计划进行，形成典型的土地所有权一元制。但当时法律中没有规定国家土地所有权的主体。

随着改革开放的推行，经济体制改革的深入，在财政方面采取了“分灶吃饭”，在资产管理方面制定了“国家统一所有、分级管理”的制度，国有企业也按照隶属关系分级管理、经营，税收体制也由过去的国家统一征收返还的体制转变成分税制。这样地方政府和地方的利益越来越显现出来，国家在企业改制中将土地资产处置、土地出让等的收入让与地方政府，且地方政府有规划、出让、处置等权利（但要受到上级政府的制约）。这样就形成了国有土地权利的多元化：国家统一的所有权，地方政府的管理、出让、收益等权利。我国的这种土地所有权制度既不是完整的一元单一制，也不是一元多级制，更不是多元制。实际上，我国的国家土地所有权是一个权利多元化的体制，不同的权利被不同的政府或利益群体拥有，如国有企业用地的所有权在国家，出让权、收益权在地方政府，收益权和使用权在企业或地方政府（视处置的方式不同而不同），可以说成是一元多级分权制。

过去，我国法律没有严格界定国有土地所有权的主体，从而引发了不少争论。1998年新修订的《土地管理法》第二条第二款规定：“全民所有，即国家所有土地的所有权由国务院代表国家行使”，明确地指出了行使国家土地所有权的主体是国务院，这一规定仅停留在法律表述上，并没有在现实中落实。目前国务院拥有的一定面积以上农用土地转用审批权是政府管理社会经济运行权力而不是土地权利。

#### 7.2.1.5 我国集体土地所有权

我国的农村土地的所有制问题在过去的50多年经历了多次变革，形成了目前的农村集体土地所有权。由于快速的社会变革，目前我国农村集体土地所有权还存在不少问题有待解决。

1. 集体土地所有权的历史

目前我国的农村集体土地所有权是在农村家庭私有土地上经历50余年的发展变化而形成的。由于不同经济发展阶段经济组织形式的不同，土地所有制也相应发生变化。

新中国成立后到 1952 年 9 月，除少数民族地区外，土地改革在大陆地区基本完成，形成了以家庭所有权为主的土地私有制。1953 年开始在全国开展初级农业合作社运动，使得农业经营、组织方式发生了转变，土地仍然是家庭所有，家庭按土地分红，合作社统一经营使用土地，退社时农民家庭可以将其土地带走。1956 年推行高级农业合作社和 1958 年实行人民公社后，我国的农村土地集体化过程开始了。高级农业合作社取消入社土地的分红，是土地集体化的开始；1958 年发展到 60 万个高级农业合作社；1958 年在"人民公社好"的号召下，高级农业合作社迅速合并成 2 万多个人民公社，形成公社所有、公社统一经营的土地集体所有制；1962 年中央纠正了盲目提高集体化程度的思想，提出了"三级所有、队为基础"的原则，生产队变成土地的所有者和统一经营使用者，这奠定了我国农村土地集体所有制度的基础。

1978 年以后，我国在保证农村集体所有权的基础上，进行了农地使用制度的改革，家庭成为农业生产的基本单位。如同科斯定理所揭示的那样，产权制度的变革提高了经济效益，家庭联产承包责任制大大地推动了我国农业的发展。早期的家庭联产承包责任制下，农村联产承包的土地仅有简单的使用权和部分的收益权，还仅是债权性质的权利。后期发展为家庭承包责任制后，农民拥有的权利增强。1998 年法律规定 30 年不变后，在签订了 30 年承包经营合同的地区，农民已拥有越来越多的物权性质的土地权利，这种权利是可以继承的。

2. 农村集体土地所有权人

因为我国幅员辽阔，区域自然条件和社会发展水平差别较大，所以我国农业在土地利用与管理方面存在不同的矛盾，土地所有权人和土地利用状况明显不同。

目前，我国农村集体土地的所有权人主要包括以下三种情况：（1）村农民集体所有。在一些原来以大队为核算单位的村，在推行家庭联产承包责任制以后，原来的生产大队建制消失，代之以村民委员会，它成为农村集体土地的产权代表。如果土地属于村农民集体所有，实际上是属于全村农民集体共同所有，由全村农民集体共同行使所有、使用、收益和处分的权利。由于村民委员会是村民自治组织，不具备从事土地的利用、管理和发包的功能，结果造成农民集体所有权人缺位。为利用和管理好村集体土地，一般应成立一个经济组织，作为产权代表。但很多地方已经习惯于村民委员会对土地的管理，所以，1998 年修订的《土地管理法》明确规定，村民集体所有的土地，由村民集体经济组织或村民委员会经营管理。（2）村民小组所有。在一些村庄较大或居住分散的山区，原来的生产队是农业生产的基层核算单位，土地由生产队经营管理；家庭联产承包责任制实行后，生产队变成村民小组，由村民小组行使产权人的功能。按产权人数量分析，以村民小组为产权代表的比例约 65%，占多数。（3）乡镇农村经济组织所有。已经属于乡镇农民集体经济组织所有的土地，由乡镇农村集体经济组织经营管理。这主要是指乡镇兴办的企业所占用的土地。

3. 集体土地和集体土地所有权

集体土地主要包括集体农地和集体建设用地。农地包括耕地和其他直接与间接用于农业生产的土地。直接用于农业生产的土地如林地、饲养场等，间接用于农业生产的土地如水库、晒谷场、农产品加工设施用地等。农村建设用地主要包括：（1）宅基地；（2）乡村企业用地；（3）乡村公用事业和乡村公益事业用地等；（4）已确认给集体的分散的荒山荒地。

集体土地的所有权人可以行使土地的占有、使用、收益和处分权利。集体土地的使用权和处分权受到法律、规划的限制：（1）集体土地的使用必须服从国家的农业政策和耕地保护政策，耕地不能抛荒。（2）集体土地使用权可以让与村内经济组织、个人兴办企业，耕地也可以承包给家庭使用。（3）集体土地所有权不能出让，只有在国家需要时通过征用程序先让渡给国家。以上这些限制是国家政府的行政管理的要求，但有的学者认为，集体土地所有权只能让渡给国家、由国家再出让的做法是所有权歧视，应当逐渐转变为：农村集体可以正常行使其所有权，这是我们目前土地市场理论有待完善之处。

随着我国经济社会的发展进步，新农村建设和城乡统筹普遍推行，大大促进了农村发展，提高了农民的生活水平。但有的地方推行的以"土地换社保"的试点，是严重违背公民平等和土地所有权原则的。向每个公民提供基本的社会保障是现代社会中政府的责任，只要是中华人民共和国公民（不管农民、城市居民）都有权利享受。计划经济时期政府负责城市居民社会保障，农民自己通过集体经济组织自己联合保障的做法是不适应目前市场经济条件下国家职能界定的，那种认为城市居民社保由国家负责，农村居民拥有土地要取得社保就应把土地交给国家换取社保的理念是错误的。可能形成大规模的土地转用现象不利用土地利用管理。同时可能形成继计划经济时期粮食农产品、工业产品的"价格剪刀差"、改革开放后农民工进城形成的工资差福利差后，第三次对农民利益的剥夺。

目前，我国两种土地所有权的法律地位是不平等的，农村集体土地只有被国家征用后由国家出让而进入城镇土地市场，有人把这种差别称为"权利剪刀差"，也有人把这种对农村土地的限制称为"所有权歧视"。

### 7.2.2 土地使用权

我国农村集体土地不能进入市场，除非先征为国有，国有土地所有权也同样不能进入市场。为了实现土地所有权的价值，促进土地的合理利用，有必要将土地所有权中的使用权能和收益权能从所有权中分离出来，形成新的财产权，这就是我们目前所讲的具有相对独立性的土地使用权。它是我国新的土地使用制度下产生的一种新的土地产权。

#### 7.2.2.1 土地使用权的特征和性质

1. 土地使用权的特征

土地使用权作为一种基本民事权利，具有以下特征：

土地使用权是一种物权。它是一种用益物权，是以土地的占有、使用和收益为目的的他物权。因此，它具备一切物权的基本属性。

土地使用权是土地所有权派生出来的一种权利。由于土地使用权是一种派生权利，因此，它的发生、变更和消灭是受所有权支配的；土地所有权是土地使用权的基础，土地使用权人的行为不能违背土地所有权人的意志。土地使用权的分离是对土地所有权的一种削弱。

土地使用权可以在法律规定和合同约定下转让。土地使用权是可以在不同主体间转移的，但要符合法律规定，同时又不能违背原出让合同的约定。土地所有权人在出让土地使用权后，也不能不顾合同和法律的规定而干预土地使用权人的正常使用、经营行为。

2. 土地使用权的属性

土地使用权具有下列属性：派生性、从属性、直接性、期限性及可转让性。

(1) 土地使用权的派生性。土地使用权是在一定条件下与土地所有权相分离而形成的一种权利。这种分离是由法律、法规和土地使用合同约定的，所以，派生权行使的范围、时间、条件和保护等都由法律和合同规定。

(2) 土地使用权的从属性。它的从属性主要表现在它的发生以土地所有权为前提，以土地所有权人的意思表示为条件。主要表现在：第一，土地使用权的发生需要有所有权人的设定行为，要有具有法律意义的意思表示。此外，要有登记程序，没有国家机关的登记、确认，该权利不能得到法律的保护。以上两点缺一不可。第二，土地使用权附有一定的义务，如缴纳相关税费等。第三，土地使用权受到土地所有权一定的限制。

(3) 土地使用权的直接性。它是指土地使用权同客体——土地直接相连，权利人可以占有和使用土地。土地使用权的直接性，一方面表明它不因受合同的限制而丧失其物权特性；另一方面，土地使用权具有排他性。

(4) 土地使用权的期限性及可转让性。土地使用权的期限是法律和合同规定的。土地使用权的可转移性是在法律、合同和土地所有权人的同意下的行为。

**7.2.2.2 国有土地使用权**

我国国有土地使用权制度的发展是曲折的，真正的土地使用权制度的建立才20余年。由于我国正处于转折时期，土地使用权的类型很多，具有过渡时期的性质。

1. 国有土地使用权的发展

我国国有土地的使用权曾经发生过几次变化。新中国成立后到1954年我国实行的是新民主主义经济，土地可以买卖、租赁、典当等，但无论是国有企业还是私有企业，使用国有土地都要缴纳租金。1954年2月，政务院发布文件规定，国有企业经市人民政府批准占用的土地均视作企业资产，不再向政府缴纳租金，而集体企业或个人使用国有土地的要缴纳一定的租金。自此，我国的土地无偿使用制度开始在全国推广。1984年以后，深圳、抚顺等城市开始征收土地使用费（实际上为地租），开始了我国国有企业用地有偿使用的试验，但这时还没有建立土地使用权制度，就全国而言，土地无偿、无限期和无流动的使用制度没有改变。

1988年4月，第七届全国人大修改了宪法有关条款，规定土地使用权可以依照法律的规定转让。同年12月修订的《土地管理法》规定，“国家依法实行国有土地有偿使用制度”，“国有土地和集体所有的土地的使用权可以依法转让。土地使用权转让的具体办法，由国务院另行规定”。这些都为土地使用权制度的建立奠定了法律基础。

1990年5月，国务院颁布了《中华人民共和国城镇国有土地使用权出让和转让暂行条例》，对我国的土地使用权制度做了详细的规定。它推动了增量土地使用权出让工作的开展。

1997年以后，国务院土地行政管理部门和其他机构颁布了有关国有企业改制中土地资产处置方面的部门规章，完善了存量国有企业用地使用权制度，也使整个国有土地使用权制度进一步完善。

2. 国有土地使用权的类型

按国有土地使用权的取得方式不同，可以分成划拨土地使用权和出让土地使用权。

划拨土地使用权。它是政府以近似无偿和采用行政划拨的方式提供给用地人使用的国有土地。划拨土地使用权由于是无偿取得的，所以不能进入市场交易。拥有划拨土地使用证的土地使用人在补交土地使用权出让金后，可以进行转让、出租、抵押等。

出让土地使用权。它是用地人在缴纳土地出让金后，从政府手中依法取得的土地使用权，用地人要根据同出让方签订的土地使用合同利用土地，在建设达到一定水平后土地使用人可以转让等。

土地使用权可以通过协议、招标和拍卖三种方式取得。由于三种方式取得的土地的使用条件和转让条件略有差别，再加上三种方式的竞争性不同，所以，三种方式取得的土地价格也不同，一般拍卖价格高于招标价格，招标价格高于协议价格。十年前，土地使用权出让市场不发达，公开性不够，出让价格越高越好；目前，市场公开透明性增加，发育程度较高，在很多地方投机性过大，过高的出让价格对房地产市场可能会有负面影响。

近几年企业改制取得土地使用权的方式有出让、租赁、入股和授权经营四种方式。其中，企业通过出让和入股方式取得土地使用权；租赁仅取得承租权；授权经营仅取得划拨土地使用权。

#### 7.2.2.3 集体土地使用权

1. 集体土地使用权的属性

集体土地使用权具有用益物权和限制物权两种基本属性。

用益物权。集体土地使用权是由土地所有权派生出来的一种用益物权。它是土地所有权人让与土地使用权人的，对集体土地进行占有、使用和收益的权利。在法律规定的范围内，集体土地使用权可以转让、出租、抵押和继承等。

限制物权。集体土地使用权的限制主要来源于四个方面：其一，集体土地所有权的团体性、社区性，再加上国家对农村土地的保护政策，决定了集体土地使用权的主体范围主要是集体组织的成员。其二，基于不同种类的集体土地使用权在设置目的上的差异，法律对它们的使用权能和处分权能有不同的限制。如农地仅能用于农业目的，宅基地仅有使用权而不能转让，不能直接进入城镇房地产市场等。其三，土地使用权人有接受政府土地管理措施、缴纳相关税费的义务。其四，为了保证农村农业人口的就业，政府对家庭使用土地面积、使用方向常进行限制。

集体土地使用权同承包经营权有很多不同。承包经营权是我国农村集体土地使用制度改革过程中的一个过渡阶段，它具有明显的债权属性，且仅限于耕地，承包经营权人的权益由承包合同规定。集体土地使用权明显地具有物权的属性，它的权利和义务由法律和合同规定。目前，我国耕地还没有真正的土地使用权。1998 年修订的《土地管理法》第一次对土地承包经营权进行了法律界定，并规定 30 年不变，可以说承包经营权虽在名称上仍然具有债权的属性，但已越来越逼近土地使用权了。

2. 集体土地使用权的类型

农村集体土地使用权可以分成农地使用权和建设用地使用权。

农地使用权主要是用于农业生产的土地的使用权，它又可以分成耕地使用权、林地使用权和荒地使用权等。但耕地使用权发放的是土地证，林地使用权发放的是林地证。目前，在一些进行荒地拍卖的地区，农民可以取得一定时期的荒地使用权。

建设用地使用权按土地的用途分成宅基地使用权、企业用地使用权、公益用地使用权。在一些城乡接合部，农地被用于商业、饭店等的现象已不罕见，但仍保留为农村集体土地。

### 7.2.3 他项权利

我国推行土地所有权同使用权相分离，土地使用权可以单独出让、转移的土地使用制度，这就决定了我国土地的他项权利是土地所有权和使用权以外的各项土地权利。土地他项权利是土地利用的社会性、广泛性和多重性的具体反映。土地他项权利有：地役权、空中权、土地抵押权、租赁权等。

#### 7.2.3.1 他项权利的特点

他项权利的产生是社会发展的需要，在人口增长、土地供应有限的情况下，人们越来越重视土地利用而不是土地所有的结果。他项权利主要有下列特点：

1. 它是在他人土地上享有的权利

土地他项权利是在他人土地上享有的权利。土地他项权利的客体是他人土地所有权、使用权客体，它不仅能排斥一般人的效力，且能排除包括土地所有权人和土地使用权人在内的任何人的干扰和妨碍。

2. 它的主体是土地所有权人和使用权人以外的人

土地他项权利的上述特性，决定了它的主体是土地所有权人、使用权人以外的人，同时这个人是同土地所有权人、使用权人有某种法律关系的民事主体。这些关系可以是法定的，也可以是法律行为、行政行为等设定的。

3. 它不受一物一权主义的限制

一物一权主义决定了同一土地上，仅能有一个所有权人和派生出一个使用权人，但不妨碍在同一土地上设定多种或多个同种的他项权利。在这种情况下，一块土地可以满足周围多个土地所有权人或使用权人对土地的需求，如一块土地可供四周邻居通行的通行权。

4. 它对所有权和使用权既依赖又限制

他项权利同所有权和使用权的关系是依赖、依存的关系，他项权利是相对所有权人和使用权人而定的。他项权利的出现又限制了所有权、使用权的行使，因此所有权人和使用权人不能不顾周围他项权利人而盲目行动。

5. 他项权利可以登记

他项权利的存在同需役地的存在或利用方式的存在是分不开的，所以它是长期的，可以通过登记取得保护。

#### 7.2.3.2 地役权

地役权是为了满足利用自己土地的需要，而对他人土地加以支配的权利。“他人土地”是指他人所有和使用的土地；“支配的权利”包括在他人土地上实施一定行为或限制他人实施一定行为的权利。

1. 地役权的主体、客体和内容

在以上关系中，客体包括供役地和需役地：他人土地为供役地，利用或限制他人的土地为需役地。主体包括供役地、需役地所有权人或使用权人。就地役权的内容而言，可以分成：

通行权：指人、畜和车辆不受妨碍地通过他人土地的权利。

用水权：指由他人土地或者经他人土地获得水之利用的权利。用水权包括排水权、引水权、取水权和饮畜权。

建筑物地役权：指为自己土地上的建筑物的建造、使用而利用他人土地的地面、地上建筑物或者地上空间的权利。它包括建筑物支撑权、搭梁权、伸出权、采光权等。

2. 地役权的基本规则

建立我国的地役制度，应本着既保护需役地人的利用利益，又维护供役地人的合法权益这一原则，建立和谐、公平的土地利用秩序。下面将从地役权的取得、效力和丧失几方面进行介绍：

（1）地役权取得。按地役权取得的方式可以分成原始取得和传来取得。原始取得主要是根据法律、习惯、合同、长期利用的事实和法院的判决等方式取得的地役权。地役权可以因需役地所有权、使用权的转移而转移，以这种方式取得的地役权为传来取得。地役权不因供役地主体的变化而变化。

地役权的存续期间一般是永久性的，临时性用地有时也可能产生短期的地役权。

（2）地役权人的权利和义务。地役权的权利可以分成积极权利和消极权利。积极权利是对供役地利用的权利，如在他人土地上通行的权利等。消极权利是指限制或禁止供役地所有权人或使用权人在该土地上实施一定行为的权利，如禁止妨碍采光权等。

地役权人行使权利时，应当保护、尊重供役地所有权人、使用权人的合法权益，尽可能地避免损害的发生，如造成了损害要按公平原则给予补偿。

（3）供役地所有权人和使用权人的权利和义务。供役地所有权人或使用权人的权利，主要表现为消极权利，即排除地役权人滥用权利，使其正当权利蒙受不公平损失的行为。其义务主要是容忍义务，即容许和忍受地役权人在供役地上实施其权利范围内的利用行为的义务。

#### 7.2.3.3 土地抵押权

土地抵押是指土地所有权人或使用权人在法律许可的范围内，将土地所有权或使用权作为还债的担保，债务人不能或不愿履行债务时，债权人有依法处分土地所有权或使用权并优先受偿的权利；在抵押过程中，抵押人仍然有权使用土地。

土地抵押权是指在抵押关系中，抵押权人对作为抵押物的土地所有权或土地使用权及附属物所享有的以处分权和优先受偿为中心的一系列权利。土地抵押权是担保物权，是土地权利的一种。

1. 土地抵押权的性质

从物权法的角度看，土地抵押权是一种担保物权；从土地法的意义上说，它是一种土地他项权利。

首先，土地抵押权是在土地权益上的一种合法权利，它同土地价值或使用价值相连。它的效力就是土地权利的变更、归属。一方面，它的发生是以土地所有权或使用权的存在和行使为条件的；另一方面，它的实现必然导致土地所有权或使用权的变化。一般情况下，抵押权人不是以占有土地或土地的某种权利为目的，而是将债务同土地权利相连，使其更安全。

其次，土地抵押权的效力是对债务的担保，而不是对土地的直接利用。所以，它不能对土地的占有、使用进行限制，也不能对土地使用权人对土地的正常使用行为进行限制。这是不动产抵押同动产抵押的区别。抵押权人有权限制土地所有权人或使用权人对权利的处分等行为，以保证其债权的稳定、可靠。

土地是价值量大的固定资产，允许土地权利的抵押，可以扩大权利人的融资渠道，避免资金的流动风险。同时，土地权利人通过抵押取得资金可以改善土地利用方式、强度，提高土地利用效率、强度等。

通过对土地抵押权性质的分析可以看出，被抵押的权利必须是合法的，这里的法包括土地利用规划法、土地交易法、土地管理法等。不合法的权利是不能抵押的。目前，在我国可以抵押的权利是城镇土地使用权和同城镇抵押房屋、厂房等相连的土地使用权。

2. 土地抵押权的设定

土地抵押只能依法设定。土地抵押权的设定属于要式行为，它需要订立书面抵押合同和抵押登记，抵押登记是其法律关系成立的要件。没有抵押合同，抵押关系被视为不成立。仅有抵押合同，没有抵押登记的，其抵押权人的利益不能受到法律的保护。在同一土地权利上设定的多个抵押，依登记生效的先后顺序确定其清偿顺序。

地上权、租赁权、空中权等也被称为他项权利。

## 7.3 房屋产权

### 7.3.1 房屋所有权属性

#### 7.3.1.1 房屋所有权性质

房屋所有权是以房屋为客体的所有权，是房屋所有权人在法律规定范围内，对房屋行使的占有、使用、收益、处分并排除他人干涉的权利。房屋所有权具有下列属性：

1. 所有权是一种最充分的物权

房屋所有权是一种物权，且是物权中起主导作用的一种权利。

2. 所有权是一种绝对权

房屋所有权主体是特定的，即所有权人。所有权人可以按照自己的意志控制和支配其房屋，如自住或自营等；也可以将房屋交由他人支配，如委托经营、租赁等。所有权的义务主体不是特定的，而是除所有权人以外的一切人；义务主体都应承担不侵犯其所有权的义务。

在现代社会，土地所有权已失去其现实的绝对性，而房屋所有权的绝对性仍然被保持下来，这是房屋所有权同土地所有权明显的不同之处。

3. 所有权具有排他性

同一房屋仅有一个所有权，不能有两个所有权主体。但是，不排除两个或两个以上法人、家庭或机构同时拥有一栋房屋的现象，这时它们组成房屋所有权主体，形成按份共有或共同共有。所有房屋所有权人是唯一的，而不应是多个的。

4. 房屋所有权是建筑物所有权和土地产权的结合

广义的房屋所有权就是房地产所有权，狭义的房屋所有权就是建筑物所有权。广义的房屋所有权是土地所有权或使用权同建筑物所有权的结合。

#### 7.3.1.2 房屋所有权取得和丧失

房屋所有权是一种物权，它的取得和丧失需要一定的形式，要遵守一定的法律、法规，这同一般商品的取得、消费是不同的。

1. 房屋所有权的取得

按其取得的途径不同，可以分成原始取得和继受取得两种。

原始取得是指房屋出现时取得房屋所有权，不是以原所有权人的所有权为前提的。按原始取得的方式不同又可以分成新建和没收。新建是原始取得房屋所有权的最主要形式，也是所有房屋所有权的最初来源。没收仅发生在特定时期和特定情况下。

继受取得是指从原所有权人手中以合法的方式取得房屋所有权。在这个过程中，房屋所有权发生了转移，所有权人出现了更换。它可以分成有偿取得和无偿取得。前者是指房屋购买者在市场通过交易而取得房屋所有权的形式，包括购买、交换，一方出资，一方让出所有权，出现资金和所有权的逆向流动。无偿取得主要包括赠与和继承，它是按照一定的法律、法规进行的。

2. 房屋所有权的丧失

通过自然的、法律的和行为的事件，房屋所有权又是可以被取消的。

房屋所有权客体的消失。由于自然灾害等的原因，房屋可能倒塌、毁灭等。房屋消失，房屋所有权随之丧失。有目的的房屋拆除，也导致其所有权的丧失。无论人为因素还是自然灾害，在一般情况下不会改变土地所有权或土地使用权。在因他人不合法行为而导致房屋消失的情况下，原所有权人有请求赔偿的权利。

所有权主体的消失。公民的死亡和法人的解散都会导致所有权主体的消失。公民死亡，他的财产可以通过继承归继承人所有。法人解散，经过清产，房屋归新的所有权人所有。

所有权的转让。所有权人通过其自身的行为，如出卖、交换、赠与等方式，将房屋所有权转让给受让人。

### 7.3.2 房屋所有权和产权类型

一个国家房屋所有权类型是同这个国家的社会制度、经济发展水平和传统文化等方面相关的。我国经历了一个长期、复杂的经济变革，20 世纪 50 年代初期形成了当时的类似市场经济条件下的多元的房屋所有权，其中，城市私有房屋占有相当大的比例。随着社会主义改造过程的发展，城市房屋私有的成分越来越少，随着计划经济的完善、国家统收统支体制的形成，建造住房成为企业单位建设的项目之一，当时称为非生产性建设，虽然非生产性建设所占的比例很低，但企业、事业单位建造的房屋越来越多。20 世纪 70 年代形成了我国最具有计划经济特征的住房制度和房屋所有权形式；20 世纪 80 年代以后，我国住房制度改革推行，城镇房屋产权结构出现了新的变化趋势，家庭拥有的房屋数量逐渐上升；20 世纪 90 年代以后，这种步伐不断加快。

由于我国正处于一个变革时期，也是新旧体制交替和过渡时期，所以，房屋的所有权类型复杂，房屋产权多样，有时产权不清。

**7.3.2.1 房屋所有权分类**

1. 全民所有房屋所有权

从理论上讲，全民房屋所有权的主体是唯一的和统一的，即国家，它应该由国家统一行使。在我国全民所有的房屋又可以分成直管房和自管房，前者是由政府房屋管理机构管理的房屋，它的所有权是典型的全民房屋所有权；后者是由国有企业、机关单位自己管理的房屋。以上两种房屋的所有权都是国家房屋所有权。

2. 集体所有房屋所有权

集体组织的房屋的所有权主体是具有法人资格的集体组织，而不是集体组织中的某个或某几个成员，前者是集体所有，后者是共有房屋。

3. 私有房屋所有权

目前，我国私有房屋所有权有几种来源，一是继承来的，一是新中国成立后自建的，还有自 20 世纪 80 年代以后购买的商品房或房改房等。

4. 外产所有权

外产是指外国政府、企业、社团或个人在我国境内的房产。按照一般惯例，处理不动产有关法律问题适用不动产所在地法，因此各种外产房屋的使用、交易都应遵照我国法律。

5. 合资和股份制房屋所有权

这类房屋所有权包括中外合资房屋所有权、国家集体合营企业房屋所有权和股份制企业房屋所有权。随着我国市场经济的发展，这类房产的比例会越来越多，特别是工业和商业性房地产。

**7.3.2.2 房屋产权类型**

自 20 世纪 80 年代以来，我国开始了住房制度的改革，将原来国家集中统一投资、建设然后统一分配的计划经济住房投资分配模式，改变成为国家、单位、集体或个人多元投资，以市场为导向的住房消费模式。由于过去长期实行计划经济的低工资、低房租制度，职工在领取的工资中不包含住房费用或含量相对较低，在住房金融制度不完善的情况下，职工根本没有足够的积蓄支付房价，所以就出现了各种形式的住房价格和与此相适应的住房产权。所有这些住房产权都具有过渡性和不完整性。

1. 标准价产权

标准价最早见于 1992 年年初国务院办公厅批转的国务院住房制度改革领导小组《关于全面推进城镇住房制度改革的意见》。当时标准价包括住房造价、征地和拆迁补偿费用。1994 年《国务院关于深化城镇住房制度改革的决定》中明确规定：以标准价购买的住房产权称为部分产权。部分产权的房屋所有权人对房屋有占有、使用的权利，有限的收益权和处分权，可以继承。购买五年后可以进入市场流通，在同等条件下，原单位有优先购买权。售房收入扣除有关税费后的收益，按政府、单位、个人的产权比例进行分配。这里的产权比例不是出资比例，而是三者的产权份额比例。从法理上说，部分产权是房屋的一种按份共有权。

标准价每年由各地方政府颁布，且渐渐向成本价靠近。自1998年以后，标准价逐渐从市场消失，相对应地不再产生新的部分产权。

2. 成本价产权

成本价包括住宅建造中的征地和拆迁费用、勘察设计和前期工程费用、建筑安装工程费、住宅小区基础设施费、管理费、贷款利息和税金七项费用。旧住宅的成本价按售房当年新房成本价扣除折旧后的价格计算。

按成本价购买的住房，产权归个人所有，属于狭义的房屋完全产权。一般住用五年后，可以入市交易，其收益在补交土地使用权出让金或所含土地收益后，按规定完税后归个人所有，政府、单位不参与收益分配。

3. 微利房产权

微利房是在建设房屋的过程中政府给予一定的优惠政策，使房屋的造价降低，用此来换取开发商销售时的低房价。经济适用房就是典型的微利房，在开发过程中政府免收地价。微利房是面向中低收入家庭的。不管是微利价还是市场价，购买的房屋都是正常的房地产交易行为，所以，从产权上来看并没有太多的区别，只不过在房屋转让时的受让人有所不同。所以说，微利房的产权是一种较完整的产权，只有这样才能促进房地产市场的正常发育，也才能让老百姓放心地买房。

4. 市场价房屋产权

市场价购买的房屋是完全产权房屋，所有权人享有充分、完全的所有权。

另外，过去在计划经济条件下，单位按一定的程序分配的住房，住户享有占有、使用的权利，在按规定缴纳一定的、远低于市场价的租金后，可以长期地居住。在这里，居住人或公房承租人具有用较低的房租租赁房屋的权利，且这种权利是合法的，是受法律保护的。与这种利益相连的是一种优先承租权，它的价格等于公房房租同正常市场租金之差相对应的价格，也可以说是租金差的资本化。虽然，国家没有相应的法律、法规明确规定这种权利，但公房租赁合同能保障这种利益的存在。在一些城市这种租住房屋相对应的权利也可以到市场交易。它更像是一种现实的存在，而不是一种真正的权利。

在现实中，我国不同城市土地、房屋管理体制不同，有分管和合一之别：在房屋、土地分管的城市就出现分离的土地产权和房屋产权，在统一管理的城市房屋、土地产权为房地产产权。

## 7.3.3 建筑物区分所有权

### 7.3.3.1 建筑物区分所有权的概念

1. 发展历史

通常认为，建筑物区分所有权观念的萌芽形成于奴隶社会。公元前2000年的古巴伦王国，产生了类似于现代区分所有建筑物的建筑物形态，标志着建筑物区分所有权的正式萌芽。在罗马法中，由于确认了所谓“建筑物所有权属于建筑物所附着之土地所有人”或“地上物属土地所有人”的原则，所以并不存在建筑物的区分所有权问题。其后的日耳曼法，在某种程度上承认了建筑物区分所有权，但并不完整。自19世纪上半叶开始，随着工业革命的完成，建筑材料和建筑技术不断发展，高层建筑增多，多个业主或承租人共同使用同一楼宇的现象出现，建立建筑物区分所有权法律制度需求变得迫切。1804年，《法国民法典》第644条的规定，开创了近代民法建立建筑物区分所有权制度的先河。此后，很多国家的民法典先后规定了建筑物区分所有权法律制度。

2. 概念界定

对建筑物区分所有权概念的界定理论界有不同的看法，其中比较有代表性并且为多数学者所接受的是"二元论说"和"三元论说"。"二元论说"认为，建筑物区分所有权是指区分所有人对建筑物的占有部分和共有部分所享有的专有权和共有权的结合。"三元论说"认为，建筑物区分所有权是指区分所有人对建筑物的专有部分和共有部分所享有的专有权与共有权，以及基于建筑物的管理、维护和修缮等共同事务而产生的成员权的总称。

#### 7.3.3.2 我国的建筑物区分所有权

建筑物区分所有权制度在调整建筑物区分所有关系中发挥着十分重要的作用。但我国《民法通则》对此并无相关规定，导致在解决相关纠纷中无法可依。2007年3月16日第十届全国人大第五次会议审议并通过了《中华人民共和国物权法》(简称《物权法》)，自2007年10月1日起施行。我国《物权法》对建筑物区分所有权的界定采用了"三元论说"，包括了三个方面的基本内容：一是对专有部分的所有权。即业主对建筑物内属于自己所有的住宅、经营性用房等专有部分可以直接占有、使用，实现居住或者经营的目的；也可以依法出租、出借，获取收益等；还可以用来抵押贷款或出售给他人。二是对建筑区划内的共有部分享有共有权。即专有部分以外的走廊、楼梯、过道、电梯以及小区内道路、绿地、公用设施、物业管理用房等共有部分属业主共有；对建筑区划内规划用于停放汽车的车位、车库业主有优先购买的权利。三是对共有部分享有共同管理的权利。即有权对共用部位与公共设备设施的使用、收益、维护等事项通过参加和组织业主大会进行管理。

## 7.4 国外房地产产权[①]

### 7.4.1 美国的房地产产权

#### 7.4.1.1 土地权益

1. 现实（即时）的土地权益

现实（即时）的土地权益包括土地的占有权、使用权、享受权。对土地的排他性占有是即时土地权益的最主要特征。在美国，现实的土地权益分为：绝对土地权益（完全所有

---

① 参见李进之等：《美国财产法》；[美] 罗杰·H·伯恩哈特、安·M·伯克哈特：《不动产（第四版）》（影印本），北京，法律出版社，2004；杨心明、饶俊：《德国不动产物权法的四次变革》，载《德国研究》，2001（4）；建设部赴德国不动产登记考察团：《德国房地产登记制度及对我国的借鉴作用》，载《中国房地产》，2006（12）；傅丽华：《德国物权法评析》，载《当代经济》，2007（3）；刘文贤：《谈谈日本土地制度》，载《北京房地产》，2006（3）。

权）；限制性继承土地权益；终身土地权益（终身所有权）；有条件的所有权。

绝对土地权益。它是指拥有现实土地权益的某人，对该土地的所有权是永久和绝对的，不受任何限制。

限制性继承土地权益。限制性继承土地权益的拥有者不可以将土地转让给外人，而且只有满足限制性条件的后裔方能继承，目的是保证土地权益在家族内的延续，所以被视为封建等级制度的工具，美国独立战争之后，只有四个州（缅因、马萨诸塞、特拉华及罗得岛）承认限制性继承所有权，但允许权利的拥有者买卖。

终身土地权益。拥有人终身对某地产拥有享用权。在此期间，拥有人可以将享用权转让给他人。一旦拥有人身亡，受让人必须将该土地交还给土地原来的地主。

有条件的所有权。土地完全所有权人在转让土地时，都有权规定一些合理的条件。一旦违反这些条件，则原始受让人的财产权便会终止或变更。

2. 未来的土地利益

回收权。原所有人从他的财产权中抽取一部分转让给他人时所保留的财产权。比如原所有人将某块土地转让给甲终身享用，则在甲死后，该地就会“复归”给原所有人。原所有人拥有的就是回收权。

时效占有。它是指一个不拥有任何土地权利的人，公开和众所周知地占有一块土地，并满足了当地法律规定的占有时间之后，占有人就获得了该土地的所有权。

信托。如果某所有人将一块土地委托给他值得信赖的好友甲全权管理，当财产的所有净收入供该所有人的未成年子女及后裔享用时，那么，就产生了一个信托财产。该所有人是信托人，甲是受托人。

#### 7.4.1.2 公寓所有制和合作制住房

在美国，传统的不动产所有制是以土地或独立的住宅为基础的。而公寓所有制和合作制是公寓楼为基础，所有权分为两部分。一部分是拥有自己的一个单元或公寓的一部分股份。另一部分是共同占有公寓的公共领域，如墙、楼梯、走廊等。

1. 公寓所有制

它由两部分构成，一是独立的单元房，二是公寓楼的公共领域。每一个独立的单元分别由个人完全所有。单元的分界线由单元的墙、地板和天花板的内层面积来确定。公共领域包括除了单元房以外的全部公寓楼的面积，归全部单元房的所有人共同所有，但单元房所有人没有分割公共领域的权利。

2. 合作制住房

与公寓制不同，合作制住房的每一个住户不是单元的所有人，公寓楼归公司所有，每一个住户是公司的股东，享有公司的股份。住户的股份取决于住户单元的价值（大小、方位）。住户在持有公司股份的同时，与公司再签订单元房的租赁合同。租赁期可以长至99年并且可以延续。合作制的住户既是承租人又是股东。

#### 7.4.1.3 美国对房地产的管理

1. 警察权

警察权不是指公安权力，而是指州政府为保护公众的健康、安全、福利、伦理，在理性原则指导下，对私有财产加以限制乃至剥夺的权力。州政府行使警察权是受到限制的。

第一，必须出于公共目的。第二，必须合理行使，不得滥用。第三，宪法限制。

2. 土地征收（taking）

它是指政府依法有偿从私人手中取得财产占有权。征收的要件如下：第一，正当法律程序。第二，合理补偿（赔偿所有人财产的公平市场价格，这一价格既包括财产的现有价值，也包括财产未来赢利的折现价值）。第三，公共使用（排除政府利用权力损害某人利益使另一人获利）。

3. 规划（zoning）

规划关心的是土地的使用，目的是将不宜与其他部分协调使用的土地分离出来，以在统一的计划中保护财产的价值，如果规划过于严格或者不合理，使财产所有人受到损害，那么财产所有人就可以声明此种规划具有征收的性质，要求赔偿。20世纪伴随工业大城市的膨胀，美国开始重视土地使用规划。规划立法最初从纽约市开始，逐渐兴起。不过规划立法主要是地方事务，由市议会授予其下属机构行使。联邦及州很少立法。

### 7.4.2 德国的房地产产权

#### 7.4.2.1 不动产权益

1. 地上权

地上权是指因土地所有权人设定而获得的，享有在土地的地上或者地下构造建筑物的可转让、可继承的权利。土地所有权人有权按照事先约定收取年租。地上权的存续期限最长不超过99年，期限届满，土地须归还给其所有权人，而土地的所有权人则必须偿付土地的改良费用。

2. 地役权

地役权是指为土地或人的利益而在他人之物上设定的用益权，亦即对于他人之物或权利直接地加以利用的权利，即是役权。

3. 先买权

先买权是指土地所有人保有的优先购买其土地所有权的不动产物权。先买权人在土地所有人让与其土地于第三人时，可通过行使此项权利，而使土地所有人将土地的所有权移转给自己。

4. 永久居住权、永久利用权，为德国《住宅所有权法》上的用益物权

永久居住权，即指居住于建构在土地上的建筑物中的住宅里的物权。与此相对，永久利用权则指可以利用土地上的建筑物中的住宅以外的场所，如营业所、车库等的物权。

#### 7.4.2.2 建筑物区分所有权

建筑物（公寓）各套住房或各个单元的所有权人是整个建筑物的共同所有人，他们对共同使用的部分（门厅、走廊、消防通道等）享有共有权，而每个人都对自己的居住部分享有单独的所有权。所有权人举行会议，选举负责看管公用设施的管理人。

#### 7.4.2.3 德国对房地产的管理

1. 不动产登记

德国在各州法院下属的基层法院负责对不动产权利取得和处分实施强制性登记。权利

人的不动产先由公证员进行公证，之后凭公证文书申请不动产登记。登记强调形式审和实质审，在审查登记要件和各项手续是否齐备的同时，注重对不动产权利变更的原因和有效性进行审查。审查无疑后方可进行登记，登记具有公信力。

2. 征收

不动产的财产权含有行使权利，同时负有利于公共福利的义务，为了公共福利，且没有其他可供选择的手段获得所需土地的情况下方可进行征收。“公共福利”指公共福利事业，为地区进行详细规划所进行的事业，合理利用空闲地和补偿调配地、文物保护等。征收必须依照法律程序；必须经过公平地衡量公共利益和各关系人的利益；通常采取货币补偿或同等土地置换的方式。对补偿金额有争议时，可以向法院提起诉讼。

## 7.4.3 日本的房地产产权

### 7.4.3.1 不动产权益

地上权是指以拥有作业物或竹木为目的而使用他人土地的权利。日本民法将地上权与建筑物所有权规定为两种不同的物权，当地上权消灭时，建筑物的所有权并不随之而消灭。《日本民法典》第 269 条规定了地上权人的收回权：“地上权人于其权利消灭时，可以恢复土地原状，收去其工作物及竹木。”该法典承认地上权人对建筑物的所有权。日本《借地借房法》还赋予借地权人于借地权的存续期限届满且建筑物尚有存余价值时，请求延长借地权期限的权利，借地人非因正当原因不得拒绝。借地权人于借地权期限届满而未更新契约时，可以请求借地人以时价购买建筑物。

此外，永佃权和地役权的内容同《德国民法典》物权编规定的用益物权类型大体相同，仅表述有些不同。

### 7.4.3.2 日本对房地产的管理

1. 不动产登记

日本在法务省下设有地方法务分局和登记所，负责辖区内的不动产登记。不动产的取得、丧失、变更非经登记，不得对抗第三人。申请登记时应提交申请书、证明登记原因的材料、登记义务人的权利登记证明书等。登记官拥有对申请进行书面审查和实际调查的权利。

2. 征收

日本土地征收除可由国家实施外，也可由地方的公共团体、各种法律确定的事业主体实施。只有为“公共目的”才能行使土地征用权。日本将征收的范围严格限定在关系到国家和民众公共福利的 35 种公益性事业范围内，包括：依据道路法进行的公路设施建设；治水或水利目的在江河上设置的设施；国家或地方团体为农地改造或综合开发构筑的设施；铁路、港口、机场、广播、博物馆、公园等公共设施。日本土地征收补偿包括“少数残存者补偿”、“离职者赔偿”、“事业损失赔偿”等几项。

## 关键术语

土地　　房地产　　产权

## 复习思考题

1. 不动产产权与经济效益之间的关系如何?
2. 我国目前的土地所有权有几种类型？其各自特点如何?
3. 什么是土地的他项权利?
4. 论述法学、经济学对产权界定的差异及共性。

# 第 8 章

# 房地产制度

本章内容提要

房地产制度可细分为土地制度和住房制度。土地制度是长期稳定的，由法律等规范的土地所有、使用和管理等方面制度性的规定组成。住房制度是社会生活中的重要制度，关乎百姓生活，也涉及经济发展。本章将从土地所有制、土地使用制和土地管理制度三个方面介绍土地制度的形成、演变过程和目前存在的问题及制度创新探讨；对住宅供给与保障制度、住房金融制度和住房制度改革三个方面进行介绍；最后，对国外土地制度和住房制度进行介绍和讨论。由于住房管理与土地管理有许多交叉，这里仅作简单介绍。

## 8.1 土地制度

土地制度是关于土地所有、土地使用等方面的制度规定，即以土地为核心，对由于占有、利用土地等行为而产生的人与人之间的关系的制度性的规定。土地制度的内容极为复杂，因时、因地而异，与不同历史时期、不同国家的国情相关。纵观各个国家的土地制度，大致可以归纳为以下几种制度类型：原始共产制、封建庄园制、资本主义制以及社会主义制等。以下就目前存在的资本主义土地制度与社会主义土地制度两种主要形式作简要分析：

资本主义的土地制度，最显著的特征是土地私有制，即以土地私有制为主的土地制度。在这种制度下，按照西方学者的解释，地主与农民的关系，有如资本家与劳动者的关系，在生产过程中，地主凭借对土地的所有权获得土地资本的利息——地租，农民要为使用土地支付相应的代价，并获取其应得的利润和工资。按照马克思主义的观点，地租是劳动者所创造的，土地所有者凭借所有权对地租的获取是对劳动者所创造剩余价值的剥夺。

社会主义的土地制度，最典型的特点是土地公有，即以土地公有制为主的土地制度。在社会主义条件下，对公有土地的使用方式，可以采取无偿使用的方式，也可以采取有偿使用的方式。不区分具体情况，无偿使用公有土地，是与社会主义国家的计划经济体制相适应的。实践证明，这种土地使用方式并不是一种成功的经验。而采取有偿使用土地的方式，通过支付一定的代价，获取相应年限的土地使用权，不仅可以促进土地使用者合理、有效地利用土地，也可以使土地所有权在经济上得以实现，维护土地所有者的基本利益，并使土地使用权在经济上得以实现。

## 8.1.1 土地所有制

土地所有制是有关土地所有权制度的法律规定，它反映的是在土地所有权形成、交易等过程中形成的人与人之间关系的制度性规定。土地所有制是土地制度的核心，其法律表现形式是土地所有权。

我国现行的土地所有制是在不断改造解放初期封建土地私有和旧伪政府公有为主的土地所有制基础上形成的。从土地的改革过程来看，不论是城市还是农村的土地改革，其共同的目标都是实现社会主义公有制所要求的生产资料的公有制。

### 8.1.1.1 土地所有制度的建立与现状

1. 城市土地所有制的建立与现状

解放初期土地所有制的性质大致分为公有土地和私有土地。公有土地为国家和地方政府所有，主要包括交通设施基地，文化设施基地，行政、工厂企业基地及其他一切公共建设基地。私有土地主要有私人住宅、商店、企业、商业房地产等占用的土地，具体土地所有形式包括：外国资本家所有，具体的占有者有外国政府、团体、私人、教会、房地产商及企业等，其中教会占有量最多；政府机关和官僚资本所有，政府所有（国有）名义上为国家或政府所有，不准买卖；民族资本家所有，主要有民族资本企业、大房地产业主，军阀、官僚与地主所有，主要是通过购买住宅、经营房地产等形式形成；城市个体劳动者，主要为自己占有，并将多余的出租。

由于当时存在着多样、复杂的土地所有制形式，要对这些不同形式的土地所有制进行改革，建立社会主义的土地公有制，必须采取不同的政策区别对待。当时采取的主要的改革形式有以下几种：

(1) 对于帝国主义、官僚资本主义、国民党政府、反动分子占有的土地，通过无偿接管或没收等方式收为国有。

(2) 对于资本主义工商业、私营房地产公司、房地产业主拥有的土地，主要通过赎买的方式收为国有。其中对资本主义工商业，在改造过程中，随同工商业的其他财产一起，通过清产核资方式收归国有。其基本做法是国家在法律上没有取消资本家的土地所有权，但使其丧失了土地的支配权，且仅在 20 年内支付财产 5%的定息，20 年以后，停止付息，所有权同时取消，变为国有。

(3) 对房地产业主、房地产资本家主要采取两种处理方法：一种是公私合营，并逐渐转变为国有；另一种是国家经租，即由国家进行经营，并支付所有者租金，一直到 1967

年停止付息，土地转归为国有。

（4）此外，城市非国有土地通过建设征用转归为国有。

城市其余非国有土地最终在1982年由宪法宣布为国有。1982年以前，城市中仍有少量土地属于集体和个人所有，据1982年226个城市的统计结果，约有4.5%的城市土地为私有。数量虽少，但分散在城市各个地方，给城市建设和用地规划工作带来了一定的困难，所以通过宪法规定，全部收归为国有。

2. 农村土地集体所有制的建立与现状

解放初期，农村土地所有制是半殖民地半封建性质的，主要形式有地主、富农、农民土地所有及国家土地所有。对这些不同性质的土地所有形式，国家采取了区别对待、分阶段处置的方式进行改造。

首先对封建的土地私有制通过无偿没收和征收转化为农民土地私有制，进一步通过农业合作化逐步将农民私有转化为劳动群众集体所有，并最终完成了土地公有化的变革。

农村土地集体所有制，从其建立发展到现在，期间经历了互助组、合作社过程，逐渐向人民公社“三级所有、队为基础”转变，以后又经历了家庭联产承包责任制的变革，形成了现有的农村集体土地所有制度。这一制度经过长期发展，再加上各地情况差异很大，也暴露出一些问题。其中，土地集体所有产权模糊、主体不明，是现行制度中存在的主要问题，具体表现在以下几个方面：

（1）土地所有权虚设。20世纪60年代初，国家公布的农业发展60条提出农村土地“三级所有、队为基础”的所有权结构，即公社、生产大队、生产队三级共同拥有土地的所有权，但以生产队所有为主，基本形成了相对稳定、清晰的所有权结构。从人民公社政社分开，实行乡、村建制后，成立了乡、村，在村级建立了村民委员会，下设居民组，使原有的土地所有制结构发生了变化。农村土地归集体所有，但集体所有既可能是村民小组所有（65%）（农业部调查数据，1987），也可能是村所有（34%），还可能是自然村或联队所有（1%），这些组织是群众自治组织，不是行政单位，也不是经济实体，很难发挥发包的经济管理职能。另外，从法律上也没有明确的规定，产生了地权界定不清晰，土地所有权虚设，土地收益权不确定，土地承包关系不清楚等问题。

（2）集体的受益边界模糊。任何人，不论其对集体是否有过投资或其他贡献，只要他是集体组织的成员（不限于劳动者），他就与其他成员一样，共同占有集体的生产资料（土地）。然而，一旦他退出集体，无论他为这个集体创造过多少财富，有过多大贡献，他就不再是集体所有者的构成成分，就不再占有集体所有的任何财产的一部分。这样，就使得集体所有的所有权人，在客观上成了一个动态的集合，从而导致集体所有权受益边界的模糊。

（3）三元地权结构，国家、集体、农户对土地的权属不清。三元地权结构主要表现为农村土地所有权归集体、经营权归农户、管理权归国家所产生的种种矛盾。集体土地所有权的实质内容——土地微观管理和处理权已逐步分离，处理权统一为国家管理权（如农地非农地用途、土地用途管制等），这使集体和国家之间产生矛盾。家庭经营方式导致了土地家庭使用权的扩张，并逐步取得了集体所有权中处分权的实质内容，使集体所有权和家庭使用权发生矛盾，并最终使集体所有权日趋形式化。

3. 农村土地国有制的建立

农村土地国有制是在新中国成立初期通过没收官僚资本及城郊土地改革建立的。在城市郊区主要是通过土地改革没收、征收地主、富农的土地完成的土地国有化过程。目前，城市的发展、基础设施的建设用地需求是通过征收农村土地获取的，这种方式也是实现农地国有化的过程，而农村土地变为国有的唯一合法方式就是征收。

#### 8.1.1.2 土地所有制度的改革与完善

1. 城市土地所有制度的完善

新修订的《土地管理法》再次明确地规定：城市土地属国家所有。这不仅符合我国宪法的有关规定，也符合现行城市社会经济发展的要求。城市土地的国有要比其他形式的所有制具有更大的优越性。优越性体现在以下几个方面：

（1）有利于维护社会主义生产资料公有制。

（2）城市土地国家所有，是适应城市化和工业化发展、合理利用城市土地资源、进行城市经济建设不可缺少的前提条件。

（3）有利于城市土地的统一管理。

2. 土地集体所有制度的完善

土地集体所有制的改革涉及是否要坚持土地集体所有制，是否引入多种土地所有制形式等问题的讨论，这些问题在学术界也有过争论。新修订的《土地管理法》规定：农村土地属于集体所有。所以，目前土地集体所有制改革的主要方针是：维护和加强农村集体土地所有制，搞活土地使用制。其理由如下：

（1）与现实国情和生产力的发展水平相适应。我国农村幅员广大、地域辽阔，地区与地区之间自然资源分布不均，决定了我国农村土地必须建立在集体所有制的基础上，才能使集体经济的优越性和个体劳动的积极性同时得到发挥。目前农村的商品经济不发达，生产专业化、社会化程度相当低，现有的土地集体所有制形式与其生产力水平是相适应的。

（2）有利于维护政策的持续性与稳定性。农村实行农业合作化 30 多年以来，集体经济组织对土地追加了大量的投资，继续稳定土地集体所有制，承认集体长期改良和培植地力的结果，维护了土地投资者的利益，体现了政策的稳定性，也可以鼓励对土地的改良。

（3）有利于对土地的管理和控制。国家对土地资源的宏观管理与控制能力有限，在我国幅员辽阔的农村，还不宜将农村的土地全部收归为国有。

#### 8.1.1.3 港、澳、台土地所有制

1. 香港土地所有制

香港由香港岛、大屿山、九龙半岛以及新界（包括 260 多个离岛）组成。1997 年回归以前，香港接受港英当局的殖民统治，香港岛及九龙界限街以南所有的土地，均被英政府列为官地，由政府拥有永久业权，除圣约翰大教堂的土地由教区拥有永久业权以外，其他任何单位和个人，只能通过租赁的方式取得租赁业权。1997 年回归以后，按照《中华人民共和国香港特别行政区基本法》的规定："香港特别行政区境内的土地和自然资源属于国家所有，由香港特别行政区政府负责管理、使用、开发、出租或批给个人、法人或团体使用或开发，其收入全归香港特别行政区政府支配。"

2. 澳门土地所有制

澳门由澳门半岛、凼仔岛、路环岛，以及新填海区组成。按照《中华人民共和国澳门特别行政区基本法》的规定："澳门特别行政区境内的土地和自然资源，除在澳门特别行政区成立前已依法确认的私有土地外，属于国家所有，由澳门特别行政区政府负责管理、使用、开发、出租或批给个人、法人使用或开发，其收入全部归澳门特别行政区政府支配。"澳门土地按法律地位可分为本地区公产土地、本地区私产土地、私有财产土地、空置地和保留地五类。[①] 私有财产土地约为 1.2 平方公里，占全澳总面积的 5%，其中澳门半岛的私有财产土地为 1.1 平方公里，约占半岛面积的 12%。

3. 台湾土地所有制

台湾地区由台湾本岛、澎湖群岛和其他 84 个大小附属岛屿构成。土地面积 36 000.06 平方公里，其中陆地面积为 35 961 平方公里，海埔新生地为 38.84 平方公里。土地所有权性质有私有、公有以及公私有等几种形式，其中以私有土地的数量为多。

## 8.1.2 土地使用制

土地使用制度是关于土地使用权形成、土地使用权转移等过程中所发生的人与人之间的经济关系的法律规定。土地使用制是土地制度中的重要内容之一，是土地制度中最活跃的成分。土地使用制度的法律表现形式是土地使用权。

我国土地使用制度的形成与变动，与国家的经济体制以及国家的社会经济发展状况是息息相关的。我国的土地使用制度经历了新中国成立初期基本上是市场经济条件下的土地使用和流动时期，也经历了计划经济条件下土地使用的无偿、无限期、无流动的时期。目前的土地使用制度是经济体制改革以后，重新实行土地有偿使用所形成的与市场经济相适应的土地使用制度。

### 8.1.2.1 土地使用制度的建立

1. 城市土地使用制度的建立

从解放初期到 20 世纪 50 年代中期，城市土地使用制度基本上维持一种以市场机制进行土地调配、使用的制度：允许土地的买卖、出租、入股、典当、赠与等方式的存在；存在地租、地价，且不仅有市场价，也有政府的公告地价；土地用途的改变、土地转让等受市场的调节；全民、集体或个人都须交纳公地地租；征收地产税和房产税，如 1952 年上海土地税收占全市财政收入的 38%。

1954 年以后，国家实行计划经济，统收统支，即生产资料属于国家所有，企业职工是国家的主人，他们创造的收入归全体人民所有（统收），并由代表全体人民的国家统一进行分配（统支）。

这种思想认为企业是国家的，全部投资来源于国家，全部利润也归国家，企业没有独立的利益，收取土地使用费或租金并非真正增加国家的收入，而是不必要地提高企业的生产成本和扩大国家的预算。因此，基本废除了土地使用费或地租，开始了土地的无偿使

① 参见谭光民：《澳门土地政策》，见林增杰主编：《大陆与港、澳、台土地管理法比较研究》，北京，中国人民大学出版社，2001。

用，即以指令性计划调节土地的使用，限制地产交易，无偿或近乎无偿（低租金）地使用土地。1973 年税制改革后，将房地产税并入工商税，形成了与当时我国经济体制相适应的以土地行政划拨、无偿无限期使用、禁止土地使用者转让为特征的土地使用制度。

20 世纪 80 年代初期，随着我国经济体制的改革和深化，特别是企业自主权的扩大，企业逐渐参与利润分成，并逐步成为具有独立利益的法人机构。深圳、抚顺等地开始征收土地使用费，存量土地有偿使用制度逐渐确定。1988 年宪法修正案允许土地使用权同所有权分离并依法转让，增量土地有偿使用制度开始建立。20 多年的城镇土地使用经历了确立土地有偿使用以及建立土地市场流转机制等一系列重大的变化，形成了以土地出让、转让、出租、抵押为主要内容的新的城市土地使用制度的基本格局，适应了社会主义市场经济发展的要求。

但是，在新的土地使用制度形成过程中，也出现了许多新的问题，如在土地出让过程中以协议方式居多，国有土地资产流失，以及“地下市场”普遍存在、租税费混淆等问题，因此仍需要不断地改革和完善。

2. 农村土地使用制度的建立

农村土地使用制经历了从土地个人所有、自己经营，到土地集体所有、集体经营，又到土地集体所有、家庭联产承包责任制经营等形式的变化过程。从土地个人所有过渡到集体所有，是伴随社会主义改造完成的，其结果是变土地私有制为社会主义公有制，建立了与当时政治、社会经济发展相适应的生产关系。从土地集体所有、集体统一经营，到集体所有、家庭联产承包方式经营，也顺应了实践的发展要求，因而促进了农业生产的巨大发展。

家庭联产承包责任制，使农民获得了生产自主权和对土地自主经营的权利，通过农户经营主体地位的确立、农业生产要素市场的发展以及其他经济环境条件的改善，对充分调动广大农民长期被压抑的积极性、提高土地的利用效益和增加农产品的供给总量等发挥了直接的促进作用。

农村土地使用制度改革的实践证明，土地家庭联产承包责任制作为农村土地使用制度的一种主要制度安排，虽然取得了巨大的改革成效，但仍然存在着许多缺陷，需要逐步加以完善。

#### 8.1.2.2　土地使用制度的现状

1. 土地利用年度计划

土地利用年度计划是根据土地利用总体规划和国民经济发展计划对年度各项用地数量的具体安排，是实施土地利用总体规划的重要措施，是农用地转用审批、建设项目立项审查和用地审批、土地开发和土地整理审批的依据。

针对土地利用年度计划及管理中存在的问题，2004 年修订的《土地管理法》对土地利用年度计划作了具体规定，明确了土地利用计划的地位、任务和各级人民政府在土地利用计划管理中的责任，规定了各级人民政府应当加强土地利用计划管理，实行建设用地总量控制。同时，新法对土地利用年度计划的编制依据、审批和效力进行了严格的规定，并就土地利用计划的监督制度作了规定，要求严格执行土地利用年度计划，并提出了向同级人民代表大会报告执行情况的制度等。这一规定的出台，对完善我国土地利用计划管理制度起到了重要的作用。

2. 耕地保护制度

耕地保护包括耕地数量（面积）的保护和耕地质量的保护。根据我国现有耕地的实际情况和今后人口增长及生活水平提高对耕地的要求，耕地保护的目标是保证现有耕地的面积不再减少，并通过各种措施，使耕地的质量有所提高。

根据2004年修订的《土地管理法》的规定，耕地的保护制度主要包括：严格控制耕地转为非耕地、占用耕地的补偿、基本农田保护、耕地开发复垦和增加可耕地的土地整理等。

为了保护耕地，严格控制各项建设占用耕地，国家对占用耕地采取了严格的限制措施。这些措施主要有：第一，实行严格的用途管制制度。通过制定土地利用总体规划，划定建设用地区，确定并限定建设可以使用土地的范围。第二，对各项建设用地下达土地利用年度计划，控制建设占用土地的数量。第三，规定农用地转非农用地要报省级以上人民政府批准。通过这些严格的措施，控制耕地转为非耕地的数量，使建设占用耕地的总量降到最低限度。

3. 土地收购储备制度

土地收购储备制度是指由政府依照法定程序，运用市场机制，按照土地利用总体规划和城市规划，通过收回、收购、置换和征用等方式取得土地，进行前期开发和存储后，以公开招标、拍卖出让的方式供应土地，调控各类建设用地需求的制度。

建立土地收购储备制度的重大意义主要体现在以下四个方面：

(1) 有利于政府把分散的土地集中起来，实现政府对土地一级市场的绝对垄断，提高土地利用率。

上地收购储备制度建立后，政府通过行政手段将闲置半闲置的土地、依法收回的违法用地、企业破产撤销等腾出的划拨用地和土地使用者申请政府收购的土地都逐步纳入政府的土地储备库，从而最终达到政府垄断土地一级市场的目的。在此基础上政府统筹安排用地，提高土地利用率。

(2) 有利于进一步规范土地交易市场，避免协议出让中的“暗箱操作”，使土地市场在公正、公平、合理的前提下有序发展。

(3) 有利于有效杜绝土地非法炒卖和私下交易，防止国有资产流失，实现其保值、增值。

(4) 有利于盘活存量、闲置土地，使土地资源得到有效配置，促进城市土地资源资本化。

4. 土地征收制度

土地征收是指国家依据公共利益的理由，强制取得民事主体土地所有权的行为。土地征收制度是《中华人民共和国宪法》(简称《宪法》)和《土地管理法》为社会公共利益所确立的一种基本法律制度。我国的土地征收是指国家为了社会公共利益的需要，依据法律规定的程序和批准权限，并依法给予农村集体经济组织及农民补偿后，将农民集体所有土地变为国有土地的行为。

2004年3月14日，第十届全国人民代表大会第二次会议对《宪法》进行修改时，将

《宪法》第 10 条第 3 款“国家为了公共利益的需要，可以依照法律规定对土地实行征用”修改为：“国家为了公共利益的需要，可以依照法律规定对土地实行征收或者征用并给予补偿”，首次在《宪法》中明确规定了征收的概念。2004 年 8 月 28 日，全国人大常委会第十一次会议做出了修改《土地管理法》的决定，在《土地管理法》中也规定了征收的概念，2004 年《宪法》修正以前，立法上和学术界都没有严格区分征收和征用，一概以土地征用的概念代替土地征收。修改前的《宪法》和《土地管理法》中规定的“征用”实为“征收”。

土地征收制度为我国工业化、城市化进程的加快作出过巨大贡献，但在运行中也逐渐暴露出一系列的弊端。目前，国家和地方已出台一系列政策，对土地征收制度进行改革和完善。

5. 集体建设用地流转制度

原国家土地局从 1993 年起就部署了专题调研，并在广东、湖南等部分县市安排集体土地使用权流转试点工作。目前，此类流转在全国各地广泛存在，尤其是在城乡接合部及经济较发达地区比较突出。国土资源部在 1999 年年底批准了在安徽省芜湖市开展试点工作，从试点的总结与各地自行组织的流转制度探讨来看，集体建设用地的流转，盘活了集体存量建设用地，有效地保护了耕地；促进了用地者集约利用土地；壮大了集体经济，促进了集体经济的发展；改善了投资环境，有力地促进了城乡经济的共同繁荣。[①] 因此，建立和完善集体建设用地流转制度日显必要和迫切。

依据现行《土地管理法》及有关条例的规定，农村集体建设用地是指农民集体所有的，一般是地处农村的、经依法批准使用的兴办乡镇企业用地、村民建设住宅用地、乡（镇）村建设公共设施和公益事业建设用地，也称为“农村集体非农建设用地”，或简称为“农村建设用地”、“集体建设用地”。在我国，集体土地向国有土地的“流转”只能通过国家征收这一种渠道实现，而国家对集体土地的征收又具有很强的行政色彩，因此，集体建设用地流转就在这种环境下催生了。

虽然集体建设用地流转在法律上尚有诸多问题，但理顺集体土地产权体系，构筑集体土地流转机制，实现农村集体土地财产权已是大势所趋。为此，应通过试点，不断探索集体土地产权制度建设，促进集体建设用地的合理流转。在制定具体政策中，一是要规范集体建设用地流转的条件，集体非农建设用地入市必须是经依法登记或权属界定的，并符合土地利用总体规划、城市规划和村镇规划，不得擅自改变用途等；二是明确集体土地使用权流转的形式；三是规范流转程序；四是合理分配集体建设用地流转中的土地收益，促进集体建设用地流转能合理、有序进行。

6. 城乡建设用地增减挂钩制度

随着工业化、城镇化的推进，许多农民弃农经商、进城务工。部分农民在城镇里有了较稳定的收入并购买了房屋，但户口依旧在农村，拥有承包地经营权和宅基地使用权。这类村民承包的土地往往撂荒或转包，其宅基地由于无人居住而闲置下来，造成了农村土地

① 参见陈利根、郭立芳：《关于集体建设用地流转制度构建的探讨》，见《2001 年中国法学会环境资源法学研究会年会论文集》，35 页。

资源的严重浪费。国土资源部公报显示，1997—2007 年全国农村建设用地总量与农村人口总量逆向发展，农村人口减少了 9 860 万，而农村居民点用地反而增加了 1 100 平方公里，农村人均居民点用地从 193 平方米增加到 218 平方米。城市化快速发展吸引了大量的农民进城，要求提供更多的城镇建设用地，这就为实现农村集体建设用地减少与城镇建设用地增加挂钩、统筹城乡土地利用提供了可能。

2008 年国土资源部颁发了《城乡建设用地增减挂钩试点管理办法》。该《办法》明确提出，城乡建设用地增减挂钩（简称挂钩）是指依据土地利用总体规划，将若干拟整理复垦为耕地的农村建设用地地块（即拆旧地块）和拟用于城镇建设的地块（即建新地块）等面积共同组成建新拆旧项目区（简称项目区），通过建新拆旧和土地整理复垦等措施，在保证项目区内各类土地面积平衡的基础上，最终实现增加耕地有效面积、提高耕地质量、节约集约利用建设用地、城乡用地布局更合理的目标。

对于城乡建设用地增减挂钩的政策，各地根据自身的基础条件及实践经验，构建了三类较为典型的模式：

（1）天津的近距离宅基地换房模式。

天津滨海新区的宅基地换房模式是从体制内探索城乡建设用地资源动态优化配置的初期制度探索。宅基地换房模式主要以政府为主导，通过模拟市场定价的房屋实物补偿方式进行农村集体建设用地的置换模式。通过宅基地换房，一方面农民实现了土地资产向货币资产的转化，加速了农民土地资产的流动性：另一方面也有效地解决了农民城市化和城乡土地的集约利用问题。

以天津华阳镇为例，该镇初期共有宅基地 1.2 万亩，而宅基地换房后新建城镇中用于安置农民的土地仅占总面积的 1/3，其余 3/4 土地可用于商业住宅和工业开发用地，土地实现了最大限度的集约利用。而农民通过宅基地换房，由宅基地流转所获得的财产性收入显著增加。宅基地流转前由于农民房产不能交易和抵押，致使农民的财产性收入占总收入的比重很低；而通过宅基地换房，农民把非流动性的宅基地使用权最大程度地变现为可交易的房屋资产，置换后拥有完全产权的楼房的资产价值比原来农户的资产拥有量高出数倍。但宅基地换房模式也有其内在的缺陷，主要是置换的区域被限定在城市的周边。远离城市的建设用地由于其区位限制，不符合就近原则，因此，不能采用这种建设用地置换模式。

（2）成都远距离的指标捆绑挂钩模式。

指标捆绑挂钩模式最大的特点是突破了建设用地置换的区位限制。一般而言，同一个行政区的 A 地和 B 地，只要形成建设用地的供给方和需求方，这种指标捆绑挂钩模式就可以运作。

2004 年，成都市郫县在没有政策指引的情况下率先进行指标捆绑挂钩的制度创新。2005 年，国土资源部 207 号文件首次对城镇建设用地增加和农村建设用地减少的挂钩原则进行了制度规范。为了避免指标捆绑挂钩引发的制度风险，国家批准天津、浙江、江苏、四川四省市作为挂钩试点试验区，同时，指标捆绑挂钩项目需要国土资源部审批。挂钩指标只能在项目区内封闭流转和使用。为了避免指标捆绑挂钩中农民的权益受到侵害，指标项目的流程采取先补新后占旧。和宅基地换房模式相比，指标捆绑挂钩模式具有两大优势：一是土地的空间置换逐步摆脱了区位的限制，土地资产置换的内涵得到丰富；二是置换后的补偿方式从实物补偿转变为货币补偿，资产的流动性大大增强。[①] 但毋庸置疑，指标捆绑挂钩模式是按项目捆绑式的点对点的指标交易，从流程上依然要按行政报批程序走，制度运行的成本仍然较高。

(3) 重庆标准化的“地票”交易模式。

天津的宅基地换房模式和成都的指标捆绑挂钩模式都仅仅是“地票”的最初形态。重庆的“地票”交易是制度和市场程度都较为完善的城乡建设用地地权交易模式。“地票”交易是指建设用地“指标”的交易和流转，是作为城市建设用地的需求方和作为农村建设用地的供给方基于特定的证券中介机构所进行的一种市场化竞价的证券化资产交易。

重庆市土地交易所自 2008 年年底成立以来，成为地票交易的平台，随着城市土地需求的增加，地票价格呈现明显的上涨趋势。“地票”交易作为前两种流转模式制度演化的结果。在要素的配置区域范围和要素的组合机制两方面都得到了优化。首先要素流动和组合的区域更加广泛，使土地级差收益的分配功能得到了更好的实现。其次在要素的流动机制上，逐渐将政府主导转变为市场主导。地票交易的市场化，使土地要素的价格发现机制更趋于完善。

#### 8.1.2.3　港澳土地使用制度

1. 香港的土地使用制度

回归以前，香港土地的使用方式主要是土地租用制，即政府批地的方式。租约的有效期一般为 75 年，租约的价格取决于地段所在的地点、租约所规定的用途、有效年限和地段面积的大小。回归以后，香港特区政府以行政管理者和所有者的身份，采用与土地租用制类似的方式出让土地，具体方式有拍卖、招标、私人协议、无偿划拨、临时出租。

2. 澳门的土地使用制度

对私有土地，政府一般不强行征收，主要依据《都市建筑总规章》限制和约束私有土地的发展。但是，为了城市改建和公益事业的需要，也可以对私有土地进行有偿征收。对于官地，主要通过批地的方式进行开发和利用，主要的批地方式有零碎地段的出售、长期租借、租赁、无偿批出、地段交换等。土地长期租借要支付利用权价金和地租，利用权价金一次性缴清，地租按年交纳。租赁地要按年交纳租金。对社会公益团体、慈善机构、学校等单位，采取无偿批出土地的方式。地段交换是指私有土地和空置地之间的交换。

### 8.1.3　土地管理制度

从广义的土地制度的含义来看，土地管理制度是土地制度不可缺少的一个部分。土地管理制度是国家行政管理制度的一个组成部分，专门负责对土地相关事宜的管理。在我国，城市土地管理机构既代表土地所有者行使所有权，又代表政府行使行政管理权，具有特殊的身份。土地管理制度的主要内容是指土地管理机构及其运行模式和运行规则。

① 参见程世勇：《“地票”交易：模式演进和体制内要素组合的优化》，载《学术月刊》，2010，42 (5)。

#### 8.1.3.1 土地管理制度的现状

在我国，负责土地管理的最高机构是国土资源部以及住房和城乡建设部。在国土资源部有规划司、耕地保护司、地籍管理司、土地利用管理司等业务司，负责土地规划、利用、价格等政策的制定。在住房和城乡建设部主要由城乡规划司负责部分土地利用强度和容积率等相关管理事宜。纵观我国土地管理制度建立和发展的历史，大致可以归纳为以下几种模式：

1. 统管与分管的模式

土地管理体制按管理权限可以划分为统管、分管和统分结合三种方式。统管是指国家建立专门统一的管理机构，对全国土地依法实行统一管理；而分管则是指分系统、分部门建立土地管理机构，归口管理本系统、本部门的土地；统分结合是指国家实行统一管理与归口分管相结合的体制，即国家设置统一的土地管理职能机关，负责协调各部门用地及建设，制定统一政策、法规与部门归口分管相结合的土地管理体制。

新中国成立以来，我国土地管理实际经历了分管（20 世纪 50—70 年代）、统分结合（1982—1986 年）以及统管（1986 年以来）的不同管理模式。从理论上来分析，由于我国单一的土地所有权性质，设立统一的管理机构，全权代表土地所有者，应该说可以更有效地维护土地所有者的权益。同时，基于土地的特殊性以及土地管理的特殊要求，也应设立专门的行政管理机构，以实行对土地的有效管理。从实践运行来看，从 1986 年颁布《土地管理法》宣布对全国土地实行统一管理以来，全国自下而上已初步形成统一的土地管理机构。但是，由于各地方政府和各专业部门认识上的差异，加之土地管理部门自身的因素导致实践中土地管理工作并没有统一起来，城乡分割、农林等部门分割管理的现象在不同地区都有存在，并导致“政出多门”、“管理缺位”的问题时常发生。

所以，从立法上加大力度，完善和强化土地管理的统一性还要做许多的工作。

2. 集权与分权模式

按照中央与地方关系的不同处理方式，土地管理体制也可以采取中央和地方分权、地方分权、中央集权三种模式。中央与地方分权模式设计的目标是，中央或省级政府控制国有土地增量和出让量，以便达到合理用地、保护耕地的目的；地方政府得到经济实惠，以利于改善城市基础设施和进行土地开发。实行地方分权模式的具体设想是实行国有土地由地方政府受托代管制，即土地国有制不变，但由中央委托地方政府（县、市）代为管理，其基本特征是中央政府不再向地方政府下达控制耕地占用的指标，而是完全由地方政府掌握，中央则采取若干经济措施进行调控。与此截然相反的另一种设想模式是严格的中央集权模式，提出这一模式的目的是要强化中央政府统一管理全国土地的职能，强化宏观调控能力，相应的管理体制是由中央到地方的土地管理部门实行单线、垂直统一领导。

#### 8.1.3.2 土地管理制度确定的原则

1. 与土地产权制度相适应

土地产权制度是产权制度的重要组成部分，是维护国家及各产权主体利益不受侵犯，并使其在经济运行中实现其权益的保证。土地管理行政模式的建立，必须以维护土地产权制度为主要目的，通过适度的行政管理与行政干预，进行土地产权的界定，并保证各权利主体的权益。

2. 与国家行政体系相协调

在我国的行政体系中，中央政府的机构规模较大，设置的综合部门和专门行政部门相对较多。省级以下政府（市、县）以综合部门为主，乡级政府不设专业部门而设置综合部门。中央政府还设置了垂直的行政管理部门，如国税、审计等机构，这些机构不接受地方管理，由中央政府统一调控。

土地管理机构属专业性部门，与我国现行行政机构相对应，应在不同层次设置相应的专业部门，即在中央、省、地（市）、县级设置相应的机构，以保障国家对土地实行集中和统一的管理。

3. 反映社会经济体制的性质

与计划经济不同，市场经济体制下政府管理经济的方式发生了根本性的变化。政府机构设置上的变化也是明显的，即加强调控宏观经济运行的机构的建设，而减少直接参与微观经济活动的机构。土地管理机构的设置同样要遵循这一规则。

**8.1.3.3 土地管理制度的改革与完善**

1. 改革省以下国土资源管理体制

为了进一步加强国家对国土资源的宏观调控，强化省级人民政府保护土地资源的责任，落实最严格的耕地保护制度，推进依法行政，2004年党中央、国务院针对当前土地管理中存在的突出问题，作出了实行省以下的土地行政管理部门垂直管理的重大决策。这次省以下垂直管理的国土资源体制改革的主要内容包括以下几个方面：

（1）调整省以下国土资源主管部门干部管理体制。地（州）、县（市）国土资源主管部门的领导干部实行双重管理体制，以上一级国土资源主管部门党组（党委）管理为主，地方党委协助管理。这是加强地（市）、县（市）国土资源主管部门领导班子建设的重要举措，也是国土资源管理体制改革最为重要的内容。

（2）理顺国土资源行政管理体制。重点是调整市辖区和乡镇国土资源管理体制，强化国土资源的集中统一管理。一是市（州、盟）、县（市、旗）国土资源管理部门仍是同级政府的工作部门，其机构编制仍由同级政府管理；地区国土资源主管部门的机构编制也仍由行署管理。二是市辖区国土资源主管部门改为国土资源管理分局，为市国土资源主管部门的派出机构，其机构编制上受到市政府管理。三是乡（镇）国土资源管理所的机构编制上受到县（市、旗）政府管理，县（市、旗）可以根据实际需要，按乡（镇）或跨乡镇按区域设置国土资源管理所，为县（市、旗）国土资源部门的派出机构。

（3）完善和强化行政管理职能。

1）完善土地利用总体规划编制和审批管理。重点是针对当前土地利用总体规划，尤其是乡（镇）土地利用总体规划审批中存在的突出问题，对目前乡（镇）土地利用总体规划由省级政府授权设区的市和自治州政府审批的管理体制（即“授权管理体制”）进行完善。

2）强化省级人民政府及其国土资源主管部门的执法监察职能。一是进一步强化省级人民政府及其国土资源主管部门的执法监察责任。二是加强执法队伍建设，建立健全制度。

实行省以下垂直管理体制，可以说是我国土地行政管理制度发展史上最为重要的一次改革，也是力度最大的一次改革，对于保持国民经济全面、协调、可持续发展，对于增强国家对土地资源的宏观调控能力，落实最严格的土地管理制度，将发挥十分重要的作用。

2. 建立国家土地督察制度

为进一步强化中央对地方各级人民政府及其国土资源主管部门土地管理行为的监督检查，强化中央政府的土地管理职责，2004 年 10 月，国务院下发的《国务院关于深化改革严格土地管理的决定》提出要“完善土地执法监察体制，建立国家土地督察制度，设立国家土地总督察，向地方派驻土地督察专员，监督土地执法行为”。国务院办公厅于 2006 年 7 月下发《关于建立国家土地督察制度有关问题的通知》，标志着国家土地督察制度正式建立。国家土地督察制度的建立，进一步完善了土地管理体制，意义重大，影响深远，有利于实行最严格的耕地保护制度，有利于保证国家宏观调控政策的有效实施，有利于土地管理法律法规在全国统一实施，也有利于保证省级人民政府有效地履行土地管理职责。

国家土地督察制度，是国务院授权国土资源部代表国务院，通过设立国家土地总督察及其办公室，向地方派驻国家土地督察局，对各省、自治区、直辖市，以及计划单列市人民政府土地利用和管理情况进行监督检查的制度。

从制度的意义看，国家土地督察是一项长期稳定的土地管理制度，而不是暂时的安排。建立国家土地督察制度的目标，就是要通过加强中央对地方人民政府贯彻执行土地管理法律法规的监督检查，强化监督，加大执法力度，切实保护耕地，确保土地基本国策和科学发展观的贯彻落实。

从权力的来源看，国家土地督察的监管权力，来源于国务院的授权。国家土地督察制度，就是根据国务院的授权，赋予土地总督察代表国务院行使国家对土地管理进行监督检查的权力。国家土地总督察和督察专员依法享有对土地的监督检查权、调查知情权、违法行为纠正权和处理建议权等。

从督察的法律地位看，国家土地总督察代表国务院行使监督检查的职权，其监察对象主要是地方各级人民政府。由于是代表国务院行使土地监督检查权，因此既保证了其工作的独立性，又保证了其权威性，可以有效地防止地方政府违法。

## 8.2 住房制度

住房制度是关于住房建设、流通以及使用等过程中所发生的各种经济关系的制度性规定。住房制度与国家的政治、经济体制密切相关。自 1954 年以后，我国住房制度发生了多次变化。传统计划经济时期的住房制度是以国家投资建房、单位分配住房、职工家庭无偿或低租金使用为主要内容的，这种制度的长期运行，必然难以维持住房的简单再生产和复杂再生产，难以形成住房资金的良性循环，这是长期制约我国住房建设的主要问题。自 20 世纪 80 年代以来的住房制度改革大大地提高了我国城镇居民的居住水平，改革中推出的分层供应体系也是基本可行的，但由于过度依靠市场，不少地方政府忽视了最低收入阶层的住房保障问题，造成了住房供应结构性失衡、住房保障不力的现象，这种现象自 2005

年以后逐渐表现出来。因此，根据经济社会发展状况对住房制度进行不断改革，保障广大人民群众的居住需求是目前亟待解决的问题。

## 8.2.1　住房供给制度

### 8.2.1.1　我国住房供应体系的发展历程

大体来看，新中国成立以来，我国城镇住房供应体系经历了四大阶段：

1. 单一的住房行政供给制阶段——改革开放前

这一阶段，我国处于计划经济体制时期，当时的住房供应体制与住房实物福利分配制度相联系。新建住房资金全部来源于国家的公共积累，住房建设计划由国家统一下达，住房由政府部门或企业、事业单位组织建设，然后以低租金方式，无偿分配给城镇职工使用。这种住房供应体制在新中国成立初期，对于迅速改善广大城镇职工的住房条件、维护社会稳定、推进社会主义建设，发挥了重要作用。

但是随着我国工业化、城镇化步伐的加快，城镇人口快速增加，这一体制的弊端逐步显现。国家投入住宅建设的大量资金无法收回，还需要再拿出一大笔资金用于补贴住房的维修管理费用。受国家财力的制约，单一的住房行政供给制越来越难以满足群众日益增长的住房需要，居住条件改善进展日益缓慢。

2. 住房市场化供应的探索和试点阶段——1978—1998 年

这一阶段，正是我国从计划经济到有计划的商品经济再到社会主义市场经济体制的转轨时期。为解决当时住房严重短缺问题，国家开始推行以住房商品化、社会化为目标的城镇住房制度改革，明确了国家、单位、个人合理负担的原则。相应地，也开始了建立新的住房供应体系的探索。特别是 1994 年《国务院关于深化城镇住房制度改革的决定》明确提出，要建立以中低收入家庭为对象、具有社会保障性质的经济适用住房供应体系和以高收入家庭为对象的商品房供应体系。

这一阶段，住房生产建设方式也开始发生根本性转变。20 世纪 80 年代中期，开始推行城市房屋“统代建”模式。即：需要建房的单位按国家批准的建房计划委托由政府组织成立的“统建办公室”（政府事业单位）统一规划、统一建设、统一结算，建设资金来自各参建单位。随着房屋商品化、土地有偿使用等制度的推行，各地“统建办”逐步演变为房地产开发企业，其服务对象也逐渐通过市场进行选择。由此，以增量市场为主的房地产市场开始得到培育，为进一步建立以市场机制为基础的住房供应体系打下了基础。

在此期间，城镇住宅建设取得了较大发展。据统计，从 1979 年到 1997 年，全国城镇共建成住房面积 31.5 亿平方米。1997 年，商品住房竣工面积已占城镇住宅竣工面积的 30.8%，城镇居民人均居住面积提高到 8.8 平方米。但旧的住房制度还没有得到根本改变，住房仍然以实物分配为主；商品住房比例还不高，且其供应对象主要是单位和少数高收入者；经济适用住房政策仅体现于少量的国家安居工程和集资合作建房上。

3. 以经济适用住房为主的阶段——1998—2003 年

1998 年，《国务院关于进一步深化城镇住房制度改革加快住房建设的通知》在明确停止住房实物分配、实行住房分配货币化的同时，提出建立和完善以经济适用住房为主的住房供应体系，对不同收入家庭实行不同的住房供应政策。即：最低收入家庭租赁由政府或者单位提供的廉租住房；中低收入家庭购买经济适用住房；其他收入高的家庭购买、租赁市场价商品住房。文件还明确了经济适用住房建设保本微利的定价原则，以及土地划拨、税费减免等扶持政策，并要求加快推进住宅产业现代化步伐；对廉租住房的来源、供应主体、定价方式和审核制度等也作出了原则规定。文件还对培育住房二级市场、发展住房金融提出了要求，从而初步构建了以市场机制为基础、住房保障相配套的社会化的住房供应体系框架。

在市场机制的作用下，城镇住房快速发展。1998—2002 年的五年间，城镇住宅竣工面积达 27.6 亿平方米，城镇居民人均住房建筑面积提高到 22.8 平方米（相当于居住面积 11.4 平方米）。2002 年城镇住宅竣工面积 5.98 亿平方米，是 1997 年的 1.47 倍，其中，商品住房 2.85 亿平方米，是 1997 年的 2.29 倍，个人已成为商品住房消费的主体。1998—2003 年经济适用住房累计竣工面积 4.77 亿平方米，累计解决了 600 多万户中低收入家庭的住房问题。与此同时，以已购公有住房为主的大量存量住房入市，拓展了住房市场供应渠道，初步形成了存量与增量联动的局面。但非市场化的住房供应仍然是多数（见表 8—1）；经济适用住房客观上并没有发展成为供应主体；廉租住房制度建设进展缓慢；租赁市场发展滞后。

**表 8—1** **1998—2002 年城镇住宅竣工情况表** 单位：万平方米

| 年份 | 城镇住宅竣工面积 | 商品住房竣工面积 | 商品住房竣工面积占城镇住宅竣工面积比重（%） |
|---|---|---|---|
| 1998 | 47 617 | 14 126 | 29.67 |
| 1999 | 55 869 | 17 641 | 31.58 |
| 2000 | 54 860 | 20 603 | 37.56 |
| 2001 | 57 476 | 24 625 | 42.84 |
| 2002 | 59 794 | 28 525 | 47.71 |

4. 以普通商品住房为主的阶段——2003 年以来

随着经济形势的持续好转、房地产市场的快速发展，经济适用住房作为拉动经济增长的历史使命已基本完成。与此同时，健全宏观调控机制，促进房地产市场持续健康发展，完善住房保障体系，更好地解决低收入群体住房问题，成为新的发展阶段的重要任务。为此，2003 年 8 月下发的《国务院关于促进房地产市场持续健康发展的通知》提出，根据城镇住房制度改革进程、居民住房状况和收入水平的变化，完善住房供应政策，调整住房供应结构，逐步实现多数家庭购买或承租普通商品住房。应根据当地情况，合理确定经济适用住房和廉租住房供应对象的具体收入线标准和范围，并做好其住房保障工作。文件明确：经济适用住房是具有保障性质的政策性商品住房，可租可售；采取有效措施加快普通商品住房发展，提高其在市场供应中的比例；以财政预算资金为主，多渠道筹措资金，形成稳定规范的住房保障资金来源，廉租住房原则上以发放租赁补贴为主；搞活住房二级市场；制定和完善住宅产业的经济、技术政策，健全推进机制，促进住宅产业现代化。

2005 年 5 月，国务院办公厅转发建设部等七部门《关于做好稳定住房价格工作意见的通知》，进一步提出了强化规划调控，改善住房供应结构；加大土地供应调控力度，严格土地管理；明确享受优惠政策普通住房标准，合理引导住房建设与消费；加强经济适用住房建设，完善廉租住房制度；鼓励发展并规范出租业，多渠道增加住房供给，提高住房保障能力等一系列政策措施，细化和完善了 18 号文件提出的住房供应政策。至此，我国住房供应基本完成了由计划体制向市场体制的转化，在制度层面上，初步形成了以普通商品住房为主的市场机制与保障机制相结合的住房供应体系（见图 8—1)。

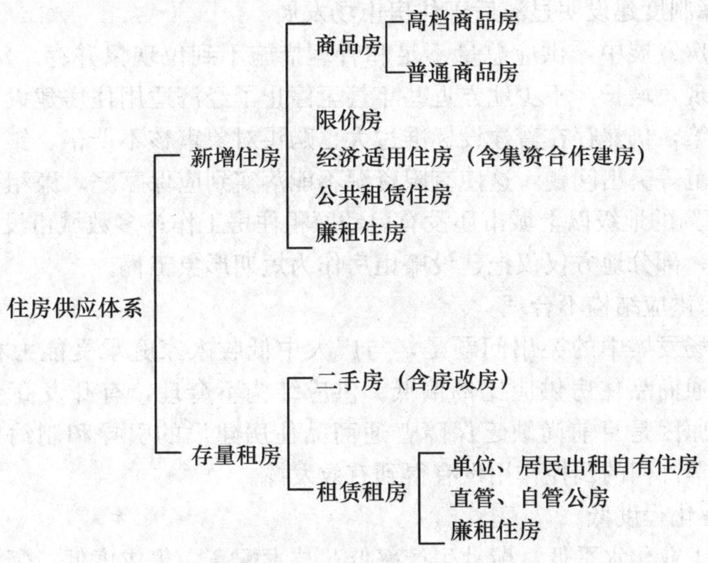


图 8—1 目前我国住房供应体系

#### 8.2.1.2 当前住房供应体系存在的主要问题

住房供应体系的建立和完善，是一个渐进的过程。经过 20 多年的改革和发展，尽管与市场经济体制相适应的住房供应体系已初步形成，但受传统体制和社会观念的影响，目前还存着体系结构不尽合理、运行机制不健全、政府职能不到位、配套措施亟待完善等突出问题。具体表现为：

1. 制度设计不尽完善，操作上还没有完全涵盖不同收入人群

现行体系总体上明确了高档商品住房、普通商品住房、经济适用住房、廉租住房的供应及其适用人群，但仍有相当部分中低收入家庭买不起普通商品住房、又享受不上经济适用住房，部分低收入者买不起或租不到经济适用住房、又享受不上廉租住房，出现了所谓的“夹心层”。大量农村进城务工人员已成为城市居民的重要组成部分，也是城市中的弱势群体，但在政策上尚缺乏对这部分人群的有效支持。

2. 存量与增量市场发展不平衡

目前，与增量住房市场及成熟市场的要求相比，存量住房市场发展总体上仍然是滞后的。目前，各主要城市存量住房上市交易量均不足住房保有量的 1%（市场成熟国家，该比例一般在 10%～15%）。东部地区一些主要城市二手住房交易量逐步接近商品住房交易量，而中、西部地区和中小城市二手住房交易比例还很小，有的甚至才刚刚起步。存量住

房市场供应不足，一方面使大量需求投向增量市场，加大了增量市场供应的压力；另一方面，存量住房的作用没有得到有效发挥，使既有资源的配置效率不高。

3. 租赁与买卖市场发展不平衡

住房租赁市场发展基本处于自发和无序状态，未能与住房买卖市场得到同步发展和规范。市场供应主要以个人私房出租为主，机构投资者进行住房租赁经营的很少，缺乏持续稳定的供应渠道；市场秩序不规范，违法出租和租赁纠纷多，在质量、消防、卫生、治安等方面存在隐患。

4. 住房保障制度建设明显滞后于住房市场发展

经济适用住房发展中，供应总量不足和管理措施不到位现象并存。2004 年全国经济适用住房投资出现负增长，不少地方近些年甚至停止了经济适用住房建设。很多地区并未认真落实国家政策，仍然存在着建设标准过大、购买对象审核不严格、销售监管不力、开发建设方式不规范等突出问题，这使有限资源不能落实到应保家庭。廉租住房制度建设推进缓慢，全国 53%的地级以上城市还没有启动廉租住房工作；多数城市没有将廉租住房资金列入财政预算；部分地方仅仅把建设廉租房作为短期形象工程。

5. 商品住房供应结构不合理

当前住房市场发展中的突出问题是，与广大中低收入家庭承受能力相适应的中低价位、中小户型普通商品住房供应比例偏低。供应结构不合理，有开发商受利益驱动的因素，但更主要的原因是目前尚缺乏保障普通商品住房建设的引导和制约机制，税收、金融、规划、土地等部门的调控作用没有得到有效发挥。

6. 住宅产业化程度低

主要表现为工业化水平低、劳动生产率低；技术配套、集成度低；资源消耗高、循环利用率低；住宅生产、使用造成的污染现象严重。

#### 8.2.1.3 完善住房供应制度的建议

完善住房制度的基本思路是：坚持市场化的基本方向，大力培育房地产市场，进一步拓宽租售并举的市场供应。强化住房保障，建立健全多层次的住房保障渠道，满足低收入和最低收入家庭的基本住房需要。以住宅产业现代化为载体，制定技术、经济政策，发展节能省地型住宅。通过完善体制、健全机制，落实责任，逐步丰富和完善适合我国国情的住房供应体系。

按照以上思路，完善住房供应体系的初步设想如下：最低收入家庭申请廉租住房；低收入家庭租住（针对家庭收入情况发放租金补贴）或购买（以扶持政策建设）经济适用住房；中等收入家庭购买或承租普通商品住房；高收入家庭购买或承租市场价商品房。坚持普通商品住房在住房供应体系中的主体地位，着力增加中低价位、中小户型的普通商品房供应，使有能力进入市场的工薪家庭买得起或租得到房，不完全具备进入市场能力的低收入家庭获得政策支持，最低收入家庭得到基本住房保障。

政府应做好以下工作：

1. 着力改善供应结构，坚持普通商品住房在住房供应中的主体地位

普通商品住房是住房市场化供应体系与住房保障体系的结合点。逐步实现多数家庭购买或承租普通商品房，是适应我国国情、符合住房发展规律的，必须长期坚持。当前住房

供应结构不合理，与广大普通家庭承受能力相适应的中低价位、中小户型普通商品住房供应不足，是各地普遍存在的问题。

2. 创新机制，强化住房保障

要进一步研究经济适用住房定位。按照保障性住房的定位，经济适用住房的供应对象应当是低收入群体。进一步完善廉租住房制度，落实以财政资金为主的廉租住房资金来源渠道，不断扩大廉租住房覆盖面，并逐步实现租赁型经济适用住房和廉租住房制度的衔接。加快研究进城务工农民的住房政策，完善面向务工人员的住房供应渠道。在现阶段，可以考虑以提供低价位的租赁住房、规范用人单位向务工人员提供宿舍的基本标准等方式，解决其住房问题，并逐步将务工人员纳入城镇住房保障范围。

3. 大力培育租赁市场

要把“租售并举”作为长期坚持的基本住房政策，从供需双向进行引导，扭转“重买轻租”、租赁市场欠发育的局面。

4. 加快推进住宅产业现代化

应尽快制定颁布“国家住宅产业发展政策”，明确住宅产业现代化政策目标、发展规划、技术政策、经济政策、组织政策、市场政策，建立必要的工作推进制度和激励机制。积极探索以房地产开发企业为龙头，通过项目开发整合建筑设计、规划、材料供应、装饰装修等产业链条的模式，借以推广“四节一环保”技术，建设资源节约和循环利用住宅，推进住宅产业现代化。

## 8.2.2 住房保障制度

### 8.2.2.1 我国住房保障制度的历史沿革

面向中低收入家庭的住宅保障，一直是政府公共政策的重要组成部分。改革开放前，我国实行单一的行政供给制，住房建设计划由国家统一下达，由政府部门或企业、事业单位组织建设，然后以低租金方式分配给城镇职工使用。由于全部住房供应均纳入统一计划，且当时城镇居民货币收入差距较小，因此专门针对低收入家庭建立住房保障政策的必要性并不显著。改革开放后，我国进入从计划经济到有计划的商品经济再到社会主义市场经济的体制转轨时期，开始探索建立新的住房供应体系，推行以住房商品化、社会化为目标的城镇住房制度改革，低收入家庭住房供应政策也应运而生。随着住房市场化进程的加快，低收入家庭的住房问题日益受到各级政府的重视。在中央和地方的共同努力下，各地逐步建立起了以经济适用住房制度、廉租住房制度、住房公积金制度等为主要内容的住宅供给保障制度基本框架。回顾历史，我国住房保障制度的建设，是随着住房制度改革的不断深化逐步建立起来的。与住房制度改革的几个主要阶段相适应，住房供给与保障制度的经历了政策的提出、制度基本框架的完善、制度的规范和制度的全面推进四个主要发展阶段。

1. 住房保障政策的提出

1994 年，根据中央关于建立社会主义市场经济体制的要求，为建立与社会主义市场经济体制相适应的城镇住房制度，加快住宅建设，改善居住条件，满足城镇居民不断增长的住房需求，国务院下发了《关于深化城镇住房制度改革的决定》(国发［1994］43 号)。

结合当时城镇居民收入状况，以及住房制度改革的实际情况，《决定》提出了住房新体制的基本框架，也就是“三改四建”的改革任务。要求把住房建设投资由国家、单位统包的体制改变为国家、单位、个人三者合理负担的体制；把各单位建设、分配、维修、管理住房的体制改变为社会化、专业化运行的体制；把住房实物福利分配的方式改变为以按劳分配为主的货币工资分配方式；建立以中低收入家庭为对象、具有社会保障性质的经济适用住房供应体系和以高收入家庭为对象的商品房供应体系；建立住房公积金制度；发展住房金融和住房保险，建立政策性和商业性并存的住房信贷体系；建立规范化的房地产交易市场和发展社会化的房屋维修、管理市场，逐步实现住房资金投入产出的良性循环，促进房地产业和相关产业的发展。《决定》首次提出，建立分层次的住房供应体系，建立市场和保障相结合的住房新体制，并作为住房制度改革的重要目标。1995 年，国务院决定实施国家安居工程，作为转变住房分配机制，建立住房新体制的示范工程，奠定了我国经济适用住房制度的基本政策框架，推动了经济适用住房的起步和发展。同时，住房公积金制度在大中城市全面推开。这一时期首次明确了面向中低收入家庭的住房保障政策，但受当时历史条件的局限，这些政策的落实情况并不理想，多数地方仍然延续了实物福利分房制度。

2. 住房保障制度基本框架的完善

1998 年，国务院下发了《关于进一步深化城镇住房制度改革加快住房建设的通知》（国发［1998］23 号）。《通知》要求，1998 年下半年开始停止住房实物分配，逐步实行住房分配货币化；建立和完善以经济适用住房为主的住房供应体系；继续推进现有公有住房改革，培育和规范住房交易市场；采取扶持政策，加快经济适用住房建设；发展住房金融；加强住房物业管理。《通知》考虑多数中低收入家庭的住房支付能力，借鉴市场经济国家的一般经验，提出了建立和完善以经济适用住房为主的住房供应体系。明确“最低收入家庭租赁由政府或单位提供的廉租住房；中低收入家庭购买经济适用住房；其他收入高的家庭购买、租赁市场价商品住房”。1999 年，国务院颁布了《住房公积金管理条例》。2002 年，国务院对该《条例》又进行了修订，强化了住房公积金管理，确立了“住房公积金管理委员会决策、住房公积金管理中心运作、银行专户、财政监督”的决策、管理和监督体制，把住房公积金制度纳入法制化轨道。这些规定，进一步完善了城镇住房供应体系，形成了我国住房保障体系的基本框架。

3. 住房保障制度的规范

2003 年，根据房地产市场发展的实际情况，《国务院关于促进房地产市场持续健康发展的通知》（国发［2003］18 号）明确提出“加快建立和完善适合我国国情的住房保障制度”，对住房供应体系和保障体系做了进一步完善，提出完善住房供应政策，调整住房供应结构，逐步实现多数家庭购买或承租普通商品住房；要求加强经济适用住房的建设和管理，建立和完善廉租住房制度，强化政府的住房保障责任。这些规定，既立足于住房市场化改革的基本方向，充分发挥市场配置资源的基础性作用；又就住房保障制度建设中的主要问题作出了规定，要求合理确定经济适用住房和廉租住房供应对象，并做好其住房供应保障工作，界定了市场机制和政府保障的范围。同年 12 月，建设部等五部门修订印发了《城镇最低收入家庭廉租住房管理办法》。2004 年 5 月，建设部等四部门印发了《经济适用住房管理办法》。这些规定，明确了建立以普通商品住房为主的住房供应体系，完善了经济适用住房和廉租住房保障政策。

4. 住房保障制度的全面推进

2005 年以来，党中央、国务院把房地产市场调控作为宏观调控的重要任务，针对房地产市场发展中的突出问题，把强化住房保障工作作为调控的重要内容之一。《国务院办公厅转发建设部等部门关于做好稳定住房价格工作意见的通知》（国办发［2005］26 号）强调，要规范发展经济适用住房，继续抓好经济适用住房建设，完善经济适用住房制度，切实解决建设和销售中存在的问题。同时，明确要求将城镇廉租住房制度建设情况，纳入省级政府对市（区）、县人民政府工作目标责任制，建立了推进机制。2006 年，《国务院办公厅转发建设部等部门关于调整住房供应结构稳定住房价格意见的通知》（国办发［2006］37 号）将经济适用住房定位于低收入家庭，提出廉租住房是解决低收入家庭住房困难的主要渠道。要求尚未建立廉租住房制度的城市，必须在 2006 年年底前建立；明确城市人民政府要将土地出让净收益的一定比例用于廉租住房建设，要求各级财政加大对廉租住房制度建设的支持力度。2010 年《国民经济和社会发展第十二个五年规划纲要（草案）》对“十二五”期间保障住房建设提出明确目标，建设城镇保障性住房和棚户区改造住房 3 600 万套（户），全国保障性住房覆盖面达到 20％左右。

### 8.2.2.2　我国住房保障制度实施现状

1. 经济适用住房制度

经济适用住房是具有保障性质的政策性商品住房。城市政府要通过提供土地划拨供应、减免有关配套费用等政策优惠，限定建设标准、供应对象和销售价格，满足低收入家庭的需要。经济适用住房应当采取招投标方式选择开发建设单位，对经济适用住房的购买实行严格的申请、审批和公示制度，对购买后上市销售或出租实行收益控制。独立工矿区或困难企业利用自用土地，组织职工集资合作建房，要纳入经济适用住房管理。

各地加强经济适用住房建设和管理工作，严格控制建设标准，加强供应对象审核、落实优惠政策，严格项目招投标制度和销售价格管理，不断完善管理办法，积累了一些好的经验和做法。一是严格控制经济住房建设标准。南京市规定了 40、50、60、80 平方米 4 种户型；天津市规定一室户面积为 45～65 平方米，两室户面积在 65～85 平方米。二是合理确定购买对象。南京、青岛、宁波等城市明确经济适用住房供应对象为低收入家庭。三是保证经济适用住房供应量。杭州市根据需求情况和供应能力，确定了 2005—2007 年每年新建经济适用住房 100 万平方米，新建拆迁安置住房 100 万平方米的三年计划。成都、南宁等一批城市加强规划、土地调控，保证经济适用住房的土地供应。四是加大执法监察力度。宁波市等一些城市严格执行社会公示、监察部门和公证机关全程参与监督制度，确保政策落实到位。

此外，一些地方对经济适用住房制度的实现方式进行了积极探索。日照市把原来用于经济适用住房建设的划拨用地，按照市场价格出让，用所得净收益对符合条件的家庭贴进行购房（即“补人头”方式）。天津等城市探索租赁型经济适用住房的方式。解决低收入家庭住房困难。自 1998 年国家安居工程实施以来，特别是 1998 年停止住房实物分配以来，经济适用住房建设得到了较快发展，对于保证住房分配制度改革的顺利实施，解决城镇居民住房问题发挥了重要作用。据不完全统计，1998 年到 2006 年年底，我国经济适用住房（含集资合作建房）累计竣工面积约 13 亿平方米，解决了约 1 650 万户（中）低收入家庭的住房问题。

2. 廉租住房制度

廉租住房制度是社会救助制度的组成部分。1999 年以来，根据国务院关于加快城镇廉租住房制度建设的要求，建设部与相关部门密切配合，先后出台了一系列文件规定。如《城镇最低收入家庭廉租住房管理办法》（建设部第 120 号令）、《城镇廉租住房租金管理办法》（发改价格［2005］405 号）、《城镇最低收入家庭廉租住房申请、审核及退出管理办法》（建住房［2005］122 号）、《财政部、建设部、国土资源部关于切实落实城镇廉租住房保障资金的通知》（财综［2006］25 号）、《城镇廉租住房工作规范化管理实施办法》（建住房［2006］204 号）和《城镇廉租住房档案管理办法》（建住房［2006］205 号）。

在这些政策的推动下，各地结合本地的实际情况，采取有效措施，加强廉租住房制度建设，取得了积极进展。截至 2006 年年底，全国 657 个城市中，已经有 512 个城市建立了廉租住房制度，占城市总数的 77.9%。其中，287 个地级以上城市中，有 283 个城市建立了廉租住房制度，占地级以上城市的 98.6%；370 个县级市中，有 229 个城市建立了廉租住房制度，占县级市的 61.9%。浙江、广东、河北、江西、甘肃、陕西、江苏、湖北 8 个省的 90%以上城市建立了廉租住房制度。

同时，我国也初步建立了以财政预算为主、土地出让净收益、社会捐赠等其他渠道为辅的资金筹措和管理制度。根据财政部、原建设部、国土资源部的有关规定，截至 2006 年，全国 121 个地级以上城市明确了土地出让净收益用于廉租住房制度建设的比例。其中青岛、宝鸡市定为 15%，深圳、银川市定为 10%。全国已有 37 个地级以上城市，将土地出让净收益实际用于廉租住房制度建设。其中，重庆市 1 亿元，南昌市 5 224 万元，拉萨、芜湖市分别 3 000 万元。广东、云南、福建、陕西、西藏等省（区）级财政每年安排一定的资金，用于补助各市（区）或困难地区廉租住房制度建设。青海省规定，省级财政承担 80%的廉租住房制度建设资金，其他 20%由各州（地、市）、县财政承担。

通过上述努力，我国廉租住房覆盖面稳步扩大。截至 2006 年年底，全国 657 个城市中，有 512 个城市已经建立了廉租住房制度，累计已有 54.7 万户低收入家庭，通过廉租住房制度改善了住房条件。其中，领取租赁住房补贴的家庭 16.7 万户，实物配租的家庭 7.7 万户，租金核减的家庭 27.9 万户，通过其他方式改善居住条件的家庭 2.4 万户。2006 年当年新增 21.9 万户，其中领取租赁住房补贴的家庭 7.2 万户，实物配租的家庭 3 万户，租金核减的家庭 9.7 万户，通过其他方式改善居住条件的家庭 2 万户。北京、上海、河北等省市，凡申请并符合规定条件的家庭，基本实现了应保尽保。目前多数城市已经把人均建筑面积 10 平方米左右的家庭列为保障对象。北京、南通、成都等地逐步扩大廉租住房保障范围。北京市扩大到最低职工工资家庭，南通和成都市将买不起经济适用住房的低收入家庭纳入保障范围。

3. 公共租赁住房制度

近年来，随着廉租住房、经济适用住房建设和棚户区改造力度的逐步加大，城市低收入家庭的住房条件得到较大改善。但是，由于有的地区住房保障政策覆盖范围比较小，部分大中城市商品住房价格较高、上涨过快、可供出租的小户型住房供应不足等原因，一些中等偏下收入住房困难家庭无力通过市场租赁或购买住房的问题比较突出。同时，随着城镇化的快速推进，新职工的阶段性住房支付能力不足的矛盾日益显现，外来务工人员居住条件也亟待改善。大力发展公共租赁住房，是完善住房供应体系、培育住房租赁市场、满足城市中等偏下收入家庭基本住房需求的重要举措，是引导城镇居民合理住房消费、调整房地产市场供应结构的必然要求。2010 年 6 月，住建部出台了《关于加快发展公共租赁住房的指导意见》（建保［2010］87 号），正式确立了公共租赁住房制度的框架。

公共租赁住房供应对象主要是城市中等偏下收入住房困难家庭。有条件的地区，可以将新就业职工和有稳定职业并在城市居住一定年限的外来务工人员纳入供应范围。已享受廉租住房实物配租和经济适用住房政策的家庭，不得承租公共租赁住房。公共租赁住房租金水平，由市、县人民政府统筹考虑住房市场租金水平和供应对象的支付能力等因素合理确定，并按年度实行动态调整。符合廉租住房保障条件的家庭承租公共租赁住房的，可以申请廉租住房租赁补贴。

公共租赁住房租赁合同期限一般为 3～5 年，承租人应当按照合同约定合理使用住房，及时缴纳租金和其他费用。租赁合同期满后承租人仍符合规定条件的，可以申请续租。公共租赁住房只能用于承租人自住，不得出借、转租或闲置，也不得用于从事其他经营活动。承租人违反规定使用公共租赁住房的，应当责令退出。承租人购买、受赠、继承或者租赁其他住房的，应当退出。对承租人拖欠租金和其他费用的，可以通报其所在单位，从其工资收入中直接划扣。

4. 其他保障方式的探索

在上述三项主要制度基础上，部分地区结合当地改革和发展的实践，进行了一些新探索。主要表现在三个方面：

一是对房屋拆迁中的困难家庭实施拆迁保障。各地在完善房屋拆迁政策过程中，普遍对拆迁中的困难家庭，实行最低面积安置、最低单价及总价补偿等政策。南京市根据对被拆迁群众进行实行“三房”托底保障，让每一户被拆迁居民都能够买得起房、租得到房。对拆迁补偿款在 10 万元至 20 万元之间的，提供中低价商品房；对拆迁补偿款在 10 万元以下的，提供经济适用住房；对家庭有特殊困难的，则由政府提供廉租住房。并进一步强化社会综合保障，明确了相关部门在群众就业、就医、就学和最低社会保障等方面的责任，落实了解决被拆迁群众实际困难的各项措施。福州市对原产权房屋面积小于 45 平方米的困难户，实行最低面积补偿，经街道、社区居委会确认并公示无异议后，按照 45 平方米计算货币补偿金额。

二是积极推进旧住宅区改造。旧住宅区主要居住着城市低收入住房者，住房质量和居住环境都很差。不少城市都采取了积极措施，多渠道筹集改造资金，通过危旧住房改造，改善低收入住房者的住房质量和居住环境。如上海市采取“市里出一点、区里出一点、物业产权人出一点”的筹资方式，筹集危旧住房整治改造资金。通过实施“平改坡”工程，使上海 2 000 多万平方米的危旧住房“旧貌换新颜”，30 余万户居民改善了居住条件。成都市按照“政府主导、市场运作”的原则，化零为整、组合成群、成片拆迁、市场运作，形成了“阳光拆迁”、“扶困救助”、“多轮驱动”的危旧住房整治改造模式。常州市针对危旧住房普遍存在拆迁密度高、投入费用大、开发价值低、收支平衡难、整治改造难度大的问题，通过政府财政部分投入、各相关部门承担配套设施改造费用的方式，积极推进旧住宅区的整治改造。广州市建立了“政府统筹、居民参与、拆危建新、改善环境”的危旧住房整治改造机制。在取得70％业主同意的基础上，政府有关部门与业主协商实施整治改造计划。整治改造费用由市财政、区财政和业主三方共同承担。辽宁等地把推动棚户区改造作为城市政府的工作重点，列入对城市政府的目标责任制管理。

三是改善农民工的居住条件逐步得到重视。农民工居住问题，是中国特色城市化道路实施中的重大问题。近年来，部分城市对改善农民工居住条件进行了积极探索。上海市、江苏省部分城市，集中建设农民工公寓，以集体宿舍形式向农民工出租。长沙市在城乡接合部建设了5万平方米、可以满足4 000多名农民工居住的廉租住房小区，租金按长沙平均租金的40％收取，每平方米约6元/月。广西壮族自治区、浙江省湖州市将农民工纳入城镇住房保障体系，打破城乡及户籍界限，允许农民工购买经济适用住房，为农民工建立了住房公积金。

## 8.3 国外房地产制度

### 8.3.1 国外土地制度

#### 8.3.1.1 国外土地所有制

综观目前各国的土地所有制，大致可以分为资本主义土地所有制即以私有制为主体的所有制和社会主义土地所有制即以公有制为主体的土地所有制。各个国家具体的土地所有制差异较大，以下概要地作一介绍：

1. 各国土地所有制现状

（1）美国。美国的土地所有制主要有三种形式：美国联邦政府所有、州政府所有以及私人所有，三者的比例分别是32％、10％、58％。由于各个州的具体情况不同，三种所有形式在各个州的比例也不相同。在有的州，联邦政府拥有或控制着绝大部分的土地，而在有的州则以私人所有为主。另外，城市土地与农村土地也有一些区别，且不同城市间也存在一定的差别。

（2）英国。自1066年以来，英国的土地在法律上都归英王或国家所有，即从法理上来讲，只有英王是土地的唯一绝对所有人，个人、企业和各种机构团体仅以某种方式持有土地。持有土地的方式主要有“永久业权”和“租赁业权”两种，其中永久业权又可以分为三种方式，即无条件继承的土地永久业权、限嗣继承的土地永久业权以及终身保有的土地业权。在实际中，无条件继承的土地永久业权是一种最完全的权利，其权利的运行相当于土地所有权。

（3）加拿大。加拿大现行的土地所有制主要有联邦政府所有、省政府所有和私有三种形式。联邦政府和省政府所有的土地约为总土地面积的90%，私人所有的土地仅为10%。但全国的城市土地、上好农田、牧场等经济效益较高的土地，基本上都被私人占有。

(4) 日本。日本的土地所有制主要有公有和私有两种形式，国家和都、道、府、县、市、町、村等公共机构占有的土地约为35%，私人所有的土地大约占65%。

2. 国外的土地改革

土地改革是对原有的土地制度直接或间接地进行根本的改善或者加上很大的限制，以便尽量消除原土地所有制度所带来或造成的弊端的社会变革活动。

从封建社会领主制的废除、私有制的建立发展到现在以集中对土地私有制所带来的各种弊端进行改革为主要内容的改革运动，土地改革经历了漫长的历史过程。尽管不同时期土地改革的具体内容有别，但土地改革的方式却不外乎两种，即对土地制度进行根本性的改革或进行逐步的渐进式改革。

对土地私有制度的改革的思路与实践，概括起来包括两个方面：或是对土地私有制度加以根本的变更，或是原则上承认私有制度，但要采取各种手段对土地私有权加以一定的限制，以尽量消除土地私有制度的弊端。具体可以分为以下三类：地租归公制土地改革论、社会主义制土地改革论以及私有制土地改革论。第一种改革论是以课税方式来消灭地主，称为税去地主；第二种是以强制没收的手段来消灭地主，称为踢去地主；第三种是比较温和的手段即以购买方式来消灭地主，称为买去地主。

英国在15世纪末至18世纪上半叶的圈地运动是历史上有名的土地改革运动，其主要的圈地活动共进行了两次。第一次的主要内容是集中分散的地块，变耕地为牧场，使保有地集中，共有地被占有，其结果是形成土地私有，无产劳动者产生。第一次圈地运动并无法律依据，是由领主与农民协商进行的，如遇农民反对，领主即以高压的强制手段实施圈地。第二次圈地运动规模更大，并以耕作合理化为主要目标，且已做到有法（《圈地法》，1760—1830年）可依，因此也称为议会圈地。由于当时英国的工商业已经非常发达，一定程度上解决了农村人口的出路问题，因此未引起严重的失业问题。总体来看，这两次圈地运动虽然造成了一定的不良后果，但带来了农业技术的革新，生产力激增，对欧洲农业乃至世界农业的发展有着很大的影响。

土地改革是重要的社会现象，特别是第二次世界大战以后，在多个国家发生的土地改革运动引起了普遍的关注。近代历史上发生的主要的土地改革运动有：第一次世界大战后，东欧各国的土地改革；第二次世界大战后，亚洲地区的土地改革以及1960年以后拉丁美洲各国的土地改革。第一次世界大战后的土地改革，主要是发生在1918—1922年间，其主要目的是防止俄国革命对各个国家的影响。各国政府采取各种手段，限制或征收大地主的土地，扶持自耕农，以缓和劳动者的不满情绪。第二次世界大战以后亚洲、拉丁美洲等地的土地改革，也是政治目的重于经济目的，不过，土地改革的实施，主要是受到美国对外政策的影响。他们认为，在农村内部形成地主与佃农的阶级对立时，应当进行土地改革，以扶持自耕农，培养一个国家社会群体中的中产阶级，由此加强民主主义。这是自1949年中国革命以及1959年古巴革命成功后，被美国政治家及世界认识到的土地改革的重要意义的一种写照。

从近代历史上发生的几次土地改革运动来看，一般都具有以下共同特点：土地改革往往发生在经济比较落后的国家；土地改革除了促进政治、社会安定以外，更促进了经济的繁荣，并使农民的生活得到较大改善。因此，土地改革作为一种社会、政治现象，受到世界各国的普遍关注。

**8.3.1.2　国外土地使用制**

不同的国家特别是市场经济发达的国家的土地使用制度是建立在市场机制条件下的对于土地利用、土地利用中权益关系调节等内容的制度性规定，市场的供求关系、市场的价格变化、市场竞争状况等决定着土地的配置、土地的开发与利用以及土地权益的分配等，并形成一种相对稳定的、成熟的土地使用制度基本框架。

为了解决实际中不断出现的各种土地使用的专门问题，各国也相继提出了一些专项的土地使用规定，这些规定的出台，不仅有利于解决现实中出现的问题，也丰富和完善了土地使用制度。以下就主要内容进行简要介绍与分析：

1. 土地用途管制

(1) 美国土地用途管制。

美国是较早实施土地用途管制的国家。在不同的历史时期，其土地用途管制的内容也不尽相同。20世纪50年代以前，主要是管制土地使用的容积与密度；20世纪50年代以后，则在密度与容积管制的基础上，着重城市规模的控制以及农业用地的保护。

1）以控制土地使用密度与容积为核心。这种管制主要是从住宅环境应有充足的光线与空气提供的角度、从住宅形态与建筑景观的角度、从住宅密度与公共设施需求的角度，通过划分土地使用分区，规范私人的土地使用与开发。其内容主要有：

第一，使用分区。一般分为住宅、商业、工业、农业四大类。大城市可能增加分区，可于每一分区内细分，每个分区均作出详细的用途限制。其主要目的是避免不相容土地使用性质的入侵。

第二，密度。主要包括人口密度管制、容积率管制、建筑密度管制以及宗地最大或最小面积管制。这种管制的主要目的是保证公共设施的合理需求，保护环境质量。

第三，容积。主要包括最小前院、后院、侧院、空地宽度的限制、建筑高度管制、最小基地面积规定等。容积管制的目的在于确保适当的采光、通风、日照以及建筑景观。

以土地使用容积和密度管制为核心的土地用途管制，在保障日照和通风、分离工业和居住等地区、隔离污染和噪音等公害的发生源以及保护环境等方面发挥了十分重要的作用。

2）以控制城市规模的不断扩大、保护农地为核心。20世纪50年代以来，随着人口的增加、经济的发展，都市或者社区不断向外发展扩张，侵吞了大量优质农地。以土地使用密度与容积管制为核心的土地用途管制越来越难以适应形势发展的需要。因此，各州纷纷开始采取措施，以控制城市规模的不断扩大，保护优质农地，从而使土地用途管制所强调的内容进入了另一个阶段。在这个阶段，州政府发挥了十分重要的作用，它通过土地利用规划，引导都市发展，减缓都市成长的压力，管控土地开发的区位、速度与公共的服务水平，以避免城市规模的不断扩大。

控制城市规模不断扩大的主要措施包括：

第一，划定城市增长线。即州政府通过法律要求地方政府在规划中根据本地区的经济发展状况和土地利用现状，划定城市增长线。增长线内的土地包括已有建筑物的土地和尚未被开发的空地，空地面积足够20年规划期内的城市发展用地。在增长线以内，允许土地开发，提供适当充足的公共设施，界线以外则限制开发。美国的俄勒冈州就要求每一个县和每一个城市的地方政府都要划定城市增长线。波特兰市是该州最大的都市地区，自从划定城市增长线以后，有效地控制了低密度的住宅与商业开发项目向周围农业区的扩展。波特兰市可以算是美国有效控制城市规模的最成功的典范。

第二，分期分区发展。州政府通过规划要求地方为未来的土地开发行为规定时序与区位，高效率地提供公共设施，避免不成熟的土地开发行为。这种措施在美国被普遍采用，并且取得了很好的效果。在马里兰州的乔治王郡，就将全郡划分为优先发展区、经济发展潜力区、限制发展区、延续发展区等，从而为土地开发确定不同的发展时序，引导了都市发展的区位与时机。

第三，建筑许可的总量控制。即在一定的时限内，对地方政府发出的建筑许可的总量进行控制，以减缓人口增长的速度，避免公共设施的急速需求加重地方政府的财政负担。这种方法通过量的配额，限制建设许可的控制，以达到抑制人口增长的目的。

(2) 日本土地使用管制。

日本土地使用管制的内涵与其他国家大体相同，且依据国情实行了较为集中统一的土地管理体制和比较严格的土地使用管理。日本曾先后制定《农用土地法》、《农地调整法》、《国土利用规划法》和《城市规划法》等法律，以规范土地的使用与管理。日本相关法律明确规定农地转为非农地要取得各级政府主管领导的许可，否则视为违法，处以罚款等。1969年修订的《城市土地规划法》，将城市区域划分为促进城市化发展的“市街化区域”和抑制城市化发展的“市街化调整区域”两种情况，以此来处理农地是否许可转变问题。具体农地移转是否许可的规定界限是：

第一，在市街化调整区域以外，将农耕地区分为第一种农地，即农业生产力最高的农地；第二种农地，即建设用地投资对象的农地；第三种农地，其区域总面积中的40%已成为建设用地的农地。依据上述三种情况，原则上不许可第一种农地转用。

第二，在市街化调整区域内，农地转用的标准要把区内的农地分为甲种农地和乙种农地，然后视情况分别决定。所谓甲种农地，是指集团性（连片）优良农地、土地改良事业用地、实施农地重划后农地或综合性集中农业用地及蔬菜产地、特种作物产地等；而乙种农地，是指不属于甲种农地之农地，亦比照市街化调整区以外农地转用标准，区分为第一、二、三种农地加以评判。由此确定甲种农地原则上不许转用（只是有个别情况例外），而乙种农地则比照一般许可标准处理。

2. 农用地保护

近年来，美国农业用地的减少速度很快，在一些城市地区，所谓的空地正在以比人口增长速度快4～7倍的速度被大量占用，大面积的优质农田就在这股大潮中被吞噬了，因此，保护农业用地成为近年美国土地用途管制的重要内容。

其采用的主要措施包括以下几个方面：

(1) 保护的范围。

美国农业部将最好的农田定义为“土壤、坡度和排水情况最适合种植粮食、饲料和油料作物的土地”。美国有关部门已对这样的土地进行了测绘，所有的社区都可以得到这些数据。除了土壤的质量以外，土地的其他因素也很重要，例如，土地与其他农田是否离得很近，农田的大小，农田是否靠近高速公路，是否有供、排水系统等。根据这些因素，识别出值得保护的土地，然后在规划中确定保护的范围和次序。此外，美国土壤保持局还将重要农地划分为基本农地、特种农地、州重要农地三种。

（2）制定农业区划。

农业区划就是把农业用地同工业一样严格划片，在该区域内，只准进行农业生产或者与农业生产有关的活动，严禁修建住宅和发展其他城市基础设施。农业区划还在最好的农田周围划定了缓冲区，缓冲区包括湿地、排水区、溪岸和森林等。

（3）农业保护区优惠政策。

为了鼓励农民参与重要农地保护区和鼓励农民改善耕作条件，美国不少地方政府都制定了很多优惠政策，凡是参加重要农地保护区的农场都可以得到优惠政策，有的州为了减少重要农地向非农地转变，还制定了惩罚措施——凡是将重要农地转化为非农地时，应将原来得到的优惠及其利益一次性返还政府。这些优惠政策主要有优先贷款、贴息贷款和减税等。

（4）购买或者转让开发权。

购买开发权（purchase of development right，PDR）指的是州政府或者地方政府的某个部门或某个私人组织购买优质农田的开发权。按照统一的办法，政府要获得农田的开发权，就必须向农民支付一笔现金，以作补偿。补偿数额通常相当于土地市场价格的一半或2/3。农民还可继续耕种其土地或在其土地上居住，并用出卖土地开发权得到的钱来改良土壤，使其产量更高。政府购买开发权的资金主要来源于公债以及联邦与州的联合拨款。转让开发权（transfer of development right，TDR）指的是农民出售其开发权，以便其开发权可以在临近的另一块土地上得到利用。通过这一方式，可以把农业用地的开发权转移到离城市较近、适于建设的土地上。这一方法有利于平衡财产的价值，同时又可将土地用于其最适宜的用途。

## 8.3.2 国外住房制度

不同国家的住房供给与保障制度的具体内容虽然不完全相同，但也有许多共同之处，诸如在政府投资建房、鼓励民间建房、提供住房补贴、提供住房融资支持等主要方面都有着相似的举措，以下分别加以介绍：

### 8.3.2.1 政府制定建房计划

不管是计划经济国家，还是市场经济国家，政府对住房建设都给予足够重视。很多国家都制定有“建房五年计划”或年度计划，以在宏观上指导住房建设，满足社会需求。如20世纪60年代，日本的人口进一步向城市集中，住房问题愈发突出，日本政府为此在1966年颁布《城市住房计划法》，开始了住房建设的五年计划。如表8—2所示，通过住宅建设的五年计划，日本逐步完成了“一户一套”、“一人一房”的初步目标。纵览日本住房发展之路，五年计划迅速缓解了战后住房的短缺问题，不仅满足了住房数量上的需求，而且在提高居住质量方面也取得了显著成果。

表 8—2　　日本的住宅建设五年计划　　(单位：万户)

| | 一五计划 | 二五计划 | 三五计划 | 四五计划 | 五五计划 | 六五计划 | 七五计划 | 八五计划 |
|---|---|---|---|---|---|---|---|---|
| 时间 | 1966—1970 年 | 1971—1975 年 | 1976—1980 年 | 1981—1985 年 | 1986—1990 年 | 1991—1995 年 | 1996—2000 年 | 2001—2005 年 |
| 主要目标 | 在全国一户家庭一套住房（1968 年） | 在全都道府县一户家庭一套住房（1973 年） | 最低居住水平以下居住比例减少 50%（1978 年） | 确保 1/2 的家庭达到平均居住水平（1983 年） | 不足最低居住水平的家庭在全国减少 10%（1988 年） | 约 50%的家庭达到诱导居住水平（1998 年） | | 50%以上的家庭达到诱导居住水平（2003 年） |
| 规划目标 | 670 | 957.6 | 860 | 770 | 670 | 730 | 730 | 640（改造 430） |
| 实现成果 | 673.5 | 828 | 769.8 | 610.4 | 835.6 | 762.3 | 681.2 | 349.3（2004.4） |

### 8.3.2.2　政府直接投资或干预建房

日本的私房率较高，市场经济发达，但政府对住房建设仍起着主导作用。日本政府有专门的住宅管理机构——建设省住宅局（1949 年成立）。该局是日本住宅建设与管理的政府职能部门，其主要职责有：拟制住宅政策，健全实施体制；编制住宅预算与政府住宅投资分配方案；编制住宅建设“五年计划”，并监督执行；对地方政府机构、公共团体、住宅公团与金融公库等进行指导和监督，推动、指导民间住宅开发。事实上，日本全国住宅建设推行的就是资金、计划、政策、法制设计、生产、技术开发一体化管理，强化了住宅管理的综合性与高效性。日本政府在住宅管理的机构设置上，既有官方的、半官半民的，也有民间性质的，三者各司其职，形成了统一、综合、高效、协调的住宅管理体制。

日本政府除了引导企业、私人、社会建设住宅外，也积极进行普通居民住宅的建设与经营，但与一般国家不同的是，政府不直接介入，而是组建社团组织进行住宅开发管理。社团利用政府财政投融资金建设住宅，也可按照法定程序依法提出住宅征地申请，由有关机构审批。住宅建设社团一般在全国大中城市周围建设住宅市区或住宅楼群，建成后租赁给企业、团体和个人使用。由中央和地方政府组织的住宅建设社团，提供了占全国居民户数 10%的住宅。

在德国，政府投资建房的具体办法是联邦政府为建造福利性住房提供资金，各州政府组织实施建房计划。住房建好后，政府依照相应的法规政策将福利性住房出售、出租给居民。

挪威有一套中央和地方、政府与私人机构相互配合、共同操作的住宅建设体制。中央政府制定国家住宅发展的总目标及有关法律法规，并向地方政府提供住宅建设资金，向国民发放建房、购房贷款和补贴。地方政府负责制定地方住宅建设计划，修建基础设施及住宅区公共项目，控制建筑质量，同时向低收入者提供适当的居所。至于住宅的实际建设、维修和管理主要由各种私人公司与组织承担，包括住宅合作社、建筑社、私人银行等。这种三位一体的职责分明的体制，创造了较高的效率，使挪威人民的居住水平不断提高。目前，挪威每千人拥有 416 套住宅，平均每人拥有 1.6 间房间，首都奥斯陆的人均居住面积达到了 42 平方米，仅次于美国华盛顿市而名列世界第二位。目前，挪威无论在人均居住面积还是私人住宅拥有率方面，都在发达国家中名列前茅。

俄罗斯莫斯科市福利房建设的资金主要来自商品房回收的资金。在开发的普通住宅小区中，有50%的住宅为福利房，另外50%为商品房。通过商品房的出售来补贴政府福利房。

在莫斯科市，市长有一个专门分管住房工作的副手。莫斯科市现在分为若干个行政区，每个区均设有专门的机构——住房委员会，负责住房工作。区的下一级机构为街道办事处，也有专人负责这项工作。根据规定，人均住房面积不足5平方米的家庭和个人才可以参加排队，申请住房。符合条件的市民，须从街道办开始申请，在表内填明现有居住情况及申请住房的面积等，由街道办主管人审核盖章，并签署意见后上交区住房委员会。区住房委员会每周召开一次专题会议，审议申请人资格，通过审议的申请人才可进入排队，等候住房分配。区住房委员会每年仅分配一次住房，如果申请人当年未分到，则需转到下一年，一般要排3～4年才可分到住房，有时最长要排上10年。通过排队分到的住房是免费的，也不交管理费，仅交水费、电费、气费。申请人分配到的住房，可以立即上市交易，按商品房价格出售，一般50平方米左右的住房，市价约5万～6万美元。当然，申请人仅可以申请一次免费住房。分配到的房子，申请人可以将其私有化，也可继承或卖掉。如果不办理私有化手续，业主去世后产权归国家所有，若归子女所有的话，需交纳10%的过户费，若由孙子一辈继承，则要交纳20%的过户费。

**8.3.2.3　鼓励民间建设与经营住宅**

早在20世纪50年代，日本就先后制定了《住宅金融公库法》、《公营住宅法》、《日本住宅公团法》等，几十年来，各项住宅政策陆续实施，极大地促进了日本的住宅建设。具体做法有：

1. 以低息贷款促进企业从事民间住宅建设

日本银行采取了降低贷款利息和增加放款量等措施，促进企业兴建住宅。1985年10月以后，银行将利率从8.88%降为7.38%，全国银行同期放款7 789亿日元用于住宅信用贷款，为企业进行住宅建设提供了资金保障。

2. 政府以低税和免税优惠促进私人住宅的兴建与购置

政府曾举办了一种50万日元以内的免收利息的“住宅零存整取邮政储蓄”。在不动产取得税、固定资产税等方面对住宅用地实行优惠，不动产取得税率一般用地为4%，住宅用地只按3%征收，优惠了1/4；住宅面积在200平方米以上的固定资产税减半，住宅用地面积在200平方米以下的只缴纳1/4。税收优惠对住房开发起到了积极作用。

德国私人投资建房发生在20世纪90年代。德国政府由原来兴建社会福利性住房转向鼓励个人积累资金按市场价购建住房，通过住房储蓄体系和抵押贷款大量融资，使住宅建设进入了新的繁荣期。目前，在德国西部，人均住房面积为35平方米，拥有自己住房的居民比例为50%；在德国东部，人均住房面积为28平方米，拥有自己住房的居民比例为26%。

**8.3.2.4　提供住房补助**

日本住房问题的有效解决主要得益于日本的社会保障制度和政府的住房政策。日本于1961年实行“国民皆年金与国民皆保险”体制，奠定了以全民为对象的综合性社会保障基础。随着经济的高速增长，社会保障也迅速扩充与发展，为解决中低收入家庭的住宅供应提供了一定的社会保障基础。

“住房补助”是英国住房保障制度的主要内容。住房补助全国无统一标准，由地方政府自行组织实施，分为租房补助和买房补助。租房的居民可享受房租补助，买房的居民则可在贷款利息、保障金及住房维护等方面享受一定的优惠。管理部门对申请人的收入水平、存款、家庭成员和住房条件等进行全面审查，获得批准的公民才可享受政府提供的优惠条件和住房补助。

美国是市场经济发达的国家，除了市场供应大量的住宅以外，政府的住房保障制度在解决居民住房问题中也发挥了重要的作用。美国住房保障的基本做法主要有以下几个方面：

(1) 美国的《住房法》规定，政府须为低收入者提供较低房租住宅。1970 年低租金房屋约 87 万套，20 世纪 70 年代初就有 300 万人生活在低租金住房中，占全国人口的 1/55。公房租金一般不到普通住房租金的一半。

(2) 住房补助是美国社会保障的一个基本内容。主要做法是：贷款为老年人和残疾人修建住房；向低收入家庭发放住房津贴；政府出面向私人租赁住房，再分租给有资格享有公共住房的住户；政府对住房抵押贷款予以担保；对私人房主实行税收减免；地方政府发放免税债券筹集建房资金，联邦政府对还款担保等。为了解决低收入居民住房和贫民窟问题，政府从联邦预算中拨出一部分钱用于住房补贴，1962—1967 年，每年补贴 12.5 亿美元。20 世纪 80 年代，美国曾一度强调减少政府对住房问题的干预，削减住房贷款，减少住房补贴，但直到 20 世纪 90 年代，住房补助制度并没有根本改变。美国社会保障仍在不断扩大，社会保障支出占联邦预算的一半以上，住房补助占财政拨款的 2.2%～2.5%。

(3) 政府鼓励拥有住房，对首次购房予以鼓励。1968 年立法要求美国政府在 3 年内为低收入家庭建设或修复 170 万套新住房，抵押贷款利率降到 10%。这项立法使 100 万户低收入家庭获得房屋所有权。

智利政府为鼓励私人购房，直接向购房者提供补贴，数额依购房者收入而定，每人只能享受一次。该补贴计划的目的在于使社会中最贫困的那部分人也能充分分享社会财富。1990—1993 年，政府所支付的住房补贴中面向最贫困阶层的由 42%上升到 64%。同时，为了控制城市规模，引导居民从城市流向乡村，政府对在郊区建购房的家庭予以补贴。该项目对象为中低收入家庭，补贴根据所购房屋的地段而定。收入越低的家庭，所购房屋越便宜，而且得到的政府补贴越多。居住在政府城市改造区域内的家庭得到的补贴最多，居住在其他区域的得到的补贴居其次。

(1) 对不同收入家庭的住房补贴：对于那些家庭月收入不超过 50 美元，居住在特别贫困地区的家庭，通过建设阶段房改善其居住条件。房屋改造分两个阶段完成，房屋最大建筑面积为 334 平方英尺（约合 31 平方米）。进行房屋改造的开发商由政府招标决定。政府与开发商订合同，按期预先提供资金。从 1983—1994 年，通过该项目，房屋管理局和城市规划局提供单元房 261 369 套，平均每年提供 21 780 套。

(2) 郊区补贴：该项目旨在服务居住于郊区的低收入家庭，向它们提供与市区一样的教育和健康服务，以吸引城市人口向郊区转移，缓解市区压力。

#### 8.3.2.5 提供住房融资支持

早在罗斯福新政时期，美国就建立了住房自有者贷款协会（Home Owners Loan Corporation，HOLC)，提供为期 15 年、利率 5%的贷款。在 1934 年、1938 年政府分别建立了联邦住房局（Federal Housing Administration，FHA)、联邦全国抵押协会（Federal National Mortgage Association，FNMA)。其中 FHA 负责增加和巩固住房生产与消费的资金，为住房初级市场的抵押贷款放贷者提供担保；FNMA 则在住房贷款的二级市场为初级放贷者提供贴现，从而使长期的、流动性差的住房抵押贷款具有流动的二级抵押市场。

以住房储蓄为代表的政策性住房金融在德国也发挥了重要的作用，通过住宅储蓄制度发挥住房储蓄者的积极性，筹集建房资金。1999 年，德国住宅投资占 GDP 的 7.2%，其中住宅储蓄就占整个住宅信贷的 22%。在日本，独创了住宅金融公库模式，规定凡是居民建造或购买的住宅在国家规定的标准以内，均可向住宅金融公库申请低息贷款，贴息由财政部门承担。到 1989 年，金融公库提供的住房相关贷款占全部住房相关贷款的 40%，有力地支持了居民住房条件的改善。

在挪威，作为贷款的补充和社会保障体系的一个方面，住宅银行还发放一定数量的住房补贴，即贴现（主要给予残疾人家庭、单独生活的老年人或一些低收入家庭及失业者，以现金方式发放，一般可达到房租的 80%～100%)、住宅还本补贴（给予那些在偿还贷款过程中因某些特殊原因无法或难以继续偿还贷款的家庭，主要以减少贷款还款额中的本金的方式给予)、利息偿还（对于那些在短期内便能偿还所有本息的家庭，主要以减少贷款还款额的方式给予）的住宅补贴。

#### 8.3.2.6 其他措施

1. 英国的公房自（私）有化

英国的社会保障满足了英国大多数居民的最低经济要求和社会需要，促进了第三产业和市场经济发展，促进了公平与效率的平衡，成为政府干预国民收入再分配的必要手段。但它也带来了财政负担、税收负担加重等问题，20 世纪 80 年代以来社会保障制度改革呼声甚高，英国公房自有化运动正是在这种背景下产生的。

1984 年英国通过了《住房及建房控制法》，公房自有化正式推行。主要措施有：缩短居住年限；提高折旧；低息贷款等。到 1986 年，全国私人住房上升到 1 400 万套，比 1961 年增加了 1 倍，占全国住房总数的比例由 43%上升到 63%，从而减少了政府大量的住房津贴负担。

2. 美国禁止住房种族歧视

美国的住房供给与保障制度明确规定禁止住房中的种族与宗教歧视，在售买、出租、提供住房资金方面禁止种族与宗教歧视。

美国在住房保障方面最具特色的就是各项措施通过立法保障其落实与实施。第二次世界大战后，美国先后通过了《住宅法》(1949 年)、《城市重建法》(1954 年)、《国民住宅法》(1961 年)、《住房与城市发展法》(1968 年）等，这些法律的出台为住房供给与保障制度提供了重要的法律依据。

## 关键术语

土地制度　土地所有制　土地使用制　住房制度　住房保障制度

## 复习思考题

1. 土地所有制的概念和主要类型是什么？
2. 土地使用制的概念以及我国土地使用制度的主要内容是什么？
3. 当前我国住房制度存在哪些问题？如何改进？
4. 国外房地产制度对我国房地产制度改革有哪些启示和借鉴？

# 第9章

# 房地产税收制度

本章内容提要

本章共分三节。第一节主要介绍税收基本知识，如税收的概念、特性和原则等。第二节主要介绍我国房地产税收的演变和未来发展的趋势。第三节主要介绍海外房地产税收的现状和发展趋势，从土地课税、房屋课税和房地产税收三个方面介绍相关税种，重点介绍房地产保有税和房地产流转税。

## 9.1 税收基本知识

### 9.1.1 税收的基本原理

#### 9.1.1.1 税收的概念

税收是国家运用政治权力，向公民强制性地、无偿地收取一定比例的财富，它是任何国家存在的经济基础。马克思认为："赋税是政府机器的经济基础，而不是其他任何东西。"① "国家存在的经济体现就是捐税。"②

税收从来就是国家参与社会分配的重要手段，可以从三个方面来认识税收：(1) 税收与国家的存在是直接联系的，只要存在国家这一形式，税收就不会消亡。(2) 税收是一个分配范畴，是国家参与社会财富分配的手段，是国家财政收入的主要形式。(3) 国家同纳税人在征税过程中形成特殊的分配关系，这种关系因社会制度的不同而变化。

---

① 《马克思恩格斯全集》，中文1版，第19卷，32页，北京，人民出版社，1963。

② 《马克思恩格斯全集》，中文1版，第4卷，342页，北京，人民出版社，1958。

随着现代商品经济的发展和国家职能的扩展，税收不仅是国家参与社会物质财富分配的一种手段，而且更多的是国家干预和调节社会经济活动的一种工具。特别是进入现代化体系的社会大生产之后，税收调节经济的功能日益加强，是国家宏观调控体系中不可缺少的经济手段。它作为一种直接、有效的手段，通过对国民收入进行再分配，从而体现国家干预市场经济活动和调节社会财富的意图。

由此，税收大致可以定义为："税收是国家为实现社会经济目标，按预定的标准进行的非惩罚性地、强制地从私人部门向公有部门的资源转移。"①

#### 9.1.1.2 税收的特性

税收具备三性：强制性、无偿性和固定性。

税收的强制性是指征税凭借国家的政治权力，通过一定的法律程序而公开实施，任何单位或个人都不得违抗。在生产过程中凭借对生产资料的所有权取得收入的行为人，以及其他取得收入的行为人等，都必须无条件地服从国家的征税行为。在这里，国家是征税主体，所有者或行为人处在被动地位。国家的政治权力是凌驾于所有权之上的，这是税收能顺利征收的客观原因和基础。

税收的无偿性是指国家征税以后，税款为国家所有，不需要偿还，也不需要对纳税人付出任何代价。纳税人在纳税后不取得任何报酬，而政府将此税款大部分无偿地用于社会公共事业。因此，从这个角度讲，税收征收的无偿性是和税款的无偿性并存的，即"取之于民，用之于民"。纳税人在交纳一定的税款后，可以享受政府提供的一些公共产品的服务，如完善的城市基础设施、医疗、教育和国防等。

税收的固定性是指征税前就以法律的形式规定了征税对象、税率，并严格按照这一标准征税。没有经过法律手段，修改某一税收条例是不允许的，政府改变征税标准是违法的，纳税人可以拒绝，以保护纳税人的合法权益，防止政府"搭车收费"的现象。

### 9.1.2 税收术语

#### 9.1.2.1 纳税人

纳税人又称为纳税主体，它是指税法规定的负有纳税义务的单位和个人。它包括自然人和法人两种形式。法人是合法的能够独立承担经济责任和行使经济权利的单位和组织，在我国包括国有企业、集体企业、私营企业、中外合资企业和外资企业等。自然人是法律上独立承担民事责任和行使民事权利的公民，如从事营利性经营活动的个人以及有应税收入和应税财产的个人等。

#### 9.1.2.2 负税人

负税人是指最终负担税款的单位或个人。在负有纳税义务和实际纳税的主体一致的情况下，负税人就是纳税人；而在负有纳税义务和实际纳税主体不一致的情况下，即负有纳税义务的个人或法人将税负通过某种形式转嫁到最后的实际纳税人身上，则负税人就不是纳税人。在自然经济中，负税人是从事农业生产并占有一定剩余产品的农民，而在市场经济条件下，负税人则包括生产资料的所有者和使用者、劳动力的所有者和消费者等。

---

① 陈共：《财政学》，100页，北京，中国人民大学出版社，1998。

#### 9.1.2.3 课税对象

课税对象是指税法规定的征税的目的物，是征税的根据。每一种税都必须明确对什么征税，这是一种税区别于另一种税的主要标志。按照课税对象可将税收分为所得税、商品税和财产税等。与课税对象相关的是税源。税源是指税收的经济来源或最终出处，各种税有不同的经济来源。一些税种的课税对象和税源是一致的，如所得税；另一些税种的课税对象和税源则是不同的，如财产税，其课税对象是纳税人的财产，但税源则是纳税人的收入。税目是对课税对象的具体划分，税目规定了一个税种的征税范围，反映了征税的广度；一个课税对象可能有一个或多个税目。

#### 9.1.2.4 课税标准

课税标准是指国家征税时的实际依据。国家征税必须以统一的标准对课税对象进行计算，确定课税标准是实际征税的重要步骤。

#### 9.1.2.5 税率

税率是应纳税额和征税对象之间的比例，是国家征税时的依据。税率的确定直接关系到国家的财政收入和纳税人的实际负担，是整个税收制度的中心环节。我国现行的税率大致分为比例税率、定额税率、累进税率等几种。

比例税率是对同一课税对象，不论其数额大小，都统一按照某一固定的比例征税。它反映应征数额与征税对象之间的等比关系。具体来讲，比例税率又分为单一比例税率、差别比例税率、幅度比例税率等。

定额税率也称规定税额，是税率的一种特殊形式。它按照征税对象的一定计量单位规定一个固定的税额，而不规定征收的比例。它一般适用于从量计算的某些税种，如土地使用税等。

累进税率是按征税对象数额的大小，划分若干等级，每一等级由低到高规定相应的税率，征税对象数额越大，税率也就越高。累进税率与征税数量之间的关系表现为税额增加幅度大于征税数量增长幅度。按照计算方法和其依据的差别，可分为全额累进税率、全率累进税率、超额累进税率等。

### 9.1.3 税收的效应和税收原则

#### 9.1.3.1 税收的效应

税收是国家取得财政收入的重要手段，也是国家参与社会再分配的重要方式。税收的征收还可能影响商品经营者的经营行为和商品消费者的消费行为。税收对商品生产者和经营者产生的影响可以通过税收的转嫁效应来描述，而税收对商品消费产生的影响可以通过税收的经济效应来描述。

1. 税收的转嫁效应

税收转嫁是指在商品的交换过程中，纳税人通过提高销售价格或压低购进价格的方法，将税负转嫁给购买者或商品提供者的一种经济现象。[①] 税负转嫁后，税负的落脚点，也就是最后承担税负的经济主体为税收归宿，是真正的负税人。税负转嫁的基本方式有两

① 参见陈共：《财政学》，108 页。

种，即顺转和逆转。

顺转是指纳税人通过抬高销售价格将税负转嫁给购买者的方式。将商品税负转嫁给下一环节的经营者或消费者，如果加价额等于税款，则税负完全转嫁；如果小于税款，则税负在纳税人和购买者之间分担；如果大于税款，则纳税人在转嫁税负的同时，还有额外的收益，可称税收的超额转嫁。在房屋买卖或租赁中，较容易出现顺转，比如开发商通过抬高房价或租金，从而将政府征收的各种税费负担转嫁给购房者或承租人。

逆转是指纳税人通过压低购进商品或要素的价格将税负转嫁给商品或要素的供给者。逆转一般发生在对生产要素的课税上。如在零售环节对某种商品征税，在零售商很难用提高该商品价格转移税负的情况下，可以考虑用压低进货价格的方式将税负逆转给批发商，批发商再逆转给制造商，最后制造商通过压低原材料价格或压低劳动力成本的方式，将税负转移给原材料供应者和工人。所以，名义上零售商是纳税人，但实际税收的负担是原材料供应商或工人。[①] 因此，税收的转嫁效应削弱了征税的实际效果。

2. 税收的经济效应

税收的经济效应是指纳税人因国家课税而在经济选择或经济行为方面作出的反应，它是税收调节作用的具体表现。税收效应可以分为收入效应和替代效应。

税收的收入效应是指由于纳税使纳税人的实际收入降低，因而降低了纳税人的购买力和生活水平，从而使潜在纳税人降低商品的购买或消费能力。一般来讲，个人收入越高，税收边际效用越小，税收产生的收入效应就越小，反之，则越大。

税收的替代效应是指纳税人在商品购买方面的影响，表现为当政府对不同商品进行区别征税时，其征税行为会影响到商品的相对价格，而使纳税人减少对重税商品的购买量，而增加无税或轻税商品的购买量，由此轻税或无税商品替代了重税商品。替代效应是行为税设立的目的所在，旨在合理引导公众的消费行为。

以上从微观的角度说明了税收对人们消费行为的影响，利用税收杠杆进行宏观调控时，如果税收产生的效应跟政府的意图一致，则这种效应是正的，说明政府采取的税收政策是有效的、适度的；反之，当税收产生的效应跟政府的意图不一致甚至相反时，则这种税收政策是无效的，甚至是危险的。政府应该尽力避免这种负面的影响。所以在征税时既要避免税收给人们带来额外负担，又要合理、适度地促进社会公平，实现社会和谐发展。因此，在设计税目、税率时首先要考虑的就是税收的中性原则。

**9.1.3.2　税收的原则**

税收的建立应依据一定的原则。税收原则对税种、税源的选择、税率的高低以及征收方法起着决定性的作用。同时，税收原则也是处理国家与纳税人之间关系的准绳。下面分别介绍西方一般推崇的税收原则和当前我国的税收原则：

1. 亚当·斯密原则

（1）平等原则。此原则认为，国民应该以其所得收入的多少为比例向国家纳税才是公平的。它有三层含义：1）国家有征税的权利，公民有纳税的义务；2）国民按照其享有国家保护的所得收入与享受的国家服务的比例进行合理、适度地纳税；3）国家应以人民纳

① 参见黄桦：《税收学》，87 页，北京，中国人民大学出版社，2006。

税能力相适当的比例征税。后两点强调比例税的分配是公平的、合理的，并逐渐演变为现代西方国家比较流行的税收原则，即纳税能力原则。

(2) 确切原则。斯密认为：每个人应纳的税额，应当是确切的，纳税时间、方法、税额等应使纳税人明了，否则，就可能出现不公平或不公正的现象。按照这一原则制定税收体系，有利于对征税工作的监督。

(3) 便利原则。便利是指应使纳税人在纳税时间、方法和地点等方面达到最方便，同时，还包括计税简便。这样可以减少纳税人的纳税费用，从而将纳税对生产、生活产生的负面影响降到最低。

(4) 最小征税费用原则。此原则是指国家在征税上的费用支出降到最低的限度，这样，征收费用同税额的比例最小，税收的纯经济收入最高，这就是最小征税费用原则的出发点。最小征税费用原则要求税收在计征方法、征税手续等方面简化。

2. 我国的税收原则

我国的税收调整着国家与纳税人之间的经济关系，涉及国家、集体和个人三个方面的关系，关系到国家建设、生产发展和人民生活的提高，因此，应遵循以下原则：

(1) 兼顾国家需要和纳税人能力原则。税收作为国家取得财政收入的手段，担负着向国家提供生产、生活建设资金的任务，税收应保证满足这种需要，否则就会阻碍社会的发展。同时，也不能为满足这种需要，不顾企业、个人的实际承担能力而随意课征。所以，处理好国家建设需要、纳税人能力和未来发展的关系，就要恰当地选择税种、税率等。

(2) 调节市场、促进经济发展原则。税收的变化会对社会生产、人们的生活产生影响。通过税目、税率的调整，可以促进经济结构、产业结构和市场供需的变化。税收的目的是促进积累和消费的协调以及社会总供给和总需求的平衡，使社会健康、平稳地发展。所以，税收的设计应同国家的产业政策、宏观经济政策相匹配。

(3) 公平税负、合理负担的原则。由于课征对象经济情况的复杂性和纳税义务人对税额负担能力的不同，作为国家参与国民收入分配和再分配手段的税收，必须在税目、税率和税收减免等方面区别对待，做到合理负担、公平税负。合理负担和公平税负的基本标准是：纳税人的受益程度、纳税人的负担能力、纳税人客观条件的优劣、纳税人的收入来源。受益多的人应多纳税，能力强的人应多缴税。

(4) 统一领导、分级管理和照章纳税原则。我国税收管理体制历来实行“统一领导、分级管理”的组织原则。在国家颁布税法后，各级政府分级实施，任何单位或个人都无权改变、减免税收。“照章纳税”是指单位或个人必须依法纳税，税收机构应依法征税。

(5) 税制简化原则。税收制度要力求简明、确定、易行。

### 9.1.4 我国目前的税收体系

#### 9.1.4.1 我国目前税收体系的特点

自 1950 年以来，我国税收体系进行了多次的变革。每次变革都同我国经济体制的变革紧密联系。1994 年进行了较大的税收体系变革：按行政管辖权和收入的归属，划分为中央税、地方税、中央和地方共享税；按征税对象，则划分为流转税、收益税、财产税等。目前我国的税收体系具有以下特点：

1. 复税制

复税制是对课税对象采取多种税复合征收的制度。它包括对不同的征税对象区别征税和对同一征税对象征收若干次税两种情况。复税制可以立体地调节经济生活的各个层面，体现税收的杠杆效应以及对宏观经济的调控作用，同时，可以满足不同的社会需求。

2. 以流转税和所得税为主

我国目前税收体系主要是以流转税和所得税为中心的制度。其中流转税收目前占税收收入的60%，居主要地位，所得税收入有不断提高的趋势。所得税有两个特点，即计算方式简单、明晰、科学以及对不同的收入人群区别征税，符合纳税能力原则。因此，所得税是发达国家税收体系的中心。我国尚属发展中国家，国民的收入普遍偏低，但随着社会经济的发展，我国国民收入水平已有不断提高的趋势，且收入水平层次的划分逐渐清晰，因此，有必要形成一套更加完整的所得税收体系，对社会不同阶层和不同收入水平人群的区别征税，有利于实现社会公平，防止两极分化，实现社会的和谐发展，体现社会主义制度的优越性。

3. 中央税和地方税相结合

目前我国的中央税制同地方税制相结合，既保证了中央的财政收入，又可以调动地方的积极性。按照国务院关于实行分税制财政管理体制的规定，中国的税收收入划分为中央政府固定收入、地方政府固定收入和中央政府与地方政府共享收入。

**9.1.4.2 我国现行的税制**

中国现行税制体系包括29个税种，有流转税、所得税、资源税、财产税等。主要税种如表9—1所示。

**表9—1 我国目前税收体系**

| 类别 | 税种名称 |
|---|---|
| 一、流转税 | 增值税、消费税、营业税、关税 |
| 二、所得税 | 企业所得税、个人所得税、外商投资企业和外国企业所得税 |
| 三、资源税 | 资源税、盐税、城镇土地使用税 |
| 四、财产税 | 房产税、城市房地产税、遗产税 |
| 五、行为税 | 车船使用税、印花税、契税、船舶吨税、车船使用牌照税、证券交易税、屠宰税和筵席税 |
| 六、特定目的税 | 城市维护建设税、耕地占用税、固定资产投资方向调节税、土地增值税、车辆购置税、燃油税、社会保障税 |
| 七、农牧业税 | 农业税（已取消）、牧业税 |

其中，涉及房地产业的税种有城镇土地使用税、城市房地产税、耕地占用税、契税、土地增值税、城市维护建设税、固定资产投资方向调节税、营业税和企业所得税等。

## 9.2 我国的房地产税收

### 9.2.1 我国房地产税收的历史沿革

所谓房地产税收，是指以房地产（包括土地和房屋）或其利用开发行为为课税对象的诸多税种的总称。

#### 9.2.1.1 民国及以前的土地税制

我国的税收最早是以土地和人口为征收对象的。中国最早的土地赋税为“贡、助、彻”，“夏后氏五十而贡，殷人七十而助，周人百亩而彻”（《孟子·滕文公章句上》），“贡、助、彻”实际就是同农业用地相连的农业税。春秋时，国君向臣属征收的军役、力役及军需品称“赋”，从田亩征收的农产品称“税”。如《春秋》记载宣公十五年（公元前594年）开征“初税亩”，为古代按私人占有田亩实数征收之始。鲁昭公四年（公元前538年）征“作丘赋”，鲁哀公十二年（公元前483）年征“用田赋”。秦汉时，田税也称田租，除此之外，还另有按人口征收的田赋、算赋、更赋等。三国时，魏国始行租调制，租为田租，调为按户征收的绢、棉等手工业品。唐行租（田租）、庸（役庸）、调（户调）制，但在田亩制的基础上仍以人丁为本；唐中期杨炎实行两税法，租庸调并入地户，改以土地、资产多少为课征标准。宋代将户、地两税统一按田亩征收，称田赋。从此，按户、丁、财产为课征对象的称税，以土地为课征对象的称赋。明代中叶实行一条鞭法，税负逐渐归并，按地亩征银，但每丁应纳的丁银照纳。清朝时，进一步将丁银摊入地亩征收。1928年国民党政府开始对城市土地课税，称为土地税。1930年国民党政府制定土地法，依据该法，在部分城市和地区开征了地价税和土地增值税。

#### 9.2.1.2 新中国成立以来我国的房地产税制

中华人民共和国成立以后，1950年1月政务院颁布了《全国税政实施要则》，在全国征收土地税和房产税。同年6月调整税收，将房产税和土地税合并为房地产税。1951年8月政务院颁布《城市房地产税暂行条例》，并在全国范围内实行。1973年简并税制时，对国内企业征收的房地产税被合并到工商税中，使该税的征收范围缩小到只对房产管理部门、有房产的个人及外国侨民征收。1984年10月，国有企业“利改税”和改革工商税制时决定对土地、房产分别征税；1986年9月15日，国务院颁布了《中华人民共和国房产税暂行条例》，决定从当年10月1日起实施。20世纪80年代中期是我国经济发展和城乡居民生活水平提高得比较快的一个时期，企业建设、城市发展占用了大量的耕地。为减少对耕地的进一步占用，1987年4月，国务院颁布了《中华人民共和国耕地占用税暂行条例》。随着我国经济的发展，企业具备了独立的法人资格，具有了自身的利益，国家开始对使用国有土地的企业征收一部分相当于地租性质的费用。[①] 20世纪80年代我国很多城市开始征收土地使用费，如抚顺和深圳。1988年9月27日，国务院颁布《中华人民共和国城镇土地使用税暂行条例》，2006年12月31日，国务院颁布关于修改《中华人民共和国城镇土地使用税暂行条例》的决定，于2007年1月1日起施行。这里所称的土地使用税在理论上具备地租的属性，但在数量上又远小于市场地租。1992—1993年间，全国范围内房地产投机盛行，房地产泡沫加剧，给国民经济的运行带来了严重的影响。因此，为防止此种势头进一步恶化，国务院于1993年12月颁布了《中华人民共和国土地增值税暂行条例》。另外，对房地产开发企业的开发行为，国家还向其征收城市建设基金、固定资产投资方向调节税、营业税和企业所得税等；对于居民的房地产购买、转让等行为，向其

① 参见刘维新、谢经荣等：《中国土地租税费体系研究》，北京，中国大地出版社，1994。

征收契税等。1997 年以后的几年，我国经济处于增长乏力状态，为进一步推动房地产业的发展，以带动国民经济的发展，国家和地方政府颁布了很多政策减免房地产开发、经营、交易环节中的各种税费，在一些地区还降低了某些税种的税率，但各个地方减免的税种不同、幅度不一。

### 9.2.2 目前我国房地产税收现状

目前，我国在房地产开发、经营、交易和使用过程中涉及的税收有城镇土地使用税、耕地占用税、土地增值税、房产税、契税、城市维护建设税、固定资产投资方向调节税、营业税和企业所得税共计九种。另外，一些地方还征收教育费附加、菜地建设基金等，所以，在全国范围内合法征收的具有税收性质的税费共 11 项。以下介绍前面九种，菜地建设基金同耕地占用税具有相同的目的，仅在征收税额、适用范围等方面有所不同，不作介绍。固定资产投资方向调节税已于 2000 年暂停征收，故也不作介绍。另外，各省、市、区在具体实施过程中又有不同的税率等方面的规定，这里也不作介绍。

#### 9.2.2.1 城镇土地使用税

城镇土地使用税，是国家为了促进城镇土地的合理利用，按照使用土地的等级和数量，对城镇范围内的土地使用者征收的一种税。现行的《中华人民共和国城镇土地使用税暂行条例》由国务院于 1998 年 9 月 27 日发布，同年 11 月 1 日起施行，后于 2006 年 12 月 30 日对某些条款进行修改，并于 2007 年 1 月 1 日施行。

城镇土地使用税的征税对象是城镇范围内土地的使用者，包括生产、生活等各类用地的使用者。目前土地使用税的征收对象包括城市、县城、建制镇和工矿区范围内的土地使用者，同时也包括外商投资企业、外国企业和外国人等。

城镇土地使用税根据不同地区经济发展状况实行等级幅度税额标准，具体的实施办法由省、自治区、直辖市人民政府制定。税额标准如表 9—2 所示：

表 9—2 城镇土地使用税税额标准表

| 地区 | 税额标准幅度 |
|---|---|
| 大城市 | 1.50 元/平方米～30.00 元/平方米 |
| 中等城市 | 1.20 元/平方米～24.00 元/平方米 |
| 小城市 | 0.90 元/平方米～18.00 元/平方米 |
| 县城、建制镇、工矿区 | 0.60 元/平方米～12.00 元/平方米 |

资料来源：《国务院关于修改〈中华人民共和国城镇土地使用税暂行条例〉的决定》，2006-12-30。

城镇土地使用税的计税方法是以纳税人实际占用的土地面积为计税依据，按照规定的适用税额标准计算应纳税额。其应纳税额计算公式为：

应纳税额＝纳税人实际占用的土地面积×适用税额标准

#### 9.2.2.2 耕地占用税

耕地占用税是为了保护稀缺的耕地资源，通过提高占用耕地成本的方式而达到减少耕地占用的目的，向耕地的占用人开征的一种税。

耕地占用税的征税范围包括国家所有和集体所有的耕地。这里的耕地是广义的，包括菜地、园地、鱼塘和种植粮食、经济作物的农地。凡是利用以上耕地建房或从事其他非公益事业的非农业建设，都必须交纳耕地占用税。占用以上耕地从事建设或其他非公益性的非农业建设项目的单位或个人都是耕地占用税的纳税人。

耕地占用税根据不同地区人均占有耕地的数量和当地经济发展状况实行有地区差别的幅度税额标准，税额标准如表 9—3 所示：

表 9—3　　耕地占用税税额标准表

| 地区（以县级行政区域为单位） | 税额标准幅度 |
|---|---|
| 人均耕地不超过 1 亩的地区 | 10.00 元/平方米～50.00 元/平方米 |
| 人均耕地超过 1 亩但不超过 2 亩的地区 | 8.00 元/平方米～40.00 元/平方米 |
| 人均耕地超过 2 亩但不超过 3 亩的地区 | 6.00 元/平方米～30.00 元/平方米 |
| 人均耕地超过 3 亩的地区 | 5.00 元/平方米～25.00 元/平方米 |

资料来源：《中华人民共和国耕地占用税暂行条例》（2008 年 1 月 1 日起施行）。

耕地占用税以纳税人实际占用的耕地面积为计税依据，按照规定的适用税额标准计算应纳税额，实行一次性征收。其应纳税额计算公式为：

应纳税额＝纳税人实际占用的耕地面积×适用税额标准

此外，根据 2006 年中央 1 号文件精神，为形成新农村建设的资金来源，应提高现行耕地占用税税率，其新增的税收主要用于“三农”。具体的耕地占用税税率有待进一步确定。

#### 9.2.2.3　土地增值税

为规范土地、房地产市场交易秩序，防止土地投机，合理调节土地增值收益，维护国家权益，国务院于 1993 年 12 月颁布了《中华人民共和国土地增值税暂行条例》，并于 1994 年 1 月 1 日起施行。

土地增值税的纳税人包括一切转让国有土地使用权、地上建筑物和附着物（房地产）并取得收入的单位、企业、团体、组织和个人等。

土地增值税的计税依据是以纳税人在转让房地产后取得的收入增值额为基础的。纳税人转让房地产所得的收入包括货币收入、实物收入及其他收入。其中，应扣除的项目有：纳税人取得土地使用权的金额；开发土地的成本和费用；新建房及配套设施的成本、费用；经过当地税务机关确认的旧房和建筑物的评估价格；转让房地产时的有关税金，包括纳税人在转让时交纳的营业税、城市维护建设税和印花税等。

土地增值税实行四级累进税率，其增值额高出应扣除项目金额的倍数不同，税率也就不同。增值额不超过扣除项目金额的 50%，税率为 30%；增值额超过扣除项目金额的 50%，税率为 40%～60%。

土地增值税的增值额为转让的房地产收入与扣除项目金额之差，再按照增值额超过扣除项目的比例，分别确定每个档次的税率。各部分增值额应纳增值税之和，即为纳税人应该交纳的全部土地增值税额。其计算公式如下：

$$应交税额 = \sum(各部分增值额 \times 相应税率)$$

这个税种自 1993 年开征以来因种种原因被长期搁置，近几年虽有地方征收，但也是低比例预缴而从未进行过清算，对房地产开发暴利的强大调节功能一直没有得到发挥。2006 年 12 月 28 日，国家税务总局发布了《国家税务总局关于房地产开发企业土地增值税清算管理有关问题的通知》，明确自 2007 年 2 月 1 日起对以国家有关部门审批的房地产开发项目为单位进行清算。《国家税务总局关于房地产开发企业土地增值税清算管理有关问题的通知》强调，房地产开发项目全部竣工、完成销售的，整体转让未竣工决算房地产开发项目的，直接转让土地使用权的，都要进行土地增值税清算。同时，已竣工验收的房地产开发项目，已转让的房地产建筑面积占整个项目可售建筑面积的比例在 85%以上，或该比例虽未超过 85%，但剩余的可售建筑面积已经出租或自用的；取得销售（预售）许可证满三年仍未销售完毕的；纳税人申请注销税务登记但未办理土地增值税清算手续的，也纳入清算范围。

**9.2.2.4　城市维护建设税**

开征此类税的目的在于扩大和稳定城市维护建设资金的来源，加强城市的维护建设。现行的《中华人民共和国城市维护建设税暂行条例》于 1985 年 2 月 8 日颁布，自 1985 年起施行，实施细则由各省、自治区、直辖市人民政府自行制定。

城市维护建设税的纳税人是缴纳增值税、消费税、营业税的单位和个人，包括缴纳增值税、消费税、营业税的国有企业、个体经营者、机关团体等单位和个人。中外合资企业和外资企业不在此列。

城市维护建设税采取地区差别比例税率。城市维护建设税的应税额等于增值税税额与营业税税额之和与相应税率的乘积。城市维护建设税的征收与增值税、消费税和营业税同时进行。

**9.2.2.5　房产税**

房产税是以房产为征税对象，依据房产价格或房产租金收入向拥有房产的单位和个人征收的一种财产税。[①] 前面已讲述了我国房产税的发展过程，现行的房产税是以 1986 年国务院颁布的《中华人民共和国房产税暂行条例》为依据的。

房产税在城市、县城、建制镇和工矿区范围内征收。根据相关规定：城市是指经国务院批准设立的市，是指市区、郊区和市辖县县城的占地范围确定的区域，而不包括农村；县城是指未设立建制镇的县人民政府所在地；建制镇是经省、自治区、直辖市人民政府批准设立的，是指镇人民政府所在地的区域范围，而不包括所辖的行政村；工矿区是指工商业比较发达，人口比较集中，符合国务院规定的建制镇标准，但尚未设立建制镇的大中型工矿企业所在地。

房产税由产权所有者缴纳。房屋产权属于全民所有的，由经营管理单位缴纳。产权属于集体和个人的，由集体或个人缴纳。产权出典的，由承典人缴纳。产权所有者、承典人不在房产所在地或者产权未确定以及承典纠纷未解决的，应由房产代管人或使用人缴纳。

房产税采取两种计税依据。一是房产原值一次减除 10%～30%的余值为计税依据；二

① 参见马海涛：《中国税制》，303 页，北京，中国人民大学出版社，2001。

是出租房屋的，以房产租金收入作为计税依据。房产税使用比例税率，依照房产余值计算缴纳的税率为 1.2%；依照房产租金收入计算缴纳的，税率为租金收入的 12%。其应纳税额计算公式为：

房产税应纳税额＝计税依据×适用税率

#### 9.2.2.6 契税

契税是房屋所有权或者土地使用权在发生移转时，向产权承受者征收的一种税。现行的《中华人民共和国契税暂行条例》是国务院于 1997 年 7 月 7 日发布的，同年 10 月 1 日起施行。

契税的征税对象包括在中国境内转移土地、房屋权属时，承受该权属的单位、组织、企业、团体和个人等。转移土地、房屋权属的，应包括下列行为：国有土地使用权出让；国有土地使用权转让；房屋买卖、赠与和交换。农村集体土地承包经营权的转移不缴纳契税。

我国契税最早开征是在 1950 年，当时的税率在全国范围内都是统一的。根据相关规定，买契税，按买价征收 6%；典契税，按典价征收 3%；赠与契税，按现行价格征收 6%；交换房产，双方价值相等的免征契税，不相等的，对其超过部分征收 6%。1997 年国务院对原契税条例作了修改，在全国范围内按照 3%～5%的幅度比例税率征收契税。

契税的计税依据分为三种情况：国有土地使用权出让、土地使用权出售、房屋买卖，为成交价格（指土地、房屋权属转移合同中确定的价格）；土地使用权赠与、房屋赠与，由征收机关参照土地使用权出售、房屋买卖的市场价格核定；土地使用权交换、房屋交换，为所交换的土地使用权、房屋价格的差额。

#### 9.2.2.7 城市房地产税

城市房地产税是对规定范围内的城市房地产征收的一种税。目前，此类税收仅适用于外商投资企业，外国企业，港、澳、台同胞和华侨在内地兴办的企业，外国人，港、澳、台同胞和华侨等。此类税仅对中国境内的房产征税，不对土地使用权征税，具体实施办法由各地政府按照实际情况自行确定。

城市房地产税由拥有房屋产权的所有者缴纳。房屋产权出典的，由承典人纳税；房屋产权的所有人、承典人不在当地或房产产权没有确定及租典纠纷没有解决的，由房产代管人或使用人代为纳税。①

城市房地产税的计税依据分为两种，一是以房产价值为依据，对应的适用税率是 1.2%；二是以出租房屋的租金收入为依据，对应的适用税率是 18%。其应纳税额计算公式为：

房地产税应纳税额＝计税依据×适用税率

#### 9.2.2.8 营业税

营业税是对我国境内从事交通运输、建筑、服务业等第三产业的单位、企业、组织和

① 参见刘佐：《中国税制概览》，184 页，北京，经济科学出版社，2005。

个人，就其经营业务征收的一种税。现行的《中华人民共和国营业税暂行条例》是国务院于 1993 年 12 月 13 日发布的，从 1994 年 1 月 1 日起施行。

现行的营业税共设九个项目，主要包括交通运输业、建筑业、金融保险业、邮电通信业、文化体育业、娱乐业、服务业、转让无形资产、销售不动产。其中涉及房地产行业的共有三个税目，即建筑业、土地使用权作为无形资产的转让和房地产的买卖。

营业税的征税对象包括在中国提供应税劳务、转让无形资产和销售不动产的国有企业、集体企业、私营企业、股份制企业、外商投资企业、外国企业，以及行政、事业单位及其他个体经营者等。

营业税按照行业、类别的不同分别采用了不同的比例税率，具体如：交通运输业、建筑业、邮电通信业、文化体育业税率为 3%；服务业、转让无形资产（包括土地使用权）、销售不动产税率为 5%；金融保险业税率为 5%；娱乐业税率为 5%～20%。若纳税人兼营不同税率的应税行为，应分别核算；未分别核算的，从高适用税率。

#### 9.2.2.9　企业所得税

中国的企业所得税是对中国境内所有企业的经营收入征收的一种税。2007 年 3 月 16 日，国务院颁布了《中华人民共和国企业所得税法》，并于 2008 年 1 月 1 日起正式实施。该法规定，企业分为居民企业和非居民企业，但个人独资企业和合伙企业不在此之列。企业所得税的税率统一为 25%，对于符合条件的非居民企业，适用税率为 20%。[①] 企业所得税以应纳税所得额为计税依据。纳税人每个纳税年度的收入总额减去准予扣除项目金额以后的余额，为应纳税所得额。《中华人民共和国企业所得税法》规定共九项计入总额：销售货物收入，提供劳务收入，财产转让收入，股息、红利等权益性投资收益，利息收入，租金收入，特许权使用费收入，接受捐赠收入和其他收入等。准予扣除的项目为：成本、费用、税金和损失以及其他支出。其计算的公式如下：

应税额＝应纳税所得额×税率

应纳税所得额＝收入总额－准予扣除项目金额

公司应在正确核算成本和收入的基础上，正确计算利润，严禁弄虚作假、虚增或减少利润。公司的利润总额包括：开发项目销售利润；其他经营利润；营业外收入与营业外支出的差额。

### 9.2.3　对我国房地产税收体系的展望

1994 年的税收体制改革使我国税制更加适应市场经济的发展，其中的房地产税收体系也是较好的。但随着市场经济的发展和房地产市场的完善，这一税收体系也表现出一些不适应的地方。主要表现为：（1）没有设立以房地产价值计征的财产税。如没有将土地和房屋纳入个人或企业财产的范畴；没有考虑房屋在遗产继承中的问题；房地产在保有环节上的征税考虑不全面等。（2）税种单一，税基不广，税种和税率的适用不能灵活地反映市场的变化，这些税种对人们占有、使用土地和房屋的行为没有调控作用。如土地增值税是

---

① 具体规定详见《中华人民共和国企业所得税法》。

政府调整收益关系和调控市场的有效手段，由于颁布后遇到全国经济不景气，各地没有普遍推行，就是在市场转好、房地产价格快速上涨的今天也没有很好地实施，这说明我们一些带有调控目的的税种不能灵活地推行，以达到调控的目的。(3) 对土地空置行为处罚力度不足，造成大量土地闭置、浪费。(4) 房地产税是一种地方税，一般由城市征收，我国是全国统一法律制度，统一税率，有可能造成全国政策法律同地方市场不协调的现象。因此，应对目前我国的房地产税收体系做一些调整，以适应不断发展的市场经济的要求。目前房地产市场也存在一些不良现象：在国内闲散资金偏多和国外投机人民币升值的双重压力下，国内外资金以各种方式投资我国房地产的量大、增速快，造成地价房价攀升过快；富裕家庭购买多处住房，准备未来出售获得增值收益，一方面抬高房价，造成中低收入家庭目前买不起房，另一方面还获得未来的不当收益，进一步加大贫富差距；一些开发商大量圈占土地造成土地荒芜；还有一些企业投资不大、产值不高，但占用土地面积不小，土地利用效率低下。完善房地产税收体系，不断克服上述问题，应考虑设置以下税种：

1. 各地根据当地房地产市场存在的问题，恢复并提高原固定资产投资调节税中相应的房地产投资的税率①

遏制外商投资国内房地产的势头，从而减缓外资投机对国内经济造成的压力，降低国内资金向房地产市场的投入，防止房地产泡沫的形成。

2. 开征更具财产税属性的房地产税

统一考虑房屋所有权和土地使用权，对房屋和土地使用权统一征收一种房地产税，以房地产市场价为计税依据。取消目前的对国企征收土地使用税、房产税，对外企征收房地产税的现象。不管是企业还是家庭，不管是内资还是外资都统一按其房地产的市场价征税，平等相待。企业房地产同住宅的税率可以不同，不同面积和不同价值住宅的税率也应有区别，小于一定面积的住宅还可以免税。通过提高占有土地和拥有房地产的成本，引导消费者理性消费，进而抑制房地产市场的过度投资。对面积大、价值高的住宅提高税率，也体现了占有稀缺资源多应多缴税、享受社会服务多应多缴税的理念。

3. 增设空地税和包括房地产价值在内的遗产税

对没有充分利用土地的个人和企业征收一种空地税，以促进土地的充分、合理使用，发挥土地潜力，是一种克服房地产投机行为的有效手段。实施空地税重要的是制定科学、合理的“空地”标准。随着市场经济的发展和财富的积累，房地产将成为企业和家庭的重要财产，所以，设立相应的房产遗产税对未来社会的健康发展是重要的，也是消除不劳而获现象的有效方法，但该税种的设立必须同遗产税和国民经济的发展水平、人们的认识水平相适应。

另外，在设立房地产税收方面应保持全国的制度统一，但应给地方人大常委会根据当地情况制定税率的权力，以利于市场调控。

---

① 在目前国内资本账户尚未完全放开的情况下，外商投资中国房地产主要通过直接购买房地产的方式。其主要目的就是赚取人民币升值、房价上涨等超值收益。如果国家不出台针对此种行为的相关政策，则大量外资进入中国楼市，将必然恶化房价的上涨，形成巨大的泡沫。

## 9.3　海外房地产税收

房地产是由土地和建筑物组成的，综观世界各国对房地产的征税，按征税对象主要分为三种情况：一是对土地和房屋分别征税，如韩国、日本等；二是综合征收房地产税，如墨西哥、波兰和泰国等；三是将不动产合并在财产中一并征税，这样的财产税在美国、英国、瑞典等国比较普遍。

### 9.3.1　海外土地课税

#### 9.3.1.1　以财产税为主的土地税

土地财产税是将土地作为课税依据而征收的一种税。由于课税方式的不同，可分为从量税和从价税两种形式。

1. 从量征收的土地财产税

从量征收的土地财产税，在历史上主要出现过两种形式：依据面积征收和按照土地等级征收。早期土地税是按照土地的面积征收的，不管土地质量的好坏，相同面积的土地缴纳相同的税负。随着社会生产力的发展和人类认识水平的提高，逐渐按照土地的肥力、贫瘠程度、产出多寡而课征。如我国自商周时期就开始对农田划分等级，对其征税。采取从量方式征收的土地财产税的优点是计算简单，缺点是有失公平。

2. 从价征收的土地财产税

从价征收的土地财产税是以土地的价值（评估价格）为课税依据而征收的一种税。按其征收对象，可分为土地价值税和土地增值税两种形式。土地价值税是按照土地原有的价格加以征收；土地增值税是按照土地自然增值的部分加以征收。前者如荷兰、加拿大开征的地价税，后者如英国 20 世纪 60 年代推行的土地增值税和中国现行的土地增值税。

#### 9.3.1.2　以所得税为主的土地税

土地收益税是按土地收益额的高低而课征的一种税，按照具体的计算方法，可以分为总收益法、纯收益法、租赁价格法和估定收益法。

1. 按总收益课征的土地税

以土地总产出的一定比例为课税标准对土地进行征税。这是一种古老的土地税。典型的是什一税，古代中国和中世纪欧洲的封建领主多采取这种税制。如在我国西汉初期，为鼓励农业生产，恢复国力，汉高祖始推十五税一，直到后来汉文帝推行三十税一，这些措施减轻了农民的负担，提高了生产力，为后来的繁荣奠定了基础。现在世界各地某些宗教团体和地区仍然沿袭这种方法，因此，按土地总收益课征的土地税是一种流行的赋税制度。

2. 按纯收益课征的土地税

用土地总收益减去土地负担的成本和支出作为税基而课征的一种税。用土地纯收益作为税基的做法现在已不多见。现在北非一些国家和印度的某些省还保持着这种征税方法。

3. 按租赁价格课征的土地税

以土地出租人和承租人约定的地租为税基而征收的一种税。以土地地租作为税基征税，一定程度上可以实现社会公平，而且其税基容易确定，因此易于施行。如现在英国一些地方政府征收的财产税实际上就属于此类。

4. 按估定收益课征的土地税

以政府税收部门在一定时期内对土地估定的收益为税基而课征的一种税。按照土地估定的收益而非土地的实际生产能力进行征税，在一定程度上可以促进土地的有效利用。如日本过去曾施行此种方法。

## 9.3.2 房屋课税

房屋税也是一种古老的税种。早期的房屋税同现代的不动产税含义相接近，现在的房屋税不包括土地部分。按课税对象和计税标准，可将房屋税分为房屋财产税、房屋收益税和房屋消费税等。

### 9.3.2.1 房屋财产税

以房屋的数量或价值为计税标准而征收的房屋税，可以分为从量和从价房屋税。早期的房屋税多为从量税，后期为从价税。历史上从量征收的房屋税有炉灶税、窗户税、房间税、房基税等。[①] 从价房屋税主要是根据房屋的市场价格或评估价格，依照一定比例征收。

### 9.3.2.2 房屋收益税

对出租房屋按其租金的一定比例征收的税。纳税人为房屋出租者或房屋的所有者。

### 9.3.2.3 房屋消费税

以房屋使用者对房屋的消费为计税依据征收的一种税。纳税人为房屋的使用人，包括承租人和自用房屋的家庭。

## 9.3.3 海外房地产税收

海外各国对房屋和土地一般采用统一征收房地产税或不动产税，将之归在财产税名下。典型的如美国、英国、瑞典等。根据其征收的依据和方式不同，可以分为房地产保有税和房地产流转税。

### 9.3.3.1 房地产保有税

房地产保有税是政府对房屋的所有者按期、经常性征收的一种财产税。征收房地产保有税，通常是地方政府主要的财政来源之一。在一些国家可占到地方财政收入的50%～80%。征收房地产保有税的目的在于增加地方政府财政收入，加大地方政府对某些特定公共产品的供应能力[②]，并防止低效率利用房地产的现象，促进房地产的流动，在一定程度

---

① 英国早期的房屋税从征收炉灶税开始，后开征窗户税，但居民为了避税，将窗户堵住，后国会以该税妨碍公众健康为名，而废除之。

② 如在英美一些国家，财产税属于地方税，地方政府可以通过对财产税的征收满足当地公众对某些特定公共产品需求的偏好。例如公众对绿地和公园有特殊的偏好，则地方政府就提供相应的公共设施，而资金的来源主要就是地方税，特别是作为房屋财产税和土地财产税的收入。

上降低房地产市场价格。从各国实行的房地产保有税实际来看，可以分成一般房地产保有税、政策型房地产保有税和混合型房地产保有税。

1. 一般房地产保有税

一般房地产保有税征收的主要目的在于保证地方政府的财政收入。一般以估定的房地产价格为征税标准，税率由地方政府确定，纳税人为财产所有者。以美国为例，美国对房屋和土地征收的税就是房地产税，又称不动产税，归在财产税下，其税基是根据房地产市场价格评估的一定比例。目前美国 49 个州（马里兰州除外）都征收这种税，其税率大约为 1%～3%，不动产财产税是地方政府主要的财政收入来源，同时也是平衡地方财政预算的重要工具和手段。再如加拿大单独开征不动产税，纳税人为不动产所有人，其税收支出用于发展地方的教育、运输、通信、环保、卫生等福利性的事业。

2. 政策型房地产保有税

世界上一些国家和地区征收房地产保有税的目的是为了推行一定的房地产政策，如提高房地产的占有成本，促进房地产在市场上的合理流动。韩国按财产税征收的房地产税，法国按建筑地段和非建筑地段征收的房地产保有税和德国按照房地产的用途、以市场评估价格征收的不动产税皆属此列。另外，我国一些专家建议开征物业税，目的在于诱导公众对房地产进行理性投资和消费，防止房地产价格泡沫的形成，也不能不说含有很强的政策引导因素。

3. 混合型房地产保有税

混合型房地产保有税，顾名思义，既有增加地方财政收入的作用，同时又兼有实现房地产政策的手段。如日本县政府征收的固定资产税（包括土地、房屋等）以及单设的土地保有税等，就具有强烈的政策引导性，目的在于控制房地产的垄断与投机，并抑制地价上涨，而町、村征收的房地产保有税则是地方政府收入的主要来源。

#### 9.3.3.2　房地产流转税

在房地产发生买卖、赠与、继承等移转行为时，大多数国家都要对其转让的收益课税。下面从房地产有偿转移和无偿转移两个方面分别对该类税进行简要介绍：

1. 房地产有偿转移课税

房地产有偿转移包括买卖、交换、租赁等。西方大多数国家，如美国、英国、加拿大等，基本上将房地产有偿转移中的收益归入个人或法人的收益，征收个人所得税或营业税等。美国对房地产交易征收交易税，其适用税率为 2%；依据房地产出售所获得的差价征收资本所得税；对房地产公司销售房地产的行为，征收公司所得税，税基为房地产公司的净利润，实行超额累进税率，税率分为 15%、25%、34%、45%四档。意大利将房地产交易中的转让收益作为计税基础，对之征收增值税形式的房地产转让收益税，按照累进制税率进行征收。此外，德国、法国、日本、韩国等，为抑制房地产投机、合理分配土地增值收益，对认为是基于投机性质的短期土地及其房地产转让，加大征税的力度，如征收土地转让收益税、房地产交易契税、不动产登记税、印花税、土地增值税等。

2. 房地产无偿转移课税

房地产无偿转移行为包括房地产的继承、赠与以及所得等情形。美国对房地产的继承或赠与行为征收遗产税和赠与税。① 税率最低为 3%，最高达到 77%。其次对个人所得开征所得税。个人所得税实行超额累进税率，最低税率为 15%，最高税率为 39.9%，房地产出租形式的收入也适用此税。英国对赠与和继承行为得到的财产（包括不动产）征收财产转移税。法国根据继承或赠与财产的净价值征收继承税和赠与税，其税率视受益人与死者或赠与人的关系而定。

## 9.3.4 海外房地产税收发展的特点

房地产税是西方各国广泛征收的一个古老税种。从国外征收房地产税的实践来看，有的分别征收土地税和房屋税，有的统一征收房地产税。不管采取何种形式的不动产税收手段，都是以相对明晰、完整的房地产产权体系为基础的。从历史的发展来看，古代征收的财产税是国家财政收入的主要形式，随着社会经济的发展，特别是工业革命以后，这种具有财产税性质的土地（房地产）税，越来越成为地方财政收入的手段。而以流转增值为目标征收的土地（房地产）税，越来越多地体现政府的宏观经济政策。总结各国房地产税收的具体实践，可以看出海外房地产税收有如下特点：

### 9.3.4.1 以征收财产税和所得税为主

围绕财产和所得课税是西方国家税收体系的两大核心。不动产，尤其是包括土地、房屋以及附属物的房地产，是财产体系中尤为重要的一项。因此，对房地产所有权人课征基于房地产价值的财产税，体现了房地产“保有”的特征；而在对房地产流转中（具体指买卖、让与、继承、典当、租赁等行为）产生的收益部分课税，并将之归在法人所得税或个人所得税名下，则是体现了房地产“流转”的特征。因此，海外房地产税收可以分为两种性质：一是属于财产税性质的保有税，它以房地产的数量和价值为课税的基础；二是属于所得税性质的流转税，如转让收益税、归入个人所得税和法人所得税的不动产税等，其课税的基础按照房地产的流转收益，有的按房地产的总收益、有的按房地产的交易差价、有的按房地产的租赁收益等。

### 9.3.4.2 房地产税多为地方税

在征收房地产税的早期阶段，特别是土地税收，是国家直接税收，由中央政府统一征收。在我国古代及西方工业革命以前，对土地、房屋的课税是中央政府的主要财政来源。随着经济的发展，特别是工业、商业和服务业在国民经济发展中占的比例越来越大，中央政府的税源也相应随之扩大，逐渐将征税的中心转移到企业所得税、产品增值税和个人所得税等方面。但征收财产税性质的房地产税仍然是西方国家地方建设的财政资金来源，如美国的房地产税就占了地方财政收入的将近一半，日本町、村的房地产税收占了该级财政收入的 80%。

### 9.3.4.3 房地产税收体现政府的政策和意图

现代房地产税收，不仅仅是地方财政收入的主要来源，而且还体现政府的特定政治意图或宏观干预经济的目的。如 1989 年，英国保守党政府为了鼓励失业者就业和公平税负，

① 房地产作为遗产和被赠与时才征收，规定对超过价值 60 万美元的遗产和每次赠送价值超过 100 万美元的物品才征税。由于美国房地产的价格不高，旧房经过折旧价值更低，因而实际上很少征收。

推出了人头税，工党为了保护失业者的利益并争取更多的选票，推出了房屋税；日本对被认为是投机性的土地保有或流转行为征收土地过多保有税、土地短期转让税等，用以调节土地的级差收益，以实现公平分配，抑制房地产价格泡沫的形成；还有许多国家对荒芜、闲置的土地加重征收保有税，以促进土地资源的合理利用，如土地荒芜税、闲置税、空地税等。

## 关键术语

纳税人　税收效应　税收原则　房地产税收　土地税　房屋税　财产税　所得税

## 复习思考题

1. 什么是税收？税收具备哪些特点？
2. 什么是税收的效应？税收具备哪些基本原则？
3. 简述我国目前税收体系的一般特点。
4. 简述新中国成立以前我国不动产税收发展的历史。
5. 目前我国税收体系中有哪些项与房地产有关？你认为当前我国房地产税收体系中还有哪些不完善的地方？
6. 针对当前国内房地产市场的现状，你认为将房地产税收政策作为一种政府宏观调控的工具，稳定并理性发展房地产市场，应该采取哪些措施？
7. 试论述当代海外国家房地产税收制度的特征。
8. 什么是房地产保有税？开征房地产保有税对稳定我国当前的房地产市场有何意义？
9. 试论述房地产流转税所体现的经济意义。
10. 结合当前海外税收制度的特点和发展趋势，论述如何进一步完善和发展我国房地产税收体系，使之真正体现政府宏观调控市场的意图。

# 第 10 章

# 房地产市场调控政策

本章内容提要

房地产市场调控政策是国家调控和引导房地产市场健康运行的各种手段的综合。尽管各国的经济发展水平各异，采用的房地产制度有别，但都对房地产市场进行了不同程度的政策干预，因此，房地产市场调控政策是房地产经济学研究的重要方面。本章主要介绍土地政策和住房政策、金融政策和税收政策这四个主要调控政策的基本知识、传导机制、演变过程，并从经济学角度对政策的作用机理进行诠释。

## 10.1 房地产市场调控政策概述

### 10.1.1 政策概述

#### 10.1.1.1 政策的含义和特征

1. 政策的含义

政策是人类社会发展到一定阶段的产物，是现代社会最常见的政治现象之一。“政策”一词最早出自于希腊语中的 politfia，其意指行政组织或政府。对于“政策”一词的定义，中外学者分别从不同的学科背景和研究角度作了诠释。比较一致的认识是，“政策”是国家机关、政党及其他政治团体在特定时期为实现或服务于一定社会政治、经济、文化目标所采取的政治行为或规定的行为准则，它是一系列谋略、法令、措施、办法、方法、条例等的总称。①

① 参见陈振明：《公共政策分析》，北京，中国人民大学出版社，2003。

2. 政策的基本特征

不同类型、不同社会的政策会有不同的外部表象，但归结起来主要有五大基本特征：

(1) 阶级性。政策的特征首先表现在它是一定社会阶级意志和利益的集中体现。任何政策的制定和执行都是以维护本阶级政治上、经济上的利益为宗旨的，必然会带有利益倾向性，这就决定了任何政策在本质上都必然具有阶级性。

(2) 选择性。政策是客观见之于主观的产物。无论是哪个政党、哪个政府制定的政策，无论是政策目标的确定、方案的设计和决断，还是政策的执行、调整、评估和终结，都与政策制定者的经历、学识、认知、信奉的价值观取向紧密相关，均是相关公共组织进行选择的结果。

(3) 合法性。政策要发挥其对有关团体与个人行为的规范与指导作用，就必须以指导对象的认可、接受为前提，否则，政策就没有约束力，难以付诸实施，预期目标也就难以实现。政策的合法性包括内容上的合法性和形式上的合法性。内容上的合法性是指政策所规定的行为准则、计划、措施能使公共利益得到协调、平衡；形式上的合法性是指政策过程是一套为人们所认可并接受的法律程序或习惯性程序。

(4) 权威性和强制性。既然政策具有合法性，那么政策在其适用范围内就具有普遍的约束力，也就必然具有权威性。一项政策并不总是符合所有人的利益的，它往往会使部分对象做出利益的牺牲。即使政策符合所有人的利益，也存在长远利益与眼前利益相冲突的问题，因而政策的实施对于那些非自愿做出牺牲的对象来说就具有强制性。拒不执行政策或歪曲政策的行为，都将受到相应的处罚。

(5) 功能多样性。政策的功能就是指政策所能发挥的作用。由于整个社会是一个相互联系的有机系统，政策所指引的行动会牵涉社会的方方面面，因而根据政策作用对象的不同，政策的功能往往不是单一的。这就要求在政策的制定过程中，制定者和执行者能够对出现的问题做到综合权衡。

#### 10.1.1.2 政策与制度的区别

1. 二者产生的途径不同

制度的产生共有两种途径：一种是内在途径，即制度的形成是在人类长期经验的积累中演化而来的，并且未来也要用到它们。通过内部途径产生的制度我们将其称为内生制度，除正式制度外还包括诸如习惯、风俗、礼仪等非正式制度。另一种是外在途径，即制度的形成是由一批代理人人为设计而强加给其成员的。而所有的政策都是由政策主体包括政党、政府、政治团体以及利益团体等人为设计出来的。

2. 二者的稳定性不同

从制度的起源可看出，内生制度具有相当大的稳定性，外生制度与内生制度相比，比较容易发生变化。政策具有一定的稳定性，但政策的稳定性与灵活性是相互对立而存在的。政策因问题而存在，随问题变化而变化。

3. 二者的实施机制不同

由于政策是统治阶级意志的反映，其实施必定以暴力强制为后盾。而制度的实施大致存在三种途径：一是以暴力为依托，这主要是指与政策相重叠的宪法、法律、法规；二是依靠集体利益的减损来执行的团体章程和个体协议；三是对于风俗、习惯、礼仪这类内生制度的实施是靠集体意志的道德来制裁的。

4. 二者调控的范围不同

从时间上看，政策因问题而存在，随问题变化而变化，仅仅存在于社会的一定阶段。而制度则伴随着一种社会的始终。从空间上看，制度调控的范围是极其广泛的，小至公司、家庭、个体，大至同行业协会乃至国家的行为。相对而言，政策的范围则要小得多，只有特定的问题才是政策作用的领域。

## 10.1.2 房地产市场调控政策的内涵和特点

### 10.1.2.1 房地产市场调控政策的内涵

房地产市场调控政策是宏观调控的主要手段和工具，是政策体系中的一支，具有政策的一般特性。房地产市场调控政策是指国家为了实现对房地产市场的调控目标而制定的一系列政策。它是一个相互联系、相互配合的政策体系，主要包括财政政策、货币政策、产业政策、土地政策、投资政策等多种类型、多种功能的政策。

### 10.1.2.2 房地产市场调控政策的特点

1. 政策的稳定性

所谓政策的稳定性，是指政策在其有效期限内处于一种相对稳定的状态。政策是否稳定在很大程度上关系到政策相关主体对政策的认同和接受程度。房地产市场调控政策是人们从事房地产活动的依据，政策的稳定性就是为了减少不确定性，使相关主体获得一种比较稳定的预期，并据以选择和确定自己在房地产市场中的行为。另一方面，房地产政策的稳定性还意味着即便是政府需要对政策进行调整，也应对利益受到损害的相关目标群体进行适当的补偿。

2. 政策的灵活性

随着经济的发展，必然会出现房地产调控政策难以预知的新情况，必须以灵活的政策适应多样化的市场情况，协调多元化的利益需求。一方面，房地产市场调控政策应根据变化及时进行调整，通过不断的修改、补充来保证政策的权威性；另一方面，政策的灵活性还表现在灵活运用多种政策手段相互配合处理房地产活动中复杂的利益关系，进行微观调节、增强政策的灵敏性和适应能力上。

3. 政策的区域性

房地产的位置固定性决定了房地产是一种区域性很强的商品，房地产市场是区域性市场。不同区域的房地产的价格水平、供求状况、交易数量等，相对于一般商品而言具有很大的差异，同时不同区域的房地产市场之间的影响也较小，房地产市场受所在地经济发展影响更为明显。这些特点造成了在房地产市场调控政策的调控目标、政策工具以及政策的效果上存在较大的差异性。这就要求在对房地产市场调控政策进行选择时，不但要从全国范围考虑，更要兼顾各个地方的具体情况。国家的统一政策主要是解决一些普遍性问题，地方的调控措施要针对当地市场发展的区域性特殊问题，因地制宜，避免“一刀切”。

4. 政策的前瞻性

充分考虑到了未来数年乃至数十年可能发生的事情并有相应的解决方案的政策，才是具有前瞻性的政策。房地产具有生产周期长、经营风险大、与相关行业关联性强、与人民利益息息相关等特点，因此与国民经济其他行业相比，房地产业对调控政策的预见性、提前性要求更高。房地产调控政策的制定要对现实和未来一段时期内的宏观与微观变数有充分的考虑，避免因政策的短视而带来房地产市场和国民经济运行的波动。

### 10.1.3　房地产市场调控政策的目标

房地产市场调控政策的总体目标就是保持房地产经济总量的基本平衡，优化房地产行业结构，引导房地产行业持续、快速、健康地发展，提高人们的居住水平。具体可分为总量供求均衡目标、结构优化目标、投机抑制目标以及福利保障目标。

#### 10.1.3.1　总量供求均衡目标

这是房地产市场调控的首要目标。房地产市场的总量是否均衡，不仅影响到房地产价格的平稳运行，还会影响到房地产行业的健康发展。调节房地产市场供求总量均衡，主要包括以下几方面的内容：(1) 实现区域内的供求总量均衡；(2) 房地产市场供应与其他商品的供应相对均衡，居民对居住的消费与其他商品的消费相协调；(3) 房地产商品的供给总量与居民对房地产的有效需求总量均衡；(4) 房地产业与整个国民经济特别是地区经济发展比例均衡。

#### 10.1.3.2　结构优化目标

结构优化主要包括两个方面：(1) 从国民经济全局来说，房地产业的发展与其他产业的发展相协调，既能带动相关产业的发展，又与其他产业部门保持合理的结构比例。(2) 房地产业内部结构协调。一方面是指工业用房、商业用房和居民住宅之间应保持适当的结构比例关系，合理配置房地产资源；另一方面，各种档次的商品房供应都与需求基本相当，特别是中低档商品房的供应与广大居民的住房需求基本相当。①

#### 10.1.3.3　投机抑制目标

房地产投机是一种以较高利润为目标、承担较高风险、具有不确定性、进行时间相对较短的房地产投资行为。在房地产投资、建设、交易与使用的过程中都会形成和出现不同类型的房地产投机行为，投机需求会扩大市场需求，导致供求失衡，刺激房地产价格的非理性上扬，冲击房地产市场的正常运行秩序，容易引发房地产市场的泡沫，最终甚至会危及整个国民经济的健康发展。把房地产市场上的投机活动抑制在一定程度之内，或者完全遏制投机行为，是政府房地产市场宏观调控的重要目标之一。

#### 10.1.3.4　福利保障目标

在信息不完全、竞争不充分的市场经济条件下，由于机会的不平等而导致不同人群之间收入分配的不公平，从而产生社会的中低收入阶层。随着城市化和工业化的加速发展，住房供给与需求极度不平衡，这一问题造成土地价格和住房价格上涨并超越了中低收入居民家庭的住房支付能力。换句话说，就是通过市场机制无法解决中低收入特别是最低收入家庭的住房问题。政府出于经济和社会责任，必须采取一定的措施去帮助他们解决住房问题，尽可能使中低收入家庭安居乐业。

---

① 参见林增杰等：《房地产经济学》(第二版)，232 页，北京，中国建筑工业出版社，2003。

### 10.1.4 房地产市场调控政策的分类

#### 10.1.4.1 按照房地产调控目标实现的手段区分

房地产市场调控政策可划分为经济政策手段（经济政策手段又可分为税收政策、货币政策、产业政策等）、法律政策手段、行政计划政策手段等。

#### 10.1.4.2 按照政策调控的对象区分

房地产市场调控政策可划分为土地政策和住房政策两大类。土地政策包括土地出让政策、土地收购储备政策等。住房政策依据作用对象可分为商品房政策、经济适用房政策、廉租房政策。

#### 10.1.4.3 按照政策颁布的主体区分

房地产市场调控政策可分为中央政策和地方性政策。中央政策主要包括法律法规、部门规章和行政法规等。地方性政策主要指由各级地方政府及人大颁发的一些地方性法规、实施细则、办法等。

### 10.1.5 政策调控的理论依据和主要手段

#### 10.1.5.1 市场失灵与宏观调控政策

根据西方经济学理论，只有同时满足拥有充分的市场、所有的消费者和生产者都处于竞争状态、存在着市场均衡这三个条件，市场配置资源才是有效的。当其中一个条件不成立时，将产生资源配置的无效率，即市场失灵。市场失灵是产生政策调控需求的重要原因。市场失灵主要是由三个方面的原因引起的，即外部性、准公共物品和不完全竞争。

1. 外部性

市场主体的经济活动往往会产生外部效应，即指市场主体的经济行为对其他人或企业产生影响，但又不需要为这种影响付出代价或给予补偿的情况。在经济生活中存在外部经济与外部不经济两种情况：前者指经济主体的行为使其他主体受益而自身却得不到应有的补偿；后者指经济主体的行为使其他主体受损而自身却不用为此付出代价。由于外部性的存在，市场机制的自发调节将难以达到有效配置资源的目的。这种外部效应是独立于市场机制之外而客观存在的，它无法通过市场机制来消除或减弱，往往需要市场机制之外的力量来加以校正或弥补。

对于外部性的治理，主要有两种途径：

（1）课征庇古税。这种观点认为，在存在外部性的情况下，生产的边际私人成本和边际社会成本背离，通过对厂商征收等于边际外部成本的税收，可使厂商私人成本与边际社会成本趋于一致。

（2）明晰产权。对于外部性的解决，科斯等人指出政府管制不是克服外部性市场失灵的唯一手段，私有产权下的市场具有克服自身外部性缺陷的功能。无论法律将产权最初分配给谁，只要产权界定是清晰的，产权交易就可以实现外部性的内部化，从而达到资源配置的最优化。

2. 准公共物品

经济学的公共物品（public goods）是指那些为社会公众所共同享用的，具有非排他性和非竞争性的产品或劳务，如国防、外交、公共设施等。而所谓私人物品（private goods）是指那些消费具有竞争性和排他性，而且能够准确地识别其受益者的物品，如住宅、服装等。准公共物品是介于公共物品和私人物品之间的物品。这类物品具有局部的非排他性和局部的非竞争性，它可以部分由市场提供，也可以部分由政府提供，或者由政府与市场分阶段提供。

3. 不完全竞争

只有在充分竞争的条件下，市场机制才能对资源实现有效的配置。然而，在现实生活中，垄断是广泛存在的。由于国家对一些行业实行特许经营，或是由于存在规模效益较强的部门，自然会出现垄断竞争的现象。一旦垄断形成，产生的结果将是市场价格超过实际边际成本，出现过高的价格和过低的产量，影响市场机制作用的发挥，抑制有效竞争，导致资源配置效率低下。为了克服市场机制在一些方面的不足，就必须依靠政府的宏观调控。政府作为体制改革的推进者和市场发展的培育者，需大力创建市场机制得以发挥的环境，并通过制定反托拉斯法、鼓励竞争、实施管制等来抑制垄断的形成与发展。

中国的房地产市场不仅存在着外部性、不完全竞争的问题，中低收入者住房还具有准公共物品的性质。因此，为促进房地产市场的健康发展，就必须借助于政策手段对房地产市场进行调控。

#### 10.1.5.2 房地产市场调控的主要政策手段

1. 土地政策

在我国，城市一级市场的土地供应由政府垄断，使土地政策能够成为调控房地产市场的重要手段。土地供应的数量和土地供应成本（如土地出让金及其缴纳的方式、土地获取的方式）以及土地供应的方向，都直接影响着商品房市场的变化。土地供应数量增加或减少，商品房的供应数量会相应地增加或减少；土地供应成本增加或减少，商品房的价格就会相应地上升或下降；同时，政府对某一类住房用地供应数量的增加或减少，会直接影响到商品房市场的结构。例如，北京在 2004 年和 2005 年增加了对普通商品房的土地供应量，这就在一定程度上平抑了商品房价格，改善了住房结构的不均衡局面；2004 年以来，杭州、天津等地增大了经济适用房的土地供应量，使市场上中低价位住房的供应量有了明显的增加，缓解了当地住房供求矛盾。

土地政策参与宏观调控的措施主要集中在三个方面①：一是土地供应总量的调控。如国务院曾经采取“三个暂停”的措施减少新增建设用地的供应，即在深入开展土地市场治理整顿半年期间，全国暂停农用地转用审批，暂停涉及基本农田保护区调整的各类规划修改，暂停新批的县改市（区）和乡改镇的土地利用总体规划的修改。二是土地供应结构的调控。通过对不同用途土地的供应采取区别对待的措施，促进产业结构调整和产业优化升级。对于不符合国家产业政策和行业准入标准的项目停止供地，对于限制性项目提高供地标准和条件，对国家重点发展产业优先供地。三是对不同区域的土地供应进行调控。根据国家和区域经济发展战略，按照资源禀赋和区位比较优势，制定

① 参见张妙曦：《对土地政策参与宏观调控的若干思考》，载《福建工程学院学报》，2005（4）。

相应的土地政策，有效地整合资源，优化空间布局，促进区域经济的分工协作和协调发展。

2. 货币政策

货币政策是调节经济的有力杠杆，运用货币政策手段对房地产业进行调控，其实质是将房地产市场的实物供求调控转为资金供求调控。具体调控主要包括两个方面：从供给方面，中央银行通过制定实施货币信贷政策，影响商业银行的信贷行为，调控信贷资金的总量和方向，从而调控房地产开发贷款，进而调节房地产市场的供给；从需求方面，中央银行通过制定政策，调整房地产住房按揭款的成数，或者通过基准利率的变动影响商业银行信贷行为，进而调控房地产市场的需求。

具体调控的基本形式有直接调控和间接调控。直接调控是指央行以行政命令的方式直接干预房地产业的信贷限额和信贷质量，具体包括：央行直接限制商业银行对房地产业的信贷结构和信贷条件，如 2003 年 6 月 13 日由央行颁布出台的《中国人民银行关于进一步加强房地产信贷业务管理的通知》，即“121 号文件”；另一种途径就是指定银行和其他金融机构发放房地产信贷的方针、政策等，如 2004 年 9 月银监会发布的《商业银行房地产贷款风险管理指引》。由于房地产的资金需求量大、贷款期限长、周转速度慢，因此直接调控可以对房地产市场产生明显的影响。

间接调控主要指通过利率政策、法定存款准备金率、再贴现率和公开市场业务等工具，调节货币供应量，达到调控房地产业发展的目的。其中，利率政策是房地产货币政策中最常用、最重要的工具。利率对房地产市场的影响主要从供求两方面发生作用：一是开发商贷款利率的高低变化，将导致商品房供给数量的变化，进而影响商品房价格的变化。利率升高，供给量减少；利率降低，供给量增加。二是居民个人住房贷款利率的变化，会直接影响消费者的支付能力，从而影响其需求水平。一般来讲，利率升高，对房地产需求有抑制作用；利率降低，对房地产需求有促进作用。

3. 税收政策

一般说来，税收政策对经济的调节作用是间接的，对房地产的影响也是如此。房地产税收政策，主要通过调整税种、税率、附加和减免来改变房地产供求双方主体的收益水平，进而改变供给和决策行为，影响房地产的供求。在其他因素不变的情况下，税费水平的变化将会引起房地产供求量的变化，而不同类型房地产税费水平的变化将导致房地产供求结构的变化。现行税收政策中，涉及房地产行业的税种有十几种，它们涵盖了所得税、流转税、财产税及行为税四类，分别在房地产的各环节来规范有关各方的税收法律关系，共同发挥着增加政府财政收入和促进房地产业发展的重要作用。

4. 其他政策

如产业政策，是政府通过对房地产业的产业定位、产业发展规划和政策导向或扶持或约束，来引导房地产经济的持续、健康发展，主要内容包括产业结构政策、产业组织政策、产业技术政策、产业布局政策等。投资政策也是调控房地产市场的重要手段，政府通过制定投资政策对房地产市场上的资金流向进行调节，来达到对房地产投资规模和投资结构的控制，使房地产业的发展水平与国民经济发展和人民消费水平相协调。此外政府还通过法律法规、行政管理等手段对房地产业进行规范和调节。

# 10.2　土地政策和住房政策

## 10.2.1　土地政策

土地是一种稀缺的、不可再生的、容易被垄断的、关系到人类生存的自然资源。因此，土地政策向来为世界各国所重视，并被视为治国安邦的根本。一个完善的土地政策体系对国家的发展往往具有政治、经济双重意义。

### 10.2.1.1　土地政策概述

1. 土地政策的概念

土地政策是从美国、日本的政策一词中发展而来的。对土地政策的内涵，学界存在不同的诠释。美国著名土地经济学家伊利等人在著作《土地经济学原理》中将土地政策定义为："为达到土地利用的某些目标而制定的计划，就是土地政策。"[①] 我国学者林卿等人在《土地政策学》一书中将土地政策定义为："土地政策是政府为了实现一定的社会、经济发展目标，在对土地利用的过程中所采取的一系列有计划的措施和行动的总称，是所有国家治国安邦的重要政策。"[②] 姜爱林在《土地政策基本理论研究》一书中指出，土地政策是指国家和政党等政治实体为了实现一定历史时期的土地管理任务和土地利用目标，围绕着特定的经济社会利益而规定的用以调整人地关系的一系列准则、方向与指南的总和。[③]

尽管学者对土地政策的定义各异，但这些定义在内涵上是一致的，即土地政策是政府为了一定的目标而制定的计划、准则，由政策主体、政策目标和政策手段（或工具）三个要素构成。土地政策是国家和政党等政治实体为了实现土地管理任务和土地利用目标，而规定的用以调整土地关系的一系列规范和准则。

2. 土地政策的构成

（1）土地政策的主体。

土地政策的主体指的是政策的制定者和执行者，并且只能由各级政府来担当这两个角色。各级政府主体的行为是否规范，对于政策功能的发挥和政策效应的大小都具有关键作用。在了解土地政策时，要重视对政策主体的行为与偏好进行分析。事实上，在任何经济体制下，各级政府的行为与偏好，对于政策的制定与执行都起着决定性的作用。

改革开放以后，我国的土地制度发生了根本性的变化，地方政府具有了较大的自主权，不仅是土地政策的执行者，同时也是一个地区的土地政策的制定者，这种双重地位，使地方政府在地方利益的驱动下，对中央政府政策的态度发生了微妙的变化：表现之一是地方政府的政策"抵制"行为，有利于本地利益的土地政策就贯彻执行，不利于本地利益的土地政策就消极抵制。表现之二是土地政策的攀比行为。中央根据既定的发展战略，对不同地区或不同产业实行倾斜政策是完全必要和正确的。显然，这种土地政策不是一种

① ［美］理查德·T·伊利等：《土地经济学原理》，17页。

② 林卿、何训坤：《土地政策学》，11页，北京，中国农业出版社，2002。

③ 参见姜爱林：《土地政策基本理论研究》，北京，中国大地出版社，2001。

“亲”与“疏”的不同待遇，而是着眼于宏观经济发展的全局。然而，这种政策的出台，往往会在全国掀起竞相攀比的浪潮。过去相当长一段时间内工业用地的“零地价”就是一个很好的佐证，这种结果并非政策制定者的主动行为，在很大程度上是被政策执行者逼迫的事后现象。由此可以看出，在土地政策的研究中重视对政策主体行为规范的分析，有助于说明许多土地政策的偏差现象，有利于提高土地政策的执行水平。

（2）土地政策的对象。

土地政策的对象是指土地政策所调控的问题或事物，即土地政策需要调整并且可以调整的客体，实际中一般表现为人地关系以及由此产生的人人关系。一项土地政策总是针对一类利益主体的。土地政策是通过对部分阶层、集团等土地利益主体的土地经济和社会行为进行调整、限制或鼓励，从而引导和规范土地利用行为的。可见土地管理政策对象总是在特定时间、特定范围，针对特定对象而言的。

（3）土地政策的目标。

土地政策的目标就是土地政策所要实现的期望值。首先，这个期望值，受政策作用范围和作用强度的制约，超出政策功能所能起作用的范围取值是政策功能的强度所不能达到的，目标也无法实现。其次，这个期望值在时间上具有连续性要求，在空间上具有一致性要求。最后，土地政策目标作为一种期望值，它的取值受社会、政治、经济、文化等环境与条件的限制，并且取决于民众的偏好与政府的行为。因此，土地政策目标的确定是一个科学、合理的选择、决策过程。

3. 土地政策的特点

（1）政治倾向鲜明。土地政策是由政党、政府等政治实体制定的，带有明显的维护阶级利益、调整阶级内部矛盾的特点。

（2）作用直接且快速。一般土地政策的目的和任务规定得非常具体，解决问题的方式、方法也都非常明确和具有可操作性，包括操作的程序、规则、手段、方法、步骤、日程等。因此，在现实生活中，土地政策直接作用于所要解决的问题，能够产生很强的执行效果。

（3）调整变化快。大多数土地政策是解决当前的或短期的比较迫切的现实问题，随着时间的推移，原先所要解决的问题发生变化，原有的政策就需要随之废除、变更、修改。随着形势的发展，也会不断遇到新情况、产生新问题，还需要补充、制定新的政策。

#### 10.2.1.2 土地政策参与宏观调控的内涵及必要性

1. 土地政策参与宏观调控的内涵

宏观经济调控是在市场经济条件下，以中央政府为主的国家政府，为了保证整个国民经济持续、快速、稳定、健康地发展并取得较好的宏观效益，对一定范围内经济总体的运行进行调节，以避免和克服经济运行过程中的自发性和盲目性，保证宏观经济运行目标的有效实现而采取的行为和措施。市场经济国家多以经济政策作为宏观调控的工具，而土地政策作为一项公共政策，主要是调整土地市场和土地利用。显而易见，在中国，土地既是调控工具，也是调控对象之一，土地参与宏观调控政策是我国特有的政策。

从广义上看，土地政策参与宏观调控的内涵指的是国家从土地供给与需求入手，实现土地市场的总平衡，对土地收益分配调控，使中央政府与地方政府之间、不同区域的地方政府之间、地方政府与土地使用者之间的土地收益得以合理分配，同时通过土地调控、固定资产投资、产业结构等，促进经济社会和资源环境的协调发展。狭义上的土地政策参与宏观调控是指从土地供给和土地需求两方面入手，在土地供给和土地需求的相互作用下，形成真正反映土地市场价值的土地价格，实现土地供给和土地需求的总体平衡和国民经济的稳定发展。在我国，土地政策参与宏观调控的内涵多数情况下是从狭义的层面理解的。

2. 土地政策参与宏观调控的必要性

我国实行的是城市土地国家所有，土地的供应权掌握在政府手中，运用土地政策参与国民经济宏观调控是社会主义土地制度的独特优势。

首先，土地政策参与宏观调控是由土地政策本身的特点决定的。与财政、货币等传统宏观调控政策相比较，土地政策具有作用直接、见效快和灵活的优点。土地是区域性经济、产业布局等在空间上的载体，国家可以通过对不同的产业实施不同的供地政策，通过土地资源配置达到对产业结构和布局的控制，来调控产业发展和经济运行。

其次，这是由我国特殊的国情和当前市场环境决定的。我国正处于计划经济体制向市场经济体制转轨的时期，由于市场自身和我国市场运行环境的限制，财政、货币和产业政策的调控效果受到了很大的影响，致使宏观经济的调控效果与政策目标之间往往存在较大差距。在我国这种特殊环境下，将土地政策作为宏观调控的工具，发挥其在调节经济增长总量、速度、结构等方面的作用，不仅可以增强宏观经济的调控能力，而且可以丰富国民经济宏观调控的手段，与产业政策、财政政策、货币政策等传统意义上的宏观经济调控政策共同调节经济总体的运行，保证整个国民经济持续、快速、稳定、健康地发展。

最后，土地政策参与宏观调控是解决当前现实问题的需要。进入 21 世纪，我国经济在保持较快增长速度的同时，出现了一些新矛盾，特别是固定资产投资膨胀、部分行业和地区盲目投资、低水平重复建设比较严重、粮食供求关系趋紧、违法违规占用耕地现象比较突出。[①] 而单凭货币政策和财政政策已无法完全达到宏观调控的目的。我国土地实行公有制，土地是国家可调控的资源，这在客观上使国家具备了调节的能力。政府可以通过不供地、从严供地、优惠供地等土地政策，来调整用地结构，调控房地产市场和国家宏观经济。

#### 10.2.1.3 土地政策的调控机制

土地政策主要是通过土地的供应、土地资产的价格以及政策的约束来引导对房地产市场的影响，以达到政策目标转变的过程。

1. 土地供应机制

土地供应机制是我国现行土地管理模式下土地政策参与宏观调控的主要渠道，也是政府控制“土地闸门”最为有效的调控机制。土地供应量的多少决定了房地产企业的开发规模，进而影响房地产市场的供给的价格。土地供应量的供给分为增量供给和存量供给两种，供应机制对这两种供应方式的作用依赖于我国土地一级市场和二级市场来进行。

① 参见《2004 年国务院政府工作报告》，见中央政府门户网，2006-02-16。

在土地一级市场上，主要通过划拨和出让模式来实现土地的供应。出让方式可以具体化为“收购—储备—开发—出让”模式。这种模式以土地利用总体规划和城市规划为依据，以土地市场为依托，以土地储备机构为载体，以土地基金为保障，形成规范、高效的城市土地使用权“收购—储备—开发—出让”的运行机制。此外，还存在租赁、入股和国家授权经营等渠道。

在土地二级市场上，土地供应机制主要通过土地使用权流转方式的转让、出租、抵押等途径来实现。应该说，土地二级市场供应机制在社会经济中比一级市场发挥的作用要大，这是因为土地的转让和出租是社会经济运行的必然产物，反映了社会经济交换和市场竞争的程度，就如同“货币”一样发挥着经济流、信息流的“媒介”作用。

2. 资产价格机制

随着资本市场的发展和金融创新的活跃，包括利率、汇率、股票、房地产等在内的资产价格在金融经济中所占有的地位越来越高。特别是房地产资产，目前占居民实物资产的比重已经处于相当高的位置了。土地价格的非理性上涨不仅会导致住房价格大幅上涨，催生房地产泡沫，也会引起国民经济其他产业生产成本的大幅增加，危害国民经济安全。许多国家都出现了由于房地产等资产价格异常波动所引起的金融危机和经济动荡，最为典型的就是日本的泡沫经济。因此，控制土地与房屋的资产价格对经济的影响已经成为当前非常重要的调控途径。

3. 约束引导机制

个人或企业在市场上对土地的需求具有自发性和盲目性，如果政府部门不加以约束与引导，那么这样的土地市场在一定程度上是无效率的。土地政策约束与引导调控机制主要是聚集效益和要素替代两种具体体现方式。

聚集效益是实现社会经济空间生产和布局的主要驱动机制，主要通过土地的内部规模效益、地区化聚集效益、都市化效益来产生。合理的土地规划、城市规划、土地投资标准、土地供应结构、土地市场流转机制和土地经济调控机制，可以使市场机制得以有效发挥，并在市场失灵时起到关键性的调控作用。

要素替代的存在是伴随着聚集效益而产生的。由于聚集效益存在，导致各种生产和生活活动在某一特定地域聚集，最终自然造成土地供不应求，地价上涨。为了继续获取聚集效益，最经济的做法是进行非土地投入的要素替代，减少土地用量，增加资本、技术、劳力的投入，即提高土地集约度。通过土地要素替代，土地政策在价格机制的影响下，调节社会经济运行系统中的资本、技术和劳动等要素的组合比例和流通速度，进而调控国民经济。

#### 10.2.1.4 我国土地政策的发展

改革开放前，我国实行的是“无偿、无限期、无流动性”的土地利用政策，形成了国有土地的集体垄断，使国有土地所有权只能从法律上体现，而不能在经济上得到实现，不仅扭曲了土地这个生产要素的经济关系，还造成土地利用效率低下、国有土地资产的流失和土地浪费严重的现象。

这一时期的土地政策总体带有明显的剥夺性、分配性、私有性与过渡性的特点。这与新中国成立初期整个国家的政治、经济、文化发展密切相关。从理论上讲，这种政策性演变在所有权设计上表现出明显的优越性。一方面，它可以有效地避免土地私有权造成的土地垄断、投机、不公平现象；另一方面又可以针对土地利用具有较强的外部性、系统性的特点，使土地利用的整体性和系统性以及公共经济发展之间有机结合，减少公共效率的损失。但是从现实来讲，这种政策安排产生的效率主要取决于与之配合的使用制度的效率。使用制度的合理与完善程度如何，直接影响到其优越性的发挥和体现。从这个角度看，改革开放前土地政策的发展虽然取得了不容忽视的成绩，但依政策实行的“无偿、无限期、无流动性”的土地使用制度和高度集权式的土地管理体制，与计划经济体制相结合时，产生了很多弊端。

改革开放后，我国的土地政策经历了从无偿使用到有偿使用，从低偿使用走向了完全市场化，从总量控制到结构调控的演进过程。土地政策参与宏观调控主要表现在以下方面：

1. 开展土地收购储备

从 1996 年上海土地发展中心成立后，土地收购储备政策在杭州、深圳等城市得到了广泛推行。2001 年 4 月 30 日，国务院颁布了《关于加强国有土地资产管理的通知》（国发［2001］15 号），规定“为增强政府对土地市场的调控能力，有条件的地方政府要对建设用地试行收购储备制度”。土地收购储备使政府掌握了增量和存量土地的供应权，增强了调控能力，积累了城市建设资金，也对房地产市场产生了巨大的影响。截至 2003 年 5 月，全国已有 1 258 个市、县政府开展了土地收购储备工作。

2. 进行土地市场整顿

2003 年 2 月开始，国家开始集中整顿土地市场。2003 年 2 月 18 日，国土资源部发布《关于清理各类园区用地，加强土地供应调控的紧急通知》（国土资［2003］45 号），开始了以开发区清理整顿为重点的全国土地市场治理整顿，清理未批先用、乱批乱用、征而未用、乱占滥用和随意改变土地用途等问题，查处重大土地违法案件。2003 年 7 月，国务院办公厅先后发出《关于暂停审批各类开发区的紧急通知》（国办发明电［2003］30 号）、《关于清理整顿各类开发区加强建设用地管理的通知》（国办发［2003］70 号）。11 月 3 日，国务院又发出《关于加大工作力度，进一步治理整顿土地市场秩序的紧急通知》（国发明电［2003］7 号），提出要通过治理整顿，使违规设立的各类开发区得到清理和规范，乱占滥用耕地和非法转让土地的行为得到依法查处，经营性用地招标拍卖挂牌出让制度得到全面推行和落实，土地市场秩序和土地执法环境得到明显改善。截至 2003 年 12 月底，全国共撤销各类开发区 2 426 个，整合 294 个，基本刹住了开发区“圈地”之风。

3. 强化土地审批和供应

2004 年 4 月 29 日，国务院办公厅下发了《关于深入开展土地市场治理整顿严格土地管理的紧急通知》（国办发明电［2004］20 号），提出严格建设用地审批管理，规定限制和禁止用地供地目录，完善用地定额指标，在深入开展土地市场治理整顿半年期间，全国暂停农用地转用审批，暂停涉及基本农田保护区调整的各类规划修改，暂停新批的县改市（区）和乡改镇的土地利用总体的修改，即“三个暂停”。2004 年 12 月，国土资源部再次发文，强调建设项目用地必须分级审批，强化预审在土地审批中的作用。

针对房地产市场上住房价格上涨过快和住房结构不合理的问题，2006 年 5 月 29 日，国务院办公厅下发《关于调整住房供应结构稳定住房价格的意见》（国办发［2006］37 号），要求保证中低价位、中小套型普通商品住房（含经济适用住房）和廉租住房的土地供应，其年度供应量不得低于居住用地供应总量的 70%；继续停止别墅类房地产开发项目土地供应，严格限制低密度、大套型住房土地供应。2007 年 9 月 30 日，国土资源部下发《关于认真贯彻〈国务院关于解决城市低收入家庭住房困难的若干意见〉进一步加强土地供应调控的通知》（国土资发［2007］236 号），提出各地要合理控制单宗土地供应规模，缩短土地开发周期，每宗地的开发建设时间原则上不得超过 3 年；保证廉租住房、经济适用住房和中低价位、中小套型普通商品住房建设用地，其年度供应总量不得低于住宅用地供应总量的 70%。2010 年 1 月 10 日，国务院办公厅下发了《关于促进房地产市场平稳健康发展的通知》（国办发［2010］4 号），要求增加住房建设用地有效供应，提高土地供应和开发利用效率，重点明确中低价位、中小套型普通商品住房和限价商品住房、公共租赁住房、经济适用住房、廉租住房五类住房的建设用地供应量和比例，及时向社会公布住房用地年度供应计划。2010 年 1 月 21 日，国土资源部发布《国土资源部关于改进报国务院批准城市建设用地申报与实施工作的通知》（国土资发［2010］9 号），要求进一步加强管理，提高用地报批效率，申报住宅用地的，经济适用住房、廉租住房和中低价位、中小套型普通商品住房用地占住宅用地的比例不得低于 70%。2010 年 3 月 10 日，国土资源部出台《关于加强房地产用地供应和监管有关问题的通知》（国土资发［2010］34 号），要求增强土地政策参与房地产市场宏观调控的针对性和灵活性，增加保障性为重点的住房建设用地有效供应，提高土地供应和开发利用效率。2010 年 12 月 19 日，国土资源部发布《关于严格落实房地产用地调控政策促进土地市场健康发展有关问题的通知》（国土资发［2010］204 号），通知指出，未完成保障性住房供地的，年底前不得再出让大户高档住房用地；建立土地交易异常情况快报制度，对招拍挂出让中溢价率超过 50%、成交总价或单价创历史新高的地块及时上报。

4. 实施土地出让“招拍挂”政策

早在 1990 年国务院发布的《城镇国有土地使用权出让和转让暂行条例》中，就明确规定土地使用权出让可以通过协议、招标和拍卖的形式，这是“招拍挂”政策的雏形。1999 年国土资源部又颁发了《关于进一步推行招标拍卖出让国有土地使用权的通知》（国土资发［1999］30 号），基本确立了“商业、旅游、娱乐和豪华住宅等经营性用地，有条件的，都必须招标、拍卖出让国有土地使用权”的核心思想。

2002 年 5 月 9 日，国土资源部签发 11 号文件《招标拍卖挂牌出让国有土地使用权规定》（国土资发［2002］11 号），要求从 2002 年 7 月 1 日起，商业、旅游、娱乐和商品住宅等各类经营性用地，必须以招标、拍卖或者挂牌方式出让。2004 年 3 月 31 日，国土资源部、监察部联合下发了《关于继续开展经营性土地使用权招标拍卖挂牌出让情况执法监察工作的通知》（国土资发［2004］71 号），要求就“开展经营性土地使用权招标拍卖挂牌出让情况”进行全国范围内的执法监察，各地要在 2004 年 8 月 31 日前将历史遗留问题处理完毕，对 8 月 31 日后仍以历史遗留问题为由采用协议方式出让经营性土地使用权的从严查处。2006 年 9 月 5 日国务院发布了《国务院关于加强土地调控有关问题的通知》（国发［2006］31 号），明确提出要“建立工业用地出让最低价标准统一公布制度”，规定工业用地必须采用招标拍卖挂牌方式出让，从此彻底结束了我国土地供应“双轨制”的历史，标志着我国土地市场配置机制的建立。11 号令第一次明确了经营性用地必须实行招拍挂出让，第一次对招拍挂的原则、范围、程序、法律责任进行了系统规定。

2007 年 10 月，国土资源部正式发布了新版《招标拍卖挂牌出让国有建设用地使用权规定》（国土资发［2007］39 号）。该规定明确六类情形必须纳入招标拍卖挂牌出让国有土地范围：供应商业、旅游、娱乐和商品住宅等各类经营性用地以及有竞争要求的工业用地，并建立了国有土地出让的协调决策机构和价格争议裁决机制。

结合宏观经济和房地产市场的发展，招拍挂政策体系也在不断地创新和完善。2010 年 1 月 10 日，国务院办公厅下发《关于促进房地产市场平稳健康发展的通知》（国办发［2010］4 号），其中提到“各地要综合考虑土地价格、价款缴纳、合同约定开发时限及企业闲置地情况等因素，合理确定土地供应方式和内容，探索土地出让综合评标方法”。2010 年 4 月 17 日，国务院发出《关于坚决遏制部分城市房价过快上涨的通知》（国发［2010］10 号），再次提出在坚持和完善土地招拍挂制度的同时，探索“综合评标”、“一次竞价”、“双向竞价”等出让方式，抑制居住用地出让价格非理性上涨。2010 年 12 月 19 日，国土资源部发布《国土资源部关于严格落实房地产用地调控政策促进土地市场健康发展有关问题的通知》（国土资发［2010］204 号），支持在坚持国有土地使用权招标拍卖挂牌出让制度的前提下，积极探索“限房价、竞地价”、“限地价、竞政策性住房面积”、“在商品住宅用地中配建保障性住房”、网上挂牌、用地预申请、一次竞价、综合评标等多种交易形式，总结推广成功经验和做法，改进和完善招拍挂制度内容。

改革开放至今，我国土地政策的演变表现为土地政策的数量增多，质量有很大提高，土地政策的内容日趋全面，其执行和监督体系日益健全，土地政策的制定过程更具科学性、实践性，土地政策的体系日臻完善。这些成果对改革和完善土地使用权制度及土地管理制度，提高土地的产出率，促进社会经济的发展发挥了重要作用。

具体地说，改革开放后土地政策的特点集中体现在以下几个方面：一是政策的形成采用自下而上的方式，富于探索性。如土地有偿使用政策，先是在深圳、珠海等沿海地区推行，然后才上升为通行全国的政策，农村集体土地承包制也是先由地方农民自发形成，然后为中央所推广的；二是善于和敢于借鉴，进行政策改革和创新，如土地有偿使用政策、土地批租政策、土地整理政策、土地用途管制政策等都是借鉴或移植其他国家或地区城市土地政策的产物；三是政策的执行采取先试行再推广，如土地使用权出让转让政策、土地登记政策、土地规划实施政策就是先试点，而后才在全国推广。

**10.2.1.5　主要土地政策及其经济分析**

1. 收购储备政策及经济分析

土地的收购储备政策，是指土地收购储备机构，将需要盘活的国有土地使用权依法收回、收购予以储存，并通过前期开发利用和承担政府委托的土地使用权供应准备工作，实现土地资产保值增值，合理配置土地资源。它的作用机理如图 10—1 所示：

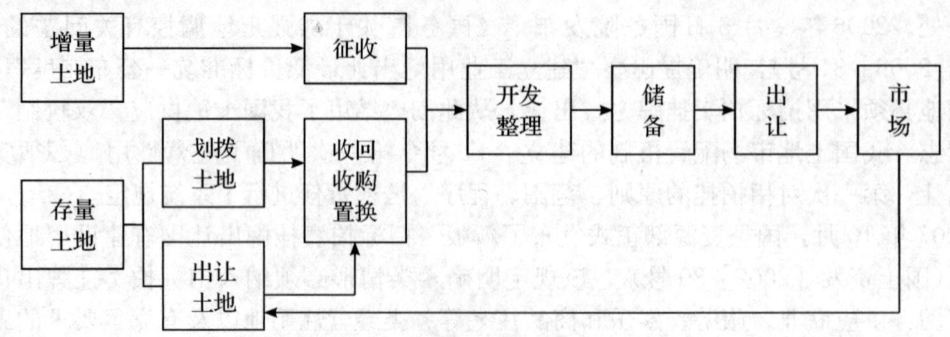


**图 10—1 土地收购储备政策作用机理**

资料来源：张文新：《城市土地储备对我国城市土地供求与地价的影响分析》，载《资源科学》，2005（6）。

下面主要探讨一下土地收购储备政策对房地产供求及价格变化的影响：

（1）土地收购储备的供求曲线及地价的变动（见图 10—2）。

土地储备前的土地供给曲线为 $S_0$，需求曲线为 $D_0$，因此决定的土地供应量和土地均衡价格分别为 $Q_0$ 和 $P_0$。由于政府实行土地收购储备垄断了土地供应，供给曲线变得无弹性如 $S_1$，与需求曲线为 $D_0$ 相交于 $E_1$，则土地供应量减少到 $Q_1$，均衡价格上升至 $P_1$。由于城市的增长和房地产市场的繁荣等因素，土地的需求增加，使得土地取得的竞争力越来越激烈，取得难度也越来越大，需求曲线会进一步移至 $D_1$，形成更高的均衡价格 $P_2$。由此可看出，由于土地收购储备政策控制了土地的供应，随着社会经济的发展，人们对土地的需求不断增加，会造成土地价格一定程度的上涨。

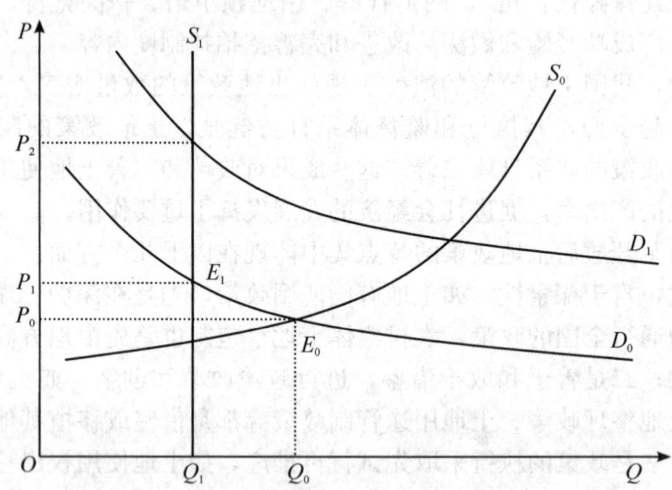


**图 10—2 土地收购储备的供求曲线及地价的变动**

（2）土地收购储备的供求曲线及房价的变动（见图 10—3）。

实行土地收购储备政策后，土地价格出现上涨，而土地价格作为商品房价格的主要组成部分，地价的上涨使得房地产市场的垄断力量加强，导致商品房供给的减少以及房价的升高。

商品房市场的初始供给量和均衡价格分别为 $Q_0$ 和 $P_0$，由于实行土地收购储备后造成

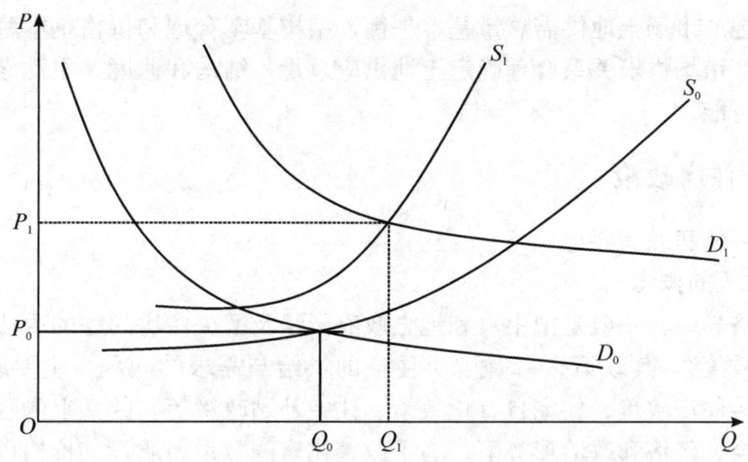


**图 10—3　土地收购储备的供求曲线及房价的变动**

土地供应量的减少，使得在短期内商品房的供给量减少，供给曲线由 $S_0$ 左移至 $S_1$。同时，商品房的需求量却在不断增加，需求曲线右移至 $D_1$，从而形成了新的供给量和均衡价格（$Q_1$ 和 $P_1$）。$P_1 > P_0$，即土地收购储备政策的实行促进了地价的上涨进而引起了房价的上升。

2. “招拍挂”政策及经济分析

“招拍挂”政策是我国在取得土地、进行房地产开发环节执行的重要政策，对我国的房地产市场产生了巨大的影响（见图 10—4）。

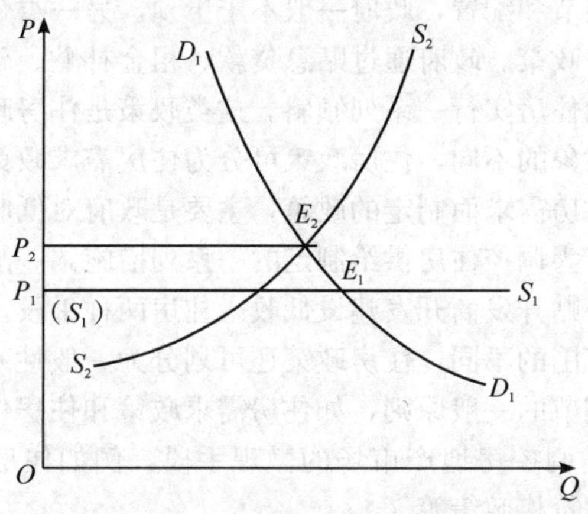


**图 10—4　土地“招拍挂”政策调控效果**

从图 10—4 中的供求曲线可以看到，采用划拨或协议方式出让土地，使得土地的取得成本很低，供给曲线由弹性很小扭曲为有完全弹性，为水平线 $S_1$，土地的价格也停留在较低的水平 $P_1$ 上；实行“招拍挂”政策后，在市场调节下供给曲线恢复到正常情况 $S_2$，地价则由 $P_1$ 上涨到 $P_2$，地价回归到其正常的价值水平。

该政策的实施，结束了我国长期以来土地无偿或低偿的不合理利用方式，使土地的资产价值得到了经济上的实现。更重要的是“招拍挂”政策的实施，将市场机制引入到土地出让市场，从而使土地的供应环境变得公开、公正和透明，促进了市场机制更好地发挥作用，实现了房地产市场土地供需总量基本平衡、结构基本合理和价格基本稳定，同时也为政府根据房地产市场供求关系合理确定土地供应总量、结构和速度，主动参与土地市场宏观调控提供了可能。

### 10.2.2 住房政策

#### 10.2.2.1 住房政策概述

1. 住房政策的概念

在西方经济学中，一般是把中央和地方政府干预及解决住房问题的手段和方法统称为广义的“住宅政策”，其政策宗旨是解决住宅的供给与需求的问题。主要政策措施包括：租金政策、公共住房政策、住宅自有化政策、住宅补贴政策等。狭义上的住房政策，是政府在一定的社会、经济和政治形势下，为了改善住房的数量、质量、价格以及所有权和使用权状况，为适应不同时期的住房需求和住房供应模式而设计的调节和干预措施。

住房政策对住房市场系统的调节和干预主要出于两个目的：一是调节住房生产资源的分配，纠正市场缺陷，确保住房市场供需在数量和结构上的平衡；二是运用再分配手段确保全社会住房产品分配的相对公平，尤其是保障低收入阶层和其他特殊阶层的住房权利。前者是住房供应目标，后者是住房公平目标。①

2. 住房政策的分类

(1) 根据住房主体的不同，住房政策可以分为两类：一类是针对中等收入以上的居民的住房政策，即商品房政策。政策鼓励或强制中等收入以上的居民去建房、买房，住房标准、价格等完全由市场调节和配置，政府一般不予干预。另一类是针对中低收入居民的住房政策，也称为公共住房政策。政府通过贴息贷款、租金补贴、建房补贴、直接建房等优惠政策对中低收入居民的住房实行一系列倾斜。这类政策是住房政策的主要部分。

(2) 根据政策作用对象的不同，住房政策可分为住房需求政策和住房供给政策。住房需求政策是政府为促进住房需求而制定的政策，主要是政府对低收入者的住房货币补贴政策；住房供给政策是政府为调控住房供给制定的一系列措施，一般采取政府直接修建公共住房提供给低收入者或补贴开发商开发建设低收入住房两种手段。

(3) 根据政策调控范围的不同，住房政策还可划分为一般性政策和具体政策。一般性政策主要是规定了住房调节的一般原则，如住房需求政策和住房供给政策；具体政策涉及住房市场的各个领域，是调控房地产市场的微观手段，例如住房金融政策、住房分配政策、住房租金政策、住房价格政策等。

#### 10.2.2.2 我国住房政策的发展

我国住房政策是在住房商品化和住房制度改革的过程中不断发展和完善的，经历了以改革开放为分界线的前后两个大的发展阶段。

1. 改革开放前的住房政策

这一阶段，我国处于计划经济体制时期，我国的住房政策主要有三个特征②：一是将

① 参见严雪峰：《北京市经济适用房政策的经济分析》，清华大学硕士学位论文，2004。

② 参见曹腊梅：《现代城市政府住宅政策研究》，载《上海理工大学学报（社会科学版）》，2006 (2)。

住房建设纳入统一的国民经济计划和基建计划，由政府财政统一拨款、统一规划、统一建造、统一供应；二是住房的需求主体为企、事业单位；三是实行实物分配和低租金政策。

这一住房政策的实施，在新中国成立初期，对于迅速改善广大城镇职工的住房条件，维护社会稳定，推进社会主义建设发挥了重要作用。但是随着我国工业化、城镇化的发展，城镇人口快速增加，国家的财政负担越来越大，居民的居住条件得不到改善甚至日益恶化。据统计，改革开放前的 29 年间，国家投资 374 亿元，建成住宅 5.3 亿平方米，但 1978 年，城市人均居住面积反而由解放初期的 4.5 平方米下降到 3.6 平方米，城市缺房户达 869 万户，占城市总户数的 47.5%。

2. 从改革开放至今的住房政策

改革开放后，我国经过长期的探索和实践，逐步明确了住房政策改革的方向，初步建立起了以住房市场化政策为主体的、多层次的、差别化的住房供应政策。

(1) 住房政策改革的试点和探索阶段。

1978—1993 年，我国开始探索住房政策改革模式，开展住房政策的试点工作。1980 年国务院正式宣布了实行住宅商品化政策的决定，并相继在一部分城市进行了出售公共住房的试点，掀起了一轮房改热潮。经过近十年的摸索，国务院于 1991 年下发了《关于全面推进城镇住房制度改革的意见》，明确了城镇住房制度改革的指导思想和根本目的，提出了城镇住房制度改革的四项基本原则，规定了城镇住房制度改革的 12 项政策。

(2) 住房政策的完善阶段。

1994—2002 年，我国房地产市场基本建立，政府出台了一系列的住房政策对房地产市场进行调控，形成了系统的多层次的住房政策体系。1994 年 7 月 18 日，国务院下发了《国务院关于深化城镇住房制度改革的决定》，进一步确定房改的根本目的是要建立与社会主义市场经济体制建设相适应的新的城镇住房制度，实现住房商品化、社会化；加快住房建设，改善居住条件，满足城镇居民不断增长的住房需求。这标志着我国住房政策的改革进入完善阶段。1998 年 7 月 3 日，国务院发布《国务院关于进一步深化城镇住房制度改革加快住房建设的通知》(国发［1998］23 号)，宣布从 1998 年下半年开始，全国城镇停止住房实物分配，实行住房分配货币化，建立和完善以经济适用房为主的多层次城镇住房供应体系，对不同收入家庭实行不同的住房供应政策。最低收入家庭租赁由政府或单位提供的廉租住房；中低收入家庭购买经济适用住房；其他收入高的家庭购买、租赁市场价商品住房，从而建立起我国的住房政策框架。

(3) 住房政策的全面实施和应用阶段。

从 2003 年开始，我国的房地产市场出现了投资增长和房价上涨过快的势头，为稳定房价促进房地产市场持续健康发展，政府加大了对房地产市场的政策调控。

2003 年 8 月国务院下发的《国务院关于促进房地产市场持续健康发展的通知》(国发［2003］18 号) 提出，完善住房供应政策，调整住房供应结构，逐步实现多数家庭购买或承租普通商品住房，根据当地情况，合理确定经济适用住房和廉租住房供应对象的具体收入线标准和范围，并做好其住房保障工作。2005 年 3 月 26 日，国务院办公厅下发《关于切实稳定住房价格的通知》(国办发明电［2005］8 号)，要求控制房价涨幅过快，首次以行政问责形式将稳定房价提高到政治高度。2005 年 5 月 11 日，国务院办公厅转发建设部、发展改革委、财政部、国土资源部、人民银行、税务总局、银监会七部门《关于做好稳定住房价格工作的意见》（国办发［2005］26号），提出改善住房供应结构，合理引导住房建设与消费；加强经济适用住房建设，完善廉租住房制度；鼓励发展并规范出租业，多渠道增加住房供给，提高住房保障能力等一系列措施。2006年5月17日，温家宝总理主持国务院常务会议，出台六条房地产市场调控措施（“国六条”），要求切实调整住房供应结构，重点发展中低价位、中小套型普通商品住房、经济适用住房和廉租住房。

2006年5月29日，国务院办公厅转发建设部等部门《关于调整住房供应结构稳定住房价格意见的通知》（国办发［2006］37号），强调要重点发展普通商品住房。自2006年6月1日起，凡新审批、新开工的商品住房建设，套型建筑面积90平方米以下住房（含经济适用住房）面积所占比重，必须达到开发建设总面积的70%以上；有步骤地解决低收入家庭的住房困难等。

在保证商品房市场平稳发展的同时，住房政策逐步加大了对保障性住房建设的支持力度。2007年8月13日，国务院发布《关于解决城市低收入家庭住房困难的若干意见》（国发［2007］24号），要求进一步建立健全城市廉租住房制度，改进和规范经济适用住房制度，加大棚户区、旧住宅区改造力度，建立健全以廉租住房制度为重点、多渠道解决城市低收入家庭住房困难的政策体系。2008年12月21日，国务院办公厅下发《关于促进房地产市场健康发展的若干意见》（国办发［2008］131号），提出多渠道筹集建设资金，增加保障性住房供给，开展住房公积金用于住房建设的试点。2009年6月2日，住建部等联合印发了《2009—2011年廉租住房保障规划》，提出从2009年起到2011年，基本解决747万户现有城市低收入住房困难家庭的住房问题，进一步健全实物配租和租赁补贴相结合的廉租住房制度，并以此为重点加快城市住房保障体系建设，完善相关的土地、财税和信贷支持政策。2010年4月16日，住建部出台《关于做好城市和国有工矿棚户区改造规划编制工作的通知》（建保［2010］58号），通知要求认真做好规划编制工作，加快棚户区改造，合理确定城市棚户区、国有工矿棚户区年度改造任务。2010年4月22日，住建部出台《关于加强经济适用住房管理有关问题的通知》（建保［2010］59号），加强对经济适用住房管理。对违规出售、出租、闲置、出借经济适用住房，或者擅自改变住房用途且拒不整改的，将按照有关规定或者合同约定收回，并取消其在5年内再次申请购买或租赁各类政策性、保障性住房的资格。2010年5月5日，住建部等联合下发《关于加强廉租住房管理有关问题的通知》（建保［2010］62号），对廉租住房的建设、日常管理和准入退出管理做出规定。2010年6月13日，住建部等七部委出台《关于加快发展公共租赁住房的指导意见》，指出将通过公共租赁住房，解决城市中等偏低收入家庭住房困难，改善外来务工人员居住条件。2010年6月11日，住建部等六部门联合印发《关于做好住房保障规划编制的通知》，对住房保障标准和范围做了调整：购房补贴标准从每平方米2 000元调整为2 800元；中等偏低收入家庭收入标准从人均月收入1 220元调整到1 500元；35周岁以上单身的低收入住房困难户纳入住房保障范围。

我国住房政策几经变迁，基本完成了由福利分房到住房市场化的转化。在改革初期，住房政策过度鼓励了市场化走向，导致部分城市房地产价格增长过快。2007年开始，政府的住房政策的重心开始逐步转到住房保障上来。2009年之后，政策主要围绕如何解决国有工矿、林区、垦区的棚户区改造，以及解决中低收入阶层住房困难展开。经过改革开放至今 30 多年的发展，我国的住房政策已基本形成了以普通商品住房为主的市场机制与住房保障机制相结合的政策体系。[①]

**10.2.2.3 主要的住房政策及其经济分析**

对住房市场的干预主要是通过政策影响住房的供给和需求，达到解决住房市场失灵、调节或引导住房市场均衡发展的目的。

1. 住房需求政策

住房需求政策是政府为了满足社会各阶层的住房消费，刺激住房需求采取的向中低收入者提供住房货币补贴，提高中低收入者的购房能力的举措。如我国的住房公积金政策，就是典型的住房货币补贴政策。

住房货币补贴政策可以在不影响市场正常供给的前提下，凭借价格机制灵活的调节作用，达到同样的消费增量。下面我们对住房货币补贴政策进行进一步的分析，如图 10—5 所示：

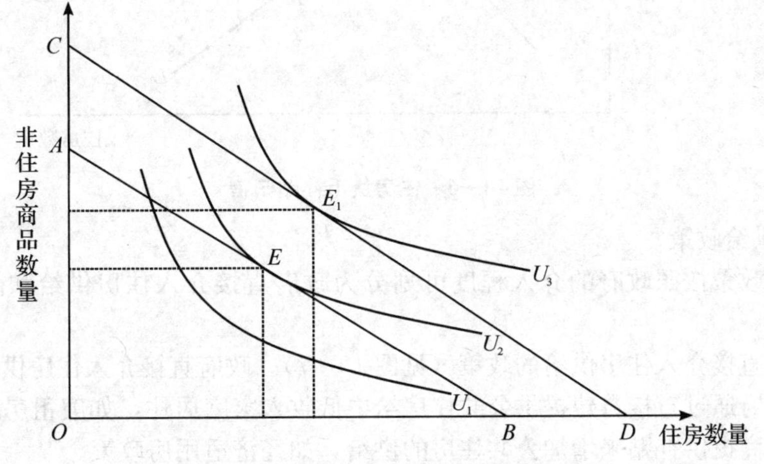


**图 10—5 住房货币补贴政策的经济分析**

图 10—5 中，横轴代表住房的数量，纵轴代表其他商品的数量，$U_1$、$U_2$、$U_3$ 代表消费者关于两种商品组合的无差异偏好效用水平，$AB$ 为其收入预算线。$E$ 点表示在 $AB$ 预算线的约束下的最佳消费选择。因为政府进行住房货币补贴，$AB$ 预算线外移到 $CD$ 水平，消费选择也由 $E$ 点移至 $E_1$，结果显示中低收入者的住房消费能力得到提高。

但是从经济学角度来说，政府对消费者给予固定用途的补贴，其效果要视该消费品的需求价格弹性和供给价格弹性而定。由于住房货币补贴政策增加了购房消费能力，进而增加了购房消费需求，而房地产商品的供给价格弹性较小，这样就导致房价升高，最终造成补贴流入开发商的手里，中低收入阶层还是买不起房的结果。

如图 10—6 所示，$E$ 点为补贴前的住房市场均衡点，均衡价格为 $P_0$。当政府给予货币补贴后，需求曲线上移至 $D'$，移动的距离 $E'F$ 的长度等于补贴数额的大小。需求曲线 $D'$ 与供给曲线 $S$ 相交于 $E'$，产生新的均衡价格 $P'$。可以看到，$E'A$ 的价差是被开发商获得

① 参见李元、吕萍：《土地行政学》，187 页，北京，中国人民大学出版社，2007。

的，消费者获得的利益仅为 $FA$，而 $E'A/FA$ 的值就是直线 $S$ 和直线 $D$ 的斜率之比，正是供给的价格弹性以及需求的价格弹性的倒数。

因为住房的供给弹性系数小，因此 $S$ 的斜率变大，即 $E'A/FA$ 的值变大，也就是说，开发商从住房补贴中的获益要比消费者大。政府的货币补贴政策的初衷没有实现。[①]

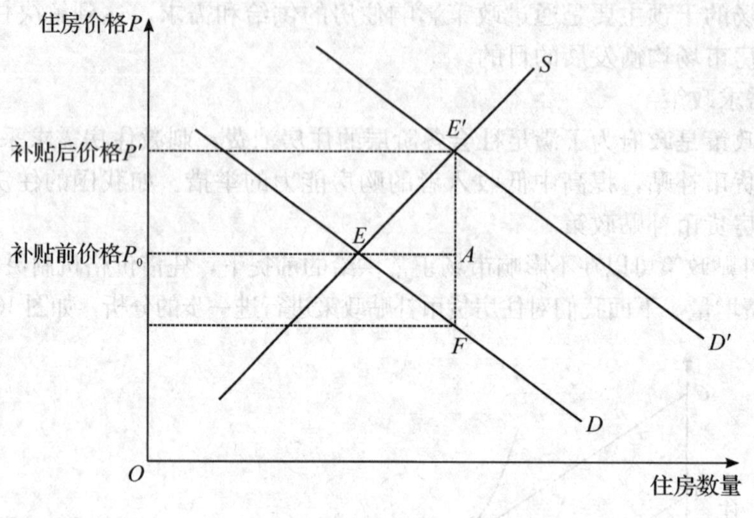


**图 10—6　住房货币补贴归宿**

2. 住房供给政策

住房供给政策按照政府的介入程度可划分为政府直接介入住房供给和间接介入住房供给。

(1) 政府直接介入住房供给的政策（见图 10—7）。政府直接介入住房供给有两种供给方式：一是政府通过直接自建提供公共住房给中低收入家庭居住，如廉租房政策；二是政府通过向开发商提供补贴来增加公共住房的供给，如经济适用房政策。

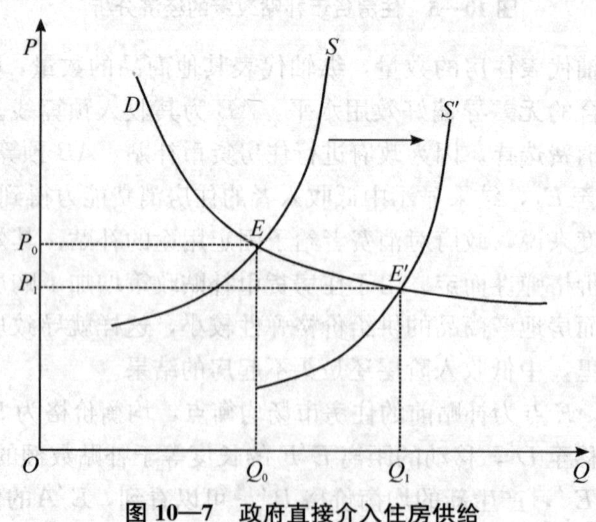


**图 10—7　政府直接介入住房供给**

① 参见严雪峰：《北京市经济适用房政策的经济分析》，清华大学硕士学位论文，2004。

政府直接介入住房供给时，住房供给曲线向右移动，与住房需求曲线在 $E'$ 点相交，在较低的价格水平上达到供求均衡。

政府直接介入住房供给能够在较短的时间内扩大住房总量，缓解住房短缺，但是这种政策实际上是通过政策倾斜诱导资源和需求流入住房市场，加大了政府财政压力，而且在相当程度上抑制了私人开发商的投资积极性。因此，政府直接提供住房仅限于在住房供求尖锐、住房严重短缺的情况下采用。

(2) 政府间接介入住房供给的政策。目前，世界上多数国家都避免采取政府直接建房的方式，而是通过提供优惠贷款、减免税收、降低土地成本、简化管理程序等形式减少投资成本，间接增加住房供给。

政府采取间接调控政策的目的是减少住房成本，如图 10—8 所示，投资者的房屋建设成本由于各种供给政策而下降，住房平均成本曲线和边际成本曲线从 $AUC_0$ 和 $Mc_0$ 下降到 $AUC_1$ 和 $Mc_1$，成本减少使住房供给量由 $Q_0$ 上升到 $Q_1$。

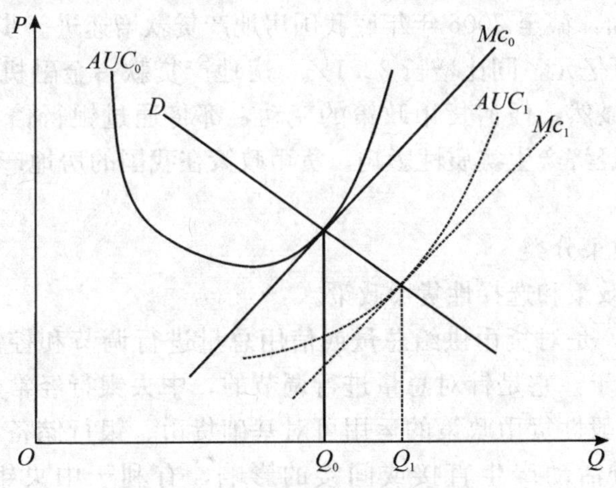


图 10—8 政府间接介入住房供给

减少投资者的成本，间接地在更大范围内增加住房供给，已成为大部分国家调控住房市场的方法，其成效是显而易见的。但这种方式也有缺陷，如低息政策不仅需要国家不断地投入财力支持，而且与整个国家的资本市场分割，不利于提高国家金融体系的运行效率；同时，减少土地成本不仅会造成国有资产的流失，而且会使花费正常土地成本的投资者处于一种不公平的竞争状态；另外，减税政策扭曲了市场信号，降低了微观经济效率。

## 10.3 金融政策和税收政策

### 10.3.1 房地产金融政策

房地产金融政策是国家为实现一定时期国民经济和房地产市场发展的目标而制定的一系列控制和调节房地产开发、流通和消费过程中货币供应量或信用量的方针和措施的总称，其基本任务是运用多种金融方式和金融工具调节资金的筹集和融通，支持或限制房地产的开发、流通和消费，保障房地产再生产过程的顺利进行和国民经济安全。

房地产金融政策包括房地产货币政策、房地产信贷政策、房地产证券政策、房地产信托政策、房地产基金政策、房地产保险政策和房地产金融监管政策等。其中，货币政策和信贷政策是我国政府实施房地产市场宏观调控的两种最常用、最重要的金融政策。

**10.3.1.1 房地产货币政策概述**

1. 房地产货币政策的概念

房地产货币政策是指国家为实现特定的房地产调控目标所制定的关于调整货币供应的基本方针及其相应的措施。

一般来讲，货币政策作为总量政策，主要关注的是总供求的波动及其走向，对于房地产市场等微观市场的波动和走势，货币政策不应过于敏感。但是，随着金融市场和房地产市场的发展，房地产已经成为居民储蓄和财富持有的重要资产选择。截至 2003 年年底，房地产投资拉动系数达到 0.194 5，如果考虑到房地产的关联效应，计算出来的投资贡献率将更高。[①] 另一方面，截至 2006 年年底我国房地产贷款增速进一步提高，全国商业性房地产贷款余额 3.68 万亿元，同比增长 22.1%，房地产贷款占金融机构中长期贷款的比重同比增加 19.7%。[②] 显然，任何货币政策的变动，都将通过银行信贷渠道影响房地产市场，并进一步对国民经济产生实质性影响。货币政策在我国的房地产市场调控中正发挥着越来越重要的作用。

2. 房地产货币政策分类

(1) 一般性货币政策和选择性货币政策。

一般性货币政策，是对货币供给总量或信用总量进行调节和控制的政策工具。一般性货币政策的特点在于，它是针对总量进行调节的，中央银行经常使用且对整个宏观经济运行发生影响。一般性货币政策的运用可对基础货币、银行储备、货币供应量、利率以及金融机构的信贷活动产生直接或间接的影响，有利于中央银行货币政策目标的实现。

选择性货币政策，是指中央银行针对经济领域或某些特殊用途的信贷而采用的信用调节工具。一般国家的中央银行运用选择性货币政策调控房价基本上是一种需求管理政策，是对需求的信贷控制。而在我国，银行对房地产信贷控制则是双重控制，不仅控制需求，而且控制供给。这主要是因为发达国家市场经济较为完善，房地产市场的供求关系相对均衡，中央银行只要控制房地产需求就可以有效控制供给。而我国由于房地产市场体系的不健全，房地产市场供求信息的不对称，以及经济主体的市场意识不强等问题，仅仅控制需求很难达到控制供给的目的，因此通常需要双重控制。

(2) 扩张性货币政策和紧缩性货币政策。

扩张性货币政策是通过增加货币供给来带动总需求的增长。货币供给增加时，利息率会降低，取得信贷更为容易，因此经济萧条时多采用扩张性货币政策。反之，紧缩性货币

---

① 参见王维安、贺聪：《房地产业发展与经济增长、金融风险》，载《浙江经济》，2004 (20)。

② 参见中国人民银行货币政策分析小组编：《中国货币政策执行报告：2006 年第四季度》，北京，中国金融出版社，2007。

政策是通过削减货币供给的增长来降低总需求水平，直接目的是减少市场货币流通总量，根本目的是避免经济发展过热、过快，抑制通货膨胀。通常所采用的手段为提高银行利率、提高银行存款准备金率、减少货币放行量、发行国债和严格控制信贷量。在施行紧缩性货币政策下，企业和个人取得信贷比较困难，利率也随之提高，因此，在通货膨胀严重时，多采用紧缩性货币政策。

对房地产行业而言，当中央银行实施扩张性货币政策时，商业银行发放贷款的能力提高，房地产个人抵押贷款和房地产开发贷款随之增加，扩大了房地产的有效需求和房地产的供给，房地产价格将在两种力量的作用下实现新的均衡；当中央银行实施紧缩性货币政策，商业银行的贷款能力被削减，房地产贷款会相应收紧，不仅会减少房地产的有效需求，同时也会导致开发商的资金链紧张，从而影响房地产的价格。

3. 房地产货币政策调控机制

货币政策主要是通过利率、存款准备金率等工具借助市场平台调节货币供应量，影响房地产市场的供求均衡。

(1) 利率。

利率是市场经济中最重要的经济杠杆之一，而房地产市场是资本高度密集型产业，对利率的变化反映比较灵敏。在成熟的房地产市场，加息往往会带来挤出资产价格泡沫的效应。尽管我国的利率尚未完全市场化，房地产市场也尚未成熟，利率变化依然会通过影响房地产市场中各主体的行为引起房地产市场供求关系的变化，进而影响房地产市场的价格。

利率变动对房地产开发商、消费者、投资者等各房地产市场主体都会产生影响。

对消费者而言，由于房地产价值昂贵，大多数消费者缺乏一次性付款购买的能力，多采取向金融机构申请住房抵押贷款的方式实现住房需求。因此，利率的变化会直接影响消费者的购房支付能力。利率提高，消费者的还贷额增加，购房成本上升，迫使一部分消费者退出房地产市场，需求下降将导致房地产价格下跌；如果利率降低，购房成本减轻，就会刺激消费者的购房需求，需求增加将推动房地产价格上涨。

对投资者来说，利率变动一方面会直接影响投资者和投机者的购房成本，从而在一定程度上影响市场上的投资投机活动。更重要的是，利率变动给投资者传递了政策信号，改变了投资者对房地产市场和利率的风险意识，会对房地产投资者和投机者产生重要的影响。

对于开发商来说，利率变化会影响其融资成本。央行提高利率，房地产开发商的融资成本上升，房地产开发商就会控制投资规模，导致房地产供给减少，价格上涨；利率降低，会促使房地产开发商扩大融资比率，刺激房地产开发投资，最终市场上房地产供给，价格下降。

(2) 存款准备金率。

存款准备金是指金融机构为保证客户提取存款和资金清算需要而准备的在中央银行的存款。存款准备金占金融机构存款总额的比例就是存款准备金率。中央银行调整存款准备金率，就会增加或减少商业银行的超额准备金，影响金融机构的信贷扩张能力，从而改变市场上的货币供应量，进而改变投资规模。

存款准备金率的变化是所有货币政策中信号最强、力度最大的一种，存款准备金率的上升或下降可以直接通过作用于货币乘数引起货币供应量的大幅减少或增加。房地产业作为资金密集型产业，受存款准备金率的影响很大。存款准备金率上调，将导致房地产行业的贷款规模紧缩，房地产市场资金链逐步趋紧，供求双方的投资冲动被抑制，从而对控制房地产市场过热、房产价格过高起到积极作用。2009 年以来我国房地产价格出现了新一轮的快速上涨，2010 年，中国人民银行分别于 1 月 18 日、2 月 25 日、5 月 10 日、11 月 16 日、11 月 29 日和 12 月 20 日 6 次上调存款类金融机构人民币存款准备金率各 0.5 个百分点，累计上调 3 个百分点，每次冻结资金 3 000 亿元以上，有效地遏制了房地产价格的过快增长。

（3）资产组合效应。

货币、债券、股票和房地产等资产一起共同组成了投资者的资产组合。随着不同资产的收益率的变化，投资者会调整各类资产的配置，以达到投资效用的最大化。当央行实施扩张性货币政策时，利率下降，货币供应量增加，货币的收益率下降。投资者会根据这一变化减少资产组合中货币资产持有的比例，而增加股票、房地产等非货币资产的比例，从而导致非货币资产的需求增加、价格上升；反之，在紧缩性货币政策的环境下，投资者会增加资产组合中的货币资产比例，而减少非货币资产比例，通常表现为股票、房地产需求减少、价格下降。例如 2007 年以来，我国经济运行中出现了经济增长过快的迹象，为抑制经济过热，中央银行多次上调存款准备金率和利率，紧缩银根。在资金短缺的情况下，市场上“现金为王”，股票、房地产等非货币资产价格出现大幅下跌，上证综指从 2007 年的 6 120 点直跌到 2008 年的 1 664 点，全国平均商品房销售价格增长率也从 2007 年的 14.76％回落到 2008 年的 1.42％。同时，股票、房地产等非货币资产之间也存在一定的替代效应。自 2009 年以来，房地产价格一路攀升，股市的大量资金涌向了房地产市场。而在 2011 年年初全国性的异地限购及两套以上住房限购政策出台后，房地产价格受到政策严厉打压，大量的炒房资金流入股市，股市开始扭转颓势。

（4）优惠利率。

优惠利率是指中央银行对国家拟重点发展的某些部门、行业和产品规定较低的利率，以鼓励其发展，有利于国民经济产业结构升级和产品结构的调整换代。早在 1997 年时，政府就将房贷利率调低，使其低于贷款利率的平均水平。这种政策的效果就是在经过近十年的住房商品化历程，在绝大多数大、中城市，房地产业已经成为国民经济的支柱产业，成为国民经济发展的推进器。2008 年，受国际金融危机的影响，我国实体经济下滑。各大商业银行于 2009 年年初执行购房者可享受住房贷款七折的优惠利率，为楼市回暖蓄积了政策基础。

#### 10.3.1.2 房地产信贷政策概述

1. 房地产信贷政策的概念

房地产信贷政策是房地产金融政策的重要组成部分，也是央行调控房地产市场结构的常用工具之一。它是中央银行根据国家宏观调控和房地产产业政策要求，通过经济、法律、行政等多种手段对金融机构的房地产信贷总量和投向实施引导、调控和监督，实现信贷资金优化配置并促进经济结构改善的重要手段。

我国房地产业的资金供给渠道比较单一，我国房地产业约70%的土地购置费和房地产开发资金均直接或者间接地来自商业银行贷款，银行信贷贯穿于土地储备、交易、房地产开发和销售的整个过程。同时，大多数的居民购房也依赖于银行贷款，因此，银行信贷政策的变动，直接影响着房地产市场上房地产商和购房者可获得的资金，通过资金来限制和刺激房地产市场的供给量和需求量，最终影响房地产价格。

2. 房地产信贷政策的内容

房地产信贷政策的内容主要包括中央银行对商业银行等金融机构向客户提供不动产抵押贷款的一系列管理措施，主要涉及下列几方面的内容：

一是与房地产行业信贷总量扩张有关，政策措施影响货币乘数和货币流动性，进而控制房地产供给和需求规模，限制房地产投机，抑制房地产泡沫。比如，规定房地产开发企业的贷款资质和条件、住房消费信贷的最高限额、贷款的最长期限和首付的最低金额等。

二是配合国家房地产调控政策，通过贷款贴息、贷款优惠等多种手段，重点支持经济比较发达、房价波动相对平稳、以自住需求为主城市的优质房地产开发项目，引导信贷资金向中低价位、中小套型普通商品房的开发建设流动，扶持经济适用房和保障性住房与列入当地政府建设计划的重点安居工程项目。

三是限制性的信贷政策。通过“窗口指导”和引导商业银行调整授信额度、调整信贷风险评级和风险溢价等方式，限制银行向房价上涨过快的地区和存在高负债的房地产开发企业发放贷款，限制信贷资金向大户型、大面积、高档商品房、别墅等高端住房消费市场过度投放，严格房地产贷款资格审查等。

四是制定房地产信贷法律法规，引导、规范和促进房地产信托等金融产品创新，防范信贷风险。

3. 房地产信贷政策的特点

在当前金融市场环境下，与货币政策相比较，房地产信贷控制对房地产市场的影响更为有效。房地产信贷政策在调控方式上具有直接性、灵活性、结构性、周期性和地域性的特点。

(1) 直接性。

房地产的开发具有滞后性，因此通过调整利率、存款准备金率等货币政策来调控房地产市场具有时滞性，对当期的房地产供给影响有限。而房地产信贷政策可以通过调节银行贷款量直接对房地产市场的供给和需求进行调节，对房地产投资和开发规模、房地产消费的影响更为直接，能够在短期内达到调控目的。

(2) 灵活性。

当宏观经济背景发生变化时，货币政策立即转向，不仅短期内对房地产市场调控效果有限，而且极易对国民经济其他产业造成巨大影响。而信贷政策灵活快捷，直接针对被调控对象，同时不会波及其他行业。

(3) 结构性。

房地产货币政策属于总量政策工具，主要着眼于对房地产行业的调节，从而实现房地产供给和需求总量均衡。房地产信贷政策则主要着眼于解决市场结构问题，通过引导信贷投向，促进房地产市场上各种物业类型、户型以及各种价位产品比例的合理配置，满足居民多层次住房需求。

（4）周期性。

房地产信贷波动与宏观经济运行情况、房地产市场发展情况之间存在密切联系。一般来讲，在经济复苏与增长时期，由于市场预期良好，房地产价格快速上涨，银行会增加房地产信贷规模，房地产市场快速启动并进入景气阶段。但是银行信贷规模的快速扩张会诱发产生强烈的投机冲动，国民经济以及整个房地产市场出现趋热症状，房地产价格飙升，掩盖了供求的失衡，加速房地产泡沫的形成和膨胀。随着经济和房地产市场出现过热，房地产信贷风险剧增，为了维护金融稳定，央行加强对房地产信贷的调控，银行对房地产贷款的意愿下降。而当房地产市场步入下行周期，银行的房地产信贷规模会进一步紧缩，甚至拒贷，从而加快了房地产经济的衰退。就是这一松一紧，我们可以概称为“房地产信贷周期”。

（5）地域性。

我国幅员辽阔，地区经济发展不平衡，区域房地产市场和金融市场发育的深度不同，房地产信贷政策调控的目标和市场环境存在差异，因此，房地产信贷政策调控也就表现出明显的地域特征。例如，针对部分大中城市房价上涨过快的势头，实施“差别化住房信贷”政策，严格控制发展过热、以外部投资需求为主、房价上涨过快的地区的房地产信贷投放，要求“人民银行各分支机构可根据当地人民政府新建住房价格控制目标和政策要求，在国家统一信贷政策的基础上，提高第二套住房贷款的首付款比例和利率”，“房价过高、上涨过快的城市，在一定时期内，要从严制定和执行住房限购措施”等。

4. 房地产信贷政策调控机制

房地产是高负债的行业，在我国目前间接融资占绝对比重的融资格局下，房地产信贷政策通过直接调节信贷量来影响房地产开发商和购房者资金的可获得性，进而限制和刺激房地产市场的供给量和需求量，最终决定房地产的价格。房地产开发贷款信贷量增加，房地产开发资金宽裕，房地产商就会相应扩大投资规模，市场上供给量增加；反之，信贷量减少，房地产开发资金趋紧，投资规模减小，房地产市场供给量减少。同样，个人住房抵押贷款的信贷量增加，消费者就会增加住房消费，市场需求量会相应增加；信贷量减少，一部分消费者住房需求受到挤压，市场需求量下降。市场上最终形成的供求关系，决定了未来房地产市场上新的均衡价格。

具体而言，房地产信贷政策主要是规定贷款的最高限额、贷款的最长期限和首付的最低金额等。采取这些措施的目的在于限制房地产投机，抑制房地产泡沫。它包括供给和需求的双重控制。①

（1）需求控制。

一是比例控制，即对个人住房贷款的贷款额占比和首付成数做出限制。个人住房贷款的贷款额占比是指个人以住房抵押获得商业银行贷款的最高额占抵押房产评估价的比例。如1999年，为了推动住房市场化改革，中国人民银行下发《关于鼓励消费贷款的若干意

① 参见王广谦：《中央银行学》，228页，北京，高等教育出版社，1999。

见》，将住房贷款与房价款比例从 70%提高到 80%，由此推动了我国住房贷款的快速增长。2007 年 9 月，央行发布《关于加强商业性房地产信贷管理的通知》（银发［2007］359 号），明确规定对购买首套自住房且套型建筑面积在 90 平方米以下的，贷款首付款比例不得低于 20%；对购买首套自住房且套型建筑面积在 90 平方米以上的，贷款首付款比例不得低于 30%；对已利用贷款购买住房、又申请购买第二套（含）以上住房的，贷款首付款比例不得低于 40%。设置个人购房的首付比例，可以有效调节投资和投机性购房者的消费需求，有利于稳定房价。

二是期限控制，为了管理信贷风险，银行对个人住房贷款的还款期限做出了最高限制。1998 年出台的《个人住房贷款管理办法》（银发［1998］190 号）第十条中明确规定，贷款人应根据实际情况合理确定贷款期限，但最长不得超过 20 年。1999 年 9 月，人民银行下发《关于鼓励消费贷款的若干意见》，将个人住房贷款最长期限从 20 年延长到 30 年。

三是购房套数控制，即通过“限贷”和“限购”政策控制消费者购买住房的数量。“限贷令”和“限购令”是在 2007 年以来国内出现货币流动性过剩带来的楼市投资投机热，加息、提高存款准备金率等一系列调控政策并没有有效地抑制购房需求的背景下出台的直接限制消费的措施。从 2010 年 4 月以来，中央出台了一系列文件，对“限贷”和“限购”进行了逐步严厉的规定，对市场需求起到了强有力的抑制作用。

（2）供给控制。

供给控制主要通过对房地产开发企业资格和贷款项目审核来对房地产开发信贷规模和质量进行控制。

一是房地产开发企业资格控制。规定具有一定条件的主体方可借款，对主体的各个方面都要进行审查，判断其是否具有房地产开发的能力。这一点对于杜绝房地产开发企业向贷款银行转嫁经营风险尤为重要。在《关于加强房地产市场宏观调控促进房地产市场健康发展的若干意见》（建住房［2002］217 号）、《关于进一步加强房地产信贷业务管理的通知》（银发［2003］121 号）、《商业银行房地产贷款风险管理指引》（银监发［2004］57 号）、《关于调整住房供应结构稳定住房价格的意见》（国办发［2006］37 号）、《关于加强商业性房地产信贷管理的通知》（银发［2007］359 号）、《关于坚决遏制部分城市房价过快上涨的通知》（国发［2010］10 号）、《国务院关于调整固定资产投资项目资本金比例的通知》（国发［2009］27 号）中都对房地产开发条件作了明确要求，引导规范贷款投向房地产开发贷款对象应为具备房地产开发资质、信用等级较高、没有拖欠工程款的房地产开发企业。对资本金达不到规定标准、负债率高并具有闲置土地、闲置房源、改变土地用途和性质、拖延开竣工时间、囤积土地等违法违规行为的房地产开发企业，商业银行不得对其发放贷款。

二是贷款项目控制，内容包括：贷款重点支持中低价位、中小套型商品住房项目和保障性安居工程的贷款需求，对大户型、大面积、高档商品房、别墅等项目适当限制；必须是取得土地使用权证书、建设用地规划许可证、建设工程规划许可证和施工许可证的项目；对政府土地储备机构的贷款应以抵押贷款方式发放，且贷款额度不得超过所收购土地评估价值的 70%，贷款期限最长不得超过 2 年；商业银行不得向房地产开发企业发放专门用于缴交土地出让金的贷款；房地产开发贷款原则上只能用于本地区的房地产开发项目。

#### 10.3.1.3 我国房地产金融政策的发展

中国房地产市场的建立是从1998年的停止福利分房制度开始，伴随着房地产市场的快速发展，政府和央行颁布了一系列房地产金融政策，调控过程主要经历了四个阶段：

第一阶段，1978年以前为萌芽和起步时期。

1978年以前，中国实行高度集中的计划经济体制，宏观经济调控主要依靠计划和财政手段。20世纪80年代，随着传统计划经济体制向市场经济体制的转型，金融改革和货币政策的操作方式也有了很大的发展和变化。中国人民银行于1984年开始专门履行中央银行职能，集中统一的计划管理体制逐步转变为以国家直接调控为主的宏观调控体制，我国现代意义上的金融政策开始形成。虽然信贷现金计划管理仍居主导地位，但间接金融工具已开始启用。随着市场经济体制的确立，直接的信贷规模控制的弊端逐渐显现，其他货币政策工具不断出现和完善，信贷规模作为一项政策工具于1988年后已基本停止使用。在1988年第一次住房体制改革会议召开后，各项住房信贷政策开始纷纷出台。1995年8月中国人民银行颁布了《商业银行自营住房贷款管理暂行规定》，规范自营性住房信贷业务。1997年4月颁布《个人住房担保贷款管理试行办法》，对委托性住房存贷款业务也做了规定。但由于当时的贷款条件非常严格，加上住房市场化体制改革和金融体制改革没有全面突破，直到1997年，住房信贷业务发展比较缓慢。

第二阶段，从1998年至2002年为支持和规范时期。

为应对我国经济出现的不景气，1998年7月，国务院下发《关于进一步深化城镇住房制度改革加快住房建设的通知》，明确提出“促使住宅业成为新的经济增长点”。这个时期，全国城镇停止了住房实物分配，实行货币化分配，房地产二级市场开始活跃，房地产金融业务快速发展。国家开始谨慎展开宏观调控，房地产金融政策导向以规范市场为主，兼有部分鼓励政策。

1998年5月9日中国人民银行颁布了《个人住房贷款管理办法》（银发［1998］190号），对个人住房贷款的对象和条件、贷款程序、贷款期限和利率、贷款方式等做了详细规范。以住房抵押担保为特征的住房贷款模式开始形成。这一政策的实施，极大地推动了住房信贷业务的开展。1999年，中国人民银行下发了《关于鼓励消费贷款的若干意见》，将住房贷款与房价款比例从70%提高到80%，个人住房贷款首付改为两成，并将贷款最长期限从20年延长到30年，贷款利率进一步下调10%。信贷业务管制的放松，直接刺激了住房贷款的增长。

2001年6月19日，中国人民银行下发了《关于规范住房金融业务的通知》（银发［2001］195号)。《通知》对商业银行贷款行为进行了规范：开发商以自有资金支付土地出让金和拆迁补偿费取得国家土地使用权，并在办理“四证”后，银行可向其发放贷款；在项目施工临近尾声，即多层住宅封顶或高层住宅完成总投资2/3时，商业银行可向个人发放按揭贷款，但不可超过房价的80%；商业银行可向房地产公司发放少量的流动资金贷款。

2002年2月21日，中国人民银行调低贷款利率，这是自1997年以来第六次降息。

这一阶段国家出台了一系列指导性的房地产金融政策，规范并有力地促进了房地产业的快速发展，在推动住房市场化改革、扩大内需、拉动经济增长方面发挥了重要作用。

第三阶段，从2003年至2006年为发展和完善时期。

经过前一阶段的发展，房地产投资和消费都已经步入了上行轨道，全国房地产价格出现了较快上涨，房地产金融政策的目标导向开始由积极支持转向稳定房价和促进房地产业健康发展。

2003年6月13日，中国人民银行出台《关于进一步加强房地产信贷业务管理的通知》（银发［2003］121号），对房地产信贷各个环节制定了比较原则性的限制措施。内容包括：一是加强对房地产开发贷款发放和使用的管理：要求房地产开发企业自有资金（指所有者权益）应不低于开发项目总投资的30%；房地产开发贷款只能通过房地产开发贷款科目发放；严禁跨地区使用；商业银行不得向房地产开发企业发放用于缴交土地出让金的贷款。二是严格个人住房贷款管理：要求商业银行只能对购买主体结构已封顶住房的个人发放贷款；提高第二套以上（含第二套）住房的首付款比例；个人商用房贷款的抵借比不得超过60%，贷款期限不得超过10年，所购商业用房为竣工验收的房屋。三是对土地储备贷款进行限制：要求贷款额度不得超过所收购土地评估价值的70%，贷款期限最长不超过2年。

2003年8月12日，国务院发布了《关于促进房地产市场持续健康发展的通知》（国发［2003］18号），文件肯定了房地产业在中国经济增长中的支柱作用，并强调加大公积金和消费信贷支持，完善个人住房贷款担保机制，加大对符合条件的房地产开发企业和房地产项目信贷的支持力度。

2004年9月2日，中国银监会公布《商业银行房地产贷款风险指引》（银监发［2004］57号），对土地储备贷款、房地产开发贷款、个人住房贷款等房地产贷款风险控制做出了详细的指导。

2005年3月17日，央行发布《关于调整商业银行住房信贷政策和超额准备金存款利率的通知》（银发［2005］61号），宣布取消住房贷款优惠利率，将房地产价格上涨过快城市或地区个人住房贷款最低首付款比例由20%提高到30%。

2006年5月29日，国务院办公厅转发《关于调整住房供应结构稳定住房价格工作的意见》（国办发［2006］37号），将房地产开发企业项目资本金比例提高到35%；控制对闲置土地和空置商品房较多的开发企业贷款或任何形式的滚动授信；空置3年以上的商品房不得作为贷款的抵押物。同时文件还提出实行有区别的住房消费信贷政策，从2006年6月1日起，个人住房按揭贷款首付款比例不得低于30%，对购买自住住房且套型建筑面积在90平方米以下的仍执行首付款比例20%的规定。

2006年7月11日，建设部等5部委下发《关于规范房地产市场外资准入和管理的意见》（建住房［2006］171号），加强了对外商投资企业房地产开发经营的管理，限制境外机构和个人只能购买一套自住用房。

这一阶段国家针对房地产市场过热谨慎出台了一系列微调措施，主要通过“窗口指导”等手段引导金融机构有选择性的贷款支持，同时加强对商业银行房地产信贷的管理和监督。

第四阶段，从 2007 年至今为综合运用和进一步发展时期。

2007 年以来，我国先后经历了流动性过剩、国际金融危机影响、通货膨胀等复杂的经济形势变化。为确保经济稳定，国家展开了密集的调控，房地产金融政策及其调控方式不断创新，运用更为频繁。

2007 年，在流动性过剩和经济增长趋于过热的背景下，房地产投机需求高涨，全国房价持续飙升。12 月 5 日，央行和银监会又发布《关于加强商业性房地产信贷管理的补充通知》（银发［2007］452 号），对 359 号文中的二套房贷进行了界定，明确以借款人家庭（包括借款人、配偶及未成年子女）为单位认定房贷次数。同时，中国人民银行还加强了对银行体系流动性的管理，年内央行 6 次提高金融机构存贷款基准利率，10 次提高存款准备金比率。2008 年 1—6 月，为控制房价增长速度，中国人民银行连续 5 次上调存款准备金率，以巩固调控成效。7 月 29 日，中国人民银行、银监会联合发布《关于金融促进节约集约用地的通知》（银发［2008］214 号），再一次强调严格房地产开发信贷管理，包括：禁止向房地产开发企业发放专门用于缴交土地出让价款的贷款；土地储备贷款的抵押率不得超过抵押物评估价值的 70%，贷款期限不超过 2 年；房地产项目超过土地出让合同约定的动工开发日期满一年、完成该宗土地开发面积不足 1/3 或投资不足 1/4 的企业，慎放贷款并从严控制展期贷款或滚动授信；建设用地闲置 2 年以上的房地产项目，禁止发放贷款。优先支持节地房地产开发项目，优先支持廉租住房、经济适用住房、限价商品住房及建筑面积在 90 平方米以下的中小套型普通商品住房建设。

2008 年 9 月开始，肇始于美国的次贷危机迅速波及全球，我国实体经济下滑，房地产市场也受到严重冲击。为保持经济增长，国家开始推出一系列促进房地产市场繁荣发展的政策。10 月 22 日，中国人民银行发布《关于扩大商业性个人住房贷款利率下浮幅度等有关问题的通知》（银发［2008］302 号），将商业性个人住房贷款利率的下限扩大为贷款基准利率的 0.7 倍；最低首付款比例调整为 20%；对首次购买普通自住房和改善型普通自住房贷款需求，给予贷款利率和首付款比例上的优惠支持；下调个人住房公积金贷款各档次利率 0.27 个百分点。12 月 21 日，国务院办公厅下发《关于促进房地产市场健康发展的若干意见》（国办发［2008］131 号），提出银行要加大对中低价位、中小套型普通商品住房建设特别是在建项目的信贷支持力度；支持有实力有信誉的房地产开发企业兼并重组有关企业或项目。此外，自 2008 年 9 月起到 2008 年年底 3 个月时间内，央行频繁进行货币调控，5 次下调存贷款基准利率，4 次下调存款准备金率。2009 年 2 月 10 日，农行、工行等各大银行开始执行个人住房贷款七折的优惠利率。5 月 27 日，国务院发布《关于调整固定资产投资项目资本金比例的通知》（国发［2009］27 号），下调房地产项目资本金比例：保障性住房和普通商品住房项目的最低资本金比例为 20%，其他房地产开发项目的最低资本金比例为 30%。

在适度宽松的金融政策刺激下，2009 年下半年开始，我国房地产市场成交量和价格迅速回暖，部分城市又出现房价上涨过快的迹象。

12 月 14 日，国务院召开常务会议再次提出要加强和改善对房地产市场的调控，加大差别化信贷政策执行力度，防范各类住房按揭贷款风险。房地产金融政策开始由此前的扶持再次转向抑制投机、遏制房价过快上涨的目标上来。2010 年 1 月 10 日，国务院办公厅下发《关于促进房地产市场平稳健康发展的通知》（国办发［2010］4 号），要求加大差别化信贷政策执行力度，抑制投资投机性购房需求。对已利用贷款购买住房、又申请购买第二套（含）以上住房的家庭（包括借款人、配偶及未成年子女），贷款首付款比例不得低于 40%，贷款利率严格按照风险定价。4 月 14 日，国务院总理温家宝主持召开国务院常务会议，强调实行更为严格的差别化住房信贷政策。对购买首套自住房且套型建筑面积在 90 平方米以上的家庭，贷款首付款比例不得低于 30%，对贷款购买第二套住房的家庭，贷款首付款不得低于 50%，贷款利率不得低于基准利率的 1.1 倍。4 月 17 日，国务院颁布《关于坚决遏制部分城市房价过快上涨的通知》（国发［2010］10 号），更为严厉的“限贷”和“停贷”措施出台。《通知》不但系统地阐明了差别化住房信贷政策，还特别规定商品住房价格过高、上涨过快、供应紧张的地区，商业银行可根据风险状况，暂停发放购买第三套及以上住房贷款，以及在一定时期内限定购房套数等。9 月 29 日，中国人民银行、银监会联合下发《关于完善差别化住房信贷政策有关问题的通知》（银发［2010］275 号），将贷款购买商品住房的首付款比例由“不低于 30%”调整到“30%及以上”，要求对购买第三套及以上住房全面停贷。11 月 3 日，住建部等联合发布《关于规范住房公积金个人住房贷款政策有关问题的通知》（建金［2010］179 号），规定使用住房公积金贷款购买首套 90 平方米及以下的普通自住房，首付款比例不得低于 20%；90 平方米以上的贷款首付款比例不得低于 30%。公积金贷款购买第二套住房首付款比例不得低于 50%，利率不得低于同期首套住房公积金贷款利率的 1.1 倍。停止发放购买第三套及以上住房公积金贷款。2011 年 1 月 26 日，国务院办公厅下发《关于进一步做好房地产市场调控工作有关问题的通知》（国办发［2011］1 号），要求进一步强化差别化住房信贷政策，对贷款购买第二套住房的家庭，首付款比例不低于 60%，贷款利率不低于基准利率的 1.1 倍。同时，提出限购规定。

此外，从 2009 年 9 月至 2011 年 3 月，央行 3 次提高存贷款基准利率，9 次上调存款准备金率，回收了市场大量的流动性，也从源头上控制了炒作资金规模。

这一阶段的房地产市场调控具有调控力度大、综合性强的特点。其一，房地产金融政策的使用更加灵活和丰富，不但通过信贷、“窗口指导”等工具直接调控市场，还大量运用数量型工具和价格型工具，采取利率、存款准备金率间接调控市场流动性、引导金融机构的贷款行为。其二，调控的内容也更加细致，不仅从供给和需求两个方面同时着手，还运用了差别化的住房信贷政策，使调控更具有针对性。

总体来看，经过多年探索和实践，房地产金融政策逐步从单一的信贷支持转变为综合性的宏观调控手段，从早期的“一刀切”转变为市场化差别化管理，政策工具逐步走向市场化、规范化、多样化、差异化，政策体系正日益完整。

#### 10.3.1.4　房地产金融政策的经济分析

货币政策之所以关注房地产市场，主要是出于两个方面的考虑：一是房地产价格的波动（主要是大幅上涨）会对总需求产生影响，从而影响到经济中的供求平衡，最终会引发通货膨胀。二是因为房地产价格下跌后，会严重影响到实体经济的发展，在许多情况下最终会威胁到金融体系的稳定。

房地产市场价格的重大波动，特别是迅速下跌，对于人们的经济信心打击会很大，这种信心崩溃的发生以及产生的影响是重大的。大量事实表明，信心的突然崩溃（表现为房地产价格的迅速大幅下降）和在全世界金融市场范围内的传染，对于金融体系的稳定具有相当大的破坏作用，最终也会产生负的通货膨胀率。曾经发生在海南省的房地产泡沫也上演了类似的一幕，海南发展银行的倒闭正是这一事件的最好说明。即使房产价格的波动对商品和服务价格的通货膨胀较小，但是房产价格同样会对金融体系带来较大的影响。如果房产价格的上升不是由于经济基本面的支持，这种价格的上升最终会不可持续、不可避免地走向崩溃；如果真的发生这种情况，整个金融体系为此所付出的代价是十分昂贵的。[①]因此，在不稳定情况下制定房地产货币政策时，就需要我们清楚政策所能达到的效力和产生效果所需要的时间。

1. 房地产货币政策的效力分析

如图 10—9 所示，可以利用 *IS*—*LM* 曲线的形状及其移动来展示房地产货币政策效力的强弱。房地产货币政策的效力与 *IS* 曲线和 *LM* 曲线的形状有很大关系。当房地产投资需求对利率很敏感时，*IS* 曲线比较平缓，因为利率的较小变化和房地产投资需求的较大变化有关。相反地，当房地产投资需求对利率不敏感时，*IS* 曲线就比较陡峭。再看 *LM* 曲线的形状，其中货币需求与房地产需求密切相关。当货币需求对利率很敏感时，*LM* 曲线就比较平缓，因为当货币需求随着收入变化而增加时，利率的很小变化就足以使它减少；反之，当货币需求对利率不敏感时，*LM* 曲线就比较陡峭。当 *IS* 曲线比较陡峭或者 *LM* 曲线比较平缓时，房地产货币政策的效力比较强。相反，如果 *IS* 曲线比较平缓或者 *LM* 曲线比较陡峭，房地产货币政策的效力就比较弱。

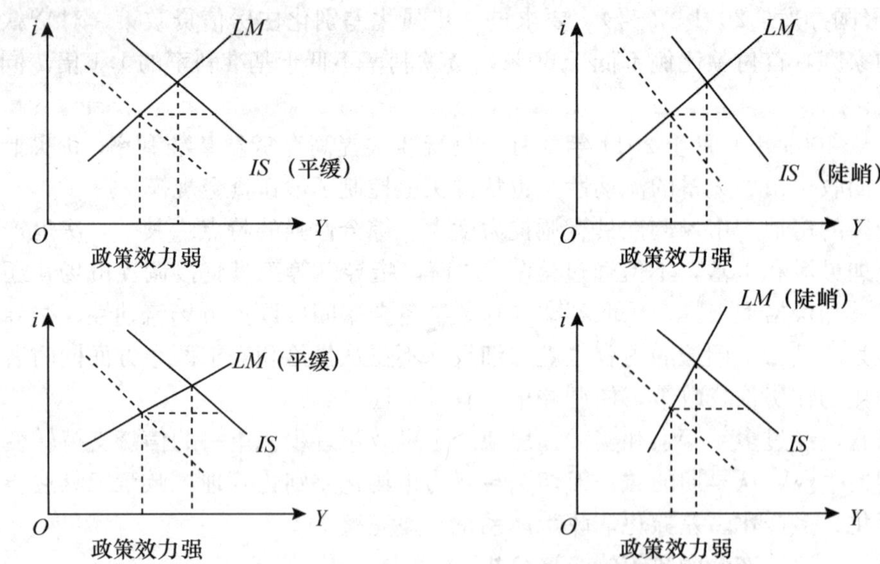


**图 10—9 房地产货币政策效力的强弱**

2. 房地产货币政策的时滞

良好的经济政策不仅是单纯的政策配合问题，还要把握住运用政策的时机。因此，政

① 参见刘维新：《怎样看待宏观调控政策对房地产的影响》，载《中国房地产金融》，2005（4）。

府在运用房地产货币政策进行经济调控时，还要考虑到政策时滞问题。

房地产货币政策的实施一般会存在下列五种时滞，依次为：认识时滞、行政时滞、决策时滞、执行时滞和效果时滞。认识时滞是指从经济现象发生变化到决策对这种需要调整的变化有所认识所经过的时间，这段延迟时间的长短，主要取决于行政部门掌握房地产信息和准确预测的能力。行政时滞也称为行动时滞，是指政府部门在制定采取何种政策之前对房地产问题调查研究所耗费的时间，以上这两种时滞只涉及行政单位，通常合称为内在时滞。

与内在时滞相对应的就是外在时滞。外在时滞，是指从政府采取措施到这些措施对房地产市场体系产生影响的这一段时间。由于房地产经济结构与经济主体行为具有复杂性，很难分析，因此外在时滞可能会更长。图 10—10 表明了房地产货币政策时滞的先后次序及其内容。

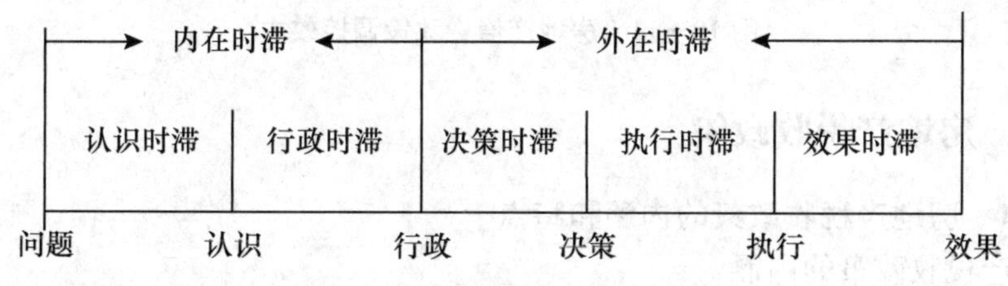


**图 10—10　房地产货币政策的时滞**

3. 房地产信贷政策对调控效果的影响

在货币政策传导的过程中，受诸多因素影响，极易发生传导不畅通的情况。同时货币政策调控的时滞性也导致货币政策对房地产投资的直接影响有限。因此，房地产货币调控还必须依靠信贷政策为辅助。通过信贷总量控制、方向调节和利率浮动，可以直接对投资产生作用。

传统的 *IS*—*LM* 模型对银行的资产（贷款）和负债（存款）的重视度不同，货币被隐含在 *LM* 曲线之中，而贷款则被排除在瓦尔拉斯定律之外。为了能更真实地反映货币的传导渠道，伯南克和布林德（Bernanke & Blinder，1988）构建了 *CC*—*LM* 模型。与 *IS*—*LM* 模型不同的是，*IS* 曲线仅反映了商品市场的信息，而 *CC* 曲线，即商品和信用曲线，它包含了商品市场和信贷市场两方面信息。中央银行通过货币政策变化影响银行准备金，银行准备金变动既影响 *LM* 曲线，又影响 *CC* 曲线。

如图 10—11 所示，初始状态 *LM* 曲线和 *CC* 曲线相交，得到的利率是 $i$。当中央银行实行扩张性货币政策时，货币供给量增加，一方面 *LM* 曲线向右移至 $L_1M_1$，导致利率从 $i_0$ 下降至 $i_1$，这时候商品产出就从 $Y_0$ 增加到 $Y_1$；与此同时，由于银行贷款也会随之增加，*CC* 曲线（代表商品和信用市场同时出清）也相应地向右移动到 $C_1C_1$，利率从 $i_1$ 上升至 $i_2$，导致产出进一步提高到 $Y_2$。这就是货币的信贷配给理论。

*CC*—*LM* 模型给我们的启示在于：其一，当前流动性过剩和经济过热的背景下，传统的利率等货币政策对房地产市场作用有限，而央行可以通过信贷途径达到调控效果；其二，当央行实施紧缩性货币政策时，由于信贷配给效应的存在，会进一步导致产出的减少，因此，在银行贷款渠道存在的情况下实行紧缩性货币政策，中小房地产开发企业将会受到较大的打击。

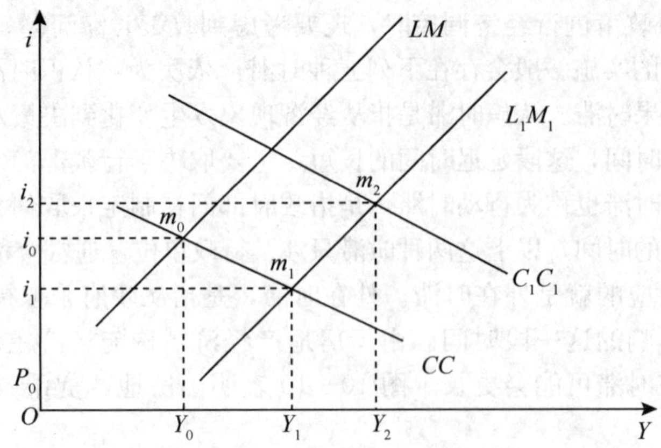


图 10—11 房地产信贷政策调控效力

## 10. 3. 2 房地产税收政策

### 10. 3. 2. 1 房地产税收政策的内涵和特点

1. 房地产税收政策的内涵

房地产税收政策是国家根据宏观经济形势和产业政策，通过开征或停征税种、调整税目和税率、减免税收等手段，调整房地产业税制结构和税负水平，从而影响房地产市场的供给和需求，以实现国家调控目标的政策手段。

房地产税收政策是国家调控房地产的重要政策。积极的房地产税收政策，一方面可以增加政府的财政收入，为城市建设积累资金；另一方面可以通过调节税收总量和税收结构的社会总供求，引导居民的消费，优化房地产市场结构，改善供需关系，促进房地产经济快速、稳定和健康地发展。

2. 房地产税收政策的特点①

房地产税收政策作为税收政策的一个子系统，除具有一般税收所共有的强制性、无偿性和固定性外，还具有有别于其他税收政策的特性：

（1）征收对象的特定性。房地产税收是以特定的房地产投资行为、房地产价值或收益为征税对象。从自然属性上看，其征税对象是土地和房屋；从法律上看，其征税对象是附着在房地产上的各项权益（出售、出租、抵押、继承和赠与）。

（2）税收体系的复杂性。房地产税收政策是涵盖了所得税、流转税、财产税及行为税四类十多个税种的复合体系。

（3）调节范围的广泛性。房地产税收的调节范围涉及房地产投资、流转、保有、取得和收益的各个环节以及与房地产经济发展直接或间接相关的多个纳税群体。

（4）税源分布的零散性。涉及房地产的税种大多是一些小税种，征收对象很不集中，从农村到城镇，从生产经营企业到行政事业单位，再到居民个人，而且税基较小，税率较低，征管难度大。

---

① 参见华伟：《房地产经济学》，325 页，上海，复旦大学出版社，2004。

#### 10.3.2.2　税收政策的传导机制

税收政策传导机制，是指采取不同的税收政策手段实现税收政策目标的过程。当前我国的税收政策涉及房地产运行的诸多环节，通过在房地产经济活动的不同环节设置税种或改变税率，能够对房地产的供求价格产生影响，达到调控房地产市场的目的。

1. 税收政策的一般传导机制

税收政策会改变房地产的收益流量，税负在开发者、消费者、经营者、投资者和投机者之间分割，改变房地产的开发、流通和保有成本，从而影响房地产市场的供给和需求。

税收政策的一般性传导机制如图 10—12 所示：

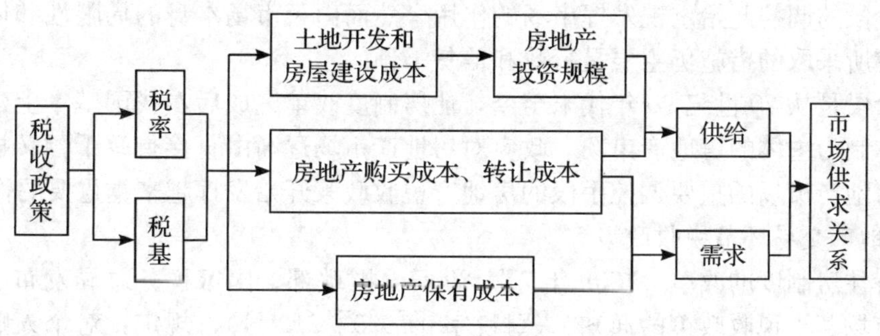


**图 10—12　税收政策传导机制**

(1) 在开发环节征税。开发环节增加的税负，增加了房地产商的开发成本，对房地产开发规模有抑制的作用，房地产市场的供给减少，房地产价格上升。相反，如果政府减轻开发环节的税收，刺激房地产商扩大投资规模，房地产市场的供给就会增加，房地产价格下降。

(2) 在流通环节征税。增加在房地产流通环节的税负，房地产交易成本增加，市场上的供求都受到抑制；减轻流通环节的税负，房地产交易成本减小，可以促进房地产市场交易，刺激房地产供给和需求的上升。

(3) 在保有环节征税。如果房地产的保有环节税负增加，房地产的保有成本增加，房地产的投资或投机性需求就会下降；反之，保有环节税负减轻，则持有房地产的成本减少，收益增加，就会刺激房地产需求。

2. 发生税收转嫁对一般传导机制的影响

在日常经济生活中，税收转嫁是一种客观经济现象。纳税人在利益驱动下，为了减少损失，总是在合理且尽可能合法的情况下，千方百计地将由于纳税所带来的经济负担转嫁出去。税收转嫁的方向根据需求曲线的弹性而定。需求曲线的弹性大，则税收主要由供给者承担；相反，需求曲线的弹性小，供给者会通过提高价格而将税收部分或全部转嫁给消费者。

在房地产的开发、流转和保有三个阶段中，前两个阶段一般不宜课税，因为如果在这两个阶段课税，不仅会影响房地产商品的供给，而且所发生的一切税费都可能会通过房地产售价的提高而转嫁给最终购买者。在房地产保有阶段征税，由于不存在商品交换，因而一般不发生税收转嫁，同时还可以促进房地产的合理配置，提高利用效率，因此，在这一阶段政府应积极参与到房地产增值收益的分配中。

#### 10.3.2.3 我国房地产税收政策的发展

我国房地产税收政策的发展是与我国房地产市场的发展密切联系在一起的，大致可分为三大阶段：

第一阶段是20世纪整个80年代，是城镇土地使用税征收和房改的试点阶段，政府对房地产市场的管理仍采用的是计划经济的管理模式，房地产市场基本处于停滞状态，市场交易行为很少发生。

第二个阶段是从1992年邓小平南方谈话开始到1999年，我国基本上明确了建立市场经济的改革方向，房地产的资产价值被显化，很快在东南沿海城市出现了投资过热的现象，这一阶段的调控开始重视发挥市场的作用，然而由于市场本身的局限性和体制上的不健全，调控所采取的措施仍主要是行政和信贷干预。

第三阶段是从20世纪90年代末至今，住房制度改革完成后，我国基本上建立起了以市场经济体制为主体的房地产市场，政府对房地产市场逐渐由直接行政干预转换为宏观调控，作为房地产市场的重要调控手段的房地产税收政策开始发挥越来越重要的作用。

1. 房地产交易环节税收政策

为支持住房制度的改革，1999年7月29日，财政部、国家税务总局发布了《关于调整房地产市场若干税收政策的通知》（财税字［1999］210号），规定：对个人购买并居住超过一年的普通住宅，销售时免征营业税；个人购买并居住不足一年的普通住宅，销售时营业税按销售价减去购入原价后的差额计征；个人自建自用住房，销售时免征营业税；个人购买自用普通住宅，暂减半征收契税。对企业、行政事业单位按房改成本价、标准价出售住房的收入，暂免征营业税。对居民个人拥有的普通住宅转让时，暂免征收土地增值税。

2003年以后，我国房地产市场开始出现投资过热的势头，国家加大了对房地产市场的税收调控。2005年3月26日，国务院下发了《关于切实稳定住房价格的通知》（国办发明电［2005］8号），其中强调要运用税收等经济手段调控房地产市场，特别要加大对房地产交易行为的调节力度。2005年5月27日，国家税务总局、财政部和建设部联合下发了《关于加强房地产税收管理的通知》（国税发［2005］89号），规定自2005年6月1日起，对个人购买住房不足2年转手交易的，销售时按其取得的售房收入全额征收营业税；个人购买普通住房超过2年（含2年）转手交易的，销售时免征营业税；对个人购买非普通住房超过2年（含2年）转手交易的，销售时按其售房收入减去购买房屋的价款后的差额征收营业税。2006年5月29日，建设部等九部委联合下发《关于调整住房供应结构稳定住房价格的意见》（国办发［2006］37号），将转让住房免征营业税的期限从购买满2年调整到购买满5年。规定从2006年6月1日起，对购买住房不足5年转手交易的，销售时按其取得的售房收入全额征收营业税；个人购买普通住房超过5年（含5年）转手交易的，销售时免征营业税；个人购买非普通住房超过5年（含5年）转手交易的，销售时按其售房收入减去购买房屋的价款后的差额征收营业税。2006年7月18日，国家税务总局发布《关于个人住房转让所得征收个人所得税有关问题的通知》（国税发［2006］108号），宣布从8月1日起，在全国范围内统一强制性征收二手房转让个人所得税。

为抵御金融危机的影响，2008年10月22日，财政部、国家税务总局出台《关于调整房地产交易环节税收政策的通知》(财税［2008］137号),对个人住房交易环节的税收政策作了调整:个人首次购买90平方米以下住房,契税税率下调到1%;个人销售或购买住房暂免征收印花税;个人销售住房暂免征收土地增值税。2008年12月20日,国务院办公厅出台《关于促进房地产市场健康发展的若干意见》(国办发［2008］131号),对住房转让环节营业税实行1年减免,将转让住房免征营业税的期限从购买满5年又调整回为购买满2年。

2009年下半年开始,房地产市场迅速回暖反弹。为遏制房价上涨过快,2009年12月22日,财政部和国家税务总局出台《关于调整个人住房转让营业税政策的通知》(财税［2009］157号),规定自2010年1月1日起,个人将购买不足5年的非普通住房对外销售的,全额征收营业税;个人将购买超过5年(含5年)的非普通住房或者不足5年的普通住房对外销售的,按照其销售收入减去购买房屋的价款后的差额征收营业税;个人将购买超过5年(含5年)的普通住房对外销售的,免征营业税。2010年3月9日,财政部、国家税务总局联合下发了《关于首次购买普通住房有关契税政策的通知》(财税［2010］13号),通知明确,对两个或两个以上个人共同购买90平方米及以下普通住房,其中一人或多人已有购房记录的,该套房产的共同购买人均不适用首次购买普通住房的契税优惠政策。2010年9月27日,财政部、国家税务总局联合发布《关于支持公共租赁住房建设和运营有关税收优惠政策的通知》(财税［2010］88号),对公租房建设和运营中包括土地使用税、印花税等在内的多项税收予以免征优惠,执行期限暂定三年。2010年9月29日,财政部、国家税务总局、住房和城乡建设部三部委联合发布《关于调整房地产交易环节契税个人所得税优惠政策的通知》(财税［2010］94号),规定,对个人购买普通住房,且该住房属于家庭(成员范围包括购房人、配偶以及未成年子女)唯一住房的,减半征收契税。对个人购买90平方米及以下普通住房,且该住房属于家庭唯一住房的,减按1%税率征收契税。对出售自有住房并在1年内重新购房的纳税人不再减免个人所得税。2011年1月26日,国务院办公厅下发《关于进一步做好房地产市场调控工作有关问题的通知》(国办发［2011］1号),规定对个人购买住房不足5年转手交易的,按销售收入全额征税。

2. 土地增值税政策

随着房地产市场日渐趋热,国家税务总局开展了房地产开发企业土地增值税的清算工作,通过提高预征率及清算土地增值税,达到迫使房地产开发企业加快销售增加有效供给的目的。

2006年12月28日,国家税务总局下发了《关于房地产开发企业土地增值税清算管理有关问题的通知》(国税发［2006］187号),详细制定了房地产开发企业的土地增值税清算办法。2009年5月12日,为加强房地产开发企业的土地增值税征收管理,规范土地增值税清算工作,国家税务总局制定《土地增值税清算管理规程》(国税发［2009］91号),对土地增值税清算的前期管理、清算受理、清算审核和核定征收等具体问题做出具体规定。2010年5月19日,国家税务总局发布《关于土地增值税清算有关问题的通知》(国税函［2010］220号),进一步明确了土地增值税清算工作中有关收入确认、开发费用扣除、土地闲置费的扣除等问题。2010年5月25日,国家税务总局下发《关于加强土地增值税征管工作的通知》(国税发［2010］53号),提高了土地增值税预征率的下限,规定除保障性住房外,东部地区省份预征率不得低于2%,中部和东北地区省份不得低于1.5%,

西部地区省份不得低于1%。

3. 房产税征收试点

2007年以来，房地产价格大幅攀升，房地产投资投机需求高涨，房产税的开征受到全社会的关注。2010年5月27日，国务院常务会议审议并通过了《关于2010年深化经济体制改革重点工作的意见》，将“逐步推进房产税改革”列入了当年的财税体制改革的目标当中。随后，上海和重庆于2011年1月分别出台了“个人住房房产税征收管理实施细则”。

《上海市开展对部分个人住房征收房产税试点的暂行办法》规定，对上海居民家庭新购第二套及以上住房和非上海居民家庭的新购住房征收房产税，房产税暂按应税住房市场交易价格的70%计算缴纳；适用税率暂定为0.6%。应税住房每平方米市场交易价格低于本市上年度新建商品住房平均销售价格2倍（含2倍）的，税率暂减为0.4%。房产税税款自纳税人取得应税住房产权的次月起计算，按年计征，不足一年的按月计征。

根据《重庆市人民政府关于进行对部分个人住房征收房产税改革试点的暂行办法》，应税住房的计税价值为房产交易价。独栋商品住宅和高档住房建筑面积交易单价在上两年主城九区新建商品住房成交建筑面积均价3倍以下的住房，税率为0.5%；3倍（含3倍）至4倍的，税率为1%；4倍（含4倍）以上的税率为1.2%。在重庆市同时无户籍、无企业、无工作的个人新购第二套（含第二套）以上的普通住房，税率为0.5%。个人住房房产税的纳税义务发生时间为取得住房的次月。税款按年计征，不足一年的按月计算应纳税额。

从上面的调控可以看出，税收政策在这一轮调控中占据着非常重要的地位，当前政府运用税收政策的调控目标主要是为了抑制房价和房地产投机。税收政策对房地产市场的调控作用主要是通过加大流转环节的税负，增大土地持有成本和炒房成本，压缩获利空间，达到抑制投机炒作、平抑房价的目标。政策对居民自用住宅不会产生多大影响。

#### 10.3.2.4 房地产税收政策的经济分析

1. 房地产开发税收政策的一般均衡分析

在房地产开发阶段进行课税或提高税率，会对消费者、房地产企业以及政府税收收入产生较大的影响（见图10—13）。

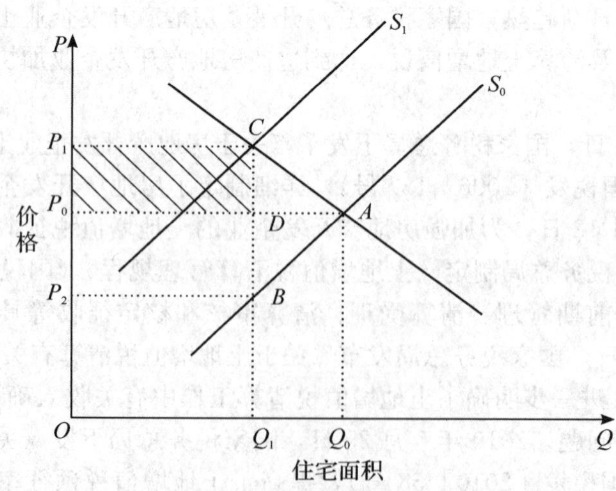


**图10—13 房地产开发税收的局部均衡分析**

对于消费者来说，市场均衡状态从 $A$ 点达到 $C$ 点以后，与原来相比，消费者购买 $Q_1$ 数量的房地产就失去了面积为 $P_0DCP_1$ 的利益。同时，商品房销售量从 $Q_0$ 减少到 $Q_1$，价格由 $P_0$ 升至 $P_1$，这样消费者又失去了三角形 $ACD$ 面积的利益；对于房地产开发企业来说，由于税收的增加，使其损失了矩形 $P_0DBP_2$ 和三角形 $ADB$ 面积的收益（暂不考虑损失的销售利润），而在现实中，房地产开发企业的这部分损失将或多或少地转嫁给消费者。由此可见，在房地产开发阶段征税，可能会对房地产业的发展产生不利影响。

2. 房地产转让所得税政策的一般均衡分析

从市场总体对房地产转让所得税的反应来看，对转让商品房所得进行课税不仅会影响人们的财产持有结构，也会引起人们财产转让行为的改变。如果对转让房地产的所得按一定税率征税，房地产市场均衡就会发生移动。因为房地产转让所得税是对房产交易行为征税，根据税收效应的等价原理，不论税收由谁来支付，税收的效应是一样的。现假设该税收被转嫁给买方，由买方支付，房地产的交易价格上升至 $P_2$，这会引起需求曲线下移到 $D_1$ 的位置上，同时交易量萎缩至 $Q_1$，从而抑制了房地产交易行为（见图 10—14）。

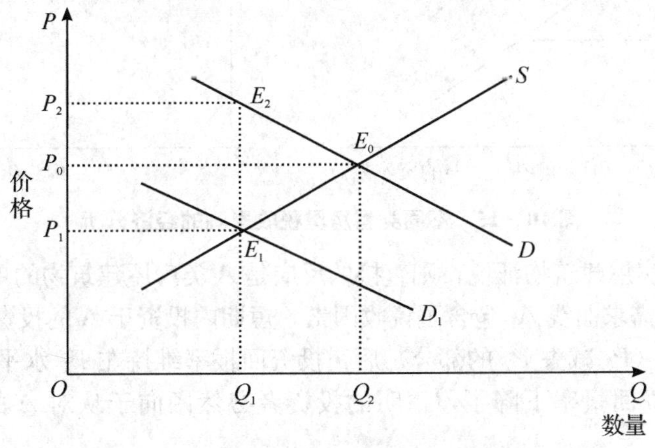


**图 10—14 房地产转让所得税的局部均衡分析**

另外，从市场交易者对房地产转让所得税的反应来看，课税对自住型购房行为、投资型购房行为和投机型购房行为的影响是不同的：对自住型购房没有直接的影响；对投资性购房行为而言因对多年以后再转让住宅的行为免税或轻税，所以仅仅减少了投资者由于投机性需求减少而降低的资产虚拟增加的价值，即减少了投资者的预期资产增值额对短期投机行为的影响是最直接的，征收所得税直接降低了投机者预期的增值额，从而抑制了投机者的投机性需求。

3. 房地产保有税收政策的一般均衡分析

房地产保有税收政策比较复杂，在此讨论按房屋建筑物类型实行差别税率的结果。假定税率设置情况为：对某类房屋建筑物免税，而对其他类型房屋建筑物在其他任何地方都按统一税率课税，则投资者可以通过减少应税房产的持有，同时增加免税房产的持有来避税。要注意的是，该投资者的反应本身将导致房产价值及回报率的变化，因为一旦投资者减少应税房产的持有，则该应税房产供给数量减少，房产的价格和投资者回报会相应增加，这会抵消一部分税收负担。与此同时，免税房产的供给增加，将导致此类房产的价格和投资者回报降低，这在一定程度上缓冲了应税房产的减少。最终，当两种类型的房产的税后净回报率相等时，均衡得以实现。

下面用图 10—15 来进一步说明：

在图 10—15 中，$S_L$ 为资本的长期供给曲线，它是水平的，表示的初始情形为：对两种类型的房屋建筑物 $A$ 和 $B$ 征收同等税收（或者两者均不征税），它们在单位价格（可视为投资回报率）为 $P_0$ 的初始均衡，此时投资者在两种类型的房屋建筑物之间偏好无差异，因为二者的投资回报率相等。

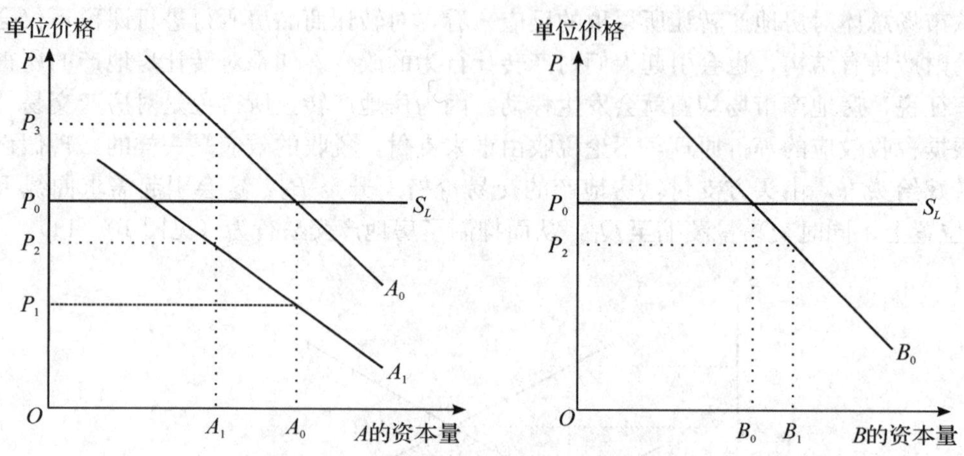


**图 10—15　不同类型房屋税收影响的经济分析**

现假设对 $A$ 类房屋建筑物征税，则直接的反应是 $A$ 类房屋建筑物的单位价格下降到 $P_1$，图 10—15 中所示的需求曲线 $A_1$ 包含了税收因素。短期内投资于 $A$ 的投资者所获投资回报率仍为 $P_0$，支付税收（$P_0$ 减去 $P_1$ 的部分）后，投资回报率维持在 $P_1$ 水平。此时，相对于对 $B$ 的投资，$A$ 的投资回报率下降了，精明的投资者必然倾向于从对 $A$ 的投资转为对 $B$ 的投资。

随着投资从 $A$ 转向 $B$，$A$ 的资本量将跌落到 $A_0$ 之下，$A$ 的投资回报率也会逐渐上升；与此同时，$B$ 的供给增加，导致 $B$ 的单位价格和投资回报率下降。最终，$A$ 和 $B$ 分别在 $A_1$ 和 $B_1$ 上实现新的均衡，此时二者的税后净回报率均为 $P_2$。

这一分析为我们提供了一个重要结论，即应税房产和免税房产的所有者最终都要承担税收。即使只对 $A$ 类房屋建筑物征税，但由于资本可自由流动，以及市场效应下投资者为规避税负而改变行为等，最终必然将对 $A$ 类房屋建筑物征收的部分税负转嫁到 $B$ 类房屋建筑物上。由于征税，资本在 $A$ 和 $B$ 之间也重新进行了配置，因此，这种效应被称为类型差额房屋建筑物保有税的资本配置效应。

## 关键术语

政策　房地产市场调控政策　土地政策　住房政策　房地产货币政策　房地产税收政策

## 复习思考题

1. 什么是房地产市场调控政策？有哪些特点？
2. 房地产市场调控政策手段主要有哪些？
3. 土地政策如何对房地产市场产生影响？
4. 如何用经济学原理分析土地收购储备政策和“招拍挂”政策？
5. 住房政策是如何对房地产市场产生作用的？

# 参考文献


[1] [德] 马克思．资本论．中文 1 版．第 3 卷．北京：人民出版社，1975

[2] [英] 亚当·斯密．国民财富的性质和原因的研究．北京：商务印书馆，2002

[3] [英] 大卫·李嘉图．政治经济学及赋税原理．北京：商务印书馆，1962

[4] 周诚．土地经济学原理．北京：商务印书馆，2003

[5] 林增杰等．房地产经济学（第二版）．北京：中国建筑工业出版社，2003

[6] [美] 罗杰·H·伯恩哈特，安·M·伯克哈特．不动产（第四版）（影印本）．北京：法律出版社，2004

[7] [英] 凯特·格林，乔·克斯雷．土地法（影印本）．北京：法律出版社，2003

[8] [英] F. H. 劳森，B. 拉登．财产法．北京：中国大百科全书出版社，1998

[9] [美] 理查德·T·伊利等．土地经济学原理．北京：商务印书馆，1982

[10] 2004 年国务院政府工作报告．见中央政府门户网，2006-02-16

[11] 谢经荣等．我国近 10 年宏观经济波动及房地产市场周期．见房地产经济与管理．北京：中国人民大学出版社，1997

[12] 李元，吕萍．土地行政学．北京：中国人民大学出版社，2007

[13] 叶剑平，谢经荣．房地产业与社会经济协调发展研究．北京：中国人民大学出版社，2005

[14] 刘维新，谢经荣．中国土地租税费体系研究．北京：中国大地出版社，1994

[15] [美] 丹尼斯·迪帕斯奎尔，威廉·C·惠顿．城市经济学与房地产市场．北京：经济科学出版社，2002

[16] [美] R. 科斯，A. 阿尔钦，D. 诺斯．财产权利与制度变迁．上海：上海人民出版社，1994

[17] 曲福田等．中国土地制度研究．北京：中国矿业大学出版社，1997

[18] [美] 尼尔·卡恩等．房地产市场分析方法与应用．北京：中信出版社，2005
[19] [日] 野口悠纪雄．土地经济学．北京：商务印书馆，1997
[20] [美] 阿瑟·奥沙利文．城市经济学（第四版）．北京：中信出版社，2003
[21] 林毅夫．制度、技术与中国农业发展．上海：上海人民出版社，1994
[22] 张家庆．地租与地价学．北京：中国国际广播出版社，1991
[23] 梁琦．产业集聚论．北京：商务印书馆，2004
[24] 李小建．经济地理学．北京：高等教育出版社，1999
[25] 杨吾扬．区位论原理．兰州：甘肃人民出版社，1989
[26] 王缉慈．创新的空间：企业集群与区域发展．北京：北京大学出版社，2001
[27] 洪开荣．空间经济学的理论发展．经济地理，2002（1）
[28] 金相郁．20 世纪区位理论的五个发展阶段及其评述．经济地理，2004（3）
[29] 刘朝明．新空间经济学：21 世纪空间经济学研究主题．中国软科学，2002（3）
[30] 张可云．空间经济学新论．区域开发理论与方法，2003（3）
[31] 陈玉堂，郭仁忠．房地产经纪实务．北京：中国建筑工业出版社，2003
[32] 张永岳，陈伯庚，孙斌艺．房地产经济学．北京：高等教育出版社，2005
[33] 郑华．房地产市场分析方法．北京：电子工业出版社，2003
[34] 曲波．房地产经济波动理论与实证分析．北京：中国大地出版社，2003
[35] 李悦．产业经济学．北京：中国人民大学出版社，1998
[36] 罗龙昌．发展房地产业与优化产业结构．北京：经济管理出版社，2000
[37] 曹振良，傅十和．房地产泡沫及其防范．中国房地产，2000（2）
[38] 马场元．土地资产的变动与景气循环．不动产研究（东京），第 43 卷第 2 号
[39] [日] 宫崎义一．泡沫经济的经济对策．北京：中国人民大学出版社，2000
[40] 王卫国．中国土地权利研究．北京：中国政法大学出版社，1997
[41] 周其仁．产权与制度变迁．北京：北京大学出版社，2004
[42] 周树基．美国物业产权制度与物业管理．北京：北京大学出版社，2005
[43] 姚洋．土地、制度和农业发展．北京：北京大学出版社，2004
[44] 盛洪主编．现代制度经济学（上卷）．北京：北京大学出版社，2003
[45] 刘书楷主编．土地经济学．北京：中国矿业大学出版社，1993
[46] 叶裕民．中国城市经营的理论研究．现代城市研究，2004（2）
[47] 康华雄．城市土地资产经营新思路探讨．中国人口资源与环境，2003（4）
[48] 张文新．论城市土地储备的理论基础．城市发展研究，2004（2）
[49] 曹国安．西方国家的住房保障体制及其启示．中国房地产，2003（6）
[50] 陈伯庚，顾志敏．城镇住房制度改革的理论与实践．上海：上海人民出版社，2003
[51] 陈传伟，吴长征．浅议建立廉租房供应体系的有关问题及对策．中国房地产，2004（1）
[52] 刘晓君等．廉租房纵览．北京：中国建筑工业出版社，2005
[53] 马海涛．中国税制．北京：中国人民大学出版社，2001

[54] 刘佐. 中国税制概览. 北京：经济科学出版社，2005

[55] 刘隆亨. 中国税法总论. 北京：北京大学出版社，1995

[56] 陈共. 财政学. 北京：中国人民大学出版社，1998

[57] 杨秀琴，钱晟. 中国税制教程. 北京：北京大学出版社，1999

[58] 黄桦. 税收学. 北京：中国人民大学出版社，2006

[59] 伍启元. 公共政策. 香港：商务印书馆，1989

[60] H. D. Lasswell，A. Kaplan，*Power and Society*，New Haven，Yale University Press，1970

[61] 陈振明. 公共政策分析. 北京：中国人民大学出版社，2003

[62] 张妙曦. 对土地政策参与宏观调控的若干思考. 福建工程学院学报，2005（4）

[63] 林卿，何训坤. 土地政策学. 北京：中国农业出版社，2002

[64] 姜爱林. 土地政策基本理论研究. 北京：中国大地出版社，2001

[65] 朱道林. 土地管理学. 北京：中国农业科技出版社，2000

[66] 罗蓉. 中国土地政策法律化研究. 东北林业大学硕士学位论文，2005

[67] 张文新. 城市土地储备对我国城市土地供求与地价的影响分析. 资源科学，2005（6）

[68] 严雪峰. 北京市经济适用房政策的经济分析. 清华大学硕士学位论文，2004

[69] 曹腊梅. 现代城市政府住宅政策研究. 上海理工大学学报（社会科学版），2006（2）

[70] 王维安，贺聪. 房地产业发展与经济增长、金融风险. 浙江经济，2004（20）

[71] 中国人民银行货币政策分析小组编. 中国货币政策执行报告：2006 年第四季度. 北京：中国金融出版社，2007

[72] 王广谦. 中央银行学. 北京：高等教育出版社，1999

[73] 刘维新. 怎样看待宏观调控政策对房地产的影响. 中国房地产金融，2005（4）

[74] 华伟. 房地产经济学. 上海：复旦大学出版社，2004

[75] 曹振良. 房地产经济学通论. 北京：北京大学出版社，2003

[76] 张红. 房地产经济学. 北京：清华大学出版社，2005

[77] 冯源. 不动产保有税的经济分析——兼论中国物业税改革. 上海财经大学硕士学位论文，2005

[78] 徐滇庆等. 泡沫经济与金融危机. 北京：中国人民大学出版社，2000

**图书在版编目（CIP）数据**

房地产经济学/谢经荣，吕萍，乔志敏编著. —3 版. —北京：中国人民大学出版社，2012.9
（21 世纪房地产系列教材）
ISBN 978-7-300-16279-9

Ⅰ.①房… Ⅱ.①谢…②吕…③乔… Ⅲ.①房地产经济学 Ⅳ.①F293.30

中国版本图书馆 CIP 数据核字（2012）第 199747 号

21 世纪房地产系列教材
**房地产经济学（第三版）**
谢经荣　吕　萍　乔志敏　编著
Fangdichan Jingjixue

| | | | |
|---|---|---|---|
| **出版发行** | 中国人民大学出版社 | | |
| **社　　址** | 北京中关村大街 31 号 | **邮政编码** | 100080 |
| **电　　话** | 010－62511242（总编室） | | 010－62511770（质管部） |
| | 010－82501766（邮购部） | | 010－62514148（门市部） |
| | 010－62515195（发行公司） | | 010－62515275（盗版举报） |
| **网　　址** | http://www.crup.com.cn | | |
| | http://www.ttrnet.com（人大教研网） | | |
| **经　　销** | 新华书店 | | |
| **印　　刷** | 北京昌联印刷有限公司 | **版　　次** | 2002 年 8 月第 1 版 |
| **规　　格** | 185 mm×260 mm　16 开本 | | 2013 年 1 月第 3 版 |
| **印　　张** | 16.75 插页 1 | **印　　次** | 2020 年 1 月第 8 次印刷 |
| **字　　数** | 386 000 | **定　　价** | 32.00 元 |

# 教学支持说明

（教学课件）

中国人民大学出版社政治与公共管理出版分社秉承“出教材学术精品，育人文社科英才”的出版宗旨，多年来，出版了大批高质量的公共管理、教育学、政治学、政治理论公共课教材和学术著作。

我们为本教材制作了相应的 PPT 教学课件，任何一位采用本书作为授课教材的教师均可免费获得该课件。为了确保该课件仅为授课教师获得，烦请您填写如下材料，并将相关信息通过 E-mail 发送给我们，我们将在收到相关信息后通过 E-mail 给您发送该课件。欢迎您加入我们的 QQ 群（全国政管教师交流群，群号为 236159213），或登录我社官方网站（www. crup. com. cn），注册并认证成为教师会员，以获得更好的服务。

我们的联系方式：

地址：（100872）北京市中关村大街甲 59 号文化大厦 1202 室

中国人民大学出版社政治与公共管理出版分社

电话：（010）82502724　62514775（传真）

E-mail：ggglcbfs@vip. 163. com

QQ 群：236159213

兹证明__________大学/学院__________院/系__________专业__________学年第__________学期开设的__________课程，采用中国人民大学出版社出版的____________________（书名、作者）作为本课程教材。授课教师为__________，授课班级共______个、学生______人。授课教师需要与本书配套的教学课件。

联 系 人：____________________

通信地址：____________________

邮　　编：____________________

电　　话：____________________

E-mail：____________________

系/院主任：__________（签字）

（系/院办公室章）

______年______月______日